nada exist

DU MÊME AUTEUR

Anthologie des apparitions, Flammarion, 2004, J'ai lu, 2006.

Simon Liberati

nada exist

roman

Flammarion

ISBN : 978-2-0806-8861-3

À toi, amour
Cette couronne de fer et de plumes.

SL

« Le bonheur, dit-elle, c'est le plaisir fixé. »

Aline, reine de Golconde

— Je suis fatigué, j'ai envie de mourir...

On se lève tôt à la campagne et le garage ouvrait à sept heures. Depuis, bravant la pluie qui menaçait de lui friser les cheveux, Patrice allait de temps en temps au bout de l'impasse surveiller les réparations. À ses deux dernières visites, le travail n'avançait pas. La grande voiture noire restait abandonnée dans un coin d'atelier, capot ouvert, sans que personne y prête attention. On entendait la voix du garagiste, mais il parlait d'autre chose avec des gens, ou au téléphone. Quant à Kiki, le chef d'atelier, il avait disparu. C'était contrariant car Patrice devait filer à Paris en cachette d'Ahmed, de sa femme et de ses parents. En plus Lukardis n'arrêtait pas de téléphoner. Elle s'était mis en tête qu'il n'allait pas venir au Novotel.

Enfin, du fond d'une fosse à vidange, on s'adressa à lui en altesse, suivant l'usage italien ou paysan :

— Pour aller à Paris le chef n'a pas besoin du compresseur.

Bétuleau, le garagiste, apparut au seuil du tombeau graisseux. Il portait une baladeuse en collier. Le tube néon lui dessinait un masque de chimère. Patrice crut revoir Madonna dans un film dont il avait oublié le titre. Il s'en était inspiré pour le clip d'un groupe : les ?... les ?... Le nom lui échappait aussi.

Patrice masqua son exaspération à l'égard de Bétuleau par un geste de politesse, en ôtant ses lunettes fumées. Il n'était pas d'accord. Ainsi amputée, la voiture n'avait plus aucun charme. Le turbocompresseur qui pointait à l'avant du capot comme la tourelle d'un char d'assaut lui donnait un sentiment de toute-puissance. Bétuleau connaissait les faiblesses de son client et prenait plaisir à le torturer.

Le portable se remit à sonner. Lukardis ? Non, le numéro de la maison. À cette heure-ci, il pouvait s'agir de sa mère qui aurait besoin d'aide pour changer Didine ou de joli-papa qui ne savait toujours pas se servir de la cafetière électrique. Non, c'était Ahmed... Lui qui se levait rarement avant deux heures de l'après-midi ?

— Chéri, si tu vas à Paris, tu peux passer chez Sylvana me prendre un menu enfant ?

L'Arabe avait dû l'espionner par la fenêtre de la tour. *Sylvana*, ou plus exactement *Sylvana Mangano*, était le sobriquet d'un dealer homosexuel, anciennement « dame pipi » du Colony, un club de la rue Sainte-Anne. Devenu à la suite d'accidents de fortune revendeur au détail, il tenait boutique dans une chambre de bonne, rue des Martyrs. Le *menu enfant* constituait la dose préférée d'Ahmed : un demi-gramme qu'il priserait en dix minutes comme un aspirateur alors que le trajet du Novotel à Pigalle, surtout en période de fêtes, prendrait à Patrice au moins une heure et demie. Ahmed était ainsi : il vivait avec de petits moyens.

— Oh ! chéri, s'il te plaît, pour le Noël de ta tatie... Sinon je dis tout à Didine.

Ahmed avait monté d'un ton. Au risque de priver le garagiste du plaisir de leur conversation, Patrice s'écarta jusqu'à l'église que baignait encore une nuit froide.

— Tatie, tu sais bien que nous avons un différend à propos de cette histoire de linge de maison.

Quelques semaines plus tôt, Patrice avait payé la note du dealer avec un billet de cinq cents euros. Après coup, Sylvana s'était persuadé que « *le ravissant linge de table couleur lilas* », disait-il par peur d'être sur écoutes, était un faux. Chose impossible d'après Patrice, qui affirmait l'avoir retiré de la banque deux heures auparavant.

— Mais non, mon chéri, tu perds la mémoire. Je t'ai raconté hier ce qu'il m'a dit : « Finalement, je crains que le billet soit vrai. »

Patrice n'avait rien oublié, il soupçonnait une ruse de Sylvana Mangano pour l'attirer chez lui et essayer de lui reparler de cette affaire. Le vieux pédé le harcèlerait avec des histoires de grammage, de filigrane, d'étoiles multicolores qu'on voyait apparaître en transparence des autres coupures (« même celles de dix euros ») et non à travers la sienne. Ces conversations avaient fini par le contrarier à tel point qu'il l'avait rembarré en lui disant : « Je ne suis pas la Banque de France. »

— Plutôt que d'attraper la mort, le patron n'a qu'à rentrer au château, on viendra le chercher quand ça sera fini.

La figure de Bétuleau se détachait sous une guirlande de Noël qui pavoisait l'impasse. Patrice remarqua que le garagiste, par son crâne chauve à la voûte exhaussée, acrocéphalie qu'il révélait quand il retirait sa casquette de base-ball, comme en ce moment, pour lui parler, ressemblait beaucoup à l'avocat de Didine, maître

Georges Kiejman. Patrice frissonna en pensant une fois de plus à l'embarras de la succession.

Le *château*, ainsi que l'appelaient les gens du village, était une grosse bâtisse XIXe de style troubadour. À cette heure, dressée en ombre chinoise sur le ciel blanchi, elle en imposait, surtout quand on voyait briller les deux lanternes de l'entrée derrière les grands marronniers d'Inde. La tour ouest restait éteinte, mais Patrice devinait la présence d'Ahmed qui devait l'observer par les persiennes de sa chambre. Juste en dessous, au rez-de-chaussée, dans la cuisine, une silhouette le guettait franchement. Arrivé sous la marquise, il prit la précaution de mettre son portable en mode vibreur.

Une fois de plus il tenta d'expliquer à joli-papa le fonctionnement de la cafetière, mais le vieux décrocha très vite. Il avait quelque chose d'important à dire, il ne pouvait plus tenir, il fallait que ça sorte. Patrice essaya de se défiler mais il perdit du temps à cause des filtres en papier. Le paquet avait été mouillé sous les gants de caoutchouc de la femme de ménage, et il n'arrivait pas à extraire un cornet neuf du conglomérat jauni.

— Je pourrais leur faire croire qu'on vient d'acheter la baignoire !

Joli-papa avait lâché ça à mi-voix, comme s'il se parlait à soi-même, une feinte pour qu'on s'intéresse à lui.

Sans répondre, Patrice se baissa à la recherche d'un couteau. Ce qui devait arriver arriva : son ventre se comprima sur ses genoux pendant que l'arrière du pantalon tentait d'expulser la chemise pour bâiller plus à son aise sur le bas du dos. Suant l'alcool, il dut s'accrocher au plan de travail comme au rebord d'une piscine.

À peine remis de son éblouissement, il sursauta en découvrant joli-papa collé derrière lui. Le vieux avait franchi l'espace en silence à la manière d'un chat ou d'un esprit. Le titre du livre qu'il tenait à la main transparaissait sous un papier cristal : *les Apôtres.* L'auteur restait caché entre la froissure et le pouce desséché – un symptôme d'urée que Patrice associait à tort avec l'odeur surie du pantalon tout proche. Il se mit en apnée pour éviter d'avoir à la respirer. En réalité le vieux ne sentait rien, mais depuis quelque temps Patrice souffrait de troubles de l'odorat.

Quelques lettres dansaient derrière le voile jauni. Patrice ne lisait guère, mais il aurait dû se rappeler le nom de l'auteur à force de l'entendre. Il se demandait si l'odeur viendrait seulement de l'entrejambe, ou si le corps entier des vieilles personnes exsudait cette liqueur ; ou alors était-elle purement imaginaire ? Il répliqua brutalement dans l'espoir de repousser le pantalon et son possesseur à bonne distance de son nez.

— Quoi ?

Le pantalon ne recula pas, il avança même un peu. La posture ambiguë suggérait une image répugnante. Les jambes de Patrice commencèrent à trembler et il sentit le cuir de ses bottes se rider à l'endroit du pli. Il détestait faire souffrir ainsi des chaussures.

— Je pourrais leur dire que la baignoire est neuve, comme ça ils ne me forceraient pas à la changer !

— C'est une bonne idée.

Patrice remonta jusqu'à la surface du plan de travail, prenant soin d'utiliser ses abducteurs sans tirer sur le dos, comme le lui avait enseigné autrefois le *personal trainer* de Joanna Shimkus. Certains noms propres, comme *Joanna Shimkus* lui revenaient facilement.

Joanna Shimkus : sans trop de raison autre que sa musique, ces deux mots l'adoucissaient de l'intérieur. L'amertume cédait devant ce sirop : *Joanna Shimkus*. Couteau à la main, il se retrouva bec à bec avec le vieux, qui recula sèchement.

Patrice connaissait bien la baignoire ou plutôt le bac à linge en question. Ses parents se lavaient dedans depuis toujours, il était si exigu que même un enfant n'y trempait qu'en crapaud ; avec des traces rugueuses au fond et un bouchon grisaillé par le calcaire, la chose aurait du mal à passer pour neuve, mais il préférait éviter le débat. L'office HLM voulait imposer des travaux à ses locataires et joli-papa, tiraillé entre le souci d'avoir à dépenser de l'argent et l'angoisse irraisonnée d'être expulsé, mettait trop d'émotion à la querelle. Du coup il ressassait et s'énervait facilement. Patrice entendait derrière tout ça le vague reproche de ne pas avoir su assurer à ses parents une fin de vie tranquille avec tout l'argent qu'il avait gagné, et dépensé... Dépensé à quoi ? cette dernière considération l'attrista davantage à la vue des factures qui s'empilaient dans l'entrée.

Il avait en mémoire une pénible conversation qui les avait occupés la veille à propos d'un tuyau d'évacuation des eaux usées ; il s'était laissé entraîner à jouer les experts dans des considérations techniques où il manquait de fermeté, son sens du ridicule s'était réveillé pendant qu'il énonçait une vérité douteuse sur les clapets anti-retour ; son beau-père buvait ses paroles alors qu'il disait n'importe quoi ; un peu comme quand Didine parlait de la kabbale avec Marisa Berenson. Aussi entraîna-t-il son interlocuteur sur un terrain plus ferme, au moins pour l'un d'entre eux.

— Tu as avancé dans Renaud ?

— Pas Renault, Renan, imbécile !

Patrice posa le couteau, le filtre, le couvercle et le vase de la cafetière ; il ôta ses lunettes de soleil et les essuya sur le pan de sa chemise sans mot dire, regardant par-dessus la tête du vieil homme comme si le mur de la cuisine constituait un horizon lointain. Il avait vécu dans un monde qu'il situait socialement – donc, dans son esprit, moralement – très au-dessus de celui de son beau-père, un monde où l'ignorance faisait partie du savoir-vivre. Ça n'était pas avec un David LaChapelle ou avec la publiciste de Mariah Carey qu'on allait parler d'Ernest Renan.

En face, par un embarras d'esprit propre à l'âge, il avait fallu à joli-papa un moment de réflexion pour passer de sa propre vie à celle des apôtres ; la crainte de voir Patrice se sauver accéléra les choses :

— Tu te rends compte ce qu'il ose sous-entendre à propos de sainte Thècle !

Patrice n'allait pas se mêler de savoir qui était sainte Thècle. De toute façon il devinait où le vieux voulait en venir. Ces derniers temps il revenait à ses antipathies de jeunesse et à l'objet d'une thèse défendue à la Sorbonne en 1944 dont Patrice avait fini par retenir l'intitulé à force d'en entendre parler et qu'il s'exerça à se remémorer une fois de plus avec un succès qui le rassurait sur ses neurones : *Satan psychologue, exégèse rationaliste en France à la fin du XIX*e *siècle.*

Satan psychologue... Au mot « Satan » le téléphone s'était mis à vibrer dans sa poche. Ça ne pouvait pas être Bétuleau... donc encore Lukardis ou... Babeth, une autre amie à qui il arrivait d'appeler pour le narguer quand elle était ivre en sortant de soirée. Stoïque, il écarta joli-papa du pot à café. En entendant Ahmed tousser dans l'escalier, il songea qu'il aurait préféré un peu de cocaïne à la place de la poudre marron qui collait à la cuillère à soupe mouillée de condensation. Il faisait trop chaud dans cette cuisine et ses pensées retournèrent à la maladie de Didine à cause des dépenses de fioul qu'elle entraînait.

— Écoute : « *C'est là que Paul aurait conquis la plus belle de ses disciples, la fidèle et touchante Thècle.* » « Conquis », tu vois où il veut en venir... On dirait un de ces romans érotiques de Gustave Cohen, euh non d'Albert Cohen... enfin tu vois ce que je veux dire... *Cette histoire ne repose sur aucune réalité*... Et toi tu reposes où, simoniaque ? Au huitième cercle, la tête dans le trou avec les pieds dans le gaz... Et crotte !

Le vieux maladroit avait renversé un paquet de céréales que Patrice venait de poser sur la gazinière.

À son tour de s'agenouiller. Patrice, oublieux de son malaise précédent, se demanda comment son beau-père pouvait encore accomplir la pénitence quotidienne du bac à linge. Sans songer à l'aider, il détourna poliment les yeux pour ne pas lui montrer qu'il le voyait peiner.

Joli-papa se redressa le plus vite qu'il put.

— « *Aujourd'hui encore, les femmes grecques de ce pays sont célèbres par leurs séductions et offrent des phénomènes d'hystérie endémique que les médecins attribuent au climat* »... et voilà, on y est : le défroqué fait de la psychologie, il fait son Charlot, non, son Charcot, il ose présenter saint Pierre, euh saint Paul, comme un fat qui se flatte de séduire des déséquilibrées ! Le chevalier Drach avait raison... Ça sent l'exégèse allemande, la propagande rationaliste, l'apostasie, la pourriture maçonnique...

« S'il part sur la franc-maçonnerie, on est fichu », se dit Patrice en regardant son beau-père lui tendre un bol rempli de corn-flakes Spécial K qu'il venait de ramasser par terre.

— Tu veux tes croquettes ?

— Non merci.

S'il s'était intéressé à la question, Patrice aurait pu envier saint Paul (et d'autres) d'avoir eu le courage de changer de vie. Il se retrouvait à quarante-neuf ans et demi à partager la société d'ascendants âgés, d'une mourante et d'un homosexuel sur le retour, dans une ancienne pension de jeunes filles de la banlieue parisienne ; il se voyait réduit à tromper tous ces gens en même temps avec un nombre incertain de maîtresses, toutes plus ou moins autoritaires et insatisfaites ; il devait se préoccuper de tout le monde et n'avait plus une minute à soi alors qu'il avait toujours évité d'avoir des enfants. Une vraie habitude de mentir, le désir de plaire, une certaine complaisance naturelle et la capacité de gagner de l'argent facilement, avaient suffi à en faire un chef de famille. Parfois il en prenait son parti, souvent il se sentait las.

Il tripota une barbiche qu'il portait mal tondue, suivant la mode en cours chez les possesseurs de double menton. Il l'avait laissée pousser l'hiver précédent, alors qu'il menait une vie plutôt différente, dans une maison de style « basque », chez Vanité, une star du r'n'b, sous un autre climat, à Chattanooga. Il songea au chemin parcouru depuis. Plutôt déclinant. Au moins avait-il un peu freiné sur le crack.

Une dent cariée se réveilla au contact de l'ice-tea light qu'il venait de se servir, et il se demanda une fois de plus si Elkoubi, le dentiste spécialisé dans les célébrités du spectacle que son agent lui avait recommandé, était vraiment un praticien. Une bonne raison de laisser la note en souffrance... Elkoubi n'avait qu'un vieux numéro de portable, celui que Babeth avait jeté dans la Seine.

— Et quand il ose raconter que Paul s'est inventé une révélation dans l'*Épître aux Galates* pour justifier son voyage à Jérusalem, il ne peut pas ne pas voir qu'il porte atteinte à la divinité en remettant en question le rôle de l'esprit-de-vin, euh pardon, de l'Esprit saint.

Joli-papa avait gardé malgré tout un flair d'ancien professeur pour ce qui pouvait lasser son public ; il n'avait pas enchaîné sur la maçonnerie, un sujet archi-rebattu dans le cercle familial. Ahmed, plus frais sur la question, était encore dans l'escalier ; on entendait un bruit de flip-flap. Patrice se demanda ce qu'il allait bien pouvoir inventer à son tour pour justifier son voyage à Paris.

— Moi aussi j'ai des révélations à faire !

Applaudi par ses claquettes, Ahmed venait de faire son entrée en cuisine dans son habituel négligé du matin : un manteau de fourrure déchiré qui lui tenait lieu de robe de chambre ; il le portait ceinturé sur un jogging décousu dont tout le monde se demandait s'il l'avait passé une seule fois en dix ans à la machine à laver. Aux poils noirs qui frangeaient la fourrure blonde, Patrice remarqua que son camarade n'avait pas mis de T-shirt. Il faisait tellement chaud dans cette maison qu'ils allaient bientôt tous finir par vivre nus. L'Arabe tourna sur lui-même comme une Claudette ou un derviche et fit à Patrice un clin d'œil menaçant indiquant par là que les « révélations » devaient concerner son voyage à Paris.

Patrice se sauva sur le perron, dans l'espoir de voir apparaître Kiki ou Bétuleau au portail.

— Ahmed, vous ressemblez à un singe !

— Belle-maman ! Celle-là vous me l'avez déjà sortie au moins trois fois.

Le petit théâtre avait commencé. Suivant un usage du milieu homosexuel, Ahmed aimait par dérision féminiser les hommes les moins soupçonnables d'inversion. Patrice convenait que dans le cas du vieux la faute de genre se justifiait : avec ses longs cheveux blanc-jaune, ses mains frêles d'intellectuel, sa voix aigrelette et une paire de babouches dérobée à Didine, joli-papa pouvait facilement passer pour une vieille femme. Cette ambiguïté sexuelle, courante à partir de soixante-dix ans, datait d'avant, puisque sur une photo prise à l'époque lointaine où il professait l'histoire-géographie dans l'ancien poste de Marcel Jouhandeau, il ressemblait déjà étrangement à Marianne Faithfull. Patrice repensa à ce que celle-ci avait confié à Didine en sortant de la clinique Montevideo : « J'ai arrêté de fréquenter Kate (Moss) : elle me tire vers le bas. » À son âge ! C'était une des dernières fois qu'ils avaient ri avec Didine, la veille de son opération de la langue.

La triple appartenance d'Ahmed aux communautés beur, gay et toxico aurait dû refroidir le vieux, mais il s'était découvert dans cette période de vaches maigres des accointances inespérées avec l'ami de Patrice. L'Arabe lui renvoyait de temps en temps une remarque subtile qui lui donnait l'impression d'avoir, avec cet ancien élève des Jésuites, un auditeur plus alerte que son beau-fils. Et puis entre aigris on se comprenait. On s'était trouvé des affinités politiques.

Tout en chauffant ses mains jointes autour du bol de café, Patrice regardait les grands arbres sans les voir. La nature ne lui inspirait plus le même apaisement qu'au début. Il s'était habitué, et le décor, si mystérieux dans les premiers temps de son installation lorsqu'il refermait en rentrant de Paris le haut portail de fer sur la vapeur parfumée de ses automobiles, ce jardin baigné de brume qui s'échappait derrière le petit pont vers les grands massifs et l'ancienne usine, ne lui ménageait plus de découverte. Seule une porte étroite, ouverte dans le mur d'enceinte tout au fond du parc, après les ruines de la fabrique, lui faisait encore effet. Derrière, il y avait l'inconnu des taillis et des friches qui le séparaient de la voie de chemin de fer. Tout ça était bien loin, et il n'avait pas les bonnes bottes.

À l'intérieur, on s'était mis à parler fort, comme à chaque fois qu'on abordait certains sujets.

— Vous savez pourquoi je n'ai pas réussi à voter Le Pen au second tour de 2002 ?

— Parce que vous n'êtes pas français.

— Arrêtez l'humour facile, belle-maman, vous n'en serez que plus intéressante. Je suis parfaitement en règle et ceci depuis cinquante ans. J'ai d'ailleurs voté Krivine en 74 et Mitterrand en 81. Non, je me suis réveillé après la fermeture des bureaux de vote. J'avais levé un garçon chez Carmen à sept heures du matin.

Ancien militant du Groupe de libération des homosexuels (GLH) dans les années 70, des activistes gauchisants dont il aimait à rappeler qu'il avait contribué à les radicaliser contre un courant réformiste dirigé par un certain « Mistigri » – un ancien amant devenu depuis conseiller culturel à la Mairie de Paris –, Ahmed avait maintenant tendance, comme beaucoup d'homosexuels de son âge, à endosser des opinions conservatrices ou réactionnaires.

— Vous voyez où mène la pédérastie !

Ahmed rit comme une hyène.

— Remarquez, j'ai bien fait... Pour une fois c'était pas un *bottom*.

Joli-papa jeta à l'Arabe un regard interrogateur sous ses longs cils blancs. Le vieux n'avait pas encore assimilé les secrets du jargon gay mais il resta sur la réserve, ravi de voir Ahmed dévorer le bol de céréales qu'il avait sauvées de la poubelle. Au passage de Patrice dans le vestibule, l'Arabe leva un œil de sa bouillie ; jugeant qu'il n'y avait rien d'urgent, il finit d'engloutir son petit déjeuner sans prendre garde aux éléments étrangers, cheveux ou pelures d'oignon, mélangés aux pétales de maïs.

Patrice n'avait plus d'opinions politiques claires depuis longtemps et, de toute façon, il savait assez son monde pour éviter d'en épouser de pareilles. Ancien *facho*, comme on disait au temps de sa jeunesse, il s'était petit à petit laissé convertir à un apolitisme favorable à l'exercice du commerce artistique. À vrai dire, sa modération n'était pas seulement de l'opportunisme, elle découlait de l'ennui qu'il éprouvait d'entendre les mêmes invectives depuis l'enfance. Tout le folklore extrémiste lui paraissait puéril et il n'en pouvait plus de certains refrains qui revenaient dans la conversation du vieillard. Rien que l'expression : *tu vois ce que je veux dire...*, qui voulait dénoncer la judéité d'un homme politique ou d'une célébrité quelconque, lui donnait envie de fuir.

À mesure qu'il progressait dans la pénombre de l'escalier comme dans les coulisses d'une scène de théâtre, les voix d'en bas s'éloignaient. Le sens des paroles cédait à la familiarité des intonations, ce qui les rendait encore plus désagréables.

Il se demanda pourquoi les gens lui apparaissaient sous la forme de personnages de reality-shows et non plus d'êtres humains.

Cela concernait plus particulièrement ses parents – depuis qu'il avait besoin d'eux il manifestait à leur égard une ironie d'adolescent –, mais aussi Ahmed, Lukardis, Babeth, et tout son entourage, à commencer par les voisins, le jardinier, le garagiste, les gens du spectacle, jusqu'aux hommes politiques et à tout ce qui se presse à la télévision ou à la radio.

Quelqu'un (Ahmed ?) avait dû allumer le transistor. La voix du speaker de France Info dictait la loi dans la cuisine. Patrice imagina les deux autres dévotement penchés sur le poste comme dans une célèbre peinture d'avant-guerre : *Le Discours du Führer*. Encore un mauvais souvenir. Il avait proposé d'imiter cette œuvre pour illustrer l'album d'un groupe français d'easy listening que les nazis fascinaient – les cons. Le rendez-vous avait mal tourné. Les petits yeux ronds et marrons de la productrice déléguée, une fille en mules, se posaient sur lui, sans trouver à se rassurer dans le spectacle qu'il offrait. Après les premiers instants d'émerveillement au vu de l'ex de Vanité, elle avait pris un air triste comme elle si elle s'apprêtait à refuser un numéro du *Lampadaire* à un clochard. Bilan de la manœuvre : quinze mille euros de perdus et une fourrière assez excentrée pour sa voiture.

— J'aurais dû la sauter.

Pour oublier cette faute de goût il se hissa sur la marche suivante. Il souffrait ce matin. Sa mauvaise humeur s'aggravait de la peine que lui infligeait l'escalier. Autant faire du stretching en redescente de crack. Une heure de sommeil, c'était vraiment trop peu. Un spasme intestinal le prit brutalement, il dut s'accrocher à la rampe avant que la tête ne lui tourne.

Il se figea en entendant la voix de sa mère à l'étage. Elle se plaignait du froid. Il détestait le ton guilleret qu'elle prenait pour parler à Didine depuis sa dernière opération. L'effort de la croiser et de lui faire la conversation lui parut insurmontable.

Le flash de 9 h 30 lui donna l'excuse de se reposer à mi-hauteur sous prétexte de recueillir des informations sur la circulation. Si toutefois les deux du bas laissaient le speaker arriver jusque-là. Sa colère lui soufflait qu'ils allaient se remettre à bavasser avant la séquence info trafic.

Il frissonna. C'est vrai qu'il faisait froid dans les escaliers. Sans le ronflement de la chaudière, on aurait pu croire qu'elle avait rendu l'âme. Par économie, l'installation de chauffage qui datait du début de siècle ne comptait pas de radiateur dans les parties communes et la température y descendait de plusieurs degrés, ce qui affolait le thermostat. Le brûleur se relançait sans cesse avec la bêtise maniaque des machines surchauffant les autres pièces comme des étuves. On attendait toujours le dernier moment pour téléphoner au fournisseur, du coup l'engin suçait le fioul jusqu'au fond de la cuve où stagnait un dépôt d'impuretés. Ces saloperies allaient encore une fois encrasser le brûleur ;

Bougréau, le chauffagiste, n'avait pas été payé... D'ailleurs il n'y aurait plus de chèque pour personne avant longtemps.

Ce genre d'association d'idées s'opérait en quelques secondes et provoquait des accès de rage contre tous ceux qu'il tenait pour responsables. Question chaudière, il en voulait en général aux gardiennes du foyer, Didine ou sa mère qui venait de lui souffler la place aux cabinets. Les reproches qu'il subissait à chaque incident de chauffage le hérissaient. Par une sorte de filiation malsaine, l'aînée jouait les héritières de la malade, qu'on avait toujours connue très frileuse. Profitant de l'état de Didine, elle s'en servait pour faire pression sur Patrice, manière comme une autre de le traiter en enfant. Patrice s'obstinait : il faisait trop chaud, c'était malsain, il dormait mal, et il aurait volontiers vécu sans chauffage. Avant cela il aurait fallu que tout le monde soit parti, ou mort. En attendant, il patienterait dans l'escalier, le temps que sa mère se décide à réintégrer son poste de garde malade.

En bas, les voix des deux autres couvraient la fin du flash. Ils n'avaient pas tenu longtemps. La colère de Patrice retomba sur eux en foudre silencieuse. De sa hauteur il put entendre qu'une fois de plus Ahmed et joli-papa « refaisaient le monde », comme aurait dit Didine dont il devinait la respiration, ou plutôt ce qu'il en restait : une sorte de chuintement, derrière la porte de la chambre qui battait légèrement, mal refermée. Tous ces vieux enfants s'émancipaient. Du temps de Didine, pas question de radio dans la cuisine le matin. Transi par un nouveau spasme, Patrice songea qu'il aurait bien pris la place de sa mère tout de suite. Au lieu de quoi il s'assit sur une marche froide, un tombeau. Il se souvenait d'une époque où il était libre de ses mouvements. Il s'était laissé envahir par ses parents. Il en oubliait presque les autres tyrannies, le téléphone le rappela à l'ordre. Impossible de répondre sans alerter Didine, qui, par la porte entrouverte, ne devait rien rater : les bruits de cabinets, la radio, le reste. Ne manquait plus qu'il se mette à roucouler. Il ressentit une frustration nouvelle à l'idée de ne pouvoir parler à Lukardis ou même à Babeth. Aurait-il été libre, il aurait sûrement laissé siffler ces vipères sans répondre mais là c'était différent : il se sentait prisonnier, et chez lui en plus. Le pompon, avec ce que lui coûtait cette maison !

Le retour des soucis d'argent le rendait enragé. À mesure que les personnes physiques de son beau-père et d'Ahmed cessaient d'exister réellement, qu'elles s'éteignaient en tant qu'humanité, pour s'imposer comme des bruits importuns il laissait libre cours à une haine forcenée. Un monstre, mais un monstre furtif. Si Ahmed, sa mère ou un autre se décidait soudain à troubler sa retraite, Patrice se relèverait au garde-à-vous sous l'ordre de la minuterie rallumée et, tel ces figurants qu'on met sur le passage des tyrans pour leur faire croire que le peuple les acclame, il se forcerait à faire bonne figure, à montrer le visage aimable que l'on doit à un parent ou à un ami. Face à l'être, à la personne de chair, il ne ressentait plus que le désir de plaire, ou en tout cas l'envie qu'on ne se rende compte de rien, qu'on ne pressente aucune hostilité et qu'on le laisse tranquille, qu'on ne lui pose pas de question, qu'on ne voie pas qu'il était fou.

Tandis que là, dans le noir, en pénitence, les choses et les gens prenaient des allures effrayantes, à la mesure de son propre dégoût du monde. Et voilà qu'en bas on pérorait sur la politique internationale. À quoi bon s'intéresser à tout ça quand on n'a pas les moyens de se faire entendre, sinon des mésanges et d'une presque morte ? La politique leur servait à exprimer une naïveté sans candeur de laissés-pour-compte. Des aigreurs de comédiens ratés. Des pensionnaires. Des prouts.

Lui au moins n'était pas dupe ; tapi dans le noir, caché dans sa propre maison, il se voyait maintenant en homme de l'ombre, le seul ici à tout savoir sur l'envers du décor. Il se répéta les noms de personnalités publiques qu'il avait photographiées pour *Vogue* : des puissants, des riches, des *beautiful people*, comme Bernard Arnault, Andy Warhol ou le dalaï-lama. L'ivrognerie et le manque de sommeil l'amenaient à osciller entre des motifs dépressifs et des idées de grandeur. Il se considérait initié au *deus ex machina* – en réfléchissant, il ne savait plus si c'était « reus », « meus » ou « deus » qu'il fallait mettre avant « ex machina ». Il se dit qu'« ex machina » suffirait bien dans l'état où il était, pas de chichis. Ce dernier mot faillit provoquer un drame. Il envisagea dans un moment d'égarement de lâcher tout à croupetons dans l'escalier. Qui aurait pu se douter que c'était lui ? On aurait accusé Lord Byron, un chat errant qui s'aventurait parfois dans la maison, ou Ahmed dont les antécédents psychiatriques étaient connus. Un reste d'humanité le retint.

Nouveau tourment : une crampe au pied, autre effet de la vodka bue la veille devant... devant... *Snake eyes* ! Le titre du film d'Abel Ferrara avec Madonna lui était revenu. Il risqua une demi-extension de danseuse classique, ce qui eut pour effet immédiat de salir le mur. Ragaillardi, saisi par un relent d'ivresse, conséquence d'un afflux sanguin au cerveau, il se mit à ricaner tout seul comme un maniaque. Il lui semblait que sa mère était enfermée depuis des heures et qu'il allait finir ses jours ici.

En bas on remettait les choses à l'envers, on interprétait la politique internationale à l'aide d'une grille absolue, qui servait les thèses de l'un et l'autre comme une sorte de martingale paranoïaque. Les Juifs par-ci, les Américains par-là. Patrice, la tête maintenant tout à fait renversée, s'avoua que lui non plus ne croyait guère ce qu'on lui racontait dans les journaux, pas plus d'ailleurs que dans la vie, tout simplement parce que la vérité, qu'il jugeait inaccessible, ne l'intéressait pas, parce qu'elle aurait été, à supposer qu'elle existe, moins réelle que le mensonge. Cette idée aussi chantournée que l'était son bras dans le barreau de la rampe donna de la grâce à sa demi-pointe. La vérité pure existait-elle seulement ? Il était bien placé pour savoir qu'un menteur pouvait très bien parvenir à l'empoisonner en y mélangeant ses affabulations jusqu'à obtenir une mixture à la composition bien plus solide qu'un instant de vérité mal fixé par la mémoire. N'avait-il pas, avec ce genre de roman, empoisonné Didine depuis des années ? Ou bien Didine s'était-elle empoisonnée avec son roman à elle, celui qu'elle avait fabriqué pour se plaindre de lui, s'aimer davantage, alors qu'elle ne faisait que se perdre ?

À force de tortiller le spasme était passé. Plus de rire en lui, il avait soif de geindre, de téléphoner à Lukardis et d'annuler, de quitter ces marches qui lui sciaient le dos, d'aller dans son lit, de s'y glisser et d'attendre que ça passe, que tout passe, comme il l'avait fait mille fois depuis quelques jours. Il se demandait s'il avait le temps de filer dans sa chambre quand la chasse d'eau lui enleva tout espoir immédiat.

— Je ne m'en tirerai pas.

En répétant toujours la même antienne, la joue sur le bois mouillé, il eut petit à petit l'impression d'entendre autre chose.

— Je ne mentirai pas.

Encore un mensonge. Deux mensonges. Il s'en tirerait aujourd'hui, 23 décembre 2006, comme toujours. Il se tirait de tout, en mentant. Il ne connaissait que ça, le mensonge. Comme la drogue ou l'alcool, le mensonge était son viatique, son remontant, qui l'aiderait à remonter tous les escaliers et à se sortir de tous les pièges, à éviter toutes les mères, toutes les femmes, toutes les cannibales.

En bas le ton montait : une fois de plus à propos d'une question d'actualité (*Les Bienveillantes*, un livre qui venait de recevoir un prix littéraire), ils en étaient revenus à s'attraper à propos des nazis (les invités du matin, pensa Patrice), une espèce de bonde d'évacuation (comparaison inspirée par la voix de joli-papa) dans laquelle chacune de leurs conversations finissait par tomber, un peu, songea-t-il en guettant les bruits du premier étage, comme dans l'adultère, les disputes de la fin avec Didine. Du caca. Ahmed, qui fantasmait sur les SS ainsi que nombre de gays, se refusait au révisionnisme de joli-papa pour les mêmes raisons. Sans s'en rendre compte le vieux manifestait à ce sujet le même esprit douteur, la même logique d'épicier qu'il abominait chez les commentateurs bibliques du XIXe siècle. Satan psychologue... Satan historien...

Il est vrai que si saint Paul était un menteur, s'il avait dû s'inventer une révélation pour aller à Jérusalem, songea Patrice sans trop savoir pourquoi, l'histoire prenait un autre sens, plus sombre ou plus indifférent. Sans vérité pure. Sans loi morale.

Ici-bas le tourbillon des activités humaines avait repris. Lentement, à son rythme, sa mère était retournée s'enfermer auprès de Didine, Patrice n'avait plus de crampe, plus mal au ventre, seulement quelques difficultés à se redresser, et il vit arriver le moment où il allait descendre l'escalier sur le derrière, comme Charlot. Il fut réduit à rouler sur le flanc pour se retrouver à quatre pattes. Il se déprima une fois de plus d'apercevoir en haut de l'escalier, sur la couverture d'un *Vanity Fair* oublié, le sourire d'Hilary Swank, photographié par Patrick Demarchelier. Il entendit une phrase comme « il va falloir rallumer le four » sans savoir s'il s'agissait d'un appel au meurtre ou d'une envie de croissant congelé exprimée par Ahmed. Ces sujets finissaient vraiment par lasser. Il jugeait que ça n'était pas chic de parler politique ou histoire contemporaine ; ça ne se faisait pas, « c'est assommant », aurait soupiré Didine. Enfin elle ne l'aurait même pas soupiré, il l'aurait vu dans ses yeux : un voile d'ennui, un bâillement de l'attention. Autour d'eux on s'intéressait plutôt à des vérités restreintes à un certain monde : le salaire journalier de tel ou tel photographe plus célèbre que lui (80 000 euros par jour pour Demarchelier), l'âge réel ou les préférences sexuelles d'une vedette en vogue comme Hilary Swank (32 ans mon œil). D'ailleurs il n'y avait qu'à regarder la pile de journaux qui traînait dans l'escalier. Du *Voici*, du *Vogue*, du *Vanity Fair*, pas du *Marianne* ou du *Minute*. Même la vie sentimentale, la sienne, une des rares choses qui puissent encore le faire vibrer (surtout depuis cinq minutes dans sa poche : à n'en pas douter il s'agissait de Lukardis en pleine crise), restait sans importance, sans cesse abandonnée, mise entre parenthèses, comme un DVD lorsqu'il allait se servir une vodka au congélateur, ou répondre au téléphone. Vibrations sans conséquences, tout de suite suivies d'autres qui les remplaçaient ou les répétaient, telle celle qui agitait le petit appareil autoritaire en ce moment, sous l'impulsion d'un désir féminin qu'il ne partageait pas, et qui lui-même n'existait sans doute que tant qu'il n'éveillait pas d'écho.

En arrivant au palier il faillit glisser sur un numéro de *TV Câble Hebdo*. Il avait posé le pied sur l'éclatant visage d'une jeune femme décolletée, à l'allure d'une très belle vendeuse de chez Zara, qui était supposée rapporter les informations (toujours des informations !) sur une chaîne publique. Décidément les objets étaient contre lui.

— Conasse !

Sous la première feuille de chou, rendant le piège encore plus glissant, se cachait la couverture rose, très brillante, bien plus luxueuse, d'un magazine américain, à l'épaisseur arrogante, qu'il prit plaisir à froisser sous sa semelle. Mais, grâce à un vernis triple épaisseur, l'Amérique, représentée ici par le *Vogue USA*, résista une fois de plus courageusement à la botte allemande, lui assénant imperturbable et souverain son titre : *Kirsten Dunst as the teen queen who rocked Versailles 754 pages Fall Extravaganza*.

— Conasses !

Il pensait à la fois à Plum Sykes, une rédactrice du magazine qui ne lui avait jamais adressé la parole durant le dîner organisé en septembre en l'honneur de *Marie Antoinette*, alors que Didine était la première à lui avoir donné sa chance au *Vogue* anglais, à l'actrice Kirsten Dunst qu'il considérait comme une alcoolique sans intérêt (surtout depuis qu'elle avait embrassé un ami à lui), à Sofia Coppola (sans commentaire), et à la speakerine qu'il ne connaissait pas mais dont il n'aimait pas l'air moralisateur qu'elle avait cru bon de joindre à son décolleté comme un ruban antisida au revers d'une porno star.

Il pensait aussi à Lukardis et à Babeth, dont il devinait de nouveau la présence bourdonnante dans sa poche. *Conasse* : ce mot était souvent le seul qui lui venait à l'esprit pour parler des femmes.

En fin de compte, il avait beau faire le blasé, il se montrait aussi aigri que les deux en bas, qu'il entendait maintenant vociférer sans plus rien comprendre, mais son aigreur lui semblait de meilleur goût puisqu'il avait approché personnellement ceux à qui elle s'adressait. Comme disait le Chilien, un suicidé de sa connaissance : « Les gens corrects disent du mal de leurs amis et seuls les ploucs parlent de ceux qu'ils ne connaissent pas. » Encore que parole de suicidé ne soit pas parole d'Évangile... Sans trop savoir pourquoi, sans doute à cause d'un autre rôle déguisé joué par une jeune Américaine, une playmate dont tout le monde avait depuis longtemps oublié le nom, sauf lui (bien que ce matin...), mais qu'il avait rencontrée autrefois pour une séance photo ratée (tout comme Kirsten Dunst) il pensa à Macbeth (Falstaff ?). Macbeth... oui Macbeth... *Macbeth* de Polanski – qu'il s'était forcé à revoir en DVD, toujours pour les mêmes raisons : chercher un truc à piquer, une image, un plan, afin d'en faire de l'argent, ceci pour payer les factures de tout le monde et notamment le fioul en bas, d'autres DVD ou l'abonnement au câble qui faisait les délices des vieux et d'Ahmed, Macbeth lui semblait à la fin de son histoire racontée par un fou, ou plutôt par une playmate, aussi dégoûté de tout qu'il l'était. Où est le mal quand rien n'est vrai ? Tout est parfait quand rien n'est vrai... Et pourtant le mal était là, derrière le mensonge lisse d'une porte...

Grandi à ses propres yeux par la souffrance qu'il avait provoqué, son crime, il se sentait fier de cette comparaison. Lui aussi aimait bien se déguiser, il se voyait dans la peau de personnages historiques. Surtout tragiques, surtout ratés.

Devant le panneau fermé, devant la chambre de Didine, d'où ne filtrait plus rien, ni lumière, ni bruit, il se récita, toujours avec succès – décidément ça allait mieux –, une réplique du même DVD, du même film, du même drame, qu'il avait piochée autrefois, à une époque de sa vie plus gratuite et moins gratifiante où il cherchait encore quelque chose dans le monde qui pût lui plaire :

Les dormants et les morts ne sont que des images et seuls les enfants ont peur des diables peints.

La playmate en costume disait ça pour pousser son Macbeth à aller chercher l'arme du crime dans la chambre de ? Un roi quelconque. À cause de la playmate, de la séance ratée, George V fut le seul nom qui lui vint à l'esprit... Mais ça n'était pas le bon. Édouard VII ?

Quand il entra dans sa chambre, l'obscurité exhalait l'odeur du lit défait. Tirant les grands rideaux de velours dont la doublure avait pris la couleur du ciment à force de brûler au soleil, il entrouvrit la porte-fenêtre pour laisser pénétrer l'air de la campagne. Il s'arrêta sur le miroir de la cheminée. Une image était scotchée au milieu : une reproduction de la gravure de Dürer, *Le Chevalier, la Mort et le Diable*. Son propre visage, défiguré par la lèpre du verre au mercure, se réfugiait derrière l'allégorie. Il bougea pour se cacher. Parut alors dans la glace, encadré par la fenêtre, le bois noirci du marronnier. Des branchettes séchées par l'hiver zébraient le ciel comme des griffes. De la chambre voisine, de l'autre côté de la salle de bains, lui parvint, à la manière d'une plainte, le souffle de Didine. « Le travail du diable est presque terminé », chuchota-t-il au monstre de la gravure, sans que son sourire soit dénoncé par le miroir. Pour finir, il allait hériter des biens de celle qui agonisait là tout près et qu'on appelait autrefois « la plus belle femme de Paris ». Et il les dilapiderait avec ses « putes ». Il songeait une fois de plus à l'appartement des immeubles Walter quand la fraîcheur de l'aube le fit frissonner.

Les miroirs de salle de bains et les anciennes glaces au mercure ne rendent pas les mêmes services. Plongé dans son image par-dessus le lavabo, il observa un long moment la manière dont l'ampoule nue du plafond dessinait en pâte par larges touches blanches, beiges ou d'un rose poupée, les reliefs inattendus que son ventre avait développé au cours du temps.

Combattu par l'électricité, le jour extérieur ici s'affaiblissait. Une lueur tamisée, calme, d'un gris d'argent, révélait les reliefs du carreau dépoli, sans pour autant donner la sensation qu'il y avait autre chose derrière qu'une seconde lampe moins forte, comme un phare de dentiste, ou les tables lumineuses qu'utilisent les photographes pour étudier leur contact.

Par contraste, le ventre nu explosait en repoussoir dans la glace. C'était un ventre moderne, à la manière de ceux représentés par Lucian Freud ou Francis Bacon. Il faisait beaucoup rire Lukardis. Babeth, non – « j'aime bien », disait-elle d'un air sérieux. Patrice le comprima des deux mains pour renfoncer les entrailles à l'intérieur de la garniture de graisse. Passant du visuel au tactile, il se comparait maintenant à un de ces paquets ouverts qu'on essaye de remettre en place, mais où la bourre, en général de la charpie synthétique ou bien des copeaux de polystyrène expansé, n'arrive plus bien, pour des raisons propres à la dilatation des corps légers, à réintégrer le cubage interne de l'enveloppe.

Il se haussa sur la pointe des pieds, sortant le menton du miroir et laissant deviner la masse sombre de son bas-ventre. Il voulait voir son sexe. L'idée du paquet ouvert lui avait suggéré une scène d'éventration qui l'excitait. Ce souvenir d'un SAS (*Roulette cambodgienne* ?) donnait au pénis des proportions flatteuses, que sa demi-teinte plus unie, plus douce que les chairs supérieures de la panse, faisait ressortir sur l'ombre brune des poils et du scrotum. La composition symétrique, les couleurs qui jouaient sur la palette des ocres et des terres donnaient à ce détail un *sfumato* bitumeux à la manière de certaines toiles du XIXe siècle. En agissant par-derrière sur ses bourses il fit tressauter la lance virile comme s'il s'était agi d'une marionnette. Sa bouche se trouvant de nouveau dans le champ de la glace lorsqu'il baissa la tête pour vérifier l'original du reflet, le double de ses lèvres dessinèrent un sourire plus gai, moins forcé que celui du premier miroir. Toujours préoccupé d'exercer la mainmise de sa mémoire fatiguée par le crack, il essayait maintenant de retrouver le nom de la marionnette poilue à qui son sexe lui faisait penser.

— Tatayet !

Il avait crié. Il se retourna vers la porte de la chambre de Didine, comme si celle-ci avait pu se lever de son lit et le déranger dans ses exercices matinaux.

Rassuré, il jouait maintenant dans le miroir à relever son front, doucement, gracieusement, afin de découvrir petit à petit, dans le flou du bougé, comme une danseuse dévoile ses charmes, le beau visage qui lui avait valu tous ses succès. Il avait appuyé les deux mains sur les rebords du lavabo et le plaisir qu'il avait à se voir sous les feux de l'ampoule lui arrangeait une pénombre de complaisance, un flou sur le reste du corps. L'étui de pénombre remontait comme un gant de satin loin au-dessus de ses coudes sur un avant-bras raffermi par l'illusion. Bien qu'il fût âgé de près de cinquante ans, il ne se voyait pas un homme dans la glace. Tête relevée, il se regarda sous deux trois angles successifs, appréciant en triptyque le creusé de la joue (qu'il rentrait quand même en créant le vide dans sa bouche), la ligne du nez et toujours l'angle byronien, satanique, d'un front large de mauvais ange. N'eut été le ventre qui, poussé par la posture, réapparaissait en bas du cadre sous le menton, entre les anses en cou de cygne des bras, comme une gourde pleine d'eau de vin et d'excréments. Il se serait donné dix-sept ou dix-huit ans, à jamais. En même temps, cette panse, qu'il avait apprivoisée et appris à aimer, lui inspirait de nouveaux plaisirs. D'un genre plus relevé, plus « fourré », plus fauve que ceux de l'adolescence. Il repensa à Francis Bacon à cause de l'ampoule nue du plafonnier (le lustre avait été décroché par Didine en vue d'une réparation que ni elle ni personne ne ferait jamais) et aussi de cette lueur grise à sa gauche derrière la vitre dépolie, de l'effet de triptyque, et même du *sfumato* sexuel qui semblait l'effet d'un frottis de pastel brun.

— Nada exist, nada nada nada ! NADA EXIST !

Pourquoi criait-il ça en se regardant dans la glace ? Il ne le savait pas vraiment, même s'il connaissait l'origine de ces paroles. Il imitait une vidéo, où Francis Bacon, un verre à la main, tournoyant comme un animal pris dans le fil du micro, se donnait en spectacle, discourant en français de la peinture, de Vélasquez, de Cimabue... Cimabue qu'il prononçait à l'anglaise, « Chie ma boue... » Patrice avait pris l'habitude de ces imitations quand il dirigeait les clips en s'inspirant de scènes de film, ou de séquences piquées à la télé. Celle-là n'avait jamais servi. Elle était restée la sienne. Il la jouait de temps en temps devant son miroir.

— NADA EXIST !

L'enregistrement se terminait sur cette réplique. En réalité Bacon disait quelque chose comme « Nada j'existe » ou « Nada j'existerai ». Il parlait de lui, de sa boue à lui, comme tout le monde parle toujours de soi, et Patrice bien sûr avait cru ou voulu entendre autre chose, de plus intime, qui ne s'adressait qu'à lui-même. L'écho nihiliste de ces paroles lui plaisait sans qu'il sût bien ce qu'il voulait se conjurer par là. Peut-être « rien n'existe », pourtant il avait un sentiment aigu de l'existence, du fioul, de Didine et de la réalité qui l'entourait, et qui le reprendrait d'assaut dès qu'il aurait fini de se contempler... Ou alors, avec davantage de *mysterioso* (aurait dit Tubersteak, un vieil amoureux de Babeth, ex-surfer de Malibu) : « le rien existe », ce qui était consolant, mais aussi inquiétant, à considérer le très grand encombrement du réel, et aussi certaines théories anciennes sur le Mal.

Et là, Dieu sait comment, en regardant ses dents sous la babine relevée à la manière des chiens (des loups, se disait-il), il repensait ou plutôt il repensa, l'espace d'un instant, à saint Paul...

... mais il n'osa pas crier de peur d'alerter sa mère, qu'il venait d'entendre rire dans la chambre de Didine.

En matinée, le garage Bétuleau vivait son heure d'affluence ordinaire. Kiki, le chef d'atelier, s'était enfin remis au travail sous l'œil de deux ou trois habitués, dont l'un se tenait négligemment assis en amazone sur l'aile arrière de la voiture noire ; l'homme se leva quand Patrice s'approcha pour lui serrer la main. Souvent en panne, comme toutes les Aston Martin, la voiture était connue dans le pays. Le goût de son propriétaire pour les automobiles dites « de collection » faisait la récréation de céréaliers peu enclins à ce genre de gaspillage. Patrice, dont on avait voulu comprendre qu'il « travaillait dans le cinéma », avait sa place au sein du village dans la mesure justement où ses excentricités l'isolaient en temps que « Parisien ». Portant pantalon de cuir, des lunettes de soleil par temps couvert, vivant dans un château, jetant le fioul par les fenêtres, claquant des millions d'anciens francs dans l'entretien de coûteuses épaves, il avait eu le bon goût de ne jamais essayer de fraterniser avec des hommes qui ne s'estimaient pas du même monde que lui. En revanche, il savait se conformer à leur étiquette, ce qui faisait qu'on ne le trouvait pas trop « fier ». Du moins il le croyait.

Sitôt en piste, le théâtre recommençait et c'était bien comme ça. Il fallait suivre le filage, les signaux, les règles du jeu. Toute visite de ce salon rural devait, par exemple, se marquer comme en ce moment non d'un simple « bonjour messieurs » lancé à la cantonade, jugé méprisant, mais d'une poignée de main accordée à chacune des personnes présentes, eût-elle quatorze ans. Le statut de garagiste ou de chef d'atelier exigeait quant à lui un usage particulier réservé aux gens de leur qualité : un serrement d'avant-bras, symbolique reconnaissance d'une charge qui salissait les mains. Patrice finit son tour de piste en caressant le bras épais du garagiste.

— Le chef croit aux miracles.

Le mot de miracle rappela à Patrice une idée de clip dont l'inspiration lui était venue sous la douche. Jusque-là il avait pensé à faire bondir la chanteuse, une ex-top modèle, sur un vieux trail-bike dans un pré à vaches, mais il jugeait lui-même l'idée un peu mince et les gens de chez Sony ne penseraient pas autrement. Il sortit de sa poche un carnet à couverture de moleskine, du même âge que ceux dans lesquels Hemingway avait écrit ses romans, et il y inscrivit à la suite de la phrase : « Karen Mulder fait de l'enduro. » Une autre proposition : « Karen tombe de moto et voit le Saint-Esprit. »

Puis il referma le calepin en faisant claquer l'élastique sous l'œil intéressé des spectateurs.

Un autre motard tombé sur la tête, reclus à vie dans un fauteuil à roulettes, qui passait le plus clair de ses journées à regarder les mécaniciens travailler, prit un sourire de connaisseur lorsque Bétuleau lança une tirade contre les automobiles anciennes. L'argument, plutôt classique, se rehaussait d'une analogie entre « vieille femme » et « vieille voiture », toutes deux aussi « emmerdantes », qui allait droit au cœur de l'infirme, obligé de vivoter chez sa mère avec une maigre pension depuis que son épouse l'avait quitté.

Les autres hommes semblaient savourer aussi la comparaison. Seul Patrice, auquel on s'adressait, n'y prêtait pas attention. Il était plongé dans la contemplation d'un calendrier publicitaire représentant, comme souvent, une jeune femme dénudée. Toujours à son clip, il se dit que ça ne serait pas mal de faire revêtir à l'interprète une tenue d'Indienne avec des franges suggestives.

Décidément le scénario prenait forme. S'il empochait le contrat, il allait pouvoir changer le moteur de l'Innocenti Cooper, une autre pièce (mineure) de sa collection.

— C'est dans les vieux pots qu'on fait les meilleures soupes.

Patrice avait donné la réplique à Bétuleau au pied levé, sans réfléchir, juste parce qu'il avait deviné à une intonation descendante la place d'une relance. L'effet attendu se produisit : la société rit du proverbe, d'autant mieux qu'elle le connaissait déjà. De même qu'un acteur de boulevard signifie, en pleine pièce, sa connivence à un éclat du public par un signe en aparté, Patrice fit une petite moue de remerciement sous ses lunettes noires, complaisance qui resta lettre morte car il se tenait dans l'ombre.

En contrecoup, lui revint le corps chaste et nu qu'il avait aperçu tout à l'heure par la porte entrouverte de la salle de bains. Didine avait gémi et une fois de plus il avait accompli le nouvel ordinaire de son devoir conjugal : une main posée sur les cheveux, un baiser sur le front qui avaient toute l'horreur des gestes de compassion. En levant le voile sur leur intimité, comme on rabat le drap d'un malade pendant l'auscultation, le cancer avait aggravé leur différence d'âge et leur relation se montrait telle quelle.

Tant qu'elle tenait encore debout, la coquetterie avait donné à *la plus belle femme de Paris* le délai nécessaire au seul grand amour qu'elle eût connu. Toute femme estime avoir droit à son grand amour : le sien c'était Patrice. Mauvaise pioche. Avec la maladie et la paresse des mourants, l'illusion s'était défaite. Plus rien n'étoffait leur rapport, la nudité de l'intérêt, seul lien qui le rattachait à elle, apparaissait plus obscène que jamais. Il se demandait parfois ce que voulait lui exprimer l'œil de bête blessée qu'elle posait sur lui dès qu'il entrait dans la chambre. Mais jamais trop longtemps car, en public, il se préférait léger et impitoyable.

— C'est dans les vieux pots qu'on fait les meilleures soupes !

En panne d'inspiration, Bétuleau avait répété le mot de son partenaire. À l'entendre dans la bouche d'un autre (et lequel !), la laideur de la plaisanterie frappa Patrice. Il s'absorba dans la contemplation d'un objet qui le rassurait toujours : sa voiture. Son « char », aurait dit Didine lorsqu'elle était encore capable de parler. Le souvenir de l'argot démodé du genre titi parisien dont s'ornait sa verve mondaine des années 60, façon qu'elle partageait avec les copines de l'époque, Bettina Grazianni, Annabelle Buffet ou Minette de Talleyrand, et qui gênait naguère terriblement son jeune amant, comme une vulgarité, alors qu'il ne s'agissait que d'un archaïsme, ce souvenir le fit presque pleurer ce matin-là. « Dire que je n'entendrai plus jamais ces mots-là ! » L'émotion présente, accentuée par une sensiblerie d'origine alcoolique, n'était que l'envers de l'énervement passé. Comme tout ce qui les concernait, ce souvenir était entaché de trahison. *La plus belle femme de Paris* ne s'oubliait ainsi – elle qui martyrisait son naturel pour lui épargner les marques de leur différence d'âge – que lorsqu'elle se sentait « cool » (quand elle employait un vocabulaire « jeune », l'effet était pire) : après l'amour, ou même simplement après une parole gentille. Le bonheur de cette femme giflait alors Patrice parce qu'il était le fruit d'un mensonge. En face on se doutait bien, mais on fermait les yeux avec la résignation un peu perverse de ceux qui sont désarmés par l'âge. Un amour de mère restée stérile lui faisait accepter tout, et bien sûr d'abord les puérilités – ainsi cette passion de garçonnet pour les belles automobiles –, qu'elle appelait, dans son jargon daté, ses « danseuses » et dont elle ne détestait pas participer au coûteux entretien d'un « p'tit chèque » par-ci par-là. C'est d'ailleurs parce que les *p'tits chèques* s'étaient faits rares ces derniers temps, à cause de la maladie, que les *danseuses* commençaient elles aussi à marquer leur âge. « Il vaudrait mieux pour elle qu'elle s'en aille vite », se dit soudain Patrice sans trop chercher à départager son stoïcisme entre la compassion et l'intérêt personnel.

Un vieux pot dont personne n'aurait osé examiner le contenu venait de faire son entrée et de se planter devant son client préféré. Mme Bétuleau avait à peu près l'âge de Didine, mais avec sa robe noire, son ton geignard et ses yeux de commère rougis par la comptabilité, elle ressemblait à une de ces pleureuses professionnelles qu'on rétribue dans les funérailles orientales. Pour tenir la femme du garagiste à distance, Patrice devança l'appel avec un sursaut de jovialité.

— Bonjour, mâme Bétuleau, c'est bien que vous soyez là ! Je crois que je vous dois de l'argent.

Le problème des cinq cents euros en attente d'expertise chez Sylvana trouverait peut-être ici une solution élégante, propre à ménager toutes les susceptibilités. Pas de danger que ces deux-là déposent à la banque un pareil trésor : ils gardaient sûrement un bas de laine.

Tout en faisant des grâces à la patronne, Patrice se demandait si les Bétuleau possédaient un appareil à détecter les faux billets. Peu de risque. Ils étaient radins et les gens payaient le plus souvent les réparations en chèque. Il enverrait quand même Ahmed jeter un coup d'œil au bureau dans l'après-midi. Du coup on pourrait commander cinq unités à Sylvana, il fallait bien ça pour passer les fêtes de Noël en famille.

Le projet d'acheter de la drogue le mit de très bonne humeur. Sous l'effet d'une joie communicative, Mme Bétuleau, croyant comprendre qu'elle serait payée demain (... et en liquide !), l'avait aussitôt lâché pour un autre. Pendant que Kiki démontait désespérément le capot chromé du turbocompresseur, Patrice s'absorba dans la contemplation de l'habitacle tapissé de cuir rouge que surmontait le fin volant de plastique noir à grand débattement. Les sièges lacérés par les ongles du temps d'où émergeait une pulpe jaunâtre de mousse polyuréthane lui inspiraient un tendre sentiment qu'il avait du mal à s'expliquer. Le rouge convenait bien à ses pensées présentes. L'harmonie trouvait sa clé dans la cambrure vermillon d'une paire de mules en daim noir clouté doré abandonnée sur la banquette arrière par Babeth.

— J'ai quand même la belle vie, se dit-il.

Il était en train de songer avec émotion que Babeth était la seule personne de sa connaissance qui portât de faux ongles américains aux pieds, quand la cloche de l'église envahit le garage de son fracas. Il compta les coups : il était dix heures et la voiture n'était toujours pas prête. Il décida soudain qu'il aurait préféré rejoindre la jeune fille dans son lit chaud du boulevard Saint-Martin plutôt qu'aller retrouver Lukardis au Novotel. Par la même occasion il se rapprocherait de son dealer et il économiserait les cent quinze euros du prix de la chambre en *day-use*. Mais ça, il n'oserait jamais. Dire non à quelqu'un constituait une épreuve très au-dessus de son courage. Le pire était quand plusieurs instances se disputaient ses services, comme en ce moment.

Il y avait joli-papa qui aurait bien voulu qu'on l'accompagne à Paris pour y chercher un livre, sa mère qui attendait la première voiture pour aller acheter une dinde de Noël, Ahmed et son menu enfant, Didine et son cancer, Lukardis qui voulait se faire sauter à l'hôtel, Babeth qui aurait exigé un croissant chaud et deux Alka-Selzer... Sans parler de Kiki (lui, en ce moment, il aurait volontiers jeté le turbocompresseur dans le tas de ferraille destiné à la casse), Mme Bétuleau et ses factures, Sylvana Mangano et son linge de maison, l'ex-mannequin et son clip pourri...

Non, Patrice n'avait vraiment envie de rien ni de personne. En même temps il ne se voyait pas passer l'après-midi à la maison à regarder la télévision avec les autres, en bas, encore moins seul dans sa chambre à écouter Didine étouffer derrière la porte, ou en train d'aider sa mère à faire les lessives à la cave. Il n'avait pas de désir, mais le courage lui manquait bien davantage de rester en place. Il fallait qu'il s'active, que cette voiture reparte. Sous l'emprise d'une pensée magique il décida que s'il sortait du garage pour aller se promener, la réparation se ferait toute seule en son absence.

Dans les moments creux, il aimait bien partir à travers la campagne sur un chemin de terre qui l'emmenait vers l'ancienne voie ferrée derrière l'église. L'hiver, quand il gelait, il trouvait agréable de marcher sur le givre, en prenant soin de ne pas déraper et d'éviter les ornières creusées par les engins agricoles. Parce qu'il était forcé de concentrer son attention sur le sol, comme à l'époque où il jouait sur le chemin du collège à enjamber les joints de pavage des rebords de trottoirs ? Ainsi absorbé, on cesse de divaguer. Mais là il faisait humide, il n'avait pas de bottes de caoutchouc, ses semelles glissaient et s'embourbaient. Comme aurait dit Didine, il n'était pas « équipé » pour affronter la gadoue.

Il se réfugia sous le porche de l'église, poussa la porte à bourrelet de cuir et descendit dans la nef. Les dix siècles passés à attendre les fidèles sur le bord de la route avaient enfoncé le lourd édifice dans le sol. Le pavement se retrouvait en contrebas d'un parvis goudronné où stationnaient les poids lourds en route pour la Loire, là où campaient autrefois les pèlerins de Compostelle. Les deux marches à descendre et l'appareil de pierres verdies qui remontait, s'éclaircissant à peine, vers des vitraux de verre blanc, donnaient à ce lieu toujours désert l'allure d'un tombeau ou d'une crypte. Patrice observa une seule nouveauté, une affiche diocésaine représentant plusieurs visages souriants : un homme de couleur, des couples mixtes, des adolescents, un senior avec un sac à dos en nylon. Le message invitait à se réunir pour Noël dans le partage et l'amour de Dieu. Patrice réfléchit, mais ne trouva pas à qui il pourrait s'identifier. Le couple mixte (avec Vanité), c'était fini... Au senior, alors ? Mais il détestait les mini-sacs à dos.

Il s'enfonça dans le bas-côté en direction du chœur. Il allait chercher, parmi les deux ou trois objets négligés des pillards, une vierge de bois ancienne scellée dans la maçonnerie que le travail des vrillettes et des sans-culottes avait fini par faire ressembler à peu près à une mandragore. Seule la bouche flottait encore sur le bois perdu. Il s'assit près d'elle, comme il en avait l'habitude, toujours sur le même banc, un des derniers avant le chœur. Avec précaution, se soutenant des deux paumes posées en béquille sur l'assise, il recula vers la barre du dossier pour y appuyer son dos endolori par l'âge et l'humidité. Ensuite, ne sachant trop quoi faire, comme un homme qui ne prie plus, il leva la tête vers le jour. Les yeux perdus dans le halo, la tête vide, il écoutait les freins des camions grincer sur la nationale.

Ici on se sentait presque tranquille. À aucun moment, même à l'aurore, couché tout seul dans son lit, il ne connaissait plus un tel repos. L'atmosphère de l'église lui rappelait son atelier de peintre, et une époque où il croyait encore que quelque chose de bien pouvait lui arriver. Depuis qu'il avait cessé de faire l'artiste pour s'attacher à des activités plus rémunératrices, l'isolement l'inquiétait ou plutôt l'inquiétude ne le laissait jamais seul. Il avait sans cesse besoin de se trouver des distractions, des soucis, des amis. Le monde profitait de sa disponibilité pour le harceler de toutes les manières possibles, et lui, tout en s'en plaignant, dépendait en fin de compte de ses obligations. La part contemplative de sa personnalité en avait souffert. Il avait entendu un prêtre dire que dans l'âme des incrédules, la place que Dieu avait tenue un jour restait vacante, « comme la chambre d'un disparu dont on désespère du retour mais que les proches, par superstition, ne peuvent pas se résoudre à déménager ».

Il eut envie de rouvrir son atelier pour voir s'il y avait quelque chose à sauver. En même temps il constata le retour d'un besoin pressant. Un phénomène qu'il avait observé quand il peignait tous les jours, chaque matin, au moment de se remettre à l'ouvrage, à peine assis sur son tabouret, il avait envie d'aller à la selle. Chie ma boue. « Finalement, voilà le seul lien qui me relie au passé », pensa-t-il. Mieux qu'un effort de mémoire, le contraste entre l'atmosphère recueillie et le chatouillement interne le rendit à ses émotions d'autrefois. En fin de compte il était heureux que sa voiture soit en panne, il allait pouvoir s'isoler dans la grande pièce glaciale, allumer le poêle à bois, recommencer les gestes d'autrefois, avant la photo, avant la coke, avant Chattanooga.

Il en était là lorsque le ronflement caractéristique d'un moteur V8 couvrit sans effort apparent, d'un appel pourtant sourd, le roucoulement des pigeons, le souffle du vent et tous les bruits extérieurs. Avec la gravité que lui imposait sa puissance, la machine entreprit posément de contourner l'église pour rejoindre la nationale. Patrice était soudain si attentif qu'il crut entendre les flaques du caniveau éclabousser la caisse basse sous la pression des pneumatiques au moment où les deux tonnes de métal graisseux, de verre abîmé et de plastique terni descendaient le trottoir du parvis pour aller écraser les gravillons contre l'asphalte. Toujours aussi lentement, le lourd attelage s'éloigna à bas régime vers la sortie du village. Kiki partait faire un tour d'essai, la voiture était prête, il était dix heures vingt, il fallait se décider.

— Le chef devrait se décider à acheter une Renault. J'ai ma belle Nevada diesel pour lui. Lui qui aime les voitures de chef il devrait l'essayer.

Kiki se faisait désirer. Était-il tombé en panne ? Indifférent au monologue sadique du garagiste, Patrice s'imagina roulant dans l'ancienne voiture familiale des Bétuleau, dont les sièges houssés en tissus gris-jaune sentaient l'odeur des placards à chaussures de familles nombreuses. Si on avait le courage d'assumer sa vocation d'artiste, voilà un choix raisonnable : plus économique, plus fiable. Le grand volume du coffre permettait de transporter tout un petit matériel : rouleaux de toile, pots de peinture, chevalet en pin verni. Il se voyait à Arcueil, chez Marin, le fournisseur de beaux-arts préféré des profs de dessin, en train d'hésiter sur des pinceaux chinois à deux euros, en compagnie d'une femme qui lui poserait infailliblement la même question : « Tu as vraiment besoin de ça ? », à quarante-neuf ans et demi. Une certitude : ce ne serait jamais Babeth ni Lukardis. À la limite Didine et ses fameux « p'tits chèques » auraient pu jouer le rôle avec un certain panache, mais elle était intransportable, même en break Nevada. Patrice repensa à l'appartement de la Muette et aux importants frais de succession qu'il lui faudrait acquitter à la mort de sa compagne – tout ça parce qu'il avait refusé le mariage l'année passée espérant gagner le jackpot et épouser Vanité à Los Angeles. « Ton rêve de boniche va te coûter bonbon », avait sobrement conclu Didine de sa voix cassée lorsqu'il s'était résigné à rentrer des États-Unis pour venir à son chevet.

À court d'arguments, Bétuleau en était à vanter à son client les qualités incitatrices de l'autocollant *Bébé à bord* collé à l'arrière du break : « Comme ça le chef n'aura plus qu'à s'activer avec madame ! » Le mot de la fin. Ils s'effacèrent devant l'auto noire. La machine vint se ranger contre la jambe de son propriétaire en lui transmettant des ondes de chaleur.

Kiki, un pessimiste, ignora Patrice qui le félicitait d'avoir dégrippé le compresseur. Il ôta le carton qu'il avait posé sur le siège en loques pour le protéger du contact de sa combinaison neuve d'ouvrier et lui fit part de nouvelles alarmes. La chaîne de distribution qu'on entendait cogner contre le carter n'allait pas tarder à lâcher, et là, « ça serait la catastrophe ». Patrice préférait tout ignorer de ce genre de chaînes. Il remarqua qu'une des mules de Babeth avait disparu – elle avait dû tomber sur la moquette pendant l'essai. Il se pencha dans l'habitacle, la ramassa, la remit en place soigneusement. Coupant court au cabotinage de Bétuleau qui calculait sur ses doigts combien allait devoir débourser *le chef* pour une inévitable et prochaine casse, il s'assit aux commandes, fit ronfler le moteur et commença une marche arrière délicate entre une camionnette hors d'âge et le mur sale, sous l'œil incrédule du public au complet. Difficile de les ignorer tout à fait. Il se rappela un spectacle de clown qu'il avait vu avec sa mère à Médrano. Un sketch inspiré du *Corniaud*, une voiture perdait toutes ses pièces en faisant des bruits d'explosion. À trop écouter ces oiseaux de malheur l'Aston Martin devenait un objet de farce, et lui un clown. Il appuya sur le bouton du vieil autoradio et des deux portières avant jaillit le son saturé de son crincrin, comme l'appelait Didine. Radio Nostalgie jouait un de ses morceaux de musique préférés :

« *One way ticket,*
one way ticket,
one way ticket to the blues. »

La courte distance qui le séparait de sa maison ne lui permettait pas d'accélérer autant que la musique disco lui en donnait l'envie. Comme tous les matins à cette heure, la voie était encombrée par la voiturette rouge d'une aide ménagère en visite chez les voisins. Il la frôla au passage en prenant garde de ne pas accrocher le précieux cercle chromé du rétroviseur ancien (deux cents euros la pièce) qui dépassait de l'aile avant.

De temps à autre, quand il se levait tard, il croisait sur le chemin de la boulangerie cette frisée à l'air dur (elle lui rappelait Sylvia Bourdon, une actrice érotique) au bras du petit vieux qu'elle aidait tous les midis à déambuler jusqu'au bout de l'impasse. Patrice s'était souvent demandé combien elle gagnait pour cette besogne, sans compter d'autres plus pénibles (du genre nettoyage d'escarres ou de vase de nuit) qu'elle devait accomplir à l'intérieur. Sûrement beaucoup moins en un mois que lui en deux heures. Quelque chose en elle l'excitait sournoisement. Un été, pendant la canicule, il avait pensé à la faire poser nue.

La maisonnette où s'achevait l'existence de l'homme au déambulatoire et de sa femme s'appuyait au mur de la propriété à la manière d'une niche ou d'une loge de concierge. Au début, la petite cour cimentée était tenue très propre. Depuis qu'ils étaient tous les deux invalides ça se dégradait : il y avait des fientes d'oiseaux, le ruissellement pluvial avait accumulé en tas les feuilles pourries tombées des marronniers du parc. En descendant pour ouvrir le portail, Patrice remarqua même un pochon de Super U envolé de chez lui qui pendait à la gouttière, juste au-dessus d'une fenêtre basse.

Ils devaient vivre derrière les voilages en nylon, dans l'unique pièce éclairée d'une barre fluo au plafond. Les habitants du château apercevaient parfois la vieille dame en robe de chambre qui, tous les soirs, même en été, fermait ses volets sur le coup de six heures. Oui, tout le monde ne s'intéresse pas aux fins de soirée délicieuses. Il faut dire qu'ils n'avaient pas le bon point de vue : au soleil couchant le poste à électricité en face manquait de pittoresque. Il aurait fallu se tordre le cou pour voir le ciel et ce qu'une amie de Didine appelait « les merveilleux nuages », mais pas question de faire d'excentricité : tous les soirs, le volet de fer claquait à l'heure dite. Le jeune chien aurait préféré rester un peu dehors mais il n'avait pas droit au moindre délai, la vieille le rentrait dare-dare ; à croire qu'il aurait pu mal tourner à trop traîner dans la cour. Le contraste entre l'âge du chien et celui des maîtres attristait Patrice ; lui-même s'était parfois senti obligé de se laisser enfermer contre son gré derrière ses propres murs.

En s'acharnant sur le portail, il remarqua qu'il aurait fallu tailler les lauriers. Une tâche qui incombait à

Didine, et qu'elle ne remplirait plus. Il se souvint d'une dispute au sujet de l'arrosage qui avait opposé la plus belle femme de Paris à la vieille dame en robe de chambre. La scène s'était déroulée moins d'un an auparavant. Nadine, ce jour-là, avait encore toute la masse de ses lourds cheveux serrés à l'amazone sous un bandeau et cette manière si chic, si à elle, de remplir de vieux habits de jardinage. Il la revoyait, en bottes comme toujours, avec ses gants de cuir dont les extrémités racornies et terreuses laissaient voir, entre les lèvres des coutures rentraites, un peu de chair du bout des doigts, et, partout sur son corps plein, un jeu de surépaisseurs où des pulls démaillés et de simples cotons teints supportaient les matières nobles, les coupes ajustées et les luxueuses finitions décousues d'anciennes pièces couture. Comme cette veste en daim tabac, abandonnée un soir sur la patère du hall d'entrée, à jamais, alors qu'elle était sûre de la remettre un matin pour aller aux rosiers, relique qu'il touchait presque tous les jours en accrochant tout contre elle ses vêtements à lui, tièdes de vie et imprégnés de l'odeur des autres. Le cuir humide avait séché, laissant apparaître à l'orle la soie lilas passepoilée de noir d'une doublure déchirée, où pendait encore le ruban numéroté d'une fameuse maison de l'avenue Marceau.

C'était le même ruban qu'il voyait maintenant pointer derrière le portail, sous un massif. Les branches remuèrent et découvrirent une masse brune frayant à l'intérieur comme un animal. Une grande femme se déploya, elle le dépassait de plusieurs centimètres. Patrice se dit que, telles les sœurs de Cendrillon, sa mère avait dû beaucoup forcer pour emprunter un vêtement qui la boudinait. Elle tenait un sécateur dans ses mains nues déformées par les rhumatismes ; malgré tous ses efforts, elle n'avait pas réussi à enfiler les gants de jardinage de Didine.

— Il y a Mme Lee Radziwill qui a téléphoné pour prendre des nouvelles de Didine. Je lui ai dit que tout allait bien. Qu'est-ce qu'elle est sympa !

En compensation de la besogne de garde-malade qu'elle s'imposait de bon cœur pour aider Patrice à économiser un peu d'argent, elle accomplissait un travail annexe de secrétariat particulier qui lui permettait de fréquenter, au téléphone, la coterie de Didine. Elle ressentait le besoin de s'en vanter et annonçait les noms à tout le monde : à joli-papa, qui la rabrouait en la reprenant sur des erreurs de prononciation ou des fautes d'usage en matière de particules ; à l'Arabe, qui la jalousait, car il avait rencontré certains éléments du Gotha à Rome, à l'époque où il était l'amant de Pier Paolo Pasolini ; à Didine même ; celle-ci semblait s'éclairer parfois, quoique de moins en moins souvent... Patrice, lui, affichait, une rudesse sarcastique, très show-business, à l'égard de cette bande de prétentieux, mais il détestait que sa mère s'attribue des relations dont il s'estimait quand même l'héritier naturel.

Le seul bon public était la femme de ménage, une certaine Friquette (qu'Ahmed ne se lassait pas de rebaptiser « Quéquette »). Grande lectrice de *Point de vue*, ce sosie féminin de Francis Heaulmes partageait avec la mère de Patrice le goût des mondanités. Toutes deux s'entretenaient mutuellement de l'actu people de la semaine jusqu'à ce que la garde-malade, embarrassée du rapprochement, rompe brusquement la conversation en renvoyant son inquiétante confidente à une tâche quelconque.

— Tu trouves ?

— C'est parce que tu ne la connais pas bien. Sous ses allures de « grande dame », elle a beaucoup de cœur !

Patrice répliqua gravement qu'il n'était pas question de Lee Radziwill mais de Didine. Il aimait bien se donner des airs sombres sans qu'on puisse clairement déterminer si ces mines de croque-mort procédaient d'un simple désir de jouer les rabat-joie, d'une feinte pour se dédouaner de sa légèreté, ou d'une paresse morale qui le dégageait de ses responsabilités en appuyant sur l'aspect désespéré de la situation. Les trois peut-être. En général on jugeait qu'il avait « tué » Didine par ses infidélités.

À l'inverse, et comme pour le contrarier, sa mère se montrait toujours gaie. Moins économe de sa peine dans les soins quotidiens, elle professait un rugueux optimisme quant aux souffrances de Didine, réservant en apparence inquiétude et finesse de diagnostic à son usage ou à celui de son mari et bien sûr de son fils. Dans sa symptomatologie personnelle, on aurait dit qu'une migraine, un rhume des foins ou une gueule de bois du rez-de-chaussée prenaient le pas sur le cancer du premier étage.

La morosité de Patrice avait une explication toute simple : il se demandait où était passé son téléphone.

Il inspecta sa mère à la dérobée. Non seulement elle avait fait main basse sur la veste en peau mais il s'aperçut qu'elle s'était servie dans la penderie de Didine, au premier étage. Pour parfaire son déguisement elle venait d'arracher du buisson où il était resté pendu un chapeau beaucoup trop petit pour elle, somptueux accessoire de la collection Safari d'Yves Saint Laurent. Une pièce des années 70 qui aurait eu sa place au palais Galliera.

— On avait plutôt bonne mine ce matin.

Patrice capitula devant cette énormité ; il se dit qu'il faudrait se résoudre bientôt à une hospitalisation en soins palliatifs s'il ne voulait pas avoir d'ennuis avec la justice. Cette solution, qui aurait eu l'avantage de le débarrasser du même coup des deux vieux, lui revenait souvent à l'esprit, sans pourtant le décider à donner le moindre coup de téléphone dans ce sens. Où avait-il pu fourrer son portable ? Il ne le trouvait pas dans la voiture et il ne se souvenait pas l'avoir tenu en main depuis un moment.

— À propos, qu'est-ce que tu as décidé pour la dinde ? Une oie, ça serait peut-être mieux si les amis de joli-papa viennent. Et puis... je ne sais pas... si Ahmed veut inviter des copains ?

Patrice imaginait bien le genre de copains qu'Ahmed allait convoquer après avoir sniffé son menu enfant. Ils auraient pour surnoms « Nounours poilu », « Black bien membré » ou « Motard à grosses fesses », bref le style de relations sans préjugé que les homosexuels aiment à lier par le biais du réseau téléphonique ou d'Internet. Il projeta le plan de table du réveillon, et les propos que ces nouveaux rois mages pourraient bien échanger avec les amis de joli-papa. Ahmed allait se réjouir par avance. Un penchant d'ex-militant gauchiste pour la provocation se trouvait réduit avec l'âge à un goût néronien du scandale et de l'obscénité. En plus, tout ce beau monde était capable de s'entendre. Ancien scout d'Europe, Patrice était bien placé pour savoir que les milieux d'extrême droite abondent de pervers. Il pensa aussi à Didine, dont la chambre se trouvait juste au-dessus de la salle à manger et qui subirait les flonflons de la fête, le bruit des bouchons de champagne, le brouhaha révisionniste (il y aurait sûrement le professeur Souriceau, un familier de joli-papa qu'Ahmed appelait « Sourissote », et des journaux comme *Le Monde* ou *Le Nouvel Observateur*, « un pseudo-historien nauséabond »), le tout rythmé par les rires hystériques d'Ahmed et de ses partenaires de débauche. Sans parler de l'inévitable « petite visite » à Didine de sa mère, qui viendrait par charité chrétienne embrasser « la jolie malade ».

Pour trouver tout ça un peu drôle, Patrice se dit qu'il allait avoir besoin de beaucoup de champagne et de cocaïne.

— Et, je ne sais pas, peut-être que des amis de Nadine voudraient se joindre à nous, ça lui ferait sûrement plaisir. Non ? Qu'est-ce que tu en penses mon Pataud ? dit-elle en lui effleurant la barbiche.

Il frémit sous la caresse. On y était : l'élargissement aux copains d'Ahmed n'avait pour but que d'en arriver là. Il aurait pu rire s'il n'avait pas été préoccupé par un nouveau souci : « Pourvu que mon portable ne soit pas tombé sous le lit de Didine quand je l'ai embrassée. »Il se donna à peine le temps d'imaginer la contenance de Betty Catroux ou de Jacqueline de Ribes assises autour de la table en formica jaune de l'ancien réfectoire, entre un motard à grosses fesses tout frais sorti du lit d'Ahmed et le révisionniste en pull jacquard. Le tout dans une atmosphère crématoire de volaille brûlée et de cigarillo (l'autre péché mignon de l'historien).

— Je ne crois pas que cela soit une bonne idée.

Il avait répondu d'un ton cérémonieux. Politesse qu'il contredit aussitôt en claquant le volet du portail avec une violence inutile.

À l'égard de sa mère il souffrait de sa propre hostilité comme d'une marque de bassesse, surtout depuis que

Lukardis lui avait donné, par des conversations téléphoniques à l'hôtel, l'exemple d'une franchise plus aristocratique (« maman, vous faites chier ! ») ; mais il n'arrivait pas à contrôler ses poussées agressives. Depuis des années il ne regardait plus cette femme en face et, l'affrontant toujours de biais ou tête baissée, il évitait toute conversation suivie. Il passait son temps à la fuir, à lui « montrer son dos » (dixit Didine) – comme il venait de le faire à l'instant pour remonter dans sa voiture et emprunter l'allée de graviers vers la maison.

Sa mère n'était jamais naturelle. Il se rassurait de constater que toutes les femmes qu'il avait choisies avaient pour point commun de montrer plus de simplicité en société. Même les vipères comme Lukardis, qui avait sûrement déjà laissé plusieurs messages cassants sur son portable (où était-il ?), ou les viragos alcooliques comme Babeth, dont la grande taille (un mètre soixante-dix-sept sans talons), la brutalité, le sens critique et les sarcasmes le terrorisaient encore davantage (rien que le son de sa voix mielleuse sur la messagerie suffisait à lui faire peur), au moins avec elles on savait à quoi s'attendre. Elles pouvaient se montrer méchantes mais non contraintes. Didine non plus n'avait pas sa langue dans sa poche, avant.

La perspective de l'affronter l'empêchait de réfléchir ou même de faire attention à ce qu'il faisait. Il gara la voiture et monta le perron en s'obstinant à fouiller des poches qu'il avait déjà explorées à plusieurs reprises. À chaque fois qu'il en extirpait les mains il devait s'arrêter pour ramasser de menues ordures, vieux kleenex ou tickets de carte bleue, qui tombaient, arrachées à leur prison par les clés de l'auto. Il n'arrivait pas à les lâcher pour libérer ses doigts, et pas plus à se calmer ou à se poser quelque part pour retirer son caban militaire. Il se méfiait de lui, c'était dans ce genre d'état qu'il semait l'argent ou les cocottes de cocaïne. En plus, il fonçait afin d'éviter une rencontre. Impossible d'extraire de sa bouche un mot pour Ahmed ou pour joli-papa. À mesure qu'il s'approchait toute recherche devenait inutile. L'émotion l'aurait empêché de retrouver le téléphone, même si le téléphone se cachait quelque part ailleurs que chez Didine, dans ses vêtements, dans sa chambre ou dans la salle de bains quand il s'était déshabillé. Cessant de se fouiller, il laissa retomber ses mains avant d'arriver à la porte de Didine. Il fallait qu'elles se reposent un instant et qu'elles se sèchent sur le drap du caban avant l'épreuve suivante : la poignée de porcelaine dont il sentit l'œuf glisser sous une paume encore humide. Il savait qu'il lui faudrait aller jusqu'au bout, un désir plus profond que tout le reste l'emmenait près d'elle. S'y mêlaient le besoin d'être à son contact, et la peur de ce qui pouvait naître de la confrontation. Quelque chose entre eux n'existait plus, le lien semblait rompu, d'ailleurs ce n'était plus vraiment elle qu'il vit en ouvrant la porte ; en même temps il avait l'impression qu'il retenait un geste qui aurait pu rétablir le contact. À lui de trouver lequel, elle ne pouvait plus rien faire, plus rien dire pour lui faciliter la tâche ; ses yeux le repoussaient une fois de plus et la solitude qu'il ressentait face à eux lui rendait toute tendresse obscène et des idées violentes lui venaient. Il se vit même prendre un oreiller et l'étouffer, cette vision fugitive lui déchira l'esprit un instant avant qu'il ne retombe dans la gêne et les précautions d'usage.

En passant entre la fenêtre et le lit pour s'emparer du téléphone qui traînait sur le plancher – sans doute l'objet avait-il fini là à force de vibrer sur les couvertures –, il croisa un regard plus fixe que d'habitude, au point qu'il se demanda si elle n'était pas aveugle. La chimiothérapie avait troublé et exorbité les globes oculaires. Il crut distinguer une taie sur l'un d'entre eux, mais en y regardant de plus près il aperçut une larme, d'une qualité particulière, un peu grasse, humeur due sans doute au dessèchement des glandes. Il s'empressa de détourner la tête. Par une bizarrerie de caractère, il eut un bref remords, non de la souffrance supplémentaire qu'il avait infligée par maladresse, mais d'être venu ici tout à l'heure.

À quoi bon essayer de faire du bien, se disait-il, quand le résultat aggrave le mal ? Son premier souci fut de guetter l'écran de contrôle à la dérobée. Il crut voir le nombre de dix-sept appels en son absence. Le boîtier avait donc dû vibrer à dix-sept reprises sur le ventre blessé. Sans parler du signal d'alerte messagerie, sonore et... réglé en un crescendo déchirant. Il sortit de la chambre sur la pointe des pieds comme si cette précaution pouvait réparer. En refermant tout doucement la porte, il n'osa plus regarder vers le lit. Il avait à nouveau envie d'aller à la selle.

Pour couper au plus court, il aurait fallu traverser la chambre de Didine. Il suivit un parcours plus tourmenté à travers la salle de bains, sa chambre et le couloir. Arrivé au grand escalier central il se replia d'autant plus vite au fond du couloir que son mal au ventre avait empiré. Depuis quelques années il était l'objet de spasmes dus à l'alcoolisme. Les produits laxatifs que contenait la marchandise de Sylvana Mangano n'arrangeaient pas les choses, loin de là. Les dix-sept appels en son absence – il avait vérifié – l'obsédaient. Il faillit rater Ahmed qui le guettait, perché en haut du petit escalier en colimaçon montant à son nid d'aigle.

— Haha Cacatou ! Cacatououuuu ! Caaacaaaatouuuuuuuuuu !

Ahmed s'intéressait aux soucis intestins des uns et des autres. Les siens lui donnaient matière à des communiqués solennels dont il faisait profiter la communauté, en général pendant les repas ; à la grande gêne de Patrice qui détestait qu'on parle en public de ce genre de choses.

Patrice claqua la porte avant que l'autre ne le relance sur la question du menu enfant. Effondré sur le siège, tourmenté par les messages et les SMS qui attendaient, il n'osait même pas extraire le téléphone de la poche de son pantalon effondré au sol parmi les cadavres de mouches séchés. La maison était infestée de ces insectes venus d'une basse-cour voisine et groupés en essaims dans les encoignures à l'approche de l'hiver. Le chauffage central les ranimait et ils finissaient par crever lentement en vrombissant sur le sol. Une plaie à laquelle Didine seule savait remédier à force d'insecticide et de tête-de-loup. Friquette n'avait pas tant de courage. Les mouches pullulaient et chacun passait une partie de la soirée à pester en les pourchassant dans les chambres. Didine en souffrait davantage. Par paresse, Patrice laissait sa mère agir, mais celle-ci, un soir où elle avait un peu bu, avait manqué empoisonner la malade à force de vider des bombes toxiques dans la pièce surchauffée.

Une de ces bombes traînait d'ailleurs sans bouchon dans le réduit, non loin d'un numéro de *Paris Match* ouvert à la page du carnet mondain.

Patrice s'occupait à faire craquer une mouche sous sa semelle quand le portable se mit à bourdonner, lui aussi. Voilà qu'elles recommençaient. Il le sortit de sa poche en le manipulant avec précaution : il craignait de l'avoir déverrouillé et de décrocher par mégarde. L'inscription « numéro privé » clignotait sur l'écran. Il attendit le signal annonçant un message : plus c'était long, plus c'était louche. Il regretta de l'avoir laissé en vibreur, mais il n'avait pas la force de changer de profil audio. La lumière descendue d'un jour de souffrance eut le temps de changer au passage des nuages avant qu'il se décide à reposer tout aussi délicatement le combiné sur son pantalon de cuir. Un appel sans message dénonçait la manœuvre de quelqu'un qui avait déjà dû essayer plusieurs fois et qui se cachait dans l'espoir qu'il décroche. Babeth et Lukardis étaient coutumières de ce genre de ruses. Elles réussissaient de temps en temps, il arrivait en effet que Patrice prenne sur lui de répondre dans certains cas graves : par exemple s'il attendait un appel du dealer (toujours masqué).

Pour le moment, il n'avait plus aucun courage, même pas celui de remettre son pantalon. Pas question d'écouter les messages : rien que l'idée de la voix dure et posée de Lukardis lui donnait envie de tout casser. Babeth, elle, avait au moins sept ou huit timbres différents à son service, du ton sucré de l'escort-girl, son métier actuel, au phrasé agressif de la caillera, son origine sociale, en passant par les chantonnements de la petite fille folle, sa névrose. Ce dernier timbre était peut-être le pire. Quand elle fredonnait sur sa messagerie vers cinq ou six heures du matin « dormez-vous ?... dormez-vous ?... » sur l'air de *Frère Jacques*, on aurait juré un vrai démon. Patrice se sentait si bas qu'il envisagea pour la première fois sérieusement d'éteindre son téléphone et de passer la journée à la campagne.

À chaque fois qu'il était pris de remords, il dénigrait ses attachements. « Je crache dans la soupe », se dit-il en même temps qu'une nouvelle averse s'échappait de son corps. Non, ça n'était pas la sexualité qui le travaillait : les interminables étreintes avec Lukardis ne lui laissaient en ce moment qu'un souvenir confus. Babeth ? Il se contentait depuis toujours de l'embrasser sur la bouche et de la serrer dans ses bras. Le seul avantage de ces épanchements était de les neutraliser toutes deux. Lorsqu'il les serrait fort et qu'il leur disait qu'il les aimait avec les mots et surtout l'air de sincérité qu'il fallait (et que la cocaïne aidait à bien ajuster), elles cessaient momentanément de le harceler. Encore, à chaque fois qu'il était avec l'une devait-il mettre le téléphone en silencieux pour que l'autre ne vienne pas tout gâcher. Ligoté ! Il agita ses pieds que garrottait la doublure déchirée du pantalon. Pauvre Didine. Avant son départ aux États-Unis, déjà, il mentait moins bien, il ne la touchait plus, il n'avait plus l'énergie nécessaire. Le signe que c'était fichu. Et ça serait bientôt le tour des autres. À commencer par Lukardis. Dix ans que ça durait... Bizarrement, il était tenté de supprimer Babeth en premier. Comme Vanité déjà avant elle. À croire que Lukardis le maraboutait.

Incommodé par l'odeur de ses propres déjections – avec l'âge, avait-il cru remarquer, ce genre d'ordures sent de plus en plus mauvais –, il tira la chasse d'eau sans se résoudre à bouger. Là-haut, dans un ciel lointain que la lucarne ne permettait pas d'apercevoir, les nuages continuaient de s'accumuler et modifiaient l'intensité lumineuse à un tel point qu'il aurait fallu allumer pour pouvoir lire *Match*, comme il s'exerçait à le faire les mains crispées sur les genoux. Il ne comprenait pas les mots qu'il arrivait à déchiffrer. Il avait ouvert le journal sur une page qu'il connaissait bien, une interview de Vanité illustrée par une photographie signée d'un autre que lui. Titre : *En amour je n'ai jamais rencontré que des minables.* Au début ça lui avait fait de la peine, mais à force de l'avoir sous le nez il s'en moquait. On apprivoise toutes les souffrances, même celles d'amour-propre. Les lettres se brouillaient devant ses yeux qu'il n'arrivait pas à ciller et un bâillement le prit. La vision de Didine s'éteignait, comme tout le reste. Il passait par un de ces vides intérieurs où il ne savait plus s'il se sentait triste, fatigué, ou rien : nada. Vanité. *Vanité, princesse du r'n'b.* Encore une princesse ! Avec Lukardis ça faisait la paire... Pas commode celle-là. Dire qu'il avait fait encore plus d'efforts pour elle que pour les autres ! Il y avait quelque chose en elle qu'il n'avait jamais réussi à atteindre, peut-être le fait qu'elle soit d'une autre race, ou alors une question de langage, à moins que le crack et la gloire ne la rendissent tellement inquiète et si retournée sur soi qu'elle ne pouvait être rassurée par rien d'extérieur. À chaque fois qu'il avait essayé de la joindre intimement, il n'était arrivé à rien, il avait l'impression de compter fleurette à un vieux nègre hostile, au grand-père, l'ancien gardien de parking qu'ils étaient allés voir à l'hospice de Chattanooga, avec ses yeux blanchoyés par la cataracte. Une froideur circonspecte : *Nothing personal*, comme disait à ses amants sur l'oreiller la belle Annabella Melbourne, une amie anglaise de Didine.

On aurait cru la nuit retombée. La journée finie, passée aux cabinets. Une pluie orageuse battit le carreau. La position ne tarderait pas à devenir intenable. L'eau provenant d'un des nombreux défauts d'étanchéité de la vieille bâtisse allait lui dégoutter dessus ou dégouliner le long du mur en flaque jusqu'à son pantalon. Autre motif de décamper : un son de voix familier qui montait du vestibule lui apprit que la même pluie avait chassé sa mère du jardin.

Il s'activa de peur d'être acculé par la menace régulière et placide d'un pas alourdi par le temps. Retraite coupée, il ne lui resterait plus qu'à monter dans la tour se cacher dans l'escalier.

En haut du colimaçon, sur l'arrondi caverneux du mur, l'antre d'Ahmed diffusait une lumière bleutée. Patrice supposa que l'ancien trader devait boursicoter sur son ordinateur en attendant l'ouverture de Wall Street. La simple perspective du désordre confiné où se complaisait Ahmed le décourageait. Catalogue de débris alimentaires, vieux kleenex, cendriers pleins – depuis qu'il avait arrêté le tabac il enchaînait les paquets de cigarettes pharmaceutiques à l'eucalyptus –, disposé en pagaille sur l'affreux mobilier En attendant les barbares qu'il avait rapporté de son ancien appartement de l'avenue Montaigne, godemichés et magazines pornographiques qui tombaient par terre à chaque fois qu'on déplaçait une pile de quotidiens économiques pour s'asseoir... Là-haut l'atmosphère était lourde. Depuis qu'il avait perdu sa culotte à la Bourse, Ahmed ne se nourrissait guère que de petits plaisirs : se réjouir des baisses d'indices, des krachs boursiers, des OPA inamicales, toutes les mauvaises affaires que son impécuniosité lui épargnait – au début, il faisait des investissements fictifs pour se distraire, mais il avait arrêté parce que les gains qu'il réalisait par maladresse le mettaient de mauvaise humeur –, et la masturbation compulsive. À peine sortait-il par beau temps, pour une promenade en forêt ou une réunion au club gay et lesbien de Pithiviers. Plus d'amant. Plus d'ami. Sauf Patrice de temps en temps. Il fallait être sous crack, coke, whisky, Ricard, bref, grimpé au plafond, pour monter là-haut. Une ou deux fois (trois ?) Patrice s'était laissé entraîner dans cette chambre mais il préférait éviter d'y penser. Francis Bacon en aurait tiré un enseignement, lui non.

Il s'appuya sur le mur. Il s'était arrêté juste en face de la porte de Didine, on n'entendait rien, pas même un souffle. Seule la pluie qui clapotait quelque part. À force de remuer tout ça, il s'était affaibli ; à moins que la longue station assise lui ait coupé les jambes. Il avait envie de se laisser glisser de nouveau par terre, dos au mur en pliant les genoux, mais il s'appuya plus fort pour contrarier cette tentation. La chambre de Didine était le premier endroit où sa mère se rendait en rentrant du jardin. Avec une patience épuisante, elle entretenait avec sa malade une conversation dont elle faisait tous les frais. Suivant le conseil d'un spécialiste des soins palliatifs, elle estimait de son devoir d'impliquer la mourante dans la vie quotidienne de la maison. Elle voulait la tenir au courant par exemple de son plan de table pour le dîner de Noël, lui annoncer que telle ou tel avait pris de ses nouvelles par téléphone ou prédire que les rhododendrons seraient beaux cette année grâce au voile protecteur que l'on avait posé à son initiative. Elle était fière de reprendre la maison en main et s'était mis en tête que cela faisait plaisir à la *compagne* de son fils (en vingt ans elle n'avait jamais compris cette union libre) de savoir qu'elle serait bien remplacée. Le plus étonnant c'est que Didine semblait prendre davantage d'intérêt à cette compagnie qu'à celle d'amies plus intimes, elle qui s'en était toujours tenue à distance quand elle était autonome. Comme si la familiarité l'emportait en fin de vie sur des liens plus anciens. Ou alors ne voulait-elle pas imposer à ses anciennes amies le spectacle qu'elle offrait.

Ce bienfait inattendu, les rares fois où il en prenait conscience, dérangeait Patrice comme tout ce qui allait au contraire du découragement et du laisser-aller. La colère lui redonna un peu de force. En avançant à tâtons dans le couloir assombri par l'orage, il entendit prononcer son nom au rez-de-chaussée : on cherchait sûrement à le coincer pour aller faire les courses de Noël au Super U.

À peine renfermé dans sa chambre, il s'effondra sans prendre la peine d'écarter tout un tas de courriers et de factures impayées qu'une bonne fée, Ahmed ou autre, avait ramassé sur la table du vestibule et déposé sur son lit pendant qu'il était au garage. On avait fait ça pour lui rendre service, afin qu'il y pense, alors qu'il laissait s'accumuler délibérément la pile depuis des semaines, évitant même de la regarder quand il passait à côté. Il sentait l'oppression monter, il s'étendit pour respirer plus librement. Le dos de ses mains commença aussitôt à transpirer au contact d'une enveloppe blistère posée sur l'oreiller. Sans se déranger, il essaya de deviner son contenu.

Les impôts ? Non, ce n'était pas la saison, plutôt un prospectus du Super U ou alors le programme mensuel de Canal Satellite, un service auquel il avait souscrit (choisissant même l'abonnement le plus cher avec le *bouquet cinéma grand large*) alors qu'il était incapable de suivre un film plus de dix minutes pour cause de cocaïne et d'indifférence à tout ce qui ne concernait pas directement ses soucis personnels.

Tant mieux pour les autres qui s'étourdissaient de films à longueur de journée – il entendait en ce moment même le son monter de la pièce télé située sous sa chambre – et passaient des repas entiers à lui raconter en détail des intrigues confuses. Ses parents ne se souvenaient ni du nom des acteurs ni de celui des réalisateurs, encore moins des titres, qu'ils écorchaient en se corrigeant l'un l'autre dans des approximations vaseuses.

Au creux de son oreille, plus sournois mais plus envahissant que les assauts de la télévision d'en bas, le harcelait le cliquetis régulier de sa montre. À mesure que le temps s'écoulait, il sentait le découragement le paralyser sans l'insensibiliser. Au contraire : les scrupules l'agaçaient de titillations internes comme les fourmis qu'une fausse position et le poids de sa tête avaient réveillées dans le réseau nerveux de ses avant-bras. Si ça continuait il allait garder la chambre et passer la journée en souffrance, avec son courrier, dans un lit transformé en dépotoir.

L'odeur fade de sueur et de poussière qu'il avait voulu chasser tout à l'heure en aérant remontait comme les mauvaises nouvelles des draps froissés Friquette n'avait pas changé la literie depuis plusieurs semaines sous prétexte qu'il était dans sa chambre les deux dernières fois qu'elle avait poussé la porte. Sûrement dans le même état qu'aujourd'hui. Didine l'aurait trouvé ainsi, elle lui aurait demandé s'il attendait le Jugement dernier. Pas le genre à se laisser aller, elle avait passé sa vie à s'agiter. Toujours occupée, pleine de soucis... Elle s'arrangeait pour avoir un emploi du temps chargé. Même encore maintenant, il l'entendait gémir.

Dans l'espoir de la faire taire, il fixa le mur qui les séparait, un mauvais regard qui la visait à travers l'espace, à travers le temps, une habitude prise avant son départ en Amérique, à une époque où ils dormaient encore ensemble. Privé de sommeil, embarrassé dans un mélo qui l'étouffait, incapable de s'en dégager, coincé dans un drap moite de transpiration qu'il n'osait arracher de peur d'avoir froid, il restait immobile, la joue brûlée par l'oreiller, à la dévisager pendant de longs moments d'un mauvais œil d'insomniaque alors qu'elle commençait à ressentir les premières atteintes des difficultés respiratoires qu'on voulait encore confondre avec un ronflement.

Il était d'autant plus agacé alors qu'il se tourmentait à l'idée que Vanité, *la négresse* comme l'appelait la dormeuse, se lasse de l'attendre et aille voir ailleurs. Envahi par une jalousie impuissante d'adultère, il haïssait la femme qu'il s'apprêtait à quitter de si bien dormir, alors qu'à cause d'elle sa maîtresse le trompait peut-être en ce moment même. Plusieurs fois il avait voulu sa mort.

Parfois la dormeuse était enlaidie par une grimace due à un rêve, un effort respiratoire ou simplement le mauvais angle pris par sa tête et la déformation que faisait subir la boule de l'oreiller ou le plan du matelas à une paupière, à une bouche soufflée par les injections de collagène – elle se mettait à ressembler à une vieille grenouille. L'inquiétude le prenait à la pensée du travail de destruction que les larmes et les insomnies à venir allaient poursuivre, par sa faute à lui, sur ce visage déjà abîmé. Il se disait alors qu'il avait intérêt à se sauver le plus vite possible.

À d'autres moments, elle cessait de ronfler et elle lui apparaissait belle et sereine, figure de cire ou une de ces « sleeping beautés » de Palerme ou d'ailleurs dont on raconte que la mort les laisse intactes dans leurs suaires. Elle retrouvait le plein pouvoir de ce masque de grand apparat qui lui avait valu de disputer le surnom de « plus belle femme de Paris » à Anne-Marie Descott ou Olga Georges-Picot, et il se disait qu'il vaudrait mieux qu'elle meure intacte dans son sommeil. À ce souvenir il se détourna vers la fenêtre.

La mollesse du lit, le lyrisme facile du ciel qu'il suivait derrière les carreaux, berçaient son attendrissement : une ivresse plate, aplatissante, une ivresse de larmes, une angoisse de fin de matinée qu'il prenait comme d'habitude pour une ivresse de fin de vie.

Autour de lui chaque chose avait son rythme : les nuages là-haut, les poussières ici, en suspension dans la lumière du soleil, le souffle de Didine, le sien, une mouche, et la montre qu'il entendait toujours comme un rappel nerveux du téléphone, de Lukardis, de Babeth et des autres.

Il reposa ses yeux sur la porte et le cliché qu'il avait scotché dessus. Encore ébloui, il vit apparaître, à peine déformé par les larmes, un autre masque de grand apparat désormais familier : celui de Babeth, jeune personne blonde en manteau de chinchilla qui, l'œil bleu dur, coiffée d'une frange coupée bâton, lui montrait, comme à tout le monde, de jolies petites dents pointues et lui faisait les cornes du diable avec la main ; une main d'ouvrier, baguée d'un coup-de-poing américain en or et brillant siglé Mercedes (à moins qu'il ne s'agisse du symbole de la paix). Tout contre elle, Vanité, vêtue d'un blouson de vison blanc et d'un T-shirt pailleté où était inscrit en cursive le mot « superstar », le fixait sans sourire de ses pupilles élargies de toxicomane. Elle aussi tendait l'index et l'auriculaire dans sa direction, un second symbole Mercedes en rubis serti de platine pendant de son poignet au bout d'une chaîne bracelet. Le cliché avait été pris l'hiver précédent, pour le calendrier de Roberto Cavalli. Babeth était au zénith de sa courte carrière de modèle ; Vanité, qui l'avait imposé sur le shooting, à la place de David LaChapelle, au début d'une carrière mondiale.

À côté une porte s'ouvrit, la voix de sa mère. Il discernait mal des paroles probablement destinées à réconforter la malade mais qu'un timbre élevé et musical rendait aussi impitoyables qu'un babil d'enfant ou un chant d'oiseau à l'aube. Détachée du corps, cette voix restée jeune lui donna une de ces impressions de déjà-vu qui venaient parfois bouleverser sa perception du temps, comme s'il était revenu très loin en arrière, à une époque où cette femme réglait encore sa vie, comme si toutes les années passées n'avaient pas eu lieu, que l'émancipation qu'il avait cru conquérir était un rêve interrompu par les circonstances présentes pour remettre le vieil enfant à une place cent fois quittée et dont son petit lit de célibataire était le symbole.

Ainsi ces aliénés d'âge mûr qui, sous le coup d'une interruption momentanée de leur démence, prennent soudain conscience devant un miroir ou le regard de leurs parents, dans de brefs et douloureux contacts avec la réalité, de tout le temps perdu, de la jeunesse enfuie dont leur mal les a privés, il se rendait parfois compte qu'il avait vieilli sans mûrir ; son égoïsme, sa froideur, l'ensemble des indélicatesses qu'il tenait pour des précautions utiles à son confort ne jouaient que les prolongations stériles d'une interminable enfance. Il était coincé. Ligoté. Ce qu'il croyait avoir organisé de son plein gré, cette réclusion à la campagne, dans une caricature de noyau familial, n'était que l'effet d'une machination extérieure ourdie par son mal, mal aussi pernicieux que le cancer de Didine, dont une même folie le persuadait maintenant qu'il était responsable. Il était coincé. Il n'allait pas mourir de sitôt mais il avait à ce moment même le sentiment qu'il ne vivrait jamais, ce qui ne valait guère mieux.

Avec une insistance toute féminine, le téléphone recommença à vibrer dans sa poche. Il sentait sa caresse juste posée sur un ganglion qui avait poussé entre la bosse de l'os iliaque et le vallon de son aine. Un rayon oblique, d'un jaune rendu verdâtre par la réfraction des nuages, vint brouiller, mieux que les larmes qui coulaient le long de ses joues, la photographie sur la porte. Sous l'effet du soleil d'hiver les deux jeunes femmes semblèrent d'abord se figer un peu plus dans leur impassibilité plastique, à mesure qu'apparaissaient plus évidentes les corrections faites à l'ordinateur : effacement du grain de la peau, des menus défauts de pigmentation, effet de lissé, couleurs artificielles que le tireur avait poussées en laboratoire, puis, à mesure que la lumière portée s'intensifiait, Babeth et Vanité se désincarnèrent, se réduisant d'abord à l'état d'à-plats de couleur et enfin de simple flaque de mercure ; plus le vernis photographique brillait sous le phare du soleil, plus elles semblaient tendre à s'éteindre, à se diluer dans le miroir de l'invisible, comme ces tirages ratés qui, suite à une surexposition ou à un mauvais réglage de l'obturateur lors de la prise de vue, n'arrivent pas à se définir dans le bain du révélateur. Alors la poussière, les innombrables particules en suspension, révélées par l'entrée du soleil dans la pièce, lui parurent ressortir d'une catégorie de matière plus stable, plus vivante, que ces photographies.

— Tu te branles ?

Ahmed venait d'entrer sans frapper et se dirigea vers la salle de bains, drapé d'une serviette d'hôtel tachée de rouille et nouée sous le ventre, à la façon d'un paréo.

Patrice se redressa. Pour se donner une contenance, il déchiffra à voix haute l'inscription en chiffres romains qui ornait la pièce de musée.

— Je ne peux pas croire, tu as encore la serviette de l'Alphonse XIII !

— Eh oui ! depuis 1975, notre lune de miel.

En fait de lune de miel, Patrice avait le souvenir confus d'une semaine entière passée à boire. L'Arabe profita de ce qu'il estimait une ouverture pour se laisser tomber lourdement près de son ami et il pêcha un oreiller par terre, sans prendre garde à un verre de vin qu'il envoya rouler un peu plus loin. Le résidu du ballon de rouge arrosa au passage quelques enveloppes dont une blanche en vélin à l'aspect précieux – on avait calligraphié l'adresse à l'encre dorée –, une invitation. Ahmed la ramassa et se mit à aboyer l'adresse sur un ton cérémonieux.

— M. Patrice Strogonoff, 7, impasse de l'Abreuvoir, 45340 Égry.

Il y avait un peu de jalousie là-dedans. L'Arabe ne recevait plus guère de courrier, sauf de temps en temps quelques paquets sous plis discrets. Il insista sur le mot « Égry » pour bien souligner l'homonymie avec la disposition d'esprit de Patrice depuis son retour des États-Unis. Comme il n'arrivait pas à ouvrir l'enveloppe, l'Arabe finit par la mettre en pièces pour en extraire un carton froissé orné de vraies plumes de flamant rose.

— Merde, on a raté l'anniversaire de Françoise Chandernagor.

Abandonnant Ahmed sur le lit froissé, Patrice se leva d'un coup. Cette présence à ses côtés avait eu une vertu magique : il avait de nouveau envie de bouger, de prendre l'air, de partir à Paris. Pour ne pas froisser son ami, il décida de tomber dans le panneau.

— De qui ?

Ahmed se grattait, l'air absent. Patrice regarda par-dessus son épaule et lut le nom de Cathy Guetta, plus attendu que l'autre avec ce type de charte graphique.

— C'est pas grave, elle en fait souvent.

Ahmed s'esclaffa aussitôt d'un rire de hyène et Patrice ne répondit pas à une plaisanterie d'homosexuel sur l'âge de l'hôtesse.

— Quand tu iras à Paris, n'oublie pas mon menu enfant.

Le goût pour la cocaïne était une des communautés qui datait de leur jeunesse.

— Par contre, je crois qu'il y a la vieille qui veut venir avec toi.

— Elle n'a qu'à aller acheter sa dinde avec Quéquette !

— Pardon, je parlais du vieux. Je l'ai croisé dans l'entrée tout à l'heure, il a déjà mis son anorak.

Patrice se renfrogna.

— Il a une de ces touches avec son sac à dos en peluche, on dirait Björk !

Encore le fruit d'une rapine. Un larcin minable cette fois-ci. Un cadeau de presse arrivé on ne savait comment au château, un sac à dos ourson en peluche rose que Didine avait jeté à la poubelle. Décidément, ses parents étaient mûrs pour finir chez Emmaüs.

Patrice observa son camarade qui s'était lancé dans le tri des enveloppes, une pile pour les invitations, une autre pour les factures, une troisième pour les imprimés publicitaires. Ahmed prenait plaisir à administrer les affaires courantes. En le regardant ainsi, crâne tendu sur son ouvrage, Patrice se rappela qu'à Séville il avait encore assez de cheveux pour porter du gel coiffant. Toujours en quête de faire-part, l'Arabe s'intéressait maintenant au courrier de Didine.

— Décidément... on a aussi raté l'anniversaire de Valentino. À propos, tu sais que Claude Montana est devenu noir ?

Patrice, qui s'était enfin décidé à consulter sa messagerie, se retourna vers Ahmed l'oreille collée à son téléphone.

— Il est trop bronzé, tu veux dire.

— Non, il est devenu noir. Je ne sais pas, ça doit être une maladie, un peu comme Michael Jackson mais dans l'autre sens.

— J'ai déjà entendu parler d'une histoire comme ça.

— Oui, Louis XIV, quand on a ouvert son tombeau à la Révolution, mais il était quand même mort depuis longtemps. Ça me fait penser à la petite-fille de la duchesse d'Uzès, tu sais, j'en étais amoureux en 73. Eh bien je suis parti en vacances avec Mistigri à Sitgès et quand je suis revenu, plus personne. La famille la cachait dans une institution spécialisée, elle avait eu un accident hormonal, elle était couverte de poils.

— Tu crois qu'il y a vraiment des institutions pour les gens couverts de poils ?

Et l'autre de lancer son cri de hyène :

— Salope... Tu penses qu'il faudrait que je recommence les épilations ?

Non, répondit Patrice, étant donné la nature présente de sa vie sexuelle, il ne voyait pas trop l'utilité pour lui de se remettre à utiliser des dépilatoires... surtout dans le dos... (rires d'Ahmed). Il se souvenait de l'état de la salle de bains à l'époque où l'Arabe avait entrepris un régime de soins traitants. Didine avait retrouvé des poils noirs jusque dans ses collants.

— Aujourd'hui, c'est décidé, je m'occupe de moi.

Dans la mise à sac des affaires de Didine, Ahmed s'était accaparé la partie cosmétique et là-haut, au milieu des cartons de pizza, Patrice avait découvert un stock de produits raffermissant pour seins.

Dehors, il avait cessé de pleuvoir. Il aperçut ses parents, petites silhouettes tremblotantes en route pour un tour de jardin. C'était le moment de filer.

Il repensa à ce lointain séjour à l'Alphonse XIII, le premier jour, ils avaient essayé d'avoir une relation sexuelle, sans trop de succès. Son meilleur souvenir restait une fin d'après-midi passé seul à observer par la fenêtre de la chambre les perruches dans les palmiers autour.

— Tu as annoncé à ta fiancée du Sofitel les résultats de ton test HIV ?

Il ne réagit pas. C'était drôle que l'autre lui parle de Lukardis ; elle qui lui avait toujours fait l'effet d'une perruche...

Ahmed avait exhumé de sous le lit une feuille d'analyses sanguines froissée en boule.

— Tu préfères que je le fasse ?

Patrice imagina la tête de Lukardis si elle apprenait par Ahmed qu'elle avait peut-être contracté le sida.

C'était plutôt la réaction du mari, *papa*, selon le sobriquet que les amants lui donnaient, qui l'inquiétait. Le point litigieux, comme souvent dans ces affaires, c'est que le mal aurait bien pu venir de son côté à lui : le milieu de la finance genevoise regorgeant de prostituées russes.

— Et l'autre folle aussi, il faut que tu l'appelles. Tu ne peux pas laisser traîner.

Là, franchement, c'était superflu. Patrice fit un geste à Ahmed pour le faire taire, il était justement en train de prendre connaissance d'un vieux message de Babeth qu'il n'avait pas encore osé écouter. Comme souvent à l'aube, elle avait l'air ivre : elle lui disait « bonsoir mon ange », mais ces mots rendaient un son agressif, marquant sa déception qu'il ne réponde pas. Sur le message suivant, elle discutait avec quelqu'un, il était question de M. Mohamed Al-Fayed, le propriétaire du Ritz. Derrière, plusieurs autres personnes parlaient en même temps, il crut reconnaître la voix d'Hubert Boukobza (un mentor de Babeth), il disait très fort sur un ton enjoué : « Momo ! Momo ! viens voir la belle pute que je viens d'engager ! » Après, il y avait encore un autre message, celui-là crépusculaire, il n'était plus sûr qu'il lui soit adressé, Babeth demandait (à la messagerie) « passe-moi ta mère ! » – ça remontait à 7 h 32. Depuis, plus rien : elle avait dû s'assoupir juste au moment où Lukardis avait pris le relais.

Ahmed, tout en se curant les ongles des pieds avec une des plumes roses, s'était lancé dans une péroraison à propos des dangers des relations sexuelles sans préservatif ; dans son jargon gay il appelait ça le « barebacking ». Patrice s'étonnait toujours de ce penchant moralisateur chez lui. Si l'Arabe avait écrasé un enfant en voiture, il aurait pris la fuite sans hésiter. Mais le sujet du sida le rendait sévère, un peu comme si cette maladie était la propriété exclusive des invertis et qu'ils avaient un enseignement à la fois moral et prophylactique à diffuser auprès des ignorants. On aurait dit un missionnaire, il se mettait à parler comme un livre, il sortait des phrases surprenantes comme : « Tu ne peux pas t'arroger le droit de donner la mort. »

— Moi ça me fait bander, répondit Patrice.

Ce qui était faux, en fait l'idée du virus ne lui procurait aucune sensation particulière, mais il voulait contrarier Ahmed. Devant un tel argument d'autorité, qui touchait dans son esprit un point de doctrine (« ce qui fait bander ne peut pas être vraiment mauvais »), l'Arabe se sentait obligé de trouver d'autres armes.

Évidemment, l'évocation d'une peine de prison ferme portait davantage. Sans parler des risques de devoir verser aux victimes d'importants dommages et intérêts, surtout si, comme avec Lukardis, on contaminait une jeune mère réputée saine, de très bonne famille, bénéficiant d'une excellente assistance juridique. Pourtant, à chaque fois qu'ils couchaient ensemble, il se préoccupait peu de la contaminer. Non qu'il lui voulût du mal, mais de manière générale l'avenir lointain lui était indifférent ; le sien, et davantage encore celui des autres ; sauf en période d'insomnie, quand il arrêtait la coke et les Stilnox. Alors, certaines nuits, il se réveillait avec des sueurs. Sa mauvaise conscience pouvait presque lui faire mal physiquement, se mêlant avec les douleurs dues à son alcoolisme, mais il avait tant de choses à se reprocher que tout motif d'angoisse se trouvait aussitôt noyé dans l'égout général. Et puis, aussi loin qu'il se souvienne, il n'avait jamais ressenti la moindre pitié pour Lukardis, même lorsqu'il lui arrivait de pleurer.

— Tant que tu n'étais pas au courant, vos deux responsabilités étaient engagées, mais maintenant tu tombes sous le coup d'une jurisprudence d'empoisonnement volontaire.

Bah ! On verrait bien. Et encore une fois rien ne prouvait que Patrice n'était pas au contraire la victime.

— Si c'était moi que tu avais plombé, je serais impitoyable.

— Tu ne risques pas grand-chose.

— J'ai encore de très belles fesses. Et la crème pour les seins de Didine leur a fait beaucoup de bien. Tu veux voir ?

Il était temps de filer. Joli-papa n'aurait qu'à prendre le train. Il écouta un dernier message et s'adressa à Ahmed d'un ton radouci, téléphone à l'oreille... encore Lukardis :

— Tatie, je ne t'ai pas dit hier... J'ai de mauvaises nouvelles de Jim, il a embrassé Kirsten Dunst sur la bouche.

Ahmed aimait bien ce garçon, il avait de grosses cuisses.

— Quelle horreur ! Tu crois qu'il m'embrasserait aussi ?

Après, il avait perdu du temps : impossible de retrouver le cordon de recharge téléphonique. Ahmed était couché dessus, ainsi que sur les clés de la voiture. Avec tout ça, il n'avait pas surveillé le jardin. Sans parler de Didine qui recommençait. Ahmed insistait pour que Patrice aille voir : mais rien de neuf évidemment. En arrivant dans le vestibule, il s'attendait au pire mais on n'entendait plus le bruit de la télévision, pas de papotages, et les bottes des deux vieux n'étaient pas encore alignées comme des chaussures d'enfants, sous le perroquet en sapin.

À travers le vitrail de la porte d'entrée Patrice essaya de deviner ce qui l'attendait dehors et put constater une fois de plus que c'était impossible. Il décida de faire le tour par les sous-sols et descendit un escalier à vis dont les marches de pierre recouvertes de moquette grise sentaient une odeur de pieds moisis, très proche de celle de la voiture des Bétuleau. Il retrouva dans la première cave un autre parfum, plus féminin : celui des assouplissants pour machines à laver. Le domaine de Friquette. En cherchant l'interrupteur, il buta dans une soucoupe pleine de lait. Furieux, il jeta la soucoupe et son contenu dans un bac jaune où la femme de ménage, soucieuse du tri, réservait les bouteilles d'assouplissants vides et de vieux cartons de lessive. En dépit de ses mises en garde, elles avaient dû recommencer à nourrir Lord Byron. Il se méfiait de cette bête qui avait toujours les yeux sales et qui se frottait sur les bas de pantalon en y laissant des boulettes entières d'humeurs grises.

Dérouté par la colère, il ne savait plus de quel côté s'enfuir. Finalement il se décida, heureux d'échapper au baiser froid des draps qui séchaient sur un fil tendu, ainsi qu'au regard démoralisant de la cuve de fioul. Une autre cave, un vrai taudis, était inondée chaque hiver par le ruissellement des eaux de pluie. En sautillant sur les parpaings qui servaient de gué en période d'agua alta, Patrice atteint une porte en contreplaqué dont il remarqua que le panneau inférieur était gorgé d'humidité comme un buvard ou un carton mouillé. Le placage se fendillait et de longues échardes se décollaient, dessinant une barbe grossière à l'endroit où le bois allait bientôt céder.

Le château se dégradait par le bas. Ce trou à rats avait pourtant donné des velléités de décoration à un prédécesseur inconnu qui avait eu l'idée bizarre d'« aménager » un ermitage avec des carreaux de plâtre ; lui aussi peut-être dans l'espoir d'échapper à quelqu'un. Patrice crut entendre des voix venant de l'étage, et même des rires étouffés par la voûte de briques.

La serrure et les charnières étaient attaquées par une rouille vorace de l'aspect de certains crustacés qui concrétionnent dans les eaux mortes. Patrice craignait à chaque fois d'attraper le tétanos. Il réussit à entrouvrir le panneau de quelques centimètres sans trop de mal. Les vis cruciformes dorées des charnières, seuls éléments de l'ouvrage à avoir essuyé les hivers sans dommage grâce à la laideur pimpante de leur alliage, menaçaient de s'arracher des gencives molles du contreplaqué rosi de pourriture. Quand on laisse tout partir en ruine, les choses deviennent fragiles, presque douloureuses, et il faut les manipuler avec des précautions chirurgicales pour repousser un peu leur dernier jour. La délicatesse dont il devait faire preuve à l'égard de tous et même des portes commençait à lui peser. Le panneau inférieur butait sur quelque chose, en baissant les yeux il se rendit compte qu'il s'agissait du socle de parpaing sur quoi il se tenait au milieu de l'eau croupie, comme une statue de l'impuissance et de la faiblesse. Il eut l'impulsion de tout arracher, mais il se calma. S'il s'en prenait à la porte, joli-papa, un sécuritaire sans complexe, allait le harceler pour qu'il appelle un artisan qu'il n'avait pas payé depuis 2004. Au lieu de jouer les Hulk, il se résigna à déplacer son piédestal en remuant les hanches. L'humiliation de devoir danser le twist comme un clown silencieux dans la cave de sa propre maison lui monta au cerveau. À bientôt cinquante ans ! Il n'en haït qu'un peu plus Lukardis, encore elle, dont il sentait les vibrations contre sa cuisse, sa mère, qu'il craignait de voir apparaître derrière la porte, et même Didine, qui n'y était pour rien. La lumière du jour lui fit du bien, il décida de laisser la porte ouverte derrière lui, laissant à un autre le soin de la casser.

En haut du plan incliné, la voûte du massif ne cachait rien de bon. Les branches remuées par le vent grinçaient et crachotaient de l'eau froide, on se serait cru dans *Le Retour des morts vivants*, un film où il avait cherché pour rire l'inspiration d'un clip de Françoise Hardy. Cela n'avait pas fait rire Françoise Hardy. Connasse. De toute façon il avait toujours préféré Sheila. Sitôt à découvert, il pouvait s'attendre à voir les deux zombies surgir de derrière les fagots, et trébucher inexorablement vers la voiture en lui adressant des signes amicaux de la main. Menace fragile, inéluctable. Tel le sida dont il ne sentait pas la présence en lui, quoiqu'il en ait la connaissance intellectuelle – surtout depuis que l'idée du tétanos l'avait réveillée. Là aussi, on n'était sûr de rien. À la recherche de ses clés de voiture, il sentait maintenant crier sous ses doigts le cristal d'une enveloppe à fenêtre qui le suivait de poche en poche depuis quelques mois. C'était les résultats d'analyses sérologiques. Les secondes. Le premier laboratoire (rue d'Artois, en bas des bureaux de son agent) avait été fermé : on les soupçonnait de mélanger les prélèvements. Talonné par Ahmed, il avait refait des analyses mais il n'avait pas osé les ouvrir. Le second laboratoire ne l'avait pas rappelé, il se disait que si c'était grave ils auraient téléphoné. Mais le premier n'avait pas fait signe non plus. Négligence ? Cela ne prouvait pas que le second soit plus sérieux, ou qu'il soit dans les habitudes des laboratoires de téléphoner à leurs clients s'ils étaient séropositifs. Le plus simple aurait été de se décider à ouvrir l'enveloppe.

Faute de certitude, il attribuait valeur de présage à des paris gratuits. Il décida que s'il ne voyait pas réapparaître les deux vieux avant son départ c'était un bon signe.

Ahmed avait raison au moins sur un point : mentir à Lukardis lui pesait. Faire l'amour à cette femme pendant des heures lui demandait déjà beaucoup d'efforts mais lui faire avaler en plus qu'il était sain et bien portant alors qu'il prenait le risque de lui instiller un peu de virus à chaque fois, ça devenait surhumain. *Inhumain* était le mot juste, mais non celui que sa conscience lui souffla.

Il fut réconforté d'apercevoir le fuselage noir de sa voiture plus proche qu'il ne l'imaginait. Un soleil immédiat éclairait les lauriers au-dessus de sa tête avant de retomber sur ses épaules et son cou, que les feuilles venaient de mouiller quelques secondes plus tôt en s'ébrouant des gouttes de pluie. Ruisselante d'eau elle aussi après l'averse, la voiture paraissait plus belle et plus propre et comme revernie dans l'écrin vieil or que lui tressait l'envers éclairé d'un magnolia.

Il aimait particulièrement la malle arrière tranchée net par le couteau d'une vitre montée à plat. Il remarqua qu'un jonc manquait sur l'élargisseur d'aile. Il se faisait justice de ne jamais avoir briqué les chromes depuis qu'un vieux surfer de Malibu lui avait suggéré qu'une automobile ancienne trop bien entretenue donnait dans le genre « collectionneur ». Une belle voiture doit servir tous les jours, tomber en panne souvent et dormir dans la rue, ou sur la plage comme un vieux surfer. L'esthète qui avait conforté Patrice dans son laisser-aller n'était pas n'importe qui, il s'appelait Tubersteak. C'était un ancien porte-planches du fameux Mikki Dora, pioché par Babeth à La Jola l'année précédente pendant un shooting pour le magazine *W*. Sans trop savoir pourquoi, le nom *Mikki Dora* suffisait à rendre Patrice heureux... Il y a des hommes qui donnent envie de s'occuper de choses sérieuses comme du *mysterioso* d'une vague ou de... Mikki Dora était de ceux-là.

Par un effet de perspective cavalière, plus il se rapprochait, plus la voiture paraissait basse. Les belles voitures rampent toujours, pas de garde au sol. Pourquoi se garder de ce qui peut blesser ? La sienne était montée si courte que les quatre sorties d'échappement paraissaient sous cet angle risquer remplir leurs bouches ouvertes et encore silencieuses du gravier remonté comme une dune sous le poids du train arrière lorsqu'il avait freiné net, tout à l'heure. Mikki Dora... Décidément il y avait des noms magiques : Joanna Shimkus... Mikki Dora...

Le téléphone se mit à sonner à tue-tête, il avait dû faire une fausse manœuvre en cherchant ses clés. Pour éviter d'alerter les deux vieux, il se résigna à répondre.

La voix zozotante, cassée, résonna désagréablement dans son oreille. Elle lui rappelait le doublage du canari dans le dessin animé *Titi et Grominet*. Un canari qui aurait été élevé chez les Demoiselles de la Légion d'honneur.

— T'es où ?

Il prit conscience une fois de plus que Lukardis le mettait hors de lui (en même temps qu'elle lui faisait un effet physique), mais il lui parla, comme toujours lorsqu'il était agacé, d'un ton doucereux.

— J'arrive sur l'autoroute, mon petit ange.

— Pourquoi tu réponds pas ?

— J'ai pas entendu, j'avais la musique dans la voiture.

— T'as écouté mes messages ?

— Non.

— T'es chiant. Je serai en retard d'une heure. Il faut que j'aille chez Carrefour. Tu m'appelles tout à l'heure pour le numéro de la chambre.

Elle avait raccroché très vite. Elle parlait en même temps à quelqu'un d'autre, une assistante, une vendeuse, un voiturier. Plutôt une femme, Lukardis était plus douce, plus séductrice avec les hommes – même les petits employés –, à part lui et son mari. Quand elle était pressée, elle ne demandait jamais si elle le dérangeait, jamais comment il allait, jamais rien de sentimental. Elle ne pensait alors qu'à le retrouver à l'hôtel ou dans un parking souterrain, au Bois, la nuit, pour « se voir » (baiser dans son langage à elle) et c'était tout. Elle ne l'appelait que pour des questions d'horaires, des précisions factuelles dont elle se fichait totalement qu'elles soient prosaïques ou dévalorisantes.

La sensation d'être observé lui fit lever la tête. Il eut un mouvement de recul : le visage souriant de sa mère était collé au guichet de la portière. Comme à chaque fois qu'il se trouvait forcé de la regarder en face, il se demanda comment il avait pu se laisser approcher par elle.

— Tu vas où ?

N'ayant préparé aucun mensonge, il dit la vérité. Il s'attendait au pire mais elle lui annonça qu'Ahmed s'était porté volontaire pour le Super U. L'Arabe ne lui en avait pas parlé. C'était louche, ils avaient dû se mettre d'accord pour lancer des invitations.

Elle ignorait qu'Ahmed, sous le coup d'une annulation de permis, conduisait illégalement avec celui de son ancien amant, Pasolini, nonobstant que d'après le vieux document italien chiffonné il était né en 1922. La même année que joli-papa. Pour faire l'aimable, Patrice précisa que les clés de la Cooper étaient accrochées dans le placard à balais, en se réjouissant intérieurement d'avoir fait déposer le moteur par Bétuleau.

— Joli-papa a envie de venir avec toi.

Patrice avait d'abord entendu « envie de toi » mais il se convainquit qu'il s'agissait d'un effet secondaire de la gueule de bois.

Le vieux apparut, auto-stoppeur timide caché derrière la haute stature de sa complice. Avec le sac à dos en peluche, il portait en coordonné la casquette Kangol dont Nadine se servait au début de son traitement pour cacher les effets de la chimiothérapie. Un de ces jours, ils finiraient par s'emparer de la sonde urinaire... Patrice s'inventa un dîner professionnel.

— Ah ! Et tu ne peux pas emmener joli-papa avec toi au dîner ?

Et pourquoi pas la femme de ménage pendant qu'ils y étaient ! Il bredouilla un refus poli. Sa mère se tourna vers le vieux et lui répéta ce qu'il avait déjà entendu.

— Pataud a un dîner, il ne peut pas t'emmener.

Joli-papa murmura que ce n'était pas grave et qu'il allait rester ici. Patrice sentit la chaleur physique d'un soulagement égoïste l'envahir.

— Ça n'est pas grave. Il va partir avec toi et il prendra le train pour revenir. Hein, tu prendras le train pour rentrer et Ahmed ira te chercher à la gare ! Comme ça, en route, tu auras tout le temps de parler à Pataud de ton idée sur la baignoire.

Patrice jugea qu'il avait perdu, se renfrogna, mais cria d'un ton enjoué : « Monte vite ! On doit foncer. Je suis en retard. » Il savait que joli-papa, comme beaucoup de personnes de son âge, avait peur de mourir. Pour enfoncer le clou il ajouta : « Avant, il faut qu'on fasse le plein. » Le vieux pâlit à l'idée de mettre la main à la poche.

Pendant qu'on s'échinait dehors à ouvrir la portière, Patrice remarqua que la place du passager était encombrée d'un fatras et entreprit en soupirant de la dégager. Il y avait là, pêle-mêle, des boîtes de K7 vides, un chiffon taché d'huile, un T-shirt Van Dutch zébré de sang séché, une bouteille de Coca light qui contenait encore quelques centilitres de liquide noirâtre, un cordon de recharge pour un ancien portable égaré, un certain nombre de pochons de plastique qui avaient contenu des cocottes de cocaïne, des composites de mannequins dont plusieurs étaient déchirés dans les coins pour en faire des pailles, un *voucher* de l'agence Elite jamais renvoyé, un livre neuf jamais ouvert mais déjà taché d'huile (ou de sang) intitulé *Cecil Beaton Diaries*, un exemplaire de *Paris Match* consacré à la catastrophe naturelle connue sous le nom de tsunami avec un numéro portable griffonné en couverture, barrant le visage d'une victime ; plusieurs paquets de cigarettes Kool froissés, un relevé bancaire de 2004 indiquant 17 euros sur le Codevi de M. Patrice Strogonoff, des objets en matière plastique noire provenant probablement de l'habitacle du véhicule et même quelques débris alimentaires du genre corne de croissant séchée.

Patrice s'efforça de transporter son barda d'une seule brassée sur la galette arrière, se ravisa devant les mules de Babeth, et décida de fourrer tout par terre dans un espace déjà encombré de déchets. Son coude heurta violemment la joue du siège avant, et plusieurs objets lui échappèrent. Il dut s'y reprendre à deux fois pour les récupérer.

En ramassant une boîte de K7 intitulée *David Bowie Pin ups* dont la photographie d'illustration représentait sur un fond bleu l'artiste nu en compagnie du modèle

Twiggy, Patrice eut une pensée pour l'auteur du cliché, le photographe anglais Justin de Villeneuve. Il avait vu passer l'année dernière son ancienne voiture, une Lamborghini, dans une vente à Chantilly. Sans regarder le vieux qui peinait à s'asseoir, Patrice songea avec mélancolie que sa carrière risquait de prendre le même tour que celle de cet ex-coiffeur. Comment s'appelait-il de son vrai nom ? Ali, le cousin d'Ahmed, aurait su ; mais Ali était mort et le pseudo *Justin de Villeneuve* aussi probablement.

À l'oreille, il constata que la portière du passager était mal refermée et, pour éviter d'avoir à se pencher sur le vieux et d'effleurer son corps, il sortit de la voiture. Il fut une nouvelle fois gêné par l'insistance de sa mère qui restait là, à regarder son mari comme si elle ne devait jamais le revoir. Il remarqua qu'elle sentait le vin. L'odeur lui rappela une séance de photo qu'il avait faite avec la princesse Caroline à l'époque dorée de sa collaboration à *Vogue* quand Didine était encore directrice. La princesse et la garde-malade avaient la même haleine. Une analogie qui aurait ravi sa mère ; il sourit mais il évita pourtant de le lui signaler. Sa mère lui rendit son sourire, touchée d'une amabilité à quoi elle n'était plus habituée. Pour dissiper au plus vite l'illusion, Patrice se figea dans un rictus d'amertume et lui claqua la portière au nez.

Où était passée la clé de contact ? Les défauts de mémoire immédiate s'accumulaient, décidément. Selon une amie tangéroise de Didine : « Passé cinquante ans, la drogue fatigue beaucoup. »Il ne voyait pas comment il allait faire pour s'arrêter. À chaque fois qu'il avait essayé la vie lui avait paru morne. Au début il se sentait plutôt mieux, mais au bout d'une semaine ou deux il reprenait toujours le chemin de la rue des Martyrs. La seule méthode consistait à ne plus voir ses amis toxicomanes et à égarer le numéro de Sylvana Mangano. Mais il ne connaissait presque que des toxicomanes. Ahmed avait bien imaginé un stratagème pour les désintoxiquer : dénoncer Sylvana à la police, simple plaisanterie.

Il se dandina pour fouiller les poches de son pantalon de cuir, mais le grand volant sous lequel ses cuisses étaient engagées ne lui laissait pas un champ suffisant, et comme il avait beaucoup grossi, il avait du mal à glisser ses doigts dans la minuscule poche. La bague à tête de mort qu'il arborait à l'index de la main droite se prit dans la doublure, qu'elle commença à déchirer.

— Tu cherches quelque chose ?

Patrice ne prit pas la peine de répondre. Sa main était prisonnière de la poche et il entendait craquer désagréablement la satinette intérieure. Les cornes qui surmontaient la tête de mort avaient troué le tissu. À force d'onduler des hanches, il réveilla une vieille douleur datant de la dernière fois qu'il avait besogné Lukardis à l'hôtel. Leurs relations sexuelles demandaient beaucoup de temps et d'effort, Lukardis les souhaitant telles. Par ailleurs l'âge, la cocaïne et l'alcool rendaient le plaisir de Patrice difficile, et comme il ne faisait pas de sport, son corps se ressentait de ces longues séances. Ahmed, jugeant qu'il s'agissait d'un début d'arthrose, lui avait conseillé les infiltrations.

— Tu cherches quelque chose ?

Patrice se résigna à répondre à joli-papa. En tâtant de l'extérieur avec sa main libre, il venait de se rendre compte que la clé n'était pas dans la poche de son pantalon.

Sa mère avait suivi toute l'affaire avec inquiétude.

— Tu as mal au ventre ?

Enfin il réussit à dégager sa main en abandonnant la bague dans sa prison de satin. Ça allait déjà mieux mais il fallait continuer la recherche. Comme souvent lorsqu'il se mettait sur la piste d'un objet utile (clés, téléphone, carte bleue, télécommande du téléviseur), il soupçonnait son entourage. Joli-papa était sûrement assis sur ses clés. Il aurait voulu lui demander de se décoller de l'assise mais comment lui expliquer la manœuvre ? Et puis il imaginait la suite. Les clés perdues se trouvaient bien là, par chance elles n'avaient pas disparu à travers une des nombreuses déchirures sous l'effet du poids et des mouvements du passager, il devrait glisser la main sous les fesses du vieux pendant que celui-ci se suspendrait à la ceinture de sécurité... L'inconvenance d'un tel geste et l'idée du cuir tiède le hérissaient. Quant à demander à joli-papa de s'extraire de la voiture, ça prendrait trop de temps en explications et en déplacement. Lui suggérer de se tourner sur son flanc droit ? Il se souvenait d'avoir vu cette position dite « à la paresseuse » dans un guide sexuel du troisième âge. Non, il préférait sortir afin d'aider le vieux à se relever et en profiter pour vérifier s'il n'avait pas fourré par mégarde ses clés de contact dans le tas d'ordures enfourné derrière le siège passager, il en serait quitte pour tout déballer sous l'œil de ses parents, subir leurs commentaires et retrouver le trousseau le plus vite possible sans s'énerver.

— Qu'est-ce qui se passe, il est en panne ?

— Non, il a encore perdu ses clés de voiture !

Au moment d'ouvrir la portière, Patrice fut arrêté par le signal d'annonce de la messagerie. Il provenait du vide-poches inférieur où il avait accoutumé de poser son téléphone pour le mettre en charge. Il fut surpris de le découvrir là, sagement branché sur l'allume-cigare. Depuis quand ? Il ne savait pas s'il devait accuser les neurones enfuis, sa mère, ou Lukardis.

— C'est quoi ce bruit ?

Par terre, sous le serpent noir dessiné par le fil du chargeur, Patrice vit chatoyer la masse métallique du trousseau de clefs.

— Il téléphone au garagiste ?

— Je t'ai dit qu'il a perdu les clés de sa voiture !

— Non, je te dis qu'il téléphone !

— Qu'est-ce que tu dis ?

Patrice leur fit signe de se taire. Il avait du mal à entendre Raphaël, son agent, un message important, il était question de Lara Fabian. Il s'efforçait en même temps de récupérer ses clés malgré un pantalon qui lui remontait l'estomac sur le volant dont la tige rigide repoussait son épaule, comme la barrière d'un parc à jouer.

Il se résigna à relancer la messagerie. Raphaël avait pour habitude de s'éterniser sur les répondeurs avec le ton grave et posé d'une causerie radiophonique ; Didine jugeait « qu'il s'écoutait parler ». Après quelques mots humoristiques de rigueur sur les fêtes religieuses catholiques (comme beaucoup dans le show-business il affectait une distance amusée à l'égard de la religion apostolique romaine), il entrait sur un registre plus respectueux dans le vif du sujet : Lara, dit-il, était blessée que Patrice ne lui ait pas présenté le non-choix des clichés qu'il avait réalisés. Elle aurait voulu davantage participer au processus de création, notamment concernant des corrections sur Photoshop qu'elle trouvait artificielles. Patrice reconnaissait volontiers que sur les conseils de son tireur il n'avait pas assez gommé la partie molle du menton qui se trouve entre la pointe osseuse et la base du cou désignée par les physiologistes du XIXe siècle sous le nom de *goitre graisseux*, mais si on effaçait davantage on ne reconnaissait plus du tout la chanteuse. Lara souhaitait revoir tout le non-choix avec le photographe afin de mieux harmoniser leur désir commun.

Pour convaincre Patrice qu'il était de son côté, Raphaël terminait par une pointe d'ironie sur les atermoiements de la jeune artiste, où perçait quand même la crainte de ne pas voir le marché se faire (et de ne pas toucher sa commission) ; il finissait son allocution par une formule désormais consacrée entre quinquagénaires de même sexe : « Bisous. »

Patrice remarqua qu'un arbre s'était affaissé au bord de l'allée, un vieux sureau recouvert d'un lierre sauvage dont la feuille vert sombre et les grappes de fruits violets lui évoquaient à chaque fois l'image de la mort. Sans doute était-ce le vent qui l'avait renversé. En tombant, la masse du tronc avait écrasé un massif de buissonnants planté par Didine un dimanche d'automne de l'année précédente, la veille du jour où il s'était enfin décidé à rejoindre Vanité.

Il s'attrista de ce dégât comme de tout changement dans un paysage qu'il aurait voulu immuable. Il souhaitait que sa mère n'en parle pas à Didine. Il pensait que cela lui ferait de la peine. Il en eut les larmes aux yeux. Davantage que la souffrance de Didine, c'était sa propre sensibilité qui le remuait. Patrice avait des délicatesses surprenantes, des attentions presque trop précises, dont il se servait comme artifice de séduction.

Fier de ce trait, il prit la peine de faire ses recommandations à sa mère qui ne se résignait pas à rentrer malgré un début d'averse.

— Tu crois ? La dernière fois qu'on en a parlé, elle m'a dit qu'elle voulait qu'on arrache tout, ça ne pousse pas assez vite, elle voulait les remplacer par des *viburnum*.

Il manqua de casser la manivelle en remontant sa vitre. Toujours cette obsession de voir pousser les arbres en accéléré. Combien en avait-elle tués à coups d'engrais et d'hormones ? Sans parler des déplantations, replantations incessantes... Une prise de chou maladive. Ça n'allait jamais, il y avait toujours un détail qui clochait, comme dans les magazines. Dans le rôle de souffre-douleur, le jardinier avait remplacé le directeur artistique, et Pommier, l'horticulteur, jouait les doublures grotesques de Robert Mapplethorpe. Un étouffoir. En contrecoup, sa fuite aux États-Unis apparaissait comme un geste de survie.

Ce jour-là, il avait profité que Didine était occupée à planter pour faire ses valises en douce. En descendant les cacher au sous-sol, il avait découvert une masse de planches-contacts dévorées par les rats. Du coup il avait passé la nuit à imaginer que les rongeurs attaquaient ses appareils tout en entendant la femme qu'il allait faire souffrir tourner et se retourner dans le lit en soupirant sans arriver à reprendre son souffle. Au dernier soir d'une liaison de vingt ans, il n'osait pas siffler pour l'empêcher de ronfler. Il revoyait son travail réduit en confettis, puant le moisi et l'acre pissat de rat, parfum musqué dont les effluves remontaient de la table de nuit. Il avait récupéré pour Didine un des rares tirages préservés. Il n'était pas de lui, c'était un autoportrait au polaroïd de Robert Mapplethorpe. Derrière, quelqu'un avait inscrit au crayon gras : Paris c/o Catherine Milinaire 1976. De temps en temps, quand il appliquait sur sa joue la brûlure de l'oreiller, il apercevait, éclairé par la pendulette qui comptait les heures avant l'adieu, le beau visage médusé à demi rongé par les humeurs acides de celui que Nadine appelait « l'ange de la Mort ».

Il remarqua qu'une partie seulement du moteur répondait à l'accélérateur. Comme aurait dit Kiki, « le V8 tournait sur 4 pattes ». Sans doute la conséquence de l'humidité. L'anomalie allait s'atténuer à mesure que la température d'huile grimperait vers la normale. Une fois la première engagée, la machine commença d'avancer en donnant des à-coups de transmission. Cette fois-ci Patrice crut bien entendre le bruit de la fameuse chaîne de distribution qui cognait contre le carter mais il se rassura très vite : il s'agissait de graviers humides qui se décollaient des pneus et sautaient sur les ailes. Ses connaissances mécaniques manquaient de fermeté. À côté de lui, le vieux serra les genoux et se redressa du mieux qu'il put dans le siège déformé dont le volet dorsal désaxé par le coup de coude de tout à l'heure tressautait de manière anormale sous les vibrations du moteur.

Au passage de l'arbre abattu Patrice se demanda ce qu'était devenu le portrait de Mapplethorpe. Sans doute Didine l'avait-elle jeté de rage, le lendemain, après son départ. Dommage, ce genre de polaroïd du début valait de l'argent aujourd'hui. Depuis quelque temps il lui arrivait de songer qu'il avait au moins un point commun avec le célèbre photographe américain :

tous deux étaient porteurs de la même maladie vénérienne (sous réserve de confirmation en ce qui le concernait) et aucun des deux ne s'inquiétait de ses partenaires. Mais Mapplethorpe était un artiste, un esthète, un homosexuel, et il ne contaminait que des prostitués nègres. Si son affaire s'ébruitait, Patrice Strogonoff ne bénéficierait d'aucune circonstance atténuante. Il risquait de gros ennuis, une amende, une peine de prison. Pourquoi ? Mapplethorpe n'aurait jamais réalisé le clip de Karen Mulder ou une couverture d'album pour une chanteuse à voix. (30 000 euros quand même, les photos étaient mieux payées que les clips.) Du coup on lui pardonnait ses erreurs, ou plutôt on n'en parlait pas. Il était du même bois que Francis Bacon, le bois des crucifiés ; pas du genre à mouiller sa chemise pour des histoires de fioul, de femmes, ou de portail...

Il l'avait oublié celui-là ! Le stop brutal et le criquet du frein à main firent serrer les cuisses à joli-papa comme à une jeune fille peureuse. Patrice s'arracha péniblement de l'habitacle. Il se sentait lourd. Sa chemise, encore sortie de son pantalon, accentuait par une fronce le repli graisseux qui surmontait la ceinture. En la remettant en place, il remarqua deux taches blanches du genre bave ou sperme séchés sur le pan extérieur du tissu noir. Sans doute un souvenir d'une séance avec Lukardis. La croix d'argent qu'il portait autour du cou depuis son retour de Californie s'était coincée dans la boutonnière, il eut du mal à en démêler la chaîne sans arracher le bouton. La pluie le fouettait et mouillait sa chevelure au risque de la faire friser. Babeth allait encore lui dire qu'il ressemblait à Mort Schumann.

« Quelle saloperie ! » murmura-t-il en peinant à décoincer le bas verrou du portail, sans décider s'il parlait du pêne ou de son agent. Dans le métier de photographe, il est d'usage que les signataires du bon de commande essayent de contrôler le travail de l'artiste qu'ils rémunèrent. Il est tout aussi attendu que l'artiste se réserve le droit de leur offrir un choix restreint à deux ou trois clichés. Question de rapport de force et de respect. S'il commençait à baisser sa culotte (et cette image s'imposait dans sa position), il ne vaudrait plus longtemps 30 000 euros pour une couverture. Patrice Strogonoff ne se sentait respecté ni par la chanteuse, ni par la maison de disques, ni surtout par Raphaël qui aurait dû lui éviter ça. D'ailleurs, songeait-il quand il se pinça douloureusement le doigt entre la barrette et le crampon du verrou, personne ne l'avait jamais respecté. Il avait eu beau shooter Vanité ou d'autres stars internationales, parvenir à pénétrer des cercles où peu de photographes français réussissaient, on ne tenait pas compte de ses succès. Même ses assistants le traitaient à la dure. Au fond, conclut-il en suçant son pouce endolori, on l'avait toujours pris pour un minable.

— Tu n'as pas un peu grossi ?

Patrice claqua la portière, sans répondre.

— Il y a ton appareil qui a encore sonné pendant que tu ouvrais le portail.

Patrice vérifia le mouchard, s'attendant à voir s'afficher le nom de Babeth ou de Lukardis, mais la mention « numéro privé » lui fit supposer que son agent s'inquiétait pour sa commission. À bien y réfléchir, ça pouvait aussi être la banque ou la maison de disques de Karen Mulder ou tout un tas d'autres gens susceptibles de s'intéresser à lui. Au moins on l'appelait. Il repensa à Patrick, un photographe de la même bande que lui, ils avaient tous les deux percé dans les années 80. Patrick passait pour plus doué que Patrice mais une courte liaison sentimentale avec le modèle américain Naomi Campbell, alors mineure, l'avait démoralisé. À la différence de Patrice, Patrick avait fait des « choix radicaux », il avait arrêté la photo pour se consacrer à ce qu'il pensait être sa vraie passion : la sculpture, en l'occurrence des figurines en mie de pain. Aujourd'hui, lui aussi vivait dans le Loiret, mais sans téléphone. Patrice avait croisé Patrick un jour au marché, comme ils n'avaient rien à se dire ils avaient parlé du Loiret. D'après Patrick, le « meilleur boucher de France » tenait boutique à Pithiviers. Patrice lui avait trouvé l'air vieilli, un peu excité, et il avait remarqué qu'il lui manquait une dent. Il s'était félicité une fois de plus d'une modestie (Babeth aurait plutôt employé le mot « lâcheté ») qui lui avait évité ces « choix radicaux ». À la fin, comme ils ne savaient plus quoi se dire, Patrick lui avait demandé des nouvelles de Naomi, qu'il prononçait Nomi (*Know-me*), suivant une vieille blague oubliée. Patrice en avait comme tout le monde par *Voici* et il lui annonça qu'elle s'était remise avec l'homme d'affaires italien qu'elle avait quitté au printemps et dont personne (elle comprise, sans doute) n'arrivait à retenir le nom. Patrick eut quelques mots sentencieux comme « la pauvre petite elle est vraiment perdue... » et Patrice n'eut pas le courage de continuer plus longtemps. « Perdue » ? c'est vrai, pensa-t-il en s'éloignant, qu'elle aurait du mal à trouver le chemin de Pithiviers-le-Vieil et de l'atelier du sculpteur de mie de pain. Il l'imagina prononcer le mot « Loiret »... (« Louarrré c'est Koaaa ? ? ? Mè je ne souis pas une pititevieille. ») Lorsqu'il avait raconté cet entretien à

Didine, elle avait conclu sobrement : « Le meilleur boucher de France, mais pas le meilleur marchand de journaux. »

— Dis donc, tu téléphones encore !

— Il faut que je rappelle, c'est du business.

— Du quoi ?

D'une voix de fausset qui fit froncer les sourcils de joli-papa, il annonça au répondeur son refus de céder aux caprices de la chanteuse et aux errements du directeur artistique de la maison de disques. Il commença à s'embrouiller en soulignant que le directeur artistique avait *validé* la photo dans un premier temps avant de revenir sur sa décision... mais un bip l'avertit que Raphaël était en train de le rappeler en même temps. Sans réfléchir, doutant d'une ligne dure dont il appréhendait déjà les conséquences, il prit le double appel. Le rythme était perdu. Déconcerté des raclements de gorge réprobateurs du pied-noir et par l'autorité naturelle qui émanait de ses gros soupirs, troublé par les bips de relance de la messagerie laissée en attente, démotivé de devoir répéter la même chose, il ne parvint en fin de compte qu'à émettre d'une voix encore trop fluette une vague déclaration de principe : « J'aurais préféré qu'on me prenne pas la tête. »

En reposant son téléphone dans le vide-poches, non loin de la main de joli-papa qui baguenaudait à la recherche d'un chocolat ou d'une friandise et qu'il sentit fuir sous la sienne comme une araignée devant un serpent, il prit conscience de l'étendue du désastre. Il avait encore cédé à son agent alors qu'il le payait pour protéger ses intérêts. Maintenant, la pluie battait la carrosserie du véhicule et il fallait qu'il aille chercher les planches dans ses archives, au fin fond de la fabrique, à l'autre bout du parc.

— Tu as bientôt fini de téléphoner, je croyais que tu étais pressé ?

Les rares fois où son beau-père se mêlait de prendre un ton autoritaire, en général à contretemps, sa voix déraillait et tournait à l'aigre. Reconnaissant dans cette colère quelque chose d'efféminé d'où il avait hérité son propre manque d'autorité, Patrice se tourna vers joli-papa et le dévisagea méchamment. L'étroitesse de l'habitacle accentuait les antagonismes.

— Tu es ridicule avec cette casquette, on dirait le Père Noël !

Le vieux, à la fois coquet et susceptible, deux défauts souvent conjugués, se vexa. Il en voulut à sa femme de l'avoir convaincu, depuis qu'ils s'étaient installés à la campagne, de porter les cheveux longs. Il craignait de faire « gugusse », tout en appréciant les vingt euros mensuels d'économie. Pour couronner un aussi mauvais conseil qui d'autre sinon elle l'avait poussé à emprunter cette casquette ? Il oubliait qu'il n'avait eu besoin de personne pour la piquer et commencer seul les essayages, guettant le premier encouragement à se l'approprier : une formalité dont sa complice s'était bien volontiers acquittée à son retour du jardin tant il était clair qu'il pêchait le compliment.

Avec un geste d'écolier d'autrefois, joli-papa enleva sa casquette et la posa sur ses genoux. Patrice scruta les cheveux décoiffés que l'âge avait raréfiés. Oubliant son propre demi-siècle il fut surpris de le voir aussi faible et âgé : le vieillard devait peser cinquante kilos tout mouillé, se dit-il, on aurait dit la momie de Ramsès II.

Comme à chaque fois qu'il se laissait aller à un mouvement de colère ouverte, Patrice eut honte. Il avait tendance à exagérer la portée de ses paroles. Les crises de rage intérieures, brèves et soudaines, qui le secouaient le laissaient stupide, comme un chien après la saillie ; et il s'effrayait à l'idée d'avoir montré son vrai visage. Il était prêt alors à tous les compromis pour se rattraper.

— De toute façon, vu ce qu'elle en ferait...

Pour se faire pardonner il aurait pu aller jusqu'à aider le vieux à fouiller dans les affaires de Didine afin de compléter sa garde-robe.

L'autre le regarda sans comprendre. Tout occupé à maudire son épouse, le soupçon d'une quelconque indélicatesse à l'égard de Didine ne l'avait même pas effleuré. Il sortit un peigne du sac à dos et se mit à recoiffer une chevelure trop longue qui l'embarrassait. Se rappelant les plaisanteries d'Ahmed, il craignait même que certains homosexuels particulièrement entreprenants ne s'intéressent à lui. Toujours en quête de réconciliation, Patrice ouvrit le volet du vide-poches qui contenait un petit miroir de coiffeuse sur ressort pour les passagères. Il avait oublié que la charnière était cassée et le volet tomba sur les genoux osseux du vieux, qui sursauta sous l'effet d'une décharge.

La fabrique était une ancienne tannerie incendiée construite vers 1860, avant le prétentieux *château* édifié pour les patrons. Elle se trouvait au fond de la propriété, dans une enceinte séparée du jardin par un bras mort de la rivière Fouillebroc, un nom qui faisait les délices d'Ahmed. Une allée y conduisait, si mal entretenue que Patrice répugnait toujours à l'emprunter avec une voiture basse.

Plus le conducteur se fatiguait, plus l'embrayage à grand débattement, plaie de ce genre de GT, resquillait sous sa semelle, et il se maudissait de porter d'aussi grosses bottes. Comme il ne cessait d'embrayer et de débrayer, la hauteur l'obligeait à biaiser en penchant douloureusement la cuisse pour éviter d'être comprimé par le volant. Encore un souvenir de Lukardis. C'était le genre de voiture qu'il fallait conduire avec des mocassins à tétons. Il se dit qu'un jour prochain, l'âge venant, il lui faudrait abandonner le style motard, mais il ne se sentait pas encore prêt. En y réfléchissant bien, il conclut que là aussi, comme dans plusieurs ordres de préoccupations, il attendait la mort de Didine.

Cahot après cahot, sans avoir souffert d'avaries, à part un calage et le bruit sourd d'un caillou qui avait heurté le bas de caisse (mais non le carter d'huile, il avait vérifié en ouvrant la portière), ils étaient arrivés en bas du parc, devant une haie d'ifs revenue à l'état naturel, près du petit pont métallique qui permettait de rejoindre l'usine. L'arbre des morts effleura la carrosserie, laissant des larmes d'eau claire sur le pare-brise ; ils traversèrent le Fouillebroc sur une chaussée rouillée grêlée de flaques sanglantes ; ils longèrent le bassin de retenue d'un ancien barrage électrique, mare bordée de ciment fendu où se reflétait le sommet des ruines que leur cachait le toit de la voiture. Des arcs-boutants, dont les montants de briques noircies ne tenaient plus qu'à peine les murs dentelés par l'effondrement des solives, encadraient d'immenses châssis tordus où se dessinaient au carreau les perspectives de voûtes éventrées. On se serait cru dans le parc de William Beckford.

— Oh ! regarde les jolis canards...

Il préférait surveiller les nids-de-poule. L'entrée du bâtiment, où il abandonna la voiture et son chargement, était bornée de tours étroites fleuries à leur faîte de gargouilles dont l'architecte avait cru bon de couronner son édifice. Quand il passait la grille, Patrice ne manquait jamais de les saluer des yeux, surveillant du même coup qu'elles n'avaient pas bougé depuis sa précédente inspection. Édifiée par un maître d'œuvre anglais dans le style néogothique en faveur à l'époque, désaffectée depuis son incendie, la « fabrique », comme la surnommaient les gens du pays, était une curiosité locale toujours visitée en dépit des grilles et des raccords de clôture installés par l'homme de peine ; le sentier de braconnier qu'il emprunta au pas de course en témoignait mais aussi les étrons posés çà et là, et les graffitis qui couraient à hauteur d'homme le long des murs, partout où le lierre n'avait pas poussé.

Occupé à éviter les ronces et les griffes des bardanes, Patrice ne levait plus les yeux sur les ruines. Il s'était blasé à force d'avoir dû faire l'article, comme un guide, aux régisseurs de cinéma et autres assistantes de production à qui il voulait louer le site, des années plus tôt, avant la photographie, quand il était peintre, à l'époque où il pensait encore gagner de l'argent sans trop travailler. Leur émerveillement et leurs questions idiotes avaient fini par le dégoûter de l'endroit. Par une sorte de malédiction, aucune de ces démarches n'avait abouti, soit pour des raisons de sécurité (un jour de visite, une gargouille s'était effondrée), soit que les projets avaient tourné court. Il avait fini par croire ce que lui avait dit un jour la tourneuse de Vanité, Angela, une vieille toupie anglaise obsédée par le satanisme : de cet endroit émanait une « charge négative ».

C'est vrai qu'hormis les peaux de bique tannées au XIXe siècle, il n'était jamais rien sorti de bon de la fabrique. Il avait tellement perdu de temps à encroûter des tableaux dans ces lieux fantomatiques qu'il lui semblait voir écrit au-dessus du portail la fameuse formule : *Ici perds toute espérance.* Il se souvenait d'avoir passé des soirées entières à faire danser les ombres sur les murs ruinés avec une torche électrique, repoussant la confrontation avec la toile qui l'attendait là-bas, dans le seul bâtiment encore couvert : un hangar dont l'ampleur l'avait imprudemment poussé à se lancer dans des peintures de grand format.

À l'approche de son ancien atelier, il s'aperçut que la verrière en demi-lune qui surmontait le volet d'entrée avait plusieurs carreaux brisés. En secouant la ferraille pour rectifier la chaîne, il surveilla l'imposte, branlante elle aussi. Il n'avait jamais oublié l'avertissement du beau-frère de Kiki, venu remplacer les verres au début de son installation : « Il faut que le chef fasse attention, ça pourrait bien lui tomber sur la tête un jour pendant qu'il barbouille. » Les descendants des anciens ouvriers tanneurs n'avaient pas beaucoup d'admiration pour les nouvelles productions de la fabrique. Seul un chauffagiste lui avait fait des compliments, tout en regardant Ahmed avec des yeux doux.

La rouille avait coincé le pêne du cadenas. En se baissant pour regarder l'entrée de la serrure, il fit tomber le trousseau dans une flaque où surnageaient de vieux chiffons souillés dont il se servait autrefois pour les frottis. Un débris de tissu taché d'une couleur brunâtre vint s'enrouler autour de son doigt. Il frissonna de dégoût. On aurait dit un pansement sale ou une serviette hygiénique. La langue russe – et elle seule –

avait un mot précis pour désigner ce genre d'ordure : *pliouchkine.* Il n'était pas rare que des mots russes lui reviennent quand il était de visite ici. Il songea, comme à chaque fois, à celui qui dormait pour toujours à l'intérieur.

Le grincement de la porte sur le rail effraya une grosse bête qui s'enfuit dans l'ombre. Le blaireau ! Le jardinier lui en avait parlé. Les chasseurs captent dans le paysage toutes sortes de présences invisibles à l'œil normal. Sûr de son avantage, le jardinier s'étonnait que Patrice ne l'ait pas vu avec le même ébahissement grossier qu'Ahmed lorsqu'il lui avait avoué qu'il n'avait pas couché avec Madonna. Mais tout le monde a couché avec Madonna ! Patrice renifla. Il croyait se souvenir que les blaireaux sentent le musc comme les ragondins et les putois. Une odeur de pourri remonta dans ses narines. Ça, il connaissait... ça n'était pas une bête.

Des centaines de grandes masses sombres moisissaient doucement dans l'humidité du hangar sans avoir pu trouver d'acquéreur, ni même de supports autres que les murs de brique badigeonnés. Patrice s'approcha de la zone où le machin avait filé. Revenu de sa surprise, il penchait maintenant pour Lord Byron. Pas de blaireau, pas de mystère, il ne fallait pas rêver. Faut pas rêver ! Il chantonnait à mi-voix : *T'aimer toujours à la même heure... Faut pas rêver... Te faire l'amour avec des fleurs... Faut pas rêver...* Il s'arrêta devant un grand nu de Didine et resta un moment à le contempler jusqu'à ce que l'odeur fongueuse de la toile l'écœure. Il ausculta la lèpre qui marbrait la surface peinte. *Les apparences sont trompeuses... Faut pas rêver...* L'enduit à base de colle de peau de lapin commençait à chancir. Pour une fois qu'il avait vaguement réussi. Quel gâchis. Il grattouilla les petits champignons brunâtres qui envahissaient un ventre chaud et doré, élargissant le glacis de terre verte des contours. Elle avait quelque chose, celle-là, une charge positive. Une grande poupée presque humaine, un golem... Elle avait volé à Didine un peu de son âme, une petite goutte de sang, une légère pointe de vermillon, une flamme, depuis longtemps enfuie de la vraie. Quelque chose de Didine, plus que certaines photos, plus que la femme qui avait pris son identité là-haut dans la chambre. Pour la conserver il aurait fallu la réserver au sec, dans la maison par exemple, mais les choses mettent tant de temps à pourrir... Plus qu'on imagine. Elle saurait encore attendre. Il n'avait jamais pu se résoudre à introduire un seul de ses tableaux chez lui. À l'époque, il y croyait, il voulait faire de cette répugnance un parti-pris d'esthète. Il n'était pas de ces artistes pauvres qui vivent au milieu de leur production dans des espaces confinés où les vapeurs des solvants chimiques se mélangent avec les odeurs de frichti. Il trouvait plus chic de n'avoir aucune œuvre à lui sur ses murs. Du chiqué.

Ses peintures finissaient toujours par lui déplaire. Il n'avait jamais vraiment réussi. Il était passé près parfois au début, comme dans celle-là, un hiver glacial (94-95 ?) mais, avec le temps, à force de passer à côté... « *Te faire l'amour à la même heure, Faut pas rêver...* » Allez, on s'assied cinq secondes à la place de l'artiste. Fauteuil de dentiste, non de coiffeur. Rouillé, sec lui au moins, pas pourri comme les divans, le mobilier russe, l'héritage des Strogonoff.

Tant qu'on peint, on agit, on est sujet à de brusques enthousiasmes, on sent sa main guidée par une force supérieure, on danse devant la toile, tapotant des ombres ou rehaussant les lumières avec beaucoup de grâce, d'aisance. Et crac la magie disparaît, un geste de trop : on shoote sans faire exprès dans la bouteille de pétrole, on s'assied dans une assiette de peinture... Pas grave. On s'arrête pour manger un sandwich, on grossit, on se branle, on lit *Voici*, et soudain, après déjeuner, on n'ose plus regarder la toile en face. Une voix intérieure dit : « Qu'est-ce que c'est laid ! Un peu comme à seize ans la première petite amie, on ne sait pas quoi penser, tantôt moche, avec un front bombé, tantôt Sophia Loren. Là, pareil : la bonne intuition c'est la mauvaise. Une première fille ça se largue. — Tu m'aimes plus ? — Non. » La peinture, plus compliquée, c'est un peu de soi tous ces rebuts, on y tient, on s'y accroche, de moins en moins ferme. On danse de moins en moins. On relit *Voici*. Puis des pornos, on se branle de plus en plus. Il est vite 3 heures de l'après-midi, Didine au journal, tout s'effondre petit à petit. Les formes se dissolvent dans les couleurs, ou au contraire les contours deviennent durs, le visage déjà un peu bizarre se met à ressembler à des choses tout à fait incongrues. Un homme : Georges Marchais, David Pujadas. On a perdu la figure. Alors tout est perdu. On devient fou, on lance ses brosses à travers la pièce, on shoote encore dans une bouteille de pétrole. Cette fois-ci on le prend mal, on s'effondre sur le divan pourri en pleurant comme un enfant... Arrive un matin où les pinceaux ne sortent plus de leur tombeau de médium, durcissant et se prenant jour après jour dans le bloc jaunâtre qui sèche au fond des pots, comme les papillons dans les cierges.

— *Faut pas rêver...*

Il se leva de son fauteuil. La circulation coupée, des fourmis dans les jambes. Lumière.

Faute de réussir ses peintures, il avait su créer une décoration que les visiteurs, surtout les visiteuses, jugeaient très romantique. Des divans ou des lits de repos, du mobilier 1900, des arabesques, des lampes d'atelier, des chaises encombrées de centaines de livres d'art ou de bouteilles d'essence et d'un panneau où était punaisée l'œuvre en cours, artistement voilée d'un vieux tissu. Un poêle à bois grand format. Cadeau de Didine. Noël 93. Le même que Picasso, rue des Grands-Augustins. Celui de Gertrude Stein. Une horreur à allumer. Çà et là, des miroirs où se reflétaient à l'infini, mais sous des angles nouveaux, les mêmes œuvres qui paraissaient encore plus maladroites à l'envers. Aujourd'hui, considérant cette brocante, il ne comprenait pas comment il avait pu y croire. Il inspecta une fois de plus avec froideur les derniers grands formats couleur lentille ou sauce tomate, et jugea qu'on ne saurait rien en faire, pas même les jeter à la décharge. Ce constat ne lui donnait plus du tout envie de se suicider. Depuis longtemps, il projetait de brûler ses œuvres, mais le côté théâtral du geste et l'effort à faire pour les déplacer le décourageaient.

Il s'apprêtait à franchir le seuil de la réserve aux archives quand un concert de miaulements l'arrêta. Une fiancée de Lord Byron avait dû mettre bas quelque part. En cette saison, les bestioles avaient peu de chance de survivre et risquaient d'empuantir l'atmosphère. Le diable, avec les bêtes malades, c'est qu'elles se planquent toujours dans des recoins et que, même à l'odeur, leurs charognes sont difficiles à trouver.

Il se rappelait avoir gâché une matinée de travail (à l'époque où il peignait il était très avare de son temps, toujours en quête du fameux « déclic » qui allait faire de lui un grand artiste) à chercher Lord Byron (le premier du nom), le favori de Didine. L'animal avait crevé à la cave derrière la machine à laver dans un puisard troublé par le calcaire. Patrice l'avait repêché avec une épuisette de piscine. Le poil s'était fané dans l'eau crayeuse et seul son poids qui faisait plier le manche de l'épuisette le différenciait d'une vieille tête de balai ou d'une des perruques qu'Ahmed laissait pourrir dans un chariot. Même Didine, bouleversée par la mort de Lord Byron (ce matin-là, son trouble la poussait à rappeler sans cesse que l'animal était un cadeau de Minette de Talleyrand, elle qui par une délicatesse de snobisme n'appelait jamais son amie bien née autrement que *la Minette*), eut du mal à reconnaître son chat. Patrice, lui, imaginait l'agonie du vieux parasite qui, après s'être laissé flatter par des mains douces et soignées, avait fini ses jours dans un trou de vidange. Il n'avait pas manqué de faire un rapprochement avec leur sort à tous mais Didine lui avait demandé de se taire.

À l'oreille, il avait circonscrit l'origine des miaulements à la zone d'ombre au fond de l'atelier dans un recoin où étaient entassées des peintures anciennes. Oubliant tout à fait joli-papa qui devait s'impatienter, mais après tout il avait laissé le moteur en marche pour que la soufflerie continue de fonctionner et, même s'il savait bien que l'air pulsé cesse d'être chaud aussitôt que le véhicule est à l'arrêt, son semblant de précaution lui paraissait suffire, il commença à déplacer des châssis poussiéreux. Au fur et à mesure qu'il les redécouvrait, ses anciennes productions lui semblaient moins mauvaises que les récentes. Sans doute l'effet de la pénombre et de l'oubli dans lequel il les tenait. Dans un élan sentimental il considéra d'un œil ému une affreuse petite croûte, un autoportrait nu arraché à la compagnie des cloportes et des araignées, envisageant un instant de l'offrir pour Noël à Lukardis. Ça lui ferait les pieds, elle qui le harcelait pour qu'il lui trouve un cadeau. Mais la perspective de se salir le découragea.

Il lui restait à déplacer un panneau de bois, très lourd. Il recula afin d'estimer son volume et d'éviter de se le faire tomber sur la tête.

Un rayon de soleil transperça les hautes verrières dépolies par la crasse, dessinant les toiles d'araignées alourdies par les menus déchets tombés des liteaux, qui pendaient comme des nids de mésanges au bout de leur fil. Un carré de kraft, épinglé sur le panneau à déplacer, ressortit du fond de bois avec lequel il se confondait d'abord. En attrapant la dernière toile, Patrice avait senti sous ses doigts le contact du papier. Il avait failli l'arracher mais s'était ravisé, il risquait de se blesser avec les semences rouillées qui faisaient office de punaises.

Remonta d'un passé lointain une maternité, copie d'un carton italien de la Renaissance qu'il avait réalisée bien des années plus tôt. À l'époque, jeune homme, il méprisait la peinture à la mode (les Combas, les Di Rosa, les graffiteurs de Futura 2000) et s'efforçait, en réaction, de travailler à l'imitation des maîtres anciens. Il ne se rappelait même plus le nom du peintre ou du sculpteur chez qui il avait copié le dessin. La réponse se trouvait sûrement dans les piles de livres de reproductions en héliogravures qui se dressaient là-bas. Tous ces noms qu'il déchiffrait de loin sur les tranches brûlées par le soleil ne lui disaient plus rien, ils lui étaient devenus étrangers comme ceux des élèves qu'il avait relus un jour d'ennui dans les annuaires de son collège. Crivelli, Costa, Castagno...

La jeune mère, à peine ébauchée, détournait la tête dans un geste qui pouvait s'interpréter comme une marque de pudeur ou de détachement à l'égard de l'énorme nourrisson qui encombrait l'avant-plan, ventre extériorisé, entrailles vivantes, saisissant l'œil par un puissant relief dont les noirs charbonneux contrastaient avec l'incarnat de la sanguine et les taches lumineuses des rehauts. Elle montrait l'inadvertance d'une toute jeune femme à qui l'enfantement apporte davantage de trouble que de joie. Les enfants nés de femmes-enfants connaissent cette impression d'encombrer. Elle regardait ailleurs, vers d'autres objets plus désirables à ses yeux que le poids qui alourdissait ses jambes. Dans son visage, Patrice s'émut de retrouver des traits qu'il aimait aujourd'hui chez Babeth. Elles avaient l'une et l'autre ce large ourlet labial, presque négroïde, la même épaisseur de mâchoire, et cette largeur quasi bovine de deux magnifiques yeux qui, retombant aux angles extérieurs, leur composaient une face de Méduse ou de reine africaine, Didon ou Cléopâtre, motifs d'effroi ou d'admiration qui ornaient les rondaches des condotierri ou les boucliers des reîtres de l'ancienne Europe.

Patrice éprouva le besoin de s'asseoir. Sans s'en rendre compte, en se renversant dans les bras déchirés d'un divan de velours frangé, il reproduisait plus exactement que tout à l'heure un geste ancien. Même avant d'être alourdi par l'âge il n'avait jamais supporté, faute d'abdominaux, de rester debout trop longtemps. En vieillissant, c'est à peine s'il tenait sur ses jambes plus de cinq minutes d'affilée. Sa vie quotidienne était devenue une course de siège en siège. Il resta là à écouter la pluie pendant qu'une suée d'alcoolique s'épongeait contre le tissu poussiéreux. La bourre de l'accoudoir lui piquant la joue, il se laissa glisser jusqu'en bas du dossier irritant, sa chair humide contre les fibres du velours, au passage il frotta douloureusement le bord de sa paupière rougie par l'insomnie et les stupéfiants sur une zone de tissu beaucoup plus rugueuse. Il sentit un contact froid, un poids contre la cuisse : l'urne de son père. Il la retint sans avoir besoin de regarder pour savoir de quoi il s'agissait. Une trace de peinture maronnasse encroûtait le flanc verni, relief d'une crise de rage durant laquelle il avait jeté son matériel contre les murs.

En caressant le vase de métal, il se remémora les mains de Babeth, leur pulpe épaisse, confortablement élastique comme ses lèvres. Elle était grande et ses extrémités avaient des proportions importantes. À cause de la blondeur de son teint, leur chair tirait sur un rose pâle qui se carminait en allant vers le bout des doigts. La paume large aurait pu appartenir à un jeune homme et, lorsqu'elle se posait sur son visage, elle en couvrait une part beaucoup plus importante qu'aucune main de femme. L'effet était à la fois rassurant et menaçant. La première fois qu'ils s'étaient rencontrés, le soir où elle avait fini par jeter son portable du pont Alexandre III, il avait remarqué les proportions inhabituelles de son corps au poids qu'elle pesait sur ses genoux, à l'effet d'engloutissement de sa large bouche, à la taille de sa langue, grosse et musclée, et à l'épaisseur de ses poignets d'où elle avait détaché une petite montre de femme aussi disproportionnée sur elle qu'un réveil aux mains d'une géante. « Puisque nous sommes appelés à nous revoir, je te donne ce que j'ai de plus précieux », lui avait-elle dit avant de la lui fermer autour du poignet comme une menotte. C'était ce poids sur lui, cet enfermement, cet enfantement, cette impression d'être en prison dès la première fois qui lui avait plu et lui avait donné envie de s'enfuir. Jamais il ne s'était montré aussi faible avec une femme et donc jamais aussi vrai.

« À ton niveau, la lâcheté c'est du style », lui avait-elle dit le matin en lui caressant la joue ; il n'avait pas pris ça pour une injure.

— Tu es là ? Qu'est-ce que tu fabriques ?

Pour que joli-papa ait pris le parti de salir ses chaussures c'est qu'il devait être arrivé un malheur. Patrice envoya l'urne rouler dans la nuit.

— Je cherche des photos. Qu'est-ce qui t'arrive ?

— Ton auto s'est arrêtée toute seule !

L'essence ! La dernière fois qu'il avait regardé la jauge, l'aiguille était tombée en dessous de l'inscription *empty*, à l'endroit du cadran où trouvant sa butée elle ne bougeait plus, et le V8 consommait plusieurs dizaines de litres au cent. Il estima aussitôt le retard que cette panne allait entraîner... Une telle catastrophe ne pouvait avoir eu lieu, il opta pour un calage.

— Oh, regarde les petits chatons, il faut aller chercher maman pour lui montrer.

Et pourquoi pas FR3 région pendant qu'il y était ? Patrice considéra alternativement les bestioles qui étaient sorties de leur cache. Il ignora un chaton aux yeux crottés (bien le fils de son père) venu flirter avec sa botte et fila dans la réserve voisine. Les plafonniers industriels clignotèrent avant de s'allumer, ajoutant à la tristesse de l'endroit : le hangar ressortait sous l'atelier d'artiste. L'endroit avait été squatté, le mobilier de bureau d'avant-guerre avait subi les déprédations habituelles.

Il n'arrivait plus à se remettre en mémoire s'il avait glissé le dossier Lara Fabian dans le classeur orné d'un graffiti « Zob » ou dans une armoire frappée d'une croix gammée maladroite. Il restait le fichier « Je t'encule » mais celui-là était réservé à sa période californienne. Au passage il eut un regard pour le calendrier Cavalli collé tout contre. Babeth et Vanité s'y montraient légèrement différentes que sur la porte de sa chambre. Babeth pointait une très grande partie de sa langue comme un sexe de chien, alors que Vanité, toujours parée de vison blanc, prenait, sous son chapeau de paille ornée d'une faveur rose, l'air rêveur d'une héroïne victorienne.

L'envie lui prit de fouiller là-dedans pour retrouver une série de portraits où Babeth, moins fardée que d'ordinaire, ressemblait, dans son souvenir, à la jeune fille à l'enfant, mais la présence du vieux dans son dos lui interdisait ce genre d'évagation. Sans se laisser décourager par la masse d'enveloppes blanches toutes semblables, toutes étiquetées aux armes du laboratoire Janvier, toutes fourrées dans des glissières à pochettes souples conçues à cet effet, il piocha dans l'armoire au svastika le seul dossier qui débordait du rang. Son téléphone s'était remis à vibrer, mais avant de répondre il eut le temps de se féliciter de sa main heureuse en reconnaissant du premier coup d'œil le nom de l'artiste inscrit à l'envers sur la pochette. Comme tous les gens désordonnés, il se glorifiait d'un « sixième sens » infaillible, oublieux des nombreuses fois où il avait cherché en vain des objets pourtant posés en évidence. Téléphone, Babeth...

— Ça va mon petit ange ?

— Non pas du tout. J'ai mal à la tête. Tu viens ?

— Pas tout de suite, rendors-toi.

— T'es où ? J'ai envie d'une aspirine.

— Je suis en train de chercher quelque chose à la campagne.

— Quoi ?

— Nada.

— Tu crois pas que dire « rien » serait d'un effet moins prétentieux ?

— ...

— Tu as pensé à prier ton ange gardien ?

— Tu as raison, je vais le faire...

— Arrête d'être toujours d'accord avec moi...

— Ne t'énerve pas, tu peux me redonner ta recette de carburant ?

— ?

— Tu sais celle que t'avait donnée le préparateur de dragsters à Indianapolis.

— Le petit bossu ? Le copain de Tubersteak ? Qu'est-ce qu'il était gentil ! C'était à Santa Fe, pas Indianapolis...

— Oui, tu as raison.

— Arrête de dire « oui tu as raison », c'est comme « excuse-moi », c'est insupportable. Sept litres de rhum agricole et trois boules d'ammoniaque. Mais fais attention, je crois que ça abîme les moteurs.

— Merci mon ange... J'arrive.

— Dépêche-toi parce qu'à 14 heures il y a Hubert qui nous envoie le chauffeur. On va voir *Bob l'Éponge* avec Krystal...

Patrice raccrocha avant que son amie ait fini de parler. Au toucher, il venait de s'apercevoir que l'enveloppe était vide.

Tant qu'il se trouvait dispos, la conversation de Babeth lui semblait pleine de charme mais dès que son humeur s'aigrissait, l'enchantement était rompu : il y perçait un manque de naturel qui, comme toute marque de faiblesse chez une femme, le mettait mal à l'aise. Il se dit que Lukardis sonnait plus clair et se résigna de nouveau à aller au Novotel. Mais il fallait retrouver les planches. Un même trouble (l'enveloppe perdue) lui brouillait le goût d'une compagnie et lui éveillait l'appétit d'une seconde.

En plus il n'imaginait pas d'aller voir un dessin animé pour enfants avec Babeth, son amie Krystal (une Eurasienne assez discrète tant qu'elle restait sobre, mais chez qui l'abus de boisson éveillait un tempérament impudique et querelleur) et ce dépravé d'Hubert Boukobza. Sans compter que Babeth et Krystal, ivres, à demi nues à quatre heures de l'après-midi avenue des Champs-Élysées, constituaient selon le jargon de Babeth « un concept » fauteur de désordres, et qu'une fois ces deux viragos sur les bras, il n'arriverait pas à s'en débarrasser pour régler l'affaire Lara Fabian, aller au labo et passer chez Sylvana Mangano. Avec elles, on ne pouvait pas faire grand-chose d'autre que boire. Sans oublier que Babeth, pourtant grosse consommatrice de crack (« ça me fait dormir »), interdisait à

Patrice d'aller chez le dealer. Toujours prête à se donner le beau rôle, elle disait regretter d'avoir laissé tomber son amie Vanité dans « l'enfer de la drogue », omettant de préciser la cause de leur brouille : Vanité avait chassé Babeth de chez elle parce qu'elle la soupçonnait de lui avoir volé ses provisions de stupéfiants et de l'argent liquide.

Où étaient passées les planches contacts ? Dans un éclair de lucidité, Patrice se revoyait maintenant ranger le dossier Lara Fabian dans un quatrième meuble, orné d'une étoile (cette vieille sorcière d'Angela y avait reconnu un pentacle satanique). En se retournant, il fut surpris de voir joli-papa plongé dans la contemplation du calendrier. Sous le spencer de vison, à travers les côtes ultrafines du T-shirt « superstar », on devinait le relief d'un mamelon noir et bombé comme une patelle. Patrice détourna la tête, gêné d'avoir surpris son beau-père. Il se souvint que Vanité, pudibonde à ses heures, avait insisté pour qu'il efface ce détail au tirage. Avant, elle avait refusé, malgré les supplications de la styliste, de poser nue sous le vison. C'était aussi parce que son ventre lui faisait honte. Il était ridé de vergetures, séquelles d'une grossesse, un accident, à quatorze ans. Elle justifiait son attitude en disant qu'elle n'était pas une « pute » comme les autres chanteuses noires et qu'elle n'avait pas besoin de montrer son nombril ou ses seins pour faire entendre sa voix.

Le téléphone recommença à s'agiter, Patrice s'abstint de décrocher. Babeth allait sûrement se rendormir, aller au cinéma ou autre chose encore ; la jeune fille avait tendance à détourner les emplois du temps trop tracés à l'avance.

En époussetant les planches-contacts qu'il venait de retrouver par terre, sous un cendrier, sans leur enveloppe, il fut surpris par la médiocre qualité de son travail. Il avait vraiment tiré les seuls clichés montrables. Les autres semblaient avoir été pris par un parkinsonien. Il ne voyait pas les habituelles marques de crayon gras et ses annotations, il manquait forcément des planches. En plus, la référence pellicule ne correspondait pas à son souvenir. Tout cela était assez ancien, au moins deux semaines. Il faudrait regarder sur son agenda et appeler le labo. Le travail de son assistant, mais « Fornicator » (le sobriquet du jeune homme) s'était déclaré « hors service » depuis le début de la semaine : il venait d'être père d'une petite fille. Il l'appellerait quand même en arrivant à Paris. Patrice s'effraya de tomber sur la maman, une fille minuscule, très mince, coiffée comme un garçonnet, qui le soupçonnait d'être au bout du rouleau et d'exploiter le talent de son petit ami.

— Tu ne réponds pas au téléphone ?

Surtout non. Le numéro de portable qui s'affichait maintenant était celui d'un présentateur de télévision, le petit ami d'une ex-Disney star. Cet ancien barman du Val d'Isère se piquait d'avoir « des images plein la tête ». Patrice avait vite compris qu'il voulait réaliser le clip de la Disney star à sa place et envisageait de se servir de lui comme assistant. Lorsque l'autre jargonnait d'autorité des termes plus ou moins à contresens, Patrice se faisait l'effet de parler plomberie avec joli-papa. Midi approchait, l'heure où ce genre de fêtards, à peine tombés du lit, commencent à consulter leur Palm Pilot pour se donner l'impression de travailler.

Il était temps de repartir, il pressa son beau-père qui s'intéressait de très près à des nus jaunis de Margaux

Hemingway dont le beau visage était auréolé d'un nimbe brunâtre : Patrice avait sorti ces tirages un jour pour se masturber puis les avait laissés par terre où ils avaient servi à poser une bouteille de vin rouge.

Comme s'il n'avait attendu qu'un signal pour s'échapper du cloaque où son beau-fils l'avait entraîné, le vieux monsieur trottina vers la porte avec cette démarche festonnante et saccadée que les spécialistes de l'Alzheimer connaissent bien. En contemplant son dos courbé, Patrice se demanda dans combien de temps il allait mourir. Il allait devoir s'occuper des funérailles, appeler la banque, le notaire. Une dépouille n'était pas comme une voiture en panne ou une facture en retard, on ne pouvait pas la remiser quelque part et l'oublier. Sauf rendu au cimetière mais il y avait du travail avant. Au moins, pour les obsèques de Didine, il pourrait simuler l'effondrement moral afin de déléguer l'organisation à sa mère ou à Ahmed.

Il avait encore envie de se reposer et, sans la petite silhouette qu'il apercevait en contre-jour, devant la porte, tendant prudemment le cou pour décider si oui ou non il devait ouvrir son parapluie, il se serait bien effondré quelque part, sur le canapé frangé dont la pénombre laissait soupçonner la présence. C'était un meuble couleur de nuit, orné de tapis ouzbek et de passementerie en fil d'argent, une ruine, le dernier souvenir du grand salon de ses tantes Strogonoff, avenue Franklin-Roosevelt. Aujourd'hui il avait trouvé sa vraie fonction, servir de reposoir à l'urne dont l'émail reluisait dans la pénombre. Patrice repensa aux yeux de Babeth dans la chambre obscure du boulevard Saint-Martin. Depuis longtemps l'urne s'était couchée, et la cendre répandue se dissolvait jour après jour dans le velours et la nuit.

Au milieu du chemin, le dernier tableau abandonné en cours, un énorme nu surchargé à la manière d'Anselm Kieffer, œuvre géante qui avait fini à force de surépaisseurs par perdre tout relief, tentait maladroitement, comme un enfant délaissé, de capter l'attention ; soucieux de l'éviter, Patrice se fit une frayeur en se heurtant à son propre reflet dans les facettes d'une glace vénitienne dont il se servait pour corriger les anatomies. Avec sa barbiche et ses bajoues de hamster, il se fit penser à un fantôme du passé, un type qu'il avait connu à New York, Guy, surnommé « l'homme aux chaussettes roses ». Pas très flatteur comme comparaison. Ce clone du Che (il portait barbe et béret comme tous les voyous du South Bronx à l'époque), qui partageait à l'époque la vie de Lisa Sliwa, la karateka des Guardian Angels, avait l'esprit chaviré par les flying saucers et l'angel dust. Pour impressionner les gens, ce mythomane racontait des fables, se vantant par exemple de conduire sa Chevrolet Corvette en dormant : « Je me cale à 120 mph, je mets l'overdrive, je coince le volant entre mes guiboles et, hop, une petite sieste ! » Guy devait sa légende à un autre coup d'éclat : il affirmait porter des chaussettes roses en signe du deuil de sa femme, une riche héritière française, curieusement, elle s'appelait Nadine et avait aussi souffert d'un cancer. La dernière fois que Patrice avait aperçu l'homme aux chaussettes roses c'était au service funèbre de Robert Mapplethorpe. Pour lui aussi tout c'était probablement terminé à la même adresse : crématorium du Queen's cemetery. À une époque Guy fascinait Patrice, mais, à force, il s'était lassé de ce genre de types.

— Mon Dieu que je suis fatigué, dit-il en forçant le lourd panneau sur son rail.

Depuis quelque temps il se plaignait à voix haute. Il avait à son registre deux ou trois formules qu'il lui arrivait de répéter comme des incantations : « je suis fatigué » mais aussi « j'ai envie de mourir », ou une autre plus énigmatique « Patrice s'est tué », un commentaire qu'auraient fait ses amis après son suicide ou sa mort accidentelle. Il existait une variante à cette dernière, insolite dans sa précision : « Patrice s'est tué mardi. »

Pourquoi mardi ? Mystère. Qui étaient les éplorés ? Ses parents sûrement, Lukardis, Babeth, ses amis. Tout le monde sauf son père et Didine qui ne pouvait plus parler. Il avait honte mais il n'arrivait pas à se contrôler, ça sortait tout seul.

Au moins la pluie avait-elle cessé. Dans ce sens-là le chemin était difficile à attraper. Plusieurs sentiers partaient vers l'usine dont des fausses pistes qui finissaient nulle part, dans un trou d'eau ou contre un mur aveugle. Patrice passa devant joli-papa. Gardienne de la bonne issue, la gargouille tombée d'une cheminée pointait le museau sous la flétrissure d'une touffe de bardane. Il se rappela que la fameuse Angela l'avait comparée aux chimères qui surplombaient la terrasse, chez son mari à New York. C'était là, dans un des appartements immenses du Dakota building qu'il avait croisé Vanité pour la première fois en 88 ou 89. Elle avait 11 ans et un T-shirt *Scarface (The world is mine : Tony Montana)* qui lui descendait à la moitié d'une cuisse maigrelette comme souvent à cet âge. La future star était collée à sa mère, une ex-choriste de Sly Stone devenue maquilleuse photo. Pendant que la maman parlait de Sly Stone, « *He was totally paranoid, it was impossible to make eye contact with him* », Patrice se souvenait d'avoir joué à effrayer l'enfant en la prenant par les pieds comme s'il voulait la jeter dans le vide pardessus le garde-corps. Vanité, qui s'appelait encore Priscilla-Fleur, avait déjà ses pieds de guenon aux doigts longs, aux articulations en boule. Ce soir-là étaient présentes aussi Mary Woronov, et puis Lisa, la fille des Guardian Angels, et encore une autre Lisa, Lisa Lyon, la championne du monde de body-building, fraîchement sortie d'une clinique psychiatrique de Pasadena, qui vivait à l'hôpital la fin d'une improbable aventure avec Robert Mapplethorpe, sans oublier Guy, le moustachu aux chaussettes roses mais sans ses chaussettes roses. La famille de sa Nadine avait confisqué l'héritage et, après avoir essayé en vain de maquereauter une Miss America, Guy était redevenu dealer comme au bon vieux temps.

— Dealer, voilà un métier que je ne pourrais pas exercer.

Il eût fallu s'y montrer soigneux, faire preuve d'adresse et d'organisation ; pour sa part il n'avait jamais réussi à replier une cocotte de cocaïne correctement. Il pensa aussitôt à appeler Sylvana Mangano, qui préférait toujours avoir un petit délai pour préparer les commandes, mais se ravisa en entendant joli-papa s'essouffler dans son dos. Il aurait fallu d'abord vérifier si le garage avait un détecteur de faux billets, il avait oublié de demander à Ahmed d'y aller. Maintenant, depuis l'affaire Super U, il n'avait plus tellement envie de lui parler. Fébrile comme à chaque fois qu'il se résignait à sortir du jardin, l'Arabe allait lui demander des explications sans nombre pour démarrer la Cooper. Patrice se savait capable de perdre un quart d'heure à faire semblant de l'aider, tout ça pour ne pas avouer la vérité, le moteur parti à la poubelle. Pourvu que Bétuleau ne s'en mêle pas. Il se demanda soudain s'il n'avait pas payé l'assurance de la Cooper plutôt que celle de l'Aston Martin. Réflexe d'avare. On prend la moins chère. Aucun des numéros d'immatriculation enregistrés sur les polices ne correspondait à ceux des cartes grises (il avait fait changer les plaques mais négligé d'envoyer le courrier réglementaire à l'assurance), elles-mêmes égarées au hasard des vide-poches, des soufflets de siège, des tapis de sol. Le papier vert et le papier gris n'étaient évidemment jamais dans le même lot, comme autant de couples séparés dans sa débâcle personnelle, même les contrôles de gendarmerie ne parvenaient pas toujours à les réunir. Il regarda sa montre. Au moins, entre midi et deux, il n'y avait pas de gendarmes.

Le téléphone recommença de bourdonner dans sa poche. D'où Babeth tirait-elle ces coupures de cinq cents euros ? À coup sûr d'un de ses protecteurs. Elle lui en avait parlé le soir où il avait pensé à les écouler chez Sylvana, mais il était tard et il avait oublié les détails de l'affaire. Franco peut-être ? Comme il traversait la nef, il se souvint du conseil qu'elle lui avait donné tout à l'heure : « As-tu pensé à prier ton ange gardien ? » Décidément les anges et les dealers avaient des affinités secrètes. C'était un drogué qui avait converti Babeth à ce culte particulier – un de plus, songea Patrice en faisant la grimace –, un dénommé Franco Estherazy, avocat brésilien ou vénézuélien, ou costaricain, lui-même n'avait plus trop l'air de savoir : un *rastaquouère* aurait résumé Didine. Franco se vantait d'être à la fois membre de l'Opus Dei et de défendre les intérêts des cartels de drogue colombiens... Certains cocaïnomanes en phase terminale aiment bien choquer leur monde en affichant plusieurs étiquettes contradictoires, en général toutes scandaleuses, qui viennent s'additionner sans néanmoins s'annuler, la confusion de leur moi permettant toutes les professions de foi, pourvu qu'elles soient perverses, sanguinaires ou bizarres. De la même manière, ils rajoutent sans cesse à leurs habits ou à leurs objets familiers : bricoles accrochées au portable, badges, joujoux d'enfant, fétiches plus ou moins magiques dont ils se parent pour éviter les mauvaises ondes ou détourner les forces invisibles à leur profit. Franco Estherazy lui, c'étaient les anges, des angelots partout, en tatouage, en biscuit, en plastique. Il les invoquait à tout bout de champ, et il avait convaincu sa protégée le jour où, en implorant une figurine de pâtissier avec des ailes en tulle suspendue au rétroviseur, il avait trouvé la place idéale pour sa Ferrari au parking Étoile-Foch : bien éclairée près des bureaux. Depuis cette révélation, Babeth avait adopté le concept et s'était entichée d'angélisme, contrariant une théorie (héritée, elle, d'on ne savait trop qui) qu'elle affichait auparavant selon laquelle on ne pouvait pratiquer la philosophie et croire en Dieu. Ou alors avait-elle arrêté momentanément la philosophie.

La durée courte des vibrations avertit Patrice qu'il s'agissait d'un SMS. Lukardis. Il regarda à l'écran le texte, un classique de sa part : « *Mylove je t'adore.* » Ça présageait pour l'hôtel ! Lorsqu'elle avait très envie de faire l'amour, elle lui envoyait des mots doux, du genre que sa fille de quatorze ans se serait interdits, et qui contrastaient curieusement avec ses coups de téléphone secs et informatifs, et son ton de persiflage permanent.

— Pourvu qu'elle ait sa réunion commerciale de dix-sept heures.

Il avait pour habitude de dénigrer intérieurement leurs longues séances à l'hôtel, auxquelles il devait pourtant trouver avantage, sinon il ne les aurait pas renouvelées si fréquemment. Il faut avouer que, quand elle avait joui, Lukardis était drôle. Il se souvenait, non sans tendresse, du cour de révérence de petite et de grande cérémonie, encore en usage à la cour d'Espagne, qu'elle lui avait donné toute nue sur la moquette sale de l'hôtel, entre deux étreintes, alors qu'elle venait de prendre du plaisir entre ses bras. Un mouvement syncopé, à la Coppélia, un hochement de tête sec, toute rouge d'excitation, on lui aurait donné quinze ans...

... pas comme lui en ce moment qui avait du mal à passer les jambes sous le volant. Quant au vieux entre son parapluie et la portière, il avait tout de l'acteur comique. Un duo de clown. Laurel et Hardy.

Au tableau de bord les témoins s'allumaient mais le démarreur ne donnait pas signe de vie. Les impulsions de plus en plus vives de Patrice sur la clé de contact n'avaient d'autre effet qu'un pauvre déclic. Il tenta de se calmer, s'essuya la paume sur la cuisse. À cet endroit le cuir se desquamait, il avait encore négligé de traiter les zones d'usure avec le produit que Didine utilisait pour rénover les cuirs d'ameublement. Il en restait un peu au fond du pot, il l'avait vu l'autre jour, en cherchant une bombe insecticide dans le placard. Sa mère avait racheté un ersatz mais il ne valait rien. L'intendance partait à vau-l'eau.

Il fallait attendre avant d'essayer de relancer le moteur. Il coupa les essuie-glaces et la soufflerie pour éviter de trop solliciter la batterie. La buée due à l'échauffement des deux corps dans l'habitacle confiné commença d'envahir le pare-brise, aveuglant peu à peu toute vision du monde. Dans cet étouffoir, Patrice avait encore plus de mal à souffrir la compagnie de joli-papa, pourtant taciturne, mais ce silence lui-même était agaçant, il cachait des arrière-pensées, un jugement sur tout ça : l'usine, les graffitis, les photos cochonnes, l'état de la voiture, son désordre, cette addiction ridicule au téléphone portable. Épuisé par la marche forcée, le vieil homme respirait fort et Patrice, horripilé, lui attribuait injustement toute la responsabilité de la taie de vapeur d'eau qui accentuait leur oppression. Tout lui semblait devenir gluant, comme si cette haleine, dont il détestait depuis l'enfance l'odeur ferreuse, déposait un voile de moiteur suspecte sur son environ.

Au moins la panne n'avait pas l'air d'être due à un manque d'essence, sans ça le démarreur aurait toussé en vain, mais il aurait toussé quand même... Quoique le fait de ne pas tousser ne signifiait pas que la carburation se fût opérée normalement s'il y avait bien eu toux. D'une longue pratique des voitures anciennes, et en particulier des mécaniques anglaises, Patrice avait appris à ses dépens qu'il pouvait y avoir plusieurs causes à une panne. Que certains défauts s'entendent à masquer, le temps qu'on les répare, d'autres vices qui se révèlent à leur tour, une fois les premières réparations effectuées. Qu'il n'était pas dit que le moteur se remette en route même s'il arrivait à relancer l'allumage, comme il s'apprêtait à le faire en sortant sous la pluie battante pour manipuler sous le capot un certain fil installé par Kiki en raccourci afin d'éviter de solliciter un charbon paresseux, vite noyé de condensation en cas de surchauffe du moteur. Un incident inévitable si on laissait tourner la voiture trop longtemps à l'arrêt, comme joli-papa l'avait forcé à le faire. À cette pensée, il sentit enfler sa colère contre le vieil homme qui s'obstinait toujours à respirer à côté de lui.

— Mon Dieu, que je suis fatigué !
— Ah bon ? mais tu n'as rien fait depuis ce matin...

Cette fois-ci Patrice avait parlé trop fort. Pris de rage de s'être laissé surprendre, il regarda son passager. La blancheur vaporeuse des cheveux faisait ressortir l'émail rose et vert d'un crâne veineux, où les taches de pigmentation semblaient des projections de sauce brunâtre. À l'œil nu il pouvait voir le sang forer les radicelles temporales pour aller ranimer des yeux furtifs qui n'arrêtaient pas de se poser sur lui puis de filer se cacher, comme des cloportes, sous le papier sale des paupières dont l'ourlet était battu sans cesse d'une frange de poils de couleur chenille. Toute cette vie regroupée, ce grouillement complice, cet écosystème de parasites, le dégoûtait. La plus sale bête, celle que Patrice aurait voulu arracher, la langue, nichait au fond du trou plissé de la bouche, blottie derrière un mur de dents plâtreuses. Il ne pouvait s'empêcher d'imaginer que, s'il les avait griffées avec l'ongle pour aller chercher ce qu'elles contenaient, il se serait sûrement poissé d'une pellicule crémeuse et malodorante. Son regard s'effondra, glissant sur l'anorak couleur prune au col piqueté de pellicules qui engonçait dans des emmanchures raglan un torse court et concave ; il le laissa dévaler jusqu'au bas-ventre houssé dans le tergal du pantalon gris. La taille haute remontait sur le ballon de la panse ; seule partie molle de ce corps de pantin, on aurait dit la poche à œufs d'un crustacé. Une interminable braguette descendait jusqu'à la pénombre du siège sans qu'aucun relief ne vienne rassurer la chute vers l'entrejambe où les boules viriles dessinaient sous le tissu tendu un vallon ambigu, presque féminin. Un coup porté là n'aurait atteint aucune partie vitale. Cette braguette était comme les fantômes qui s'agitent sans exister ; pourtant quelque chose vivait encore là-dedans, une vie végétative, recroquevillée, inutile et malodorante, celles des vieux, hommes et femmes mélangés. Une vie d'hospice et de vase de nuit. Une vie de petits profits, de mangeaille, de précaution, sans désir autre que de survivre. La sienne bientôt, celle où Didine avait basculé d'un coup après la seconde opération. Une seconde suffisait, le temps d'un court-circuit, une étincelle qui ne se faisait pas, comme dans son moteur. Il eut une pensée pour Babeth, on pouvait la trouver pénible, mais elle était moins triste et elle sentait bon.

— Qu'est-ce que tu as à me regarder comme ça, tu es fou ?

Patrice se détourna vers le tableau de bord. Tout en s'acharnant sur la commande de contact, il s'efforça pour se calmer de se rappeler pourquoi il avait déjà pensé à l'appareil urinaire de joli-papa une première fois tout à l'heure.

L'impression de recommencement relançait d'autant plus l'angoisse présente que la cause passée – cette clé qu'il agitait en ce moment, sans faire le lien, dans le cylindre du contacteur – s'en était retournée au creuset initial. La répétition des mêmes processus mentaux aggravait l'effet de désordre intérieur. Comme un maelström, l'éternel retour des mêmes préoccupations stupides ou répugnantes, des mêmes raisonnements maladifs, lui donnait l'impression de perdre sans cesse du temps, en même temps qu'il perdait la notion du temps, en ne s'attachant qu'à celui, cyclique, de sa névrose.

« Les chats ne font pas des chiens », tel était le commentaire de Didine quand elle le voyait « perdre la boule » pour des riens.

En fait toute la famille craignait de voir Patrice tomber malade comme son père.

Lorsqu'il était enfant, une tante Strogonoff avait évoqué une fois devant lui les premiers symptômes de la maladie. Elle racontait que Stash (diminutif slave de Stanislas, le prénom de son père) avait d'abord été l'objet d'idées fixes, le poussant par exemple à ramasser les menus débris de verre qu'il trouvait par terre dans les lieux publics, et en particulier aux alentours de leur domicile, sur le macadam de la place de l'Alma ou de l'avenue Franklin-Roosevelt (« ce qui était un fort grand travail », commentait-elle avec son accent russe comme s'il s'était agi d'un mémoire universitaire ou d'une corvée de bois), Stanislas Strogonoff redoutait que les automobiles ne crèvent leurs pneus et ne provoquent des accidents. Le patron du Crazy Horse Saloon, le cabaret de strip-tease en bas de chez eux, l'avait surpris en pleine besogne à quatre pattes devant l'entrée de son établissement. « Pauvre Stash, c'était un homme en trop », avait sombrement conclu la vieille dame. Patrice s'était demandé ce qu'était *un homme en trop*. Il avait essayé d'obtenir plus de détails sur la maladie auprès de sa mère, mais celle-ci lui avait raconté des histoires inintéressantes, toutes tenaient à ses propres malheurs à elle ou alors se résumaient à un name dropping de psychiatres célèbres.

— Ça ne va pas, tu es malade ?

Rien ne lui aurait fait plus plaisir, quand il s'exerçait à rouler des yeux de fakir dans les corridors de l'appartement des vieilles Russes, que d'entendre des personnes qui avaient connu son père, comme ses tantes ou une grande dame triste qui venait parfois leur rendre visite, chuchoter dans son dos juste assez fort pour qu'il puisse le surprendre : « Comme il ressemble à Stanislas. » Hélas, le seul commentaire qu'il s'était attiré de la part de la mystérieuse visiteuse avait été : « Ce petit a les yeux de Mme Blavatzky, tu ferais bien de le faire surveiller, je crains qu'il n'ait attrapé un *goitre exophtalmique*. » Patrice ne savait pas ce qu'était cette *Blavatzky* mais la comparaison le laissa sur sa faim et il cessa son manège de peur de contracter une grave maladie.

À force de faire jouer la clé comme un automate dans le contact le démarreur s'était déclenché. À la troisième ou quatrième sollicitation de l'accélérateur, la puissance se libéra enfin. Un fort rugissement fit sursauter le vieillard. Patrice relâcha la pression ; le moteur stabilisé agitait de tremblements la masse de plusieurs tonnes, lui rendant le pouvoir, par l'enchaînement des pignons, de faire défiler une partie du monde sous son ventre.

Ils devaient éviter de s'embourber dans un réseau d'ornières creusées par le jardinier. Celui-ci s'autorisait, depuis que Didine ne veillait plus au grain, à défoncer le terrain avec son tracteur agricole pour rapporter les coupes de bois.

L'ancien *amoureux* de Minette de Talleyrand – on l'appelait ainsi depuis que la descendante du prince de Bénévent avait parié de le séduire, certaine qu'il avait un très gros sexe – se fichait bien de laisser le chemin praticable à d'autres que lui. Gros Taureau (le *nick-name* que lui avait donné Minette) n'avait-il pas le sentiment d'être le seul à travailler dans cette maison ? Il était pressé de finir sa corvée de bois avant de partir aux sports d'hiver (comme tous les agriculteurs retraités de la région, il n'avait que les mots « Megève » ou « Val d'Isère » à la bouche : le comité des fêtes du village d'Égry organisait des sortes de classes de neige pour ses *seniors*, ce qui avait beaucoup amusé son amoureuse : Minette lui avait appris à prononcer correctement le mot « Gstaadt », une station de sports d'hiver dont les Égriais ignoraient encore pour l'instant l'existence).

Patrice avait déjà dû contourner les cavains à l'aller mais l'inquiétaient les à-coups et les calages dus à la défectuosité de la boîte de vitesses.

Avant de commencer la manœuvre, il ramassa les mules retombées par terre à cause des cahots. Il les attrapa en les pinçant par la cambrure. Le contact moelleux du coussinet de soutien posé par le chausseur pour épouser au plus près la voûte du pied des femmes lui provoqua une émotion comparable à celle qu'il avait en enlaçant le ventre ferme et la chair si saine de celle qui avait ciré légèrement le cuir rouge de la doublure par le contact de son talon. Il eut de nouveau envie d'aller la rejoindre dans son lit de se blottir contre elle et de renifler l'odeur de pain chaud de sa nuque. Ils aimaient l'un et l'autre rester enlacés ainsi le matin, non encore dégrisés, mais délivrés par la magie d'un doux sommeil sans sexe de la tension provoquée par la drogue et du malaise dû à leur timidité partagée.

— Tu te souviens du poème que tu as récité l'autre jour à l'infirmière à l'hôpital Pompidou ? Un poète africain. Charby ?

Patrice se rendit compte qu'il avait écorché le nom du poète en question, par confusion avec Corinne Charby.

— Pas Charby, Parny ! Il n'est pas Africain, il est créole. Tu veux parler de « Vers gravés sur un oranger » ?

Aussitôt Patrice regretta le rapprochement.

— Non pas celui-là, celui où il est question d'une *molle chaussure*.

— Il n'est pas de Parny, il est de Gentil-Robert... euh Gentil-Gilbert ou peut-être de Gentil-Léonard euh, pardon Léonard, un Guadeloupéen, comme Yvette... euh, l'infirmière dont tu parles.

Yvette... Tiens donc. Pour faire oublier ça, le vieux prit un ton déclamatoire. Il récitait les vers d'une manière théâtrale dont les hommes de lettres usaient avant guerre, et qu'il avait attrapée au contact de ses maîtres de l'Action française.

— *Que ne suis-je la fleur qui lui sert de parure, / Ou le nœud du ruban qui lui presse le sein, / Ou sa robe légère, ou sa molle chaussure, / Ou l'oiseau qu'elle baise et nourrit de sa main ?* C'est ce pauvre Thérive qui me citait toujours ça ! Il disait que ce qui passe le mieux les siècles, ce n'est pas forcément la grandeur mais c'est le charme. Le charme... C'est un peu sucré mais c'est joli, *molle* chaussure, robe *légère*, et comme c'est simplement dit !

Malgré l'innocence du commentaire, la voix du commentateur s'était abaissée, prêtant même aux mots « charme », « molle chaussure », et surtout à l'évocation de la « robe légère » une équivoque qui jurait avec l'emphase de la récitation. Un prêtre susurrant une histoire leste. Patrice, qui n'avait pas oublié l'épisode du mamelon de Vanité, prit ce changement de ton pour l'indice d'une excitation partagée et l'idée du partage lui déplut aussitôt comme si joli-papa s'accordait une privauté injustifiée. Il regretta d'avoir parlé de ça et se vengea, comme toujours, sur les objets, braquant violemment le volant au risque de décrocher la mâchoire de son passager ou, pire, de casser la fragile tige de commande des essuie-glaces. En fait, les raisons de joli-papa étaient innocentes. S'il parlait tout bas avec ce ton coquin c'est qu'il craignait encore, après tant d'années la finesse de l'oreille charnue de son maître, Maurras, qui n'aurait pas prisé ce détour par les bergeries rococo.

Dans un geste de tendresse, la jambe du conducteur alla épouser la descente du tableau de bord dont il aimait retrouver la tiédeur animale. Patrice revit la manière bien à elle qu'avait Babeth de balancer d'une ruade, à la cow-boy, des chaussures à 3 000 euros à travers la chambre et de laisser glisser des robes encore plus légères que celle du poème, voiles de mousseline ou d'indienne qui descendaient sans hâte le long de sa nudité, retenus par l'air comme de la poussière dans le rayon d'une lampe, commentant d'un : « Oh là là qu'est-ce que je suis bourrée ! », avant d'enjamber les tas de vêtements laissés par terre, titubante, en faisant craquer le plancher de ses grands pas lourds de jeune géante, pour mettre en route le crincrin qui dormait sous une autre robe où l'odeur de la poussière avait remplacé celui du corps absent et qu'elle avait dû jeter là un autre soir en rentrant, tout aussi ivre, tout aussi royale, dans une négligence qu'elle affirmait chaque jour davantage ; comme elle lui avait dit récemment avec une forfanterie de victime, un orgueil de pauvre petite fille pauvre, et aussi ce goût tapageur des mauvais principes acquis au contact des gens très riches, Babeth ne faisait plus rien depuis quelques mois que « boire et dormir ».

— Et celui-ci : *ta robe participe à ton être enchanté*, il est de qui ?

— Rien à voir, c'est du Renée Vivien. Du baudelairisme de désaxée, du... du plus mauvais goût. Jamais un poète de ce nom n'aurait écrit ça : *être enchanté*. La métaphysique et les robes ne font pas bon ménage... Il valait mieux écrire : *ta robe participe à ton enchantement...*

— Plutôt *mon* enchantement.

— Pas du tout. *Enchantement* : sens premier actif : action d'enchanter. Exemple : « *Les enchantements de Médée* »...

Quel raseur ! Patrice, grisé d'avoir parfaitement réussi sa marche arrière, sentit l'émotion lui monter aux yeux. Il lui arrivait de passer du découragement à l'exaltation en un instant sans qu'aucune cause grave n'appelle pareil désordre. Depuis que la machine était repartie, qu'il savait devoir obéir, au moindre appel du pied, les trois cent cinquante chevaux du moteur, il se sentait meilleur.

Dans son transport il alla jusqu'à se dire que Babeth était un être d'exception – un ange –, idée qu'il aurait jugée exagérée dix minutes avant, quand il avait raccroché, alors que l'*ange* lui proposait d'aller voir le dessin animé *Bob l'Éponge* aux Champs-Élysées, avec d'autres éponges adultes du même tonneau. En laissant ses yeux deux fois mouillés, par les larmes et par la pluie, courir sur le ciel qui baignait le pare-brise, Patrice y rencontra, comme un signe, une trouée d'azur ; la masse nuageuse s'était déchirée en un œil bleu dur sous l'influence des vents. « *La figlia della furia* », se dit-il à mi-voix, répétant le titre d'un roman de gare italien, un livre qui portait, paraphé sur la page de garde, le beau nom de *Stanislas Strogonoff.* Un autre signe de démence d'après sa mère, à l'hôpital, son père passait son temps à exercer sa signature. Enfant, Patrice ne se lassait pas de regarder l'illustration de couverture. En noir et blanc, dans le style sensationnel propre aux dessinateurs de presse italiens, l'image représentait une jeune fille hagarde fonçant vers la mort au volant d'une voiture de sport. *La figlia della furia*, son amour pour la jeune géante du boulevard Saint-Martin était entièrement contenu dans cette formule incantatoire. *La figlia della furia* : c'était elle qu'il avait cherchée toute sa vie.

Il oubliait que Babeth se plaignait d'envie de vomir dès qu'il dépassait le quatre-vingts à l'heure, et que c'était un des moindres contrastes de ce caractère que d'être malade en voiture alors qu'elle épousait en toutes circonstances le parti des conduites à risque. Il se voyait roulant à ses côtés, compagnie qui avait plus de panache aux yeux des gens du coin que celle de joli-papa. Une fois, un dimanche, à l'époque où Didine était encore à l'hôpital, ils s'étaient rendus ensemble aux Emmaüs. Il lui avait acheté un chapeau de paille à un euro et elle avait paradé au milieu des vieilles baignoires, en jean stretch et camarguaises usées, spectaculaire comme toujours, entraînant derrière sa chemise blanche ouverte jusqu'au ventre toute une caravane de Maghrébins. Avec ses longs cils de vache et ses seins durs, on aurait vraiment dit ce jour-là l'héroïne de *Showgirls*, un des rares films que Patrice arrivait encore à regarder. Certains de ses admirateurs avaient l'âge de joli-papa, pensa-t-il, en devinant à la limite externe de son champ de vision son passager qui se cramponnait à la poignée de sécurité de la portière pour ne pas tomber en arrière.

Il avait si longtemps attendu un être, homme ou femme, homme et femme, ni homme ni femme, qui incarne cet idéal de vie ! Cet *être enchanté* (n'en déplaise à certains) avait enfin pris corps, mais lui était trop usé pour le suivre. « Étrangle-moi car je ne pourrai jamais plus être heureuse comme maintenant ! » lui avait-elle demandé ce jour-là ; il la croyait sérieuse ; et pourtant il avait ri.

— Tiens, je sais où tu pourrais trouver une baignoire pas chère... Aux Em...

Le vieux ouvrait la bouche pour l'interrompre au moment où, emportés dans leur élan, ils s'envolèrent au passage d'une bosse avant de s'effondrer avec fracas sur la butée des amortisseurs.

— Seigneur Jésus ! tu as cassé la voiture.

N'exagérons rien. Au pire avait-il cabossé l'échappement. Il allait démarrer sans vérifier mais la présence de son passager le força à changer ses plans. Il ouvrit la portière et se pencha vers le sol pour constater les dégâts. Dans l'état de manque de drogue et d'alcool qui montait à l'approche de midi, il suffisait qu'il sente sur lui le regard d'un témoin pour se contraindre à des détours, des procédés qui le ralentissaient et risquaient d'entraîner des dommages. Le simple regard appuyé d'un passant dans la rue lui dictait sa loi. Distrait, ébloui par l'observateur, il faisait n'importe quoi, souvent des bêtises, comme si la part de lui-même qui aurait préféré résister à l'influence étrangère voulait le punir de son peu de fermeté. En se penchant pour regarder sous la voiture il aurait pu perdre toutes sortes de trésors : la carte de crédit sans quoi il ne pourrait pas prépayer le day use du Novotel ou les prodigieuses notes de bar de Babeth (il réservait le liquide pour Sylvana Mangano), une clé, ou un papier important, par exemple le commandement d'huissier non décacheté sur quoi était inscrit le numéro de téléphone de la clinique où Fornicator, portable éteint selon le règlement interne de l'établissement, veillait la nouvelle accouchée ? Il pouvait aussi laisser tomber son propre téléphone, ça c'était vu peu de temps auparavant.

Là-dessous il ne constata rien du tout : de toute façon, à moins d'une grosse avarie, comme la fois où la barre de transmission était tombée par terre boulevard Magenta alors qu'il allait chercher de l'héroïne pour Babeth et Krystal, gare de l'Est, il aurait été incapable de détecter quoi que ce fût, il n'était pas mécanicien ; d'ailleurs entre le ciel à nouveau assombri et la hauteur du talus on ne voyait pas grand-chose. Pour faire vraiment le tour de la question, toute alerte sérieuse le rendait stupide. Il avait tellement peur de ce qu'il pouvait découvrir sous la voiture, sous les piles de courrier, sous les enveloppes closes que, quand il se décidait à les affronter, il n'arrivait pas à fixer son attention dessus. Obnubilé, il voyait trouble, comme quand le professeur à l'école se penchait sur son épaule et que, sous le poison d'une haleine à peu près aussi chargée que celle de joli-papa, il n'arrivait plus à déchiffrer les mots sur le livre de lecture. Il perdait tout sens logique. Il ne savait pas se raisonner à froid pour se rassurer alors que ses alarmes imaginaires reposaient, elles, sur d'imparables syllogismes.

Il remonta à bord, la main sale de boue et la mine congestionnée. Depuis quelque temps, il était pris d'afflux sanguins sitôt qu'il se penchait. Il fit le geste de tâter sa poche pour contrôler que sa carte bleue ou son téléphone n'avaient pas glissé, mais il s'arrêta juste avant de tacher le revers de son caban, qui se remettait à peine de la pluie. Il s'essuya sur un chiffon qui s'avéra être un vieux T-shirt Van Dutch ayant appartenu à Vanité. Il était taché du sang de Babeth, elle s'en était servi comme pansement un jour où elle s'était battue au couteau avec un sommelier.

La boue se mêla au sang et le sang séché à la boue fraîche. Le tissu souillé retrouva la froideur un peu collante qu'il avait le jour où il l'attendait aux urgences de la Pitié-Salpêtrière. Il l'entendait crier derrière la porte de la salle d'examen et insulter les infirmières de sa grosse voix de petite fille trop pauvre et trop violente. Pour se donner une contenance, faute de pouvoir lire les vieux magazines qu'il craignait de salir avec ses mains pleines de sang, il avait fixé sagement un vieil autocollant *partenaire Paris 2012* orné du sigle des Jeux olympiques.

Il était terrorisé à l'idée que la police décide d'interner Babeth et qu'il ne puisse pas la défendre. Jamais il n'avait su protéger les gens qu'il aimait.

En tâtant sa poche pour vérifier que tout était encore en place, il fut pris d'un doute et sortit l'enveloppe où il avait noté le numéro de téléphone de la clinique, pour vérifier une fois de plus que les chiffres étaient bien là. Lui qui cherchait à se rassurer eut au contraire une bouffée d'angoisse en se rendant compte que le support de son gribouillis n'était pas un commandement d'huissier, comme il le croyait, mais le pli du laboratoire médical contenant les résultats des secondes analyses sérologiques qu'il n'avait jamais osé ouvrir. Il chercha à rattraper sa carte bleue, venue avec l'enveloppe, mais envoya valser le tout entre les jambes de joli-papa.

Un endroit où il pouvait difficilement mettre la main.

La carte bleue avait continué sa lancée au-delà des genoux du passager.

— Eh bien dis donc... tu ne regardes même pas tes résultats médicaux.

Patrice manqua de déchirer l'enveloppe en la lui arrachant des mains et l'envoya rejoindre le T-shirt mouillé au sommet du tas d'ordures derrière le siège. Au risque cette fois-ci que le numéro de téléphone écrit au feutre se dissolve au contact de la boue. Mais le pli glissa plus au fond de la fosse sans s'attacher à cette compagnie.

— Quel escogriffe !

Cause toujours ! Dans son état, au vu du programme de l'après-midi, la politique de l'autruche s'imposait plus que jamais. À cause d'une blague de Fornicator sur le mot *cochon*, il se souvint que l'accouchement avait lieu à Cochin. Un coup de 118 lui épargnerait désormais le contact odieux du papier cristal. Il se sentait guéri. Plus rien, plus de sida ! Depuis l'adolescence il avait naturellement contracté un certain nombre de maux vénériens. À chaque fois il avait attendu le plus longtemps possible avant de se résoudre à aller chez le médecin. Il se souvenait d'une blennorragie qu'il avait traînée plusieurs mois (c'était juste avant Didine, en 79, à l'époque de sa liaison avec Phyllis, une des choristes des B52), jusqu'à ce que la jeune Américaine finisse par se faire hospitaliser à la Pitié pour salpingite. Une autre fois, affolé par l'apparition d'un faux chancre syphilitique, il s'était obstiné à le savonner dans son bain, en le cachant bien sûr à Didine et à ses conquêtes, dans l'espoir chaque jour renouvelé de le voir disparaître. Trois mois plus tard, son généraliste l'avait rassuré : il s'agissait d'une verrue. Obsédé par le sida, il le niait mais voyait son empreinte derrière tous les petits maux qui le tourmentaient du fait de son manque d'hygiène et du peu de soin qu'il prenait de son corps. La colique bien sûr, mais d'autres anomalies, comme ce ganglion qui lui poussait à l'aine et qui s'irritait, juste à l'instant, de la caresse malsaine du vibreur sous l'influx d'un nouveau SMS de Lukardis. Les ondes n'augmentaient-elles pas les risques d'infection ? Quant à la contagion, elle ne le gênait pas trop. Pendant des années de rapports non protégés, il s'était émerveillé du nombre de fois où il n'avait pas passé ses maladies à Didine, ni attrapé celles des autres. Pour Didine, la question ne se posait plus, quant à Lukardis, elle avait quand même un certain âge ! Elle avait profité de la vie et elle avait eu des enfants. Ça suffisait bien, quoiqu'il doute que l'intéressée, son mari et la justice admettent de telles circonstances atténuantes.

Quant à Babeth, il n'y avait encore une fois aucun risque. Le caractère agressif de la jeune fille, son autorité, la lourdeur de son corps, sa grande taille et aussi le dégoût (du moins la froideur) qu'il discernait chez elle à l'égard des choses de l'amour (parce qu'elle en avait fait son métier), inhibaient toute érection. Ils devaient se contenter de boire et de s'embrasser.

Il se rappela qu'il était momentanément amputé de sa carte de crédit. Petite souffrance, mais souffrance quand même. Ses futures notes de bar le démoralisèrent. Le fait qu'il n'arrive pas du tout à coucher avec Babeth le mettait plus mal à l'aise qu'il ne voulait le reconnaître.

Pour se dégager l'esprit, il appuya sur l'accélérateur et laissa le volant couler entre ses mains suivant les conseils de conduite sportive que Didine lui avait donnés au début de leur liaison, à une époque où ils faisaient l'amour tous les jours. Elle avait arrêté les rallyes aussitôt après leur rencontre – comme toutes sortes d'excentricités datant des années 60, à son dam à lui, selon la loi que l'amour nous fait changer, perdre ce qui nous rend aimable aux yeux de l'autre. Mais Patrice avait besoin d'embellir le passé pour dénigrer celle qu'il n'arrivait pas à honorer. Babeth se croyait la meilleure, elle n'était qu'une des nombreuses alcooliques mondaines qu'il avait connues. Sa femme avait plus de panache ! Et puis elle, au moins, n'avait pas la nausée en voiture. Elle, au moins, il arrivait à coucher avec elle.

Non content d'avoir introduit l'une dans le lit de l'autre (il avait dormi dans la grande chambre du premier avec Babeth la veille du jour où Didine était rentrée de l'hôpital, négligeant de changer les draps plein de cheveux blonds et qui embaumaient l'odeur de la jeune fille), il se servait de leur confrontation imaginaire pour se remonter. Si Babeth avait été là près de lui, à la place de joli-papa qui tressautait sur son siège cassé comme un cow-boy sur une vache de rodéo, il aurait aimé lui parler de la plus belle femme de Paris telle qu'il l'avait rencontrée à la fin des années 70.

Patrice oubliait que la première eût cassé d'un grondement toute tentation d'évoquer la seconde. Comme toujours dans les rêveries, Patrice gommait les reliefs, transformant la jeune fille en un témoin muet au chignon sage et à la robe virginale qui avait pris en l'écoutant, menton posé sur la main, un air de circonstance dont elle lui avait fait la démonstration, un jour où elle était en veine de confidences sur son métier. Elle appelait cette mimique d'écoute destinée à mettre en valeur le client : « Ma tête Caviar Kaspia », du nom du restaurant de la Madeleine où les types emmenaient les filles comme elle. Sans se l'avouer, pour le montant des notes de bar, il aurait aimé bénéficier des mêmes égards.

À l'époque où il l'avait rencontrée, la plus belle femme de Paris (alors elle méritait vraiment son surnom) courait encore des petits rallyes en Porsche Targa ou en Dino Fiat avec Minette de Talleyrand. Une fois, juste avant leur rencontre, vers Varenne-sur-Amance, entre Paris et Gstaadt (un mot qu'il n'arrivait décidément pas à prononcer aussi bien que Gros Taureau), elles avaient failli mourir. La Porsche s'était retournée sur un dos-d'âne, et la blonde Minette qui cuvait son vin et son opium avait été à peu près scalpée. Depuis, elle portait perruque, un postiche magnifique « en vrais cheveux de Polonaise », qu'elle posait négligemment lorsqu'elle faisait l'amour sur un buste de son ancêtre, l'évêque d'Autun. « Les Noirs et les Juifs ont l'habitude, disait-elle, leurs bonnes femmes portent toutes des moumoutes. »

Et avec cela si intoxiquée, qu'un jour, en plein conseil d'administration, elle n'avait pas reconnu le fondé de pouvoir de son mari.

La famille avait essayé de la faire mettre sous tutelle.

Patrice sourit. Babeth pouvait aussi s'incliner devant Minette. Cette surenchère le consolait, comme si les aventures arrivées à d'autres renforçaient son propre mérite. Sans motif : Minette n'était pas une proche, elle n'avait même jamais porté dans son cœur celui qu'elle appelait par dérision « Patrick Topaloff » (seuls certains noms, en général sortis de la *bonne cuvette*, comme disent les gens de son monde, imprimaient sa mémoire, des autres elle tirait, en les écorchant des effets comiques), s'efforçant même de dégoûter son amie Nadine de la compagnie de Patrice. « Il n'est pas un peu bête ? »...

— Attention, tu vas écraser maman !

Elle venait encore une fois de refermer le portail. Pourquoi ? Elle savait bien qu'ils n'étaient pas partis. L'avait-elle fait exprès ? Elle avait dû boire. Elle avait de la chance. Il aurait bien bu, lui aussi, plutôt que d'aller à Paris. Du vin blanc. Il avait envie de vin blanc. Le portail avait une drôle de tête. Il n'avait pas l'air bien lui non plus. Tout de guingois. Le vantail du milieu avait pris un angle inquiétant. Elle avait forcé. À soixante-quinze ans passés, elle était encore robuste. Elle ne cessait de démolir les objets qu'elle touchait, en particulier les volets et les portes, dont elle cassait les verrous et dégondait les charnières sans jamais se donner le temps nécessaire à comprendre leurs mécanismes.

— Hé ! tu vas pas un peu vite ?

Patrice ne répondit pas, il levait le pied. De toute façon, c'était une phrase ancienne, elle n'avait plus cours. Ils étaient arrêtés. Il sentait son attention se détacher, il en avait marre, il ne voulait pas parler avec eux, ni même écouter les dialogues. Il était d'accord pour une participation limitée : il ferait acte de présence, il acceptait d'entendre les voix, c'était tout. Éventuellement, il pourrait aussi bouger la tête. Les yeux ne suivaient plus. Il n'arrivait plus à ciller, les choses devenaient floues. Comme quand il était saoul et qu'il essayait de lire. On prend toujours la lassitude dans un sens négatif. Mais elle a un effet très agréable par certains côtés. Il faut se laisser faire et tout se passe bien. Quand on a eu vraiment marre de tout, on flotte, on ne sent plus rien.

Du bouillon de l'enfance une scène remonta, à laquelle il avait assisté, en témoin aussi, au zoo du Jardin des Plantes. Un gorille avait essayé de démonter sa cage à coups d'épaule. Sa mère lui avait donné son avis : il était jaloux, disait-elle, parce qu'un type avait trop regardé sa femme. À l'époque déjà, l'explication lui avait paru bizarre.

— Tu avais laissé tout ouvert, Lord Byron aurait pu s'échapper !

— Il y a des petits chats qui sont nés dans l'atelier !

Comme un enfant, son petit frère s'il en avait eu un, ou une petite sœur (c'est plus mignon une petite sœur et ça porte bien les chapeaux rouges), joli-papa entreprit de détailler à maman tout ce qui lui était arrivé en son absence. Pendant qu'il parlait, Patrice se demandait quelles conséquences psychologiques il y avait pour les adultes à garder ses parents plus longtemps qu'avant. Pas seulement dans son cas mais dans le cadre élargi de la civilisation occidentale. De manière générale, il lui semblait que les gens vivaient très longtemps, un temps incroyable, même les mourants.

— (...) Tu sais, il y a des gens qui sont rentrés dans l'usine de Patrice exprès pour faire caca !

Il n'avait pas écouté ce qui précédait, mais là c'était intéressant. Il n'avait jamais vu les choses sous cet angle. Quand il avait envie d'aller aux cabinets, cela ne lui serait pas venu à l'idée d'aller chez les voisins. Sa mère reprit, un ton au-dessus, la même façon de parler. Elle avait l'air fâché. L'effet du vin blanc. Quand on n'écoute pas ce que les gens disent, si on n'essaye pas de les comprendre, on remarque d'autres choses. La musique, le ton, ce qu'il y a derrière, le vin blanc.

— Tu sais, il y a une dénommée Wilhelmine Salomon qui a appelé ta femme.

Cette phrase s'adressait à lui, elle la répéta plus fort dans son oreille.

— Patrice, tu m'écoutes ! Réveille-toi. Wilhelmine Salomon a appelé Didine. Il téléphone ou quoi ?

Il fallait donc qu'il parle. Il n'était pas capable de rester silencieux quand on lui adressait la parole. Certains y arrivent : son père, Ahmed, Minette de Talleyrand... Pourquoi avait-elle téléphoné ? Sûrement pas parce qu'il venait de penser à elle. Elle portait malheur. La dernière fois qu'elle était venue ici, Didine venait de faire ses analyses. Les résultats n'avaient pas tardé à tomber, les tuiles non plus. Le soir, il y avait eu une tempête, une toiture arrachée. Le 11 septembre, elle était à New York pour les collections, et ensuite en Thaïlande pour le tsunami. Il y a des gens comme ça. Crash set, full moon parties... Il fallait répondre. Il se tourna vers joli-papa, il ne ressemblait plus à un enfant. Il était redevenu très âgé, on voyait à sa bouche tordue d'une certaine manière qu'il avait quelque chose à sortir, plus rien à voir avec des histoires de fillette. Patrice devina tout de suite.

Salomon... Salomon... Il était furieux, on l'avait coupé dans son histoire pour une Salomon.

— Cette dame n'est pas très aimable, je crois qu'elle m'a prise pour une infirmière ou pour la bonne... Et le pire c'est que lorsque je lui ai dit mon nom elle a répondu : « Ah ah ben, c'est bien pareil. » Tu es fâché avec elle ?

— Ne t'inquiète pas, Minette est opiomane et elle a eu un grave accident de voiture. Elle n'a plus toute sa tête.

Aux mots « accident de voiture », joli-papa oublia des commentaires et sauta sur l'occasion pour s'indigner publiquement de la façon dont Patrice conduisait. Mais il fut une fois de plus surpassé.

— Elle est descendue au Plazza, elle a demandé que tu la rappelles d'urgence.

À l'oreille (elle prononçait [pla : dzà :]) on devinait que le simple fait de pouvoir lancer ce nom la consolait de l'humiliation subie.

— Ça se prélasse dans les palaces hôtels, ça fume l'opium, tout ça en suçant le sang des Français !

— Laisse tomber, Salomon c'est le nom du mari.

Patrice avait dit ça comme Didine l'aurait fait à sa place. Il expliqua à joli-papa que son aversion pour les israélites n'était rien à côté des préventions de cette personne, Wilhelmine-Charlotte de Talleyrand, dite *Minette*, qui arborait son nom de veuve par dérision, reconnaissance pour le métier de banquier, défi envers sa coterie, et aussi parce que c'était celui d'un assassin d'enfant et que, stérile, elle avait toujours affirmé détester les enfants des autres. Un manque de culture biblique lui laissait ignorer la résolution du fameux jugement.

Il avait raconté ça comme Didine. Un phrasé cinglant. Les mots avalés, mitraillés, surtout s'ils étaient important : Tal'rand, P'rigord... Dès qu'on touchait à ses amis, il protégeait son territoire, il devenait elle. Tiens ! Voilà Ahmed ! Un peu pâlot de loin, on aurait dit qu'il portait un masque ou beaucoup de fond de teint. Gina Lollobrigida ou Gloria Vanderbilt ? Patrice n'était pas encore revenu à soi, l'effet Didine continuait, il voyait l'Arabe avec ses yeux à elle. S'il avait été à portée, il aurait blagué comme elle, pour le faire rire. Il entendait sa voix dans sa tête... Cette voix, elle était en lui sans qu'il puisse la reconstituer à l'oreille. Il n'était pas musicien, il chantait faux, Vanité se moquait toujours de lui.

— Bonjour, Odile, service de renseignements Orange, que puis-je pour vous ?

— Pouvez-vous me mettre en relation avec le Plazza Athénée...

— Le quoi ?

Tout le monde ne connaissait pas les mêmes adresses que la maman de Patrice, Minette ou depuis peu Friquette, qui venait de faire son entrée dans le jardin, en poussant son vélo.

— Bonjour, ma Friquette ! Alors tu as eu le Plazza ?

Par contradiction, il raccrocha au moment où on allait le mettre en relation avec le standard. À côté, joli-papa s'était lancé dans une évocation détaillée de toutes les « alliances impures » qui, depuis la Restauration, avaient selon lui dénaturé la noblesse française. Personne n'écoutait mais il faisait du bruit, Patrice songea aux perroquets que l'on fait taire en couvrant leur cage d'un tissu.

Qu'est-ce que Friquette venait faire là un vendredi ? Encore des heures supplémentaires. Au moins elle avait ouvert le portail. Elle était plus attentive que les autres, comme tous les timides. Elle cherchait à faire oublier son physique. Si on la brusquait, en revanche, elle perdait la tête. Il l'imagina avec un tablier en train de servir la dinde.

Les préparatifs de Noël le renvoyaient à ses devoirs, il fallait appeler Sylvana Mangano. Un nouveau SMS de Lukardis l'empêcha d'accéder à son répertoire téléphonique. « *Si tu veu quonarrette di moi ?* » Elle aussi, il faudrait songer à lui mettre un torchon sur la cage. Elle avait dû taper ça avec un doigt en même temps qu'elle poussait son chariot à Carrefour. Si Patrice tardait à répondre à ses mots doux, elle contre-attaquait aussitôt à coups de menaces de rupture aussi brutales qu'infondées. L'impatience accentuant le déni qu'elle avait de ses propres appétits à mesure que ceux-ci la travaillaient davantage, elle cherchait à le tourmenter par la menace d'un adieu définitif, alors qu'une simple annulation du rendez-vous l'aurait rendue malade.

Il n'avait pas envie de répondre, ou plutôt il avait envie de ne pas répondre. Il se vengeait sur elle, comme toujours. Les 115 euros le rendaient méchant. Avec les soucis d'argent, c'était toujours comme ça.

— Il y a un M. Lebougre qui a appelé plusieurs fois, très aimable, lui. Le chauffagiste. Tu devrais lui régler sa facture, je trouve qu'il fait un peu froid dans la maison ! Ah, pardon, tu téléphones...

— Il n'arrête pas, c'est une maladie ! Je ne sais pas combien ça lui coûte par mois mais ça doit être joli.

Patrice laissa un message enjoué sur le répondeur du dealer, il se montrait d'autant plus sympathique avec lui qu'il haïssait tout le reste du monde. Il venait de recompter combien allait lui coûter la drogue, l'essence pour aller à Paris, l'hôtel, les notes de bar, tout ça pour se retrouver, vers cinq heures du matin, dans une chambre en désordre avec une fille qu'il ne baisait pas. L'idée de réintégrer son lit ou, mieux, d'aller s'effondrer dans le canapé-corbillard, téléphone et chauffage coupés, revenait comme un doux projet. Doux et irréaliste : comment avouer à joli-papa qu'on n'allait plus à Paris, renoncer au chèque de Lara Fabian, décevoir Ahmed, se cacher de Lukardis, contrarier Babeth ? Il aurait fallu se faire interner comme son père ou se suicider. Dommage que les faillites personnelles n'existent pas en France.

Incapable d'effacer le nouveau SMS de Lukardis (« *Ren moi ma photo* ») ou de débrayer pour sortir, il laissa ses yeux errer sur le jardin.

Le tronc mouillé d'un grand marronnier s'était mis à reluire comme une barre néon. Sous la lumière oblique d'un soleil de février plutôt que de décembre la réverbération dessinait un trait lumineux d'un argenté intense, rehaut que reprenait en mineur la géométrie en perspective du vélo de Friquette. Plus loin, de chaque côté de la perspective en fuite de l'impasse, les grosses lanternes toujours allumées pâlissaient, tirant sur un jaune terne, alors que quelques secondes plus tôt, lorsque la femme de ménage avait ouvert, elles se détachaient du ciel ardoise comme les falots de ces berlines qui annoncent la couleur au début des films de vampires.

Drapé dans son manteau de fourrure d'où dépassaient à peine un crâne fraîchement rasé et un visage blanchi par un masque antirides, Ahmed s'esclaffait en agrippant le bras de celle qu'il appelait « jolie maman ».

Pour une fois, isolé par la vitre et par la distance, le fils put observer la mère sans que son regard soit gêné par le ressentiment. En flirtant avec Ahmed elle avait ôté par coquetterie le chapeau trempé, et sa chevelure remontée en chignon lui dessinait une seconde coiffure, plus seyante que la précédente, en forme de coquillage, semblable à ces cimiers de casque auxquels les armuriers italiens de la Renaissance donnaient des formes organiques, tête de lion ou grandes spirales de crustacées couleur d'ormeau. Le profil où derrière le vallon d'une joue autrefois pleine apparaissait le promontoire d'un nez devenu osseux n'avait pas beaucoup changé depuis l'époque où, blotti dans ses bras (Patrice avait été un enfant doux et caressant), il tendait la main vers ses lèvres pour qu'elles l'embrassent ou l'effleurent. À distance, il reconnaissait derrière celle qu'il rebutait aujourd'hui de sa froideur une autre dont, autrefois, il avait recherché le sein. La voyant rire, émoustillée par la voix grave d'Ahmed et la pression exercée sur son bras, il regretta de ne pouvoir l'aimer encore. Un sortilège le rendait incapable de la toucher ou de plaisanter avec elle comme un autre le faisait en ce moment. Il suffirait qu'elle se rapproche pour lui parler et la barricade mystérieuse de sa froideur et de son antipathie se remettrait en place instantanément, comme dans ce film de Buñuel qu'il avait regardé récemment : *L'Ange exterminateur...* Captivé par cette vision il chercha un vers dont il ne demanderait à joli-papa de trouver le nom de l'auteur, quelque chose comme : « Heureux les enfants morts, ils n'auront connu du monde que le sourire des femmes »...

... L'arrière-plan s'était illuminé, le feu du soleil éclairait la façade du château et, au premier étage, une fenêtre condamnée par un volet coincé. C'est là que Didine se tenait pour lui dire au revoir. Son visage triangulaire aux yeux déjà creusés, encore encadré d'épais cheveux noirs, se penchait vers le vide. Parfois elle tendait la main en sa direction pour lui parler, lui donner une recommandation ou lui demander un service, ou seulement pour lui dire un mot d'amour, mais Patrice, qui faisait ronfler le moteur afin de ne pas entendre, démarrait, évitant de voir dans le rétroviseur le défilé de la façade où allait passer, peut-être pour la dernière fois, l'ombre bienveillante de celle qu'il fuyait.

En réalité, cela n'avait dû arriver que rarement. Le plus souvent, comme aujourd'hui, la fenêtre était vide et Didine occupée à une de ces tâches pratiques, jardinage ou petit bricolage, qui accaparaient toute son attention. Il fallait que Patrice la cherche pour lui dire au revoir, lui délivrer un mensonge et se ménager une soirée qu'il n'osait pas annuler. Souvent, il aurait préféré rester tranquille auprès de celle qu'il trahissait et qui l'écoutait, naïve, le nez plein de poussière, les mains terreuses. Aujourd'hui, la certitude qu'il ne la verrait plus jamais là lui donnait l'illusion qu'elle s'y était toujours tenue.

Était-ce la lumière qui avait changé ou sa mère qui s'était détournée de la colonne éclairée ? Patrice s'aperçut qu'elle ne riait pas ; si son dos et ses épaules continuaient d'onduler ou que son visage, dont il découvrait maintenant le trois quarts, subissait des modifications d'aspect, c'était sous l'effet d'une émotion contraire : la colère ou les larmes. Elle avait de nouveau l'air méchant. Ahmed lui serrait le bras, mais plus du tout d'une façon affectueuse. Raidi comme un personnage de théâtre japonais sur une scène de feuilles mortes, on aurait dit qu'il la secouait ou qu'il essayait de la contenir. Patrice reconnut à la mine de l'Arabe l'agitation qui le prenait quand il devait sortir de l'enceinte du jardin. En baissant la vitre pour combattre la buée, il comprit qu'ils se disputaient à propos du Super U. Elle voulait faire vite par peur d'arriver trop tard, de ne pas trouver la dinde et les marrons sous vide. Ahmed, lui, préférait attendre la fin de la journée afin de rencontrer le plus d'hommes possibles sur le parking et dans les queues du supermarché. Ces motifs cachaient une angoisse commune : affronter le monde extérieur.

Ils étaient tous devenus comme ça, à se cloîtrer dans cette maison dont les hauts murs et les grilles incitaient à l'enfermement. Tous, et Didine la première. C'est pourquoi ils claquaient tout le temps le portail derrière eux (Lord Byron avait bon dos), allant jusqu'à le fermer à clé en pleine journée, vivant reclus comme les pensionnaires d'un asile ou d'une maison de repos. Patrice lui-même, qui aurait déjà dû démarrer, n'arrivait pas à détacher son regard du groupe auquel il aurait pourtant bien fait d'échapper avant qu'on le prenne à témoin. Une seule fois il avait eu l'impression d'y échapper vraiment. La dernière... Le jour de Vanité.

Il n'y a jamais de dernière fois... Ce matin-là, elle n'était pas à sa fenêtre. Il n'était pas parvenu à la retrouver dans le dédale des dépendances et des fourrés ; il avait dû partir sans lui dire au revoir alors qu'il pensait ne plus revenir. Il s'était pressé à cause du taxi. Aujourd'hui il repassait l'histoire et regrettait de ne pas l'avoir vue ce jour-là ; très au fond de lui, il se disait que s'il l'avait trouvée il ne serait pas parti. Sa mauvaise conscience s'était confirmée à son retour, quand elle lui avait raconté qu'au moment où on la cherchait, elle était enfermée dans la salle de bains, prise d'un malaise, une crise d'étouffement qui, selon elle, avait marqué son entrée dans la maladie.

Elle avait dû dire ça pour l'accabler. Le malaise n'avait rien à voir avec la maladie. Elle était asthmatique et s'était plainte la veille de respirer mal à cause du Mapplethorpe et des autres photos moisies remontées de la cave. La coïncidence ne s'accordait même pas avec le grief qu'elle lui faisait d'avoir abandonné une malade, une seule émotion ne pouvant être la cause et l'effet. Il aurait fallu qu'elle se doute de ses mensonges, qu'elle en souffre au point de se provoquer un désordre interne et qu'il la quitte après les premiers examens. Le réalisme de Didine l'empêchait de franchir le pas, mais Patrice, qui se trouvait coupable d'avoir souhaité sa mort, s'était laissé vaincre.

Lorsqu'il se voyait se complaire dans la répétition, Babeth ayant remplacé Vanité, ou la continuation, avec Lukardis, des trahisons passées, la névrose grossissait dans sa gorge comme une tumeur, un corps étranger dont la masse accumulée lui faisait couler des larmes qui brûlaient ses paupières irritées par la drogue et dévalaient sous la boucle de ses lunettes de soleil jusqu'à ses lèvres.

— Les marrons, les marrons... vous n'avez qu'à ramasser ceux du jardin et vous les fourrer dans le cul !

Voilà que ça recommençait. Ahmed souffrait d'un désordre nerveux qui le poussait à proférer des insultes et des obscénités. S'il devait faire face à un tracas, par exemple une excursion à l'extérieur du château, son angoisse se manifestait par des sorties incontrôlables dont la brutalité le laissait confus. Dès qu'il eut lancé le mot « cul », de grosses rides cassèrent la croûte de concombre qui recouvrait son visage, lui dessinant un masque lugubre.

— Quel énergumène !

Joli-papa avait bondi sur son siège. Il appartenait à une génération d'hommes qui ne plaisantent pas avec l'honneur des femmes. Patrice le retint par la courroie du sac à dos : il s'agissait d'un « truc compulsif involontaire ». Ça n'était pas la première fois que les parents de Patrice devaient affronter les sautes d'humeur d'Ahmed. Ils se résignaient à les supporter parce qu'il était l'ami de Patrice, qu'ils vivaient chez lui, et que sa mère, qui soupçonnait entre eux une liaison homosexuelle, le souffrait comme une seconde bru ou un animal domestique incommode. Elle traitait cet homme de cinquante-quatre ans avec la patience qu'on a pour les tyrans ou les enfants. Cruauté supplémentaire : non content qu'on lui passe ses lubies, Ahmed exigeait de ses victimes qu'elles le consolent.

Après avoir insulté quelqu'un, il avait l'habitude de le serrer dans ses bras en riant, façon d'atténuer ce qu'il avait dit ; mais en réalité une nouvelle agression, physique celle-là. Par gentillesse, on se laissait étreindre et étouffer contre ses poils dans un écœurant fumet de dents pourries à coups de neuroleptiques mélangé au parfum sucré dont il abusait. Patrice eut un serrement de cœur en le voyant emplâtrer de crème blanche la veste de Didine.

Le vieux renâclait, il n'avait pas confiance dans la psychiatrie, il avait pris le parti de considérer Ahmed comme un possédé à exorciser d'urgence mais il n'arrivait pas à ouvrir la portière et la targette menaçait de lui rester dans la main.

Patrice prit le ton patelin et ironique qu'il savait de nature à calmer Ahmed sans l'humilier :

— Tatie, vous devriez rentrer à la maison vous démaquiller et avaler votre Zyprexa.

Ahmed, sous l'effet du collapsus, tombait dans l'abattement. Afin d'en cacher les marques, il détourna une tête barbouillée vers le château, terrorisant à distance un autre de ses souffre-douleur : la femme de ménage venait d'appuyer son vélo contre le pilastre du perron et hissait sur les marches un cabas lourd de produits ménagers. « Quéquette » n'aimait pas les conflits et redoutait l'Arabe. Même Didine n'avait jamais pu la contraindre à monter passer un coup d'aspirateur dans la chambre d'Ahmed. Réfugiée sous l'aile protectrice de la marquise 1900, chauve-souris de fer aux ailes rouillées, elle entreprit avec la maladresse des lombalgiques de retirer ses mini-bottes pour enfiler des chaussons. La vision de cette paire de galoches donnait la nausée à Patrice à chaque fois qu'il ouvrait le coffre à chaussures. Il la soupçonnait d'être à l'origine de l'odeur de l'escalier. En guise de remède, il se retourna mécaniquement vers la plage arrière et les mules de Babeth. Ce contact le décida à partir.

Au moment de passer le portail, un appel anonyme s'afficha. Sylvana Mangano ! Une intuition, l'instinct. Il se trémoussa pour répondre et rata sa manœuvre. En donnant du champ au volant pour ouvrir le slide de son portable, il avait serré le chasse-roue cerclé de fer et clouté comme un instrument de torture du Moyen Âge. Il ne pouvait pas se libérer sans prendre le risque de faire souffrir la voiture.

— Je veux que tu me rendes la photo de mon fils, il est bien trop beau pour être mêlé à tes histoires vicieuses !

Dans un de ces élans qui la prenaient après l'amour, Lukardis lui avait donné un portrait d'elle et de son fils. C'était un cliché de père de famille, un simple souvenir de vacances que Patrice avait collé comme un chauffeur de taxi sur le tableau de bord. Il la trouvait plus belle que sur toutes ses photographies à lui. Son visage osseux, sans méplats, aux linéaments toujours en ligne de fuite, était avantagé par des lunettes de soleil qui masquaient l'enfoncement orbital. Patrice aimait cette sécheresse, elle lui évoquait le soleil, la mystique et les dessins de Cranach. Rien d'organique : de l'os et de la peau. Un sourire de fée ranimait sa joyeuse petite tête de mort, qui la faisait étrangement ressembler par la maigreur à la Didine des derniers temps.

— Oui, mon petit ange, je vais te la rendre.

— T'es où ?

— Je t'entends très mal.

Il coupa la communication, représailles ordinaires quand un tourmenteur se cachait derrière un numéro masqué. La tension sexuelle était si forte qu'il serra les cuisses, se refermant sur sa propre chaleur. Comme un animal s'aplatit au son d'une voix, Lukardis s'était humiliée dès qu'elle l'avait entendu. Avec une question si banale que « t' es où ? », elle trahissait par son phrasé bref et enroué la peur de ne pas le voir (elle qui voulait le quitter l'instant d'avant) et le besoin brutal d'être couchée sous lui. Lukardis avait beau dire des platitudes, user le même registre à l'oral qu'à l'écrit, sa voix le mettait hors de lui parce que, sans qu'elle n'y puisse rien, son grain, la mouillure de sa salive comme une humeur basse laissait deviner sa faille intime.

Il prit le temps de se calmer. Le téléphone encore tiède restait silencieux ; à l'autre bout, on devait guetter sans trop y croire. Et si elle ne rappelait plus ? Il avait besoin d'entendre sa voix, mais pas celle de tous les jours, le canari... l'autre, la vraie, la leur, celle qu'elle avait prise pour dire « T'es où ? » Il ne tomberait pas dans le piège : s'il la voulait à nouveau, il ne fallait pas rappeler, se retourner, montrer qu'on était preneur. Jamais. Eurydice.

Il regardait devant lui, vers l'ouest, vers Paris. Il s'étonnait d'être enfin sorti. Au lointain une éclaircie commençait de monter. Une vague bleue écumait puissamment le désordre des nuages. Sur la plage asphaltée qui s'élargissait jusqu'au parvis, les grandes flaques laissées par la pluie finissaient de s'écouler dans le regard de l'égout, ouvrant la route à un homme que soutenait le châssis chromé d'un déambulatoire. Une femme lui maniait l'aisselle avec un ménagement sans charité. Elle marchait en crabe sur des mocassins à talons carrés laissant apparaître sous une jupe de tartan bon marché des cuisses épaisses et nues malgré la saison. D'après Gros Taureau, elles les avaient plutôt légères...

Pour patienter en attendant le rappel de Lukardis, il s'intéressa à l'aide ménagère. Elle n'était vraiment pas mal dans le genre sale. Patrice sentait sa propre odeur monter d'entre ses cuisses en même temps qu'une chair fragile s'irritait en frayant sous le cuir râpeux.

— Quel épouvantail ! Quand je pense qu'il n'a que soixante-six ans...

Joli-papa avait appris par Friquette que le voisin annonçait vingt ans de moins que lui. Il s'émerveillait à chaque fois de sa propre santé et rattachait cette forme physique à la pratique de la gymnastique suédoise et du bac à linge. En compensation de ses efforts quotidiens, il ne se lassait pas d'observer chez les autres les dégâts de l'âge et de la maladie.

L'aide ménagère fit la belle et n'accorda qu'un coup d'œil négligent à Patrice. Lorsqu'elle se pencha pour ouvrir le portillon, il apprécia la caresse du faux kilt sur l'intérieur du genou. Patrice se frotta contre le siège au risque de déchirer un peu plus le cuir rouge de l'assise. L'odeur familière de son corps lui donnait envie de se satisfaire sans attendre. Il songea même qu'il aurait bien préféré se frotter entre ses grosses jambes nues plutôt que d'aller rejoindre Lukardis, dont la blondeur rose et proprette frustrerait ses appétits. Ding Ding. Ça marchait, comme toujours ; elle revenait, en douceur, avec un SMS. Il suffisait de ne pas répondre.

« *Si tas rencontré quelqun di moi !* »

Elle ne croyait pas si bien dire, ou plutôt, si, elle y croyait vraiment. Il s'agissait moins d'une intuition féminine que d'une idée fixe. Au moindre froid, à chaque message sans réponse, Lukardis l'imaginait refaisant sa vie avec une autre. Sa fantaisie, mesurée par son narcissisme et ses conventions, la lui représentait comme un double d'elle-même, une amie plus jeune ou une sœur cadette âgée d'environ trente ans, libre, blonde et « bien dans sa peau », qui donnerait à Patrice de « beaux enfants » dont, bien sûr, il tomberait « raide dingue ». Au début de leur liaison, pour la flagorner et dénigrer Didine, il lui avait fait croire qu'il souffrait de ne pas avoir connu la paternité et le bonheur conjugal. Lukardis s'était engouffrée dans une certitude qui la rassurait au passage sur ses propres mobiles. Leur itinéraire de parkings souterrains en hôtels à la journée n'était pas du tout une « sordide histoire de cul » mais un rite de passage qui transformerait Patrice en un homme nouveau, débarrassé de maman, un « vrai mec », dont elle consentirait, dans un geste sublime, à faire le sacrifice quand le moment, qu'elle repoussait sans cesse, serait venu. À quarante-neuf ans et demi elle ne le jugeait pas encore mûr. Patrice avait eu beau depuis tomber le masque et se moquer d'elle ouvertement, elle s'accrochait à son scénario.

Il effaça le message et se renfonça dans le siège. Dans le rétroviseur intérieur, il se croisa qui souriait bêtement. *Une grosse merde.* Le dernier nom que Didine lui avait donné avant de se taire. Elle avait raison. C'était à cause des « t'es où » qu'elle en était là. S'il avait continué à s'exciter sur des femmes de ménage, tout irait bien. Personne ne serait mort. Lukardis avait tué Didine, pas de quoi ricaner. La maltraiter, la mécaniser intérieurement, rire de ses naïvetés de bourgeoise, de ses illusions, était sa manière à lui de prendre ses distances avec les parkings, les après-midi au ciel, et tout le reste. Son roman à elle valait bien le sien. Elle, elle se racontait que tout cela avait un sens, fabriquait du Harlequin avec « leur histoire » ; lui se disait qu'il jouait, singeait le roué, se croyait machiavélique. Ils voulaient tous les deux se faire pardonner, mais de qui ? Il savait qu'il s'enfonçait un peu plus, et pas seulement dans son siège, qu'il cessait d'être, qu'il perdait la note juste. L'amour est une chose délicate à s'avouer pour un homme, aussi difficile que retrouver le son d'une voix en soi quand on est seul. Impossible de se retourner sur le « t'es où ». L'instant perdu. Eurydice. Perdue.

— Je vais fermer le portail, ça va me dégourdir les jambes.

Le vieux s'ennuyait, tout ce monologue intérieur lui échappant forcément. D'ailleurs les romans d'amour, les comédies sentimentales, ce n'était pas son truc, et puis, comme tout le monde, il trouvait qu'on ne s'intéressait pas assez à lui. Depuis l'affaire Salomon, il se sentait mis sur la touche. Comme disait Souriceau, il suffit d'oser dire la vérité pour faire le vide autour de soi. L'envie de parader devant le voisin malade lui fit actionner du premier coup la targette de la portière, qu'il avait pourtant l'habitude de manipuler à l'envers.

Il jaillit de la voiture avec une détente de poids plume et les deux adversaires se mesurèrent. Courbé sur le déambulatoire, le plus jeune dépassait l'aîné de la tête et des épaules. Vingt ans de moins, vingt kilos de plus. Tout en muscles. Il portait un bleu impeccablement repassé, encore assez neuf quoique d'un ton au-dessous de la casquette qu'il essaya de toucher du bout des doigts. Son bras gauche se mit à trembler, il dut se cramponner à la poignée du déambulatoire. Pour éviter de faire pitié il lâcha une phrase de circonstance sur la pluie qui menaçait. Dans ces cas-là, Patrice forçait sur la jovialité ; le vieux, non. Il gardait une réserve seigneuriale qui plaisait à l'autre. Un vrai châtelain. Tout juste s'il ne l'appelait pas « mon brave ». On se serait cru dans la *Règle du jeu*. Les années 50. Patrice se sentait de nouveau très à distance de la réalité. Retombé en enfance. L'avantage, c'est que cette fois-ci, on n'attendait rien de lui. L'aide ménagère disparue derrière les cordes à linge, il n'y avait plus que Lukardis pour lui demander de jouer un rôle. Et encore... elle n'avait pas essayé de le joindre depuis deux minutes au moins. Entre eux, une éternité. Fâchée ? Ça lui arrivait quand même parfois. Il avait envie de rappeler. Mais moins qu'il y a trente secondes. Il préférait se morfondre, l'auto-érotisme.

Le voilà délaissé. Pour la première fois depuis ce matin. On est bien peu de chose. Jusque-là il avait repoussé les assauts, il avait fui, il s'était caché. Tout à coup, plus personne. Il pensa à Vanité, à ses angoisses, au crack. Ça doit être affreux, un quart d'heure de solitude, quand des millions de gens vous aiment. C'est pour cela qu'ils étaient tous défoncés. Le malaise empira. Il avait la sensation de vivre un moment triste, un vrai passage à vide, pire que tout à l'heure. Il vit sa mère passer devant son capot, nez au vent, sans un regard. Elle préférait rejoindre le vieux et les autres. La journée avait perdu son sens. Il ne pensait même pas à faire marche arrière ou marche avant. Il vérifia son téléphone, il y avait bien les trois barres, l'impasse n'était pas devenue zone d'ombre.

Une consolation : en face la vie manquait de paillettes aussi. Le soleil avait beau mouiller d'argent les lauriers, le pochon claquer au vent, ça suffisait pas pour mettre le feu. Un seul espoir, maigre : que l'aide ménagère sorte de derrière les draps, et pourquoi pas toute nue... et Dieu créa la femme. Non. Pas de miracle. Elle réapparut rhabillée, elle avait même remonté le zip de son blouson. Près du portillon, on improvisait, les dialogues n'avaient vraiment aucun intérêt. La faute au malade, un peu paresseux, lambin, comme souvent les handicapés, il aurait préféré s'asseoir devant la télévision que d'entendre parler de gymnastique suédoise. Du coup le vieux bredouillait. Le type en bleu avait l'air vraiment bouché : il aurait pu au moins s'intéresser au côté suédois, imaginer un truc, un truc porno, vu le style de la maison. Zéro. Depuis qu'il avait salué la châtelaine il se reposait, il faut dire qu'il avait failli tomber, si on ne l'avait pas rattrapé... Comment il s'était blessé déjà ? Ça avait dû coûter bonbon au type qui l'employait.

Patrice se réveilla au souvenir des notes en souffrance que le jardinier lui avait laissées avant de partir au ski. Au moins mille euros. Peut-être plus car il ne cessait de les semer partout. Et tout ça en cash. « C'est dangereux de ne pas le déclarer », songea-t-il avec hostilité envers le jardinier, comme à chaque fois qu'il devait sortir de l'argent pour le payer.

Au moment où il allait se reprendre en main, relancer la machine, il aperçut dans le rétroviseur une masse large et poilue qui gênait le passage. Ahmed. Encore hébété par sa crise de nerfs, il se tenait à distance des autres comme un enfant puni. Il semblait absorbé dans la contemplation de ses clapettes. En fait, il lisait tranquillement un prospectus. Ahmed aimait se tenir au courant des promotions et collectionnait les bons d'achat en tout genre. Pas question de klaxonner : au bout de l'impasse, Bétuleau était en train de faire la causette aux gendarmes. Il ne manquait plus qu'eux pour que le guignol soit complet.

Bétuleau avait retiré sa casquette de base-ball, on voyait son crâne chauve briller comme un cochonnet au milieu des képis. Il fermait l'atelier ; il ne devait pas être loin de midi. Patrice pensa aux billets de 500 euros. Si Babeth en obtenait d'autres de Franco Estherazy, il pourrait s'en servir. L'idée de payer tout le village en fausse monnaie entraîna un retour d'affection à l'égard de la jeune fille – au détriment de Lukardis enferrée dans la jalousie.

« *J'aimerai que tu sois fran et loyal avemoi !!!* »

Un vœu pieux. Fidèle Lukardis ! Content qu'elle ait fait le premier pas. Pas question de répondre d'ici une ou deux minutes, elle allait le rappeler. En attendant, il fallait dégager Ahmed pour reculer, et filer d'ici en vitesse.

— Tatiiiie !

Il avait crié d'une voix efféminée à la Michou. Tout le monde se retourna, même l'homme au déambulatoire. L'aide ménagère, dont Patrice fuyait le regard, eut une moue de désapprobation ; elle savait désormais à quoi s'en tenir. Vexé, il la sonda par-dessous et trouva qu'elle ressemblait au singe hermaphrodite d'une peinture de Mantegna, un personnage qu'il avait copié autrefois avec une autre figure de la même allégorie, un manchot à tête de porc. En un seul flash inconscient, le regard boueux de la visiteuse le renvoya cruellement à ce que les femmes avaient fait de lui : un manchot à tête de porc.

Ahmed en profita pour tenter un come-back. Ils oublièrent tous Patrice ainsi que le bavardage en cours qui tournait autour du yoga que professait dans un village voisin une relation (un amant ?) de l'aide ménagère. Joli-papa menaça l'Arabe du regard. Non seulement il avait insulté sa femme mais il allait l'empêcher de revenir à lui et à son hygiène corporelle avec des suggestions stupides sur un dessert en promo. Il grimpa sur la pointe des pieds.

— De la galette des rois pour Noël ? Et pourquoi pas un œuf de Pâques pendant qu'ils y sont ?

Les deux femmes renchérirent. La mère de Patrice, une bonne nature, se montrait prompte à la réconciliation, l'aide ménagère, émoustillée par la voix de basse d'Ahmed, annonça n'avoir rien contre un œuf de Pâques mais préférer la bûche aux marrons. Le vieux comprit qu'il achevait sa ruine.

— Douze parts avec deux couronnes en carton, pourquoi pas douze couronnes pendant qu'ils y sont ? Tout le monde veut être roi en république... à six euros cinquante... Elle doit être bonne, tiens !

Patrice remonta la vitre pour ne plus les entendre et lança la marche arrière. Depuis combien de temps était-il coincé là ? Dix minutes ? Peut-être plus. Il semblait que le chasse-roue en avait profité pour se rapprocher de la carrosserie et le moteur pour chauffer au ralenti : l'aiguille du thermostat ne cessait de grimper vers le quart supérieur de l'échelle en demi-lune. Il fallait reculer centimètre par centimètre et éviter à tout prix la honte d'un froissement de tôle. Le moteur ronflait trop fort à son goût. Une forme de virilité qu'il appréciait quand il était seul mais qui le gênait, surtout devant des femmes. Aussitôt dégagé, il s'inquiéta d'un bruit nouveau, un claquement ou plutôt un cliquètement, sûrement la fameuse chaîne de distribution dont Kiki avait évoqué l'usure tout à l'heure au garage. Il avait chaud. Il n'avait toujours pas retiré son caban pour éviter d'avoir à le remettre au moment de faire le plein... Mais l'heure de fermeture de la station approchait aussi sûrement que l'aiguille du thermostat montait vers la zone rouge et que Bétuleau avançait dans l'impasse, avec la lenteur menaçante d'un acteur de western spaghetti.

— Mon Dieu que je suis fatigué... j'ai envie de dormir...

S'il tombait en panne sur l'A6, Bétuleau ne pourrait pas venir le remorquer. Il faudrait passer par une société ayant licence d'exercice dans le périmètre de l'autoroute. Il se voyait déjà marcher sur la bande d'arrêt d'urgence jusqu'au téléphone de secours, attendre ensuite la dépanneuse, perdre du temps à ouvrir le capot dont la tirette était cassée, tout ça pour faire plaisir au chauffeur, un emploi jeune ou un travailleur précaire reversé d'un autre métier non qualifié, persuadé d'en savoir plus que lui. L'aventure se poursuivrait sur la banquette du camion, à la place du milieu, à entretenir une conversation cahotante sur fond de radio commerciale, calé contre joli-papa qu'il aurait fallu hisser au préalable sur l'échelle du marchepied car il était strictement illégal de laisser un passager (ou même un chien) dans le véhicule en remorque. Bien content déjà si la gendarmerie ne s'en mêlait pas. Au moins n'avait-il pas de drogue sur lui. Patrice avait remarqué depuis quelque temps que les estafettes des brigades autoroutières se montraient promptes à la rescousse dès qu'un véhicule stationnait sur la bande, officiellement pour parer aux collisions avec leurs gyrophares, mais dans l'arrière-pensée de faire du chiffre en dressant des contraventions. La plupart des gens qui tombent en panne ne sont pas assez riches pour tenir une automobile aux normes en vigueur. Un peu comme lui.

Ses yeux venaient de tomber sur une facture d'honoraires qu'il n'avait pas envoyée faute de timbre (au lieu d'aller à l'église tout à l'heure il aurait mieux fait de passer à la poste) et qui dormait sur le dessus du tableau de bord ; il fallait aussi appeler Fornicator à la clinique. 10 000 euros en souffrance. Il n'avait pas de drogue sur lui, en revanche au retour... Pour oublier la perspective d'une garde à vue, il s'attarda à estimer le prix du dépannage, ce qui le conduisit à sa carte de crédit qui traînait toujours dans la ruelle, à droite du siège vide.

De temps en temps, il aimait bien se donner la satisfaction de régler un problème à chaud, surtout si ce coup de collier lui offrait l'occasion de s'asseoir, ou mieux, de se coucher. Joli-papa avait abandonné sa place depuis assez longtemps pour que l'assise soit assainie. En s'affalant sur le siège passager, il s'enfonça dans son caban retenu par le frein à main. Sa joue gagnée par les rabats du col lui confirma qu'il serait bien plus heureux dans un lit, d'autant qu'un relent de naphtaline lui rappelait les couvertures de son enfance. À force de fouiller à l'aveugle, une sorte de jouet coloré pointa sous le siège. Patrice reconnut aussitôt cet objet d'une gaieté sinistre. Son père possédait dans ses affaires personnelles (une collection de riens serrée dans une valise en carton écossais) un « chica », cet instrument populaire mexicain dont les *mariachis* se servent pour rythmer leurs aubades. Lors d'une des dernières visites dont Patrice se souvenait, ils avaient joué à agiter ces petites calebasses décorées de frises orange en chevrons. Patrice avait voulu cesser le jeu quand il avait vu son père essuyer les réprimandes d'un autre interné, un type autoritaire au crâne lisse un peu du genre d'Ahmed. Pour s'échapper, il avait joué à courir dehors entre les immenses colonnes de pierre du péristyle et s'était heurté de plein fouet à un autre homme, immense lui aussi, très pâle. Après, il avait retrouvé ses parents, son père l'avait serré par jeu entre ses jambes, il sentait l'urine, comme, lui semblait-il, la galette du siège. L'odeur s'était imprégnée dans ses cheveux.

En tournant la tête pour respirer, Patrice aperçut là-haut le pare-brise embué, où réapparaissait peu à peu un labyrinthe d'anciennes traces de doigts comme des griffures sur un badigeon d'hôpital. Derrière, la vague bleue du ciel de traîne continuait de repousser les nuages.

— Si on regarde les choses de près, tout est horrible.

Quelle voix de mystère avait prononcé cette phrase ? Sans doute celle de son père, mais il l'avait oubliée. Il lui semblait ne même jamais l'avoir entendue.

Dans le train de banlieue qui les avait ramenés de Charenton à Paris, l'enfant avait pris garde de ne pas remuer les deux chicas dans la valise. Si la police les entendait, on risquait d'arrêter aussi sa mère.

En remontant à la surface, Patrice eut un éblouissement : le soleil rasant avait transformé le verre en miroir terni. Le pare-brise à angle aigu reflétait le dessus du tableau de bord, le rectangle de la facture négligée, la platitude poussiéreuse des plastiques vieillissants et mal entretenus. La vitre securit était stridulée de milliers de petites rayures dont certaines, provoquées par l'usure des patins d'essuie-glace, dessinaient des demi-cercles concentriques, d'autres, plus inexplicables, zigzaguaient au hasard des accidents qui les avaient provoquées. À travers cet écran, les silhouettes des uns et des autres prenaient un aspect spectral, le guignol de l'impasse n'était plus qu'un rêve, une vision d'halluciné.

— Apptchaoum !

Le nez de Patrice s'était irrité au contact de la mousse, la faute des acariens ou plutôt de leurs déjections. Il avait suivi une nuit à la télévision un documentaire consacré à cette assemblée de démons microscopiques. Qu'aurait dit son père s'il avait vu ça ? En y regardant de très près, partout, on apercevait des monstres sidérants qui n'arrêtaient pas de crotter et d'essayer de se dévorer entre eux. Il sourit à cette idée, rasséréné par les retrouvailles avec sa carte de crédit. Pendant qu'il y était il essaya de dégager le chica, mais le volant une nouvelle fois s'interposait contre son ventre. De toute façon, si le bruit venait de là, il cesserait aussitôt que joli-papa l'écraserait par pression de l'assise. L'idée que ces objets finissent sous les fesses du vieux lui était désagréable.

Comment les chicas avaient-ils atterri dans la voiture ? Sûrement le jour du déménagement des archives photo. La vieille valise lui avait servi à transporter dans la fabrique des photos dépareillées. Il se souvenait même qu'Ahmed, en le voyant passer avec son chargement, l'avait surnommé « Linda de Souza » ! Avant, pressé comme toujours, il avait vidé en vrac les affaires de son père dans la voiture. Pourvu que *la figlia della furia* ne soit pas en train de se déchirer ou de s'imbiber d'huile quelque part là-dessous, mais ce n'était pas le moment de lancer une nouvelle recherche.

— Tu ne veux vraiment pas me faire plaisir ?

En adaptant à son téléphone une oreillette qu'il venait de retrouver par terre en même temps que sa carte bleue, Patrice avait déclenché la procédure de réponse à toutes touches.

Lorsqu'elle se savait indésirable, Babeth attaquait la première. D'émotion, Patrice fit valser son téléphone. Le temps de le remonter par le fil de l'oreillette et de débrancher la fiche pour répondre en direct, on avait changé de ton.

— Qu'est-ce que tu fous, tu baises ?

Patrice interpréta à juste titre cette ironie mauvaise comme une allusion à son défaut d'ardeur. De l'autre côté, on eut la cruauté de ne pas s'émouvoir devant la platitude de la réponse : « Euh non, non » ; on fit comme si on n'avait pas entendu et on enchaîna d'un ton délibérément neutre, manière d'humiliation supplémentaire car on ne faisait même plus l'effort de prolonger les mômeries.

— De toute façon, c'est pas la peine de venir tout de suite, j'ai plein de trucs à faire, ça n'arrête pas de sonner, attends...

Une versatilité d'hystérique, affolée par l'alcoolisme et la cocaïne, rendait la jeune femme sensible au plus petit manque d'égard. Le fait que Patrice, une fois de plus, ne soit pas venu lui rendre visite le matin comme il le lui avait promis avait réveillé son angoisse. Dans ces cas-là, suivant un processus que le psychiatre qu'elle avait obligation de consulter depuis sa comparution au tribunal appelait « la sublimation », elle se réfugiait dans le travail. Babeth trouvait matière à sublimer dans le métier de styliste photo. Un job mal rémunéré mais qui lui permettait de se livrer à de fructueux *shopping* dans les bureaux de presse en compagnie de son « assistante », Krystal. L'occasion aussi de belles promenades en taxi entrecoupées de palabres téléphoniques qui s'envenimaient quand les photos tardaient à paraître dans le support prévu, ou que le stylisme de la *série* déplaisait aux *créateurs.*

— J'aurais préféré voir mon short en vinyle ailleurs que sur le cul de cette grosse vache !

Perçant d'un des nombreux portables que possédait la jeune fille, Patrice reconnut la voix d'une amie de Didine : Michèle. Il devina que cette redoutable attachée de presse faisait allusion à un *shooting* dont il avait aperçu les contacts : Lætitia Casta en petite tenue dans un pâturage. Il s'en souvenait bien car c'était là qu'il avait piqué l'idée du clip de Karen Mulder.

À l'autre bout, la dispute s'était déplacée sur la disparition d'un blouson en « denim et vison » Révillon, estimé selon la voix dure et cassée de l'amie de Didine « au-dessus de 45 000 euros ». Il arrivait que les vêtements et accessoires (plutôt jusqu'ici du type robe légère ou mule à talons de 15) se perdent dans la caverne d'Ali Baba qu'était devenu l'appartement du boulevard Saint-Martin. Non sans heurts avec les bureaux de presse qui harcelaient les jeunes filles.

Soucieuse de sa réputation, comme tous les gens indélicats, Babeth mit Patrice en attente sur un disque. Il en profita aussitôt pour raccrocher et ressortit du jardin dans le bon axe cette fois-ci.

Il se sentait refroidi par ce qu'il avait entendu. Le milieu de la mode et du show-business l'avait dégoûté de ces vols à répétition. Le lien entre Michèle et Didine rendait la situation encore plus désagréable car, comme tout le monde, l'attachée de presse devait savoir que Patrice et Babeth sortaient ensemble. Une faiblesse de Babeth, pourtant à peine perceptible, quand l'autre avait parlé d'appeler la police, l'avait refroidi. La voix de la jeune fille si fière avec lui s'était enrouée sous la menace, un peu comme celle de Lukardis tout à l'heure. Ici la faille ne l'excitait pas, elle le dégoûtait. Il comprenait la rage de l'autre partie : le client allait exiger sa pièce. En poussant un peu plus loin la lâcheté ou la lucidité, il partageait avec l'amie de Didine la même lassitude devant la répétition écœurante de ces pratiques, il fallait bien l'admettre, du fait de l'expérience, donc de l'âge, il y avait plus de communauté entre lui et Michèle qu'avec celle dont il était pourtant réputé jouer les chevaliers servants. Heureusement, l'ivrognerie et la négligence rendraient vite à Babeth son innocence, cette veste serait forcément perdue ou piquée par une autre fille un soir de beuverie au Mathis Bar ou au Baron. Babeth ne cessait de semer ses affaires... À la différence d'autres chapardeurs plus méticuleux : il avisa la casquette rouge discrètement pliée dans le vide-poches.

Pourvu qu'il ne soit pas obligé de l'accompagner au commissariat.

L'ouverture de la portière du passager le rafraîchit d'un courant d'air pur, mais tout de suite il eut des prémices de déplaisir au contact du corps de joli-papa. Il mesura combien il aurait préféré être seul sur la route, à conduire et à rêvasser en musique. Pour se venger il alluma l'autoradio.

« ... *Trop de gens qui t'aim'*

Qui tournent autour de toi. »

La chanson fut interrompue par le jingle du flash d'information.

Il n'était que midi. La pression se relâcha.

— Tsahal ! Tsahal ! Elle ne peut pas dire l'“armée israélienne” comme tout le monde, cette idiote.

Le vieux s'agitait sur son siège en gémissant de colère. Toute pudeur envolée, il hissait à pleines mains ses jambes raidies par le froid comme un paralytique. Patrice lui proposa de le désempêtrer du sac à dos dont les pattes roses gigotaient sous la friction des épaules. Joli-papa refusa, sans explications, il avait rangé son porte-monnaie dans la poche ventrale de l'ourson. Pas question de le lâcher dans la nature. Il aurait pu l'extraire du sac et le ranger à l'intérieur de l'anorak mais il ne voulait pas en révéler la présence avant la pompe à essence. Patrice supposait que le vieux craignait de salir sa peluche s'il le déposait sur la galette arrière. Lui-même répugnait à voir un objet appartenant à son beau-père entrer en contact avec un cuir imprimé par la chair de Babeth, il suggéra de déposer l'ourson entre eux. Joli-papa ne céda pas. On aurait dit un enfant avec un cartable neuf. Malheureusement l'école n'était pas toute proche.

— Ouvre ta fenêtre, il y a le monsieur du garage qui veut te dire quelque chose !

Qu'est-ce que fichait Bétuleau dans le laurier ? Surpris par la brusquerie du vieux, Patrice ne pensa même pas à lui reprocher d'avoir laissé le portail ouvert, livré aux maltraitances de sa mère ou au je-m'en-foutisme de l'Arabe qu'une paresse d'origine adipeuse empêchait de fermer la moindre porte.

— Le chef veut emmener un peu de la campagne à Paris ?

Patrice ne saisissait pas toujours les mots d'esprit des gens du pays, alors il répondait d'un sourire poli. Une fois de plus, il ne s'en tirerait pas aussi facilement. La main épaisse aux ongles griffés de cambouis s'introduisit dans la voiture par la fenêtre ouverte, et Patrice eut un brusque mouvement de recul croyant presque sentir les doigts du garagiste sur sa cuisse. Mais, après avoir hésité, le membre rose et boursouflé s'empara en aveugle de la targette de la portière. Pourquoi Bétuleau avait-il l'intention de rentrer dans la voiture ? Voulait-il bricoler quelque chose ? Il était déjà arrivé à Patrice de se retrouver avec la tête du garagiste entre ses jambes alors que l'autre, visiblement à son aise, patouillait dans la boîte à fusibles. En même temps, si ça pouvait le débarrasser du bruit bizarre, il était résigné à subir ce genre de contact. Genoux repliés bien à l'abri sous le volant il regarda la patte danser non loin de la photo de Lukardis, petite poupée blonde, inconsciente et rieuse, dont elle effleurait sans le savoir les épaules nues en remontant la targette. King Kong et Jessica Lange. Pourtant ils étaient de la même espèce.

— Je vais dire une bêtise... mais madame sera pas très contente si le chef se sauve avec l'herbe à rôti.

Patrice n'eut pas le temps de s'interroger sur la nouvelle énigme : Bétuleau agitait une branche de laurier qui avait dû se coincer entre le bas de caisse et la portière quand Patrice avait hélé Ahmed.

— Avec le bruit qu'il faisait en traînant ça, le chef a dû croire qu'il repartait en voyage de noces.

Le garagiste se releva pour savourer son effet et tendit galamment le laurier à la mère de Patrice. Elle serra l'offrande comme s'il se fût agi d'une de ces roses que les colporteurs indiens essayent de placer aux dames dans les petits restaurants. Plus elle vieillissait, plus se développait en elle cette superstition qui pousse certaines personnes, principalement les femmes, à vouloir retarder la mort des choses. Encore un point commun avec Didine. Cet excès de sollicitude l'horripila. Il retournait contre sa mère, comme il l'aurait fait contre Lukardis, une rage qui avait une autre adresse. Comment cet abruti de Bétuleau osait-il parler de voyage de noces et de bébé à bord ? Vu les rumeurs qui devaient circuler dans le village après les passages d'ambulances. La facilité d'un esprit rompu à la répétition des mêmes bourdes n'expliquait pas tout. Si la femme du boucher était mourante, Bétuleau, en chrétien, en commerçant, prendrait de ses nouvelles et ne songerait pas à rire.

Il devait juger que Patrice n'était pas à plaindre. Ne l'avait-il pas vu parader avec Babeth, le samedi des Emmaüs, juste avant le retour de la mourante ? L'envie avait sans doute sa part. Non que le garagiste eût aimé se voir débarrassé définitivement de Mme Bétuleau, mais la liberté du chef devait le faire méditer, depuis qu'il l'avait vu en compagnie de cette belle blonde sans soutien-gorge, au chapeau de cow-girl, à l'allure d'une danseuse du Crazy Horse Saloon. Pour un esprit simpliste où les relations de cause à effet suivent la logique du rêve, l'apparition au foyer d'une grave maladie devait entraîner logiquement celle de ce genre de houris.

À chaque fois qu'il soupçonnait les gens de manquer de respect à Didine, Patrice se mettait en colère. Son amour-propre souffrait de ne pouvoir clore le bec à Bétuleau, empêcher le pillage des placards ou les flonflons du réveillon, mais il ne trouvait pas la force morale de faire cesser des indélicatesses à quoi son inconduite donnait licence. Il s'irritait alors davantage de céder aux caprices de ses maîtresses. En ce moment, Lukardis lui semblait particulièrement odieuse, peut-être parce qu'elle était deux fois mère, et aussi parce qu'elle n'arrêtait plus de sonner en *repeat* dans son oreillette. Il aurait voulu la blesser dans sa chair – une chair déjà ramollie par l'âge, songea-t-il, (cette bassesse remplaçant la lame du couteau) –, au ventre ou ailleurs afin de la faire se replier sur une douleur aussi profonde que celle dont il l'accusait d'être la cause. Évidemment, il n'exprimerait rien à voix haute mais il était persuadé qu'elle le devinerait à la manière dont il dirait « oui » au téléphone lorsqu'il finirait par répondre. Et là, selon qu'il se montrerait ensuite fort ou faible, il la savait prête à se coucher ou à mordre.

Il avait décroché par lassitude, à la dixième tentative. Ça n'était pourtant pas le moment : il était coincé entre joli-papa, qui, faute d'avoir vu l'oreillette, s'étonnait de le voir appeler le monsieur du garage « mon petit ange », et la vitre ouverte, devant laquelle s'alignaient maintenant, comme les pensionnaires d'une maison de repos devant la télévision à l'heure des nouvelles, Ahmed, sa mère et Bétuleau. Midi sonné, Cendrillon était remontée dans sa voiturette.

Un double appel, masqué celui-là, s'afficha sur son écran. Sylvana ou Babeth ? « Excuse-moi un instant, je prends Sylvana ! » dit-il à Lukardis (à moitié par défi, pour l'humilier en lui préférant son dealer, à moitié parce qu'elle se fichait bien qu'il se drogue du moment qu'il vienne la voir à l'hôtel)... C'était Babeth. Sans prêter attention à l'Arabe qui lui tapotait fébrilement le bras en épelant : « un menu enfant » comme un traducteur pour sourds, il mit la jeune fille en attente. Ça pouvait passer pour une basse revanche puisqu'elle l'avait traité ainsi cinq minutes plus tôt. Rendu nerveux par ses jongleries, fuyant les yeux de sa mère qui était en train de révéler à joli-papa le mystère de l'oreillette, il se monta un peu plus contre Lukardis. Celle-ci restait muette, une finesse de commerciale rompue aux négociations téléphoniques ; alertée par les sept appels dans le vide et le « oui » particulièrement maussade, elle cherchait maintenant à le faire sortir de sa réserve. Patrice la devina et fit un effort pour parler doucement, mais il lui fut difficile de changer de ton sans retour de l'interlocuteur : le silence commençait à payer ; il lâcha à Lukardis d'une voix encore altérée par l'impatience qu'il allait sûrement être en retard, ajoutant tout de suite par cruauté nihiliste (il s'en voulait d'avoir déjà baissé la garde) qu'il valait peut-être mieux repousser leur rendez-vous à un autre jour. Toujours persuadé que Patrice s'adressait à Sylvana, Ahmed eut un geste de déception, Lukardis lança sur le ton de l'ironie froide une phrase du genre : « Décidément tu es très chevaleresque » pour le pousser à bout. De toute façon il pouvait hurler. Elle s'en fichait. Elle n'y mettait aucun amour-propre et savait bien qu'à force de le harceler elle obtiendrait la seule chose importante : qu'il vienne quand même à l'hôtel. Bénéfice supplémentaire : les disputes les excitaient sexuellement.

Quand Patrice cria dans son petit micro « va te faire foutre » de sa voix de fausset, il provoqua un brouhaha autour de lui, un peu comme en cour d'assises lorsqu'un inculpé lâche une grossièreté. Lukardis savait s'y prendre pour le mettre en colère. Patrice supportait sans réagir les accusations de lâcheté que lui prodiguait quotidiennement Babeth, et encore mieux les insultes qu'avait pu lui lancer Didine au cours de leur vie commune, comme « porc », « menteur » ou « salaud ». Blasé par toutes les injures qu'il avait essuyées dans sa longue pratique des femmes, il se montrait peu sensible au genre de provocations dont elles usent habituellement pour émouvoir leurs partenaires, broutant offenses et colères comme un âne les chardons. Il avait un seul point faible : il n'était pas prêt à entendre qu'il manquait de « classe ». Surtout de la bouche d'une Lukardis.

— J'ai toujours été très élégant !

Une liaison datant de la fac avec un critique de rock qu'avec bon sens elle rangeait dans la même classe que Patrice (ne portaient-ils pas l'un comme l'autre à vingt ans d'écart des pantalons de cuir et des lunettes de soleil ?) avait donné à la princesse allemande l'intuition de cette loi psychologique : à la différence des politiques et des financiers qui constituaient son ordinaire, chez les artistes le défaut de pouvoir amenait par compensation un surinvestissement du symbolique. Le sens de la faute morale n'existait pas plus que chez les autres hommes, mais ils avaient leur point faible : la faute de goût. Ces types que rien dans leurs origines, leur prestance physique, leurs manières et surtout leur position, n'autorisait à se sentir supérieurs ou même singuliers s'entêtaient à jouer les raffinés. Il suffisait de les titiller là-dessus et ils devenaient fous.

— Tu ne sais pas de quoi je suis capable !

Ahmed croyait toujours Patrice en conversation avec le dealer et, connaissant la susceptibilité de Sylvana, il voyait s'envoler toute espérance de se droguer. Il échangea un regard paniqué avec la mère de Patrice. Elle lui chuchota que son fils jouissait d'une « élégance naturelle » mais que le caban le grossissait un peu.

Lorsque Patrice sentait qu'il avait été manipulé par une femme et qu'il allait perdre (avec les hommes il se tenait davantage), il se laissait aller aux grands mots, il faisait semblant de vouloir pousser la dispute jusqu'aux conséquences ultimes : suicide, meurtre, voyage au bout du monde, longue bouderie, décrochage illimité du téléphone portable. L'adversaire doutant en général qu'il fût capable de quoi que ce soit, il affaiblissait sa position. À la différence de Babeth qui, avec la bonne humeur de la jeunesse, aurait éclaté de rire, Lukardis ne dit rien et se renferma dans un silence conciliateur. Elle savait que vite calmé et honteux de cette sortie, il ne devait déjà n'avoir qu'une envie : se rabibocher ; par exemple en se dépêchant de partir à l'hôtel, tel le petit chien de l'homme au déambulatoire, qui, oubliant un récent projet d'évasion avec l'aide ménagère, pleurnichait devant la porte fermée de ses maîtres.

— On ne va pas à un dîner en ville en caban ! Tu veux que joli-papa te prête son costume gris ?

De la place du mort on protesta avec énergie. Patrice leva la main pour les faire taire, il essayait de saisir Lukardis. Assurée qu'il allait venir à l'hôtel, elle s'était mise à chuchoter comme devaient chuchoter les sirènes quand elles savaient le navigateur prêt à se laisser prendre entre le couteau du rocher et la caresse de la lame. Tout heureux qu'on ne lui tienne pas rigueur, il aurait voulu lui répondre avec la même tendresse et les mêmes mots d'amour, mais il devait éviter de dévoiler devant tout le monde un désir physique revenu avec sa défaite. Faute de pouvoir l'exprimer, il bougeait d'avant en arrière sur son siège, déchirant un peu plus le revêtement, révélant avec un doux craquement la mousse polyuréthane qui frottait sur sa culotte de cuir, retenant les petits coups de reins et repoussant le heurt du bas du volant qui tapotait sur son sexe. Il se contentait de murmurer : « Moi aussi mon petit ange... moi aussi mon petit ange... »

L'attention qu'il prêtait à Lukardis chassa tout le monde. La première à partir fut sa mère. Comme Didine, elle avait le nez fin et détestait, sans la connaître, celle que sa bru appelait « la conne du Novotel ». Elle effleura la vitre avec le laurier qu'elle avait entremêlé d'une branche de lierre. Puis, satisfaite de cette caresse ambiguë, manière de coup de trique, elle s'en alla ramasser derrière le portail un bouquet de houx qu'elle avait cueilli pour la mourante, masquant de son dos l'appréhension qu'elle nourrissait à voir partir son mari et son fils.

Bétuleau avait cédé à la sirène d'un camion de boucher. Ahmed, le dernier, resta empaillé devant lui un moment avant de comprendre que la conversation n'avait rien à voir avec les friandises de Sylvana Mangano.

— Moi aussi, moi aussi, mon amour...

Une fois pardonné, Patrice aurait bien voulu raccrocher. De l'autre côté, on le sentait et on insistait. Pour prendre patience et éviter de s'inquiéter du camion de viande qui risquait de boucher le passage, il se focalisa sur une abeille brunie, réveillée par le soleil d'hiver, qui voletait entre les essuie-glaces et tirait le dernier suc d'un débris de lierre. L'abeille et celle qui bourdonnait dans son oreille avaient plusieurs points communs : elles étaient abîmées par le soleil, elles profitaient de leurs derniers moments d'activité sexuelle, et elles s'acharnaient à vouloir tirer de la substance d'une vieille plante fanée et amère.

Indifférente à ses protestations, à ses « mais non je t'aime mon amour », qu'elle trouvait « télécommandés », elle se complaisait à l'immobiliser, tremblant sous elle comme la fleur sous l'insecte, tout en lui affirmant qu'elle ne tolérerait aucun retard et en lui reprochant encore et toujours, avec une inconséquence agaçante, le manque d'empressement qu'il mettait à la retrouver.

De son côté elle prenait de l'avance, n'éprouvant aucune gêne à partager ses attentions, à s'étonner d'une petite voix triste de la froideur de ses réponses tout en piochant dans son porte-monnaie un bout de papier craquant, sans doute un ticket de voiturier ou de pressing. Il l'entendait farfouiller hors champ en même temps qu'elle lui soupirait « my love, je te sens moins amoureux », et en prononçant le mot « amoureux » c'était elle qui avait paru s'éloigner. Elle avait dû coincer le combiné entre l'épaule et la joue afin de libérer ses mains. Par contradiction, il éprouva le besoin de se rapprocher d'elle, de se replier et de serrer l'oreillette contre son tympan, mais, en pesant sur son estomac, il réveilla l'angoisse endormie. Il se mit à transpirer sous l'haleine chaude et poussiéreuse de la soufflerie.

Au fond de lui, il recommençait à la haïr. Tout à l'heure il se sentait la force de rompre, maintenant il n'arrivait même plus à raccrocher. En tortillant des épaules pour surmonter la barrière du volant, il découvrit un nouveau tableau derrière la vitrine du pare-brise. L'impasse était envahie : plusieurs santons rassemblés sous le « Joyeux Noël » des ampoules municipales, autour du camion rose et du cochon de lait stylisé de l'enseigne, petite crèche sanglante surmontée de la traditionnelle étoile de lumière. Il réunit ses dernières forces pour protester sans conviction de son ardeur. « Promesse n'est pas preuve », lui rétorqua Lukardis qui émaillait à l'occasion son franglais d'adolescente d'anciens proverbes. « Je te sens très loin de moi... » gémit-elle d'une voix rapprochée (elle avait changé son téléphone d'épaule) tout en hélant un voiturier d'un cri jovial en quasi-simultané, ce qui ne l'empêcha pas de reprendre le fil de ses plaintes, « ... tu es ailleurs », un ailleurs que de son côté il ne savait pas justifier, les mots *camion de viande* ou *poste à essence* lui paraissaient ridicules, surtout chuchotés sur le ton de la confidence amoureuse. Comme il ne se reconnaissait plus aucun sentiment réel pour celle à qui il affirmait son amour, il n'arrivait pas à faire rentrer la réalité extérieure dans son discours. Il lui aurait fallu du scénarisé, du dialogue écrit, pas du plat, du prosaïque.

Par lassitude il allait pourtant se résoudre à lui parler du camion, sans en préciser la fonction, et de la station-service – il jugeait l'expression d'un registre plus élevé que « poste à essence » –, mais elle l'interrompit pour réclamer sa voiture au voiturier de son autre voix. Il lui enviait cette aise, ce jeu d'adresse qui révélait un naturel, une présence au monde facilités par sa bonne éducation – mais celle-ci n'était pas seule en cause. Il eut l'impulsion d'injurier la femme en elle, cette créature beaucoup mieux adaptée que lui à son milieu, cette créature pour qui tout était simple, parce qu'elle-même ne doutait pas un instant de sa propre vérité. Et le mot « conasse » lui vint plusieurs fois à l'esprit en même temps qu'il protestait le plus vraisemblablement qu'il pouvait de son amour, enfin il profita qu'elle s'attarde sur le voiturier pour lui raccrocher au nez.

Moteur ! Il embraya et fit ronfler la voiture comme un dragster. Soulagé de s'arracher enfin au bourbier familial, il huma l'air frais par le carreau. L'odeur d'iode qui accompagnait certains vents de pluie était-elle apportée de l'océan à travers la Beauce ou montait-elle des champs, et de l'évaporation des engrais aux relents de nuoc-mâm ? Dans l'ignorance, il lui prêtait des vertus marines. L'ébranlement de la voiture, la certitude de remonter enfin la nationale, qu'on voyait briller au bout du parvis comme un courant sous le soleil, réveillaient l'allégresse du départ. Le cul du camion ne serrait pas d'aussi près le mur de la poste qu'il l'avait craint : l'angle offrait une ouverture suffisante au passage de la voiture. Pour disperser le petit troupeau rassemblé devant l'étal, il aurait même pu s'épargner l'aide du boucher ; celui-ci fut bientôt rejoint par le garagiste, qui se mit à remuer les bras avec l'énergie et l'autorité d'un mécanicien de porte-avions. Il était plus de midi et quart, l'heure du Ricard. Juste avant que le mur de crépi du bureau de poste ne se referme comme un rideau sur la scène précédente, il aperçut sa mère, miniature déformée par l'œil de sorcière du rétroviseur, occupée à se battre avec le portail sous le regard passif d'Ahmed.

Petrus Christus ! *Petrus Christus* : ce nom lui était revenu d'un coup, sorti on ne sait comment d'un tunnel de drogue. À chaque fois qu'il jetait un œil dans le rétroviseur il pensait à un tableau où était représenté un miroir de sorcière, mais le nom du peintre remontait pour la première fois depuis Chattanooga. « Petrus Christus »...

Lui revint en rafale Vanité, sa colère de petite pauvre, quand elle avait découvert qu'elle se faisait refiler des faux, ce saint Éloi à 150 000 dollars prétendument estampillé de la vente Lehmann à New York n'était qu'une copie tardive. Une bévue du décorateur qui lui avait fait acheter. Sa dernière colère avant la rupture... Elle avait injurié le pédé chic aux faux airs de Willy Brandt qui se réfugiait derrière une attribution « à l'entourage » dudit Petrus Christus. « Tu me vois moi, eh bien maintenant regarde mon "entourage" (désignant ses gardes du corps, sa camériste, Babeth, le chien mexicain et... Patrice). Tu trouves que c'est la même chose ? » Tout de suite, il fut obligé de chasser le fantôme de Babeth avant qu'elle réveille celui de Didine. Babeth en était à son troisième SMS : un triple point d'interrogation ; il fallait la rattraper absolument, sinon elle téléphonerait au château. Il remontait la vitre à la demande de joli-papa, quand Bétuleau lui glissa au passage par la fente un mot d'esprit qui établissait un rapport entre l'enfilade des volailles alignées sur l'étal du camion et la file de ménagères prête à se reformer au départ de la voiture. Patrice lui sourit lâchement, rassuré par l'enseigne Total qui pointait enfin à l'horizon. Un camion-citerne était engagé sur la piste à essence, ce qui retarderait la fermeture.

Après il ne lui restait plus qu'à expliquer à un joli-papa rafraîchi par sa courte sieste la raison pour laquelle ils n'achetaient pas la volaille au boucher plutôt que chez Super U. Sûr d'être compris, Patrice frotta le pouce contre l'index. Ils se demandèrent de concert pourquoi des gens avisés comme les garagistes continuaient à se fournir là alors que la viande s'y négociait vingt ou trente pour cent plus cher qu'en grande surface. Ils penchèrent pour une solidarité commerçante, jugeant d'un commun accord que l'avarice rurale devait encore s'accommoder de certains scrupules. Une vraie lune de miel entre ces deux-là ! Maman aurait été contente. En veine de confidences, Patrice fut tenté dans l'euphorie de révéler à son nouvel ami pourquoi il n'y avait aucun souci à se faire quant au Super U, mais il jugea que joli-papa serait indigné.

Avant de s'engager sur la nationale, il regarda autour de lui. Sur le toit de l'église, les pigeons innombrables bougeraient jusqu'au soir, mais ils resteraient à peu près les mêmes, à peine différents des pierres et des tuiles qu'ils découvraient et recouvraient selon l'abri-vent ou le manège des ombres ; il en allait ainsi pour tous ceux qu'il laissait ici. Lui seul, comme les nuages qui filaient là-haut, allait connaître d'autres espaces et se modifier selon les heures et les pressions que les différences d'atmosphère allaient lui imposer. Les nuages, dont il suivait en roulant la course sur le capot chromé du turbo compresseur, l'incitaient à commencer son voyage, à remonter le courant qui les emportait vers la Loire.

Le léger coup de frein qu'il donna pour négocier l'entrée de la piste à essence sous le flanc arrondi du camion-citerne lui fit sentir la gravité des deux tonnes de charge. Il aimait ce poids, et surtout l'idée que ce poids, bientôt démultiplié par l'inertie, allait dangereusement se projeter contre l'air, rendant les choses arrêtées passagères et menaçantes.

— Tu veux que je te cherche Radio Courtoisie ?

Lorsqu'il était de bonne humeur, il lui arrivait de prévenir les désirs des autres, dont il devinait d'autant mieux la teneur que son hostilité en avait scruté les manifestations. Un regard, un soupir, le plus petit mouvement de doigt vers l'extrémité osseuse du pantalon, lui avait indiqué où joli-papa voulait en venir : au bouton noir cerclé d'un anneau métallique de l'autoradio. Pendant qu'il ferait le plein le vieux allait dérégler la fréquence sans parvenir à rien, ce qui risquait de le conduire assez naturellement à toucher des commandes vitales. Autant anticiper :

— Tu veux que je te cherche Radio Courtoisie ?

Joli-papa faisait le sourd car il détestait qu'on exprime à voix haute ce qu'il ressentait intérieurement. Non qu'il jugeât ses sentiments gênants ou dignes de rester secrets, mais parce qu'il était vexé d'être percé à jour.

— Tu veux écouter Radio Courtoisie !

— Non, non, un peu plus tard, je crois que ça ne passe pas ici. Tu sais, tu n'aurais pas dû arrêter la peinture. Il y a des choses pas mal dans tes tableaux. Le portrait de Nadine était beau.

Patrice se hâta de s'enfuir. Il n'en revenait pas. C'était la première fois que le vieux lui parlait d'une chose personnelle. En quarante-neuf ans. Il était tellement gêné qu'il claqua la portière à toute volée.

Il se dépêcha de dévisser le bouchon du réservoir, de crainte que la gérante de la station, une créature dans la force de l'âge, vienne lui offrir ses services. Il la soupçonnait d'avoir des vues sur lui ; l'allure du mari, un vieux mécanicien moto à bedaine de Hell's Angel, rendait ce succès peu flatteur. Il regarda ses bottes, elles commençaient à faire croquenots. Il s'en était déjà soucié un jour où il avait voulu les porter avec un pantalon de costume. Lui aussi se dégradait par le bas.

Une habitude ancienne (il avait connu trois générations de pompistes) l'autorisait à mépriser l'avis mi-accueillant, mi-autoritaire, scotché sur la pompe : « Ici on vous sert. » Pour occuper son attention pendant la durée du plein, et oublier ses bottes, il laissa courir son regard sur les fenêtres du logement au premier étage du bâtiment au toit plat, typiquement cinquante ; il l'aimait bien parce qu'il lui rappelait un jouet d'enfant. Derrière les volets de fer basculés en stores, l'ancienne gérante, une femme trop nerveuse, plus commerçante, plus vive, plus inquiète, sûrement plus intelligente que la lourdaude qui pointait son nez derrière la porte vitrée de la boutique, était en train de mourir de la même maladie que Didine. Cela faisait des années qu'il ne l'avait pas vue et il n'osait pas demander de ses nouvelles. Il devinait qu'elle n'était pas encore morte, elle devait elle aussi traîner des jours sans autre rapport au monde que les bruits du dehors et le ciel en pointillé derrière le paravent métallique de la persienne. Didine l'aimait bien, comme elle aimait les gens énergiques que son œil de prolétaire, plus encore que son expérience professionnelle, lui permettait d'identifier très vite et de différencier des paresseux, tel le mari qui œuvrait à l'abri d'une vitrine poussiéreuse dans le domaine plus paisible des poids et mesures. La plus belle femme de Paris avait été fortement émue par la maladie qui avait frappé la patronne de la station-service un an avant elle, loin d'imaginer qu'elle allait bientôt partager le même sort.

Un claquement lui fit baisser les yeux, vers le bec de la pompe qu'il fallait sans cesse manipuler pour éviter le déclenchement du clapet anti-débordement. Il se concentra dessus d'autant mieux qu'il appréhendait le premier contact avec « sa fiancée », comme l'avait surnommée Fornicator. En fin de plein, pour éviter les courants d'air, elle était sortie sous l'auvent de ciment blanc de la boutique et s'apprêtait à se coller contre lui et à tendre une main de propriétaire vers la poignée de la pompe. Les premiers temps, il l'avait trouvée sympathique, mais depuis un moment, il se forçait à sourire et à répondre à des fadaises sur la météo ou plus indiscrètement sur sa destination. Cette dernière question : « Alors on va sur la capitale ? » ou « Parisien aujourd'hui ? », qu'elle lançait avec un clin d'œil, l'agaçait particulièrement. Il lui arrivait de la contrarier par pure hostilité. Contre toute vraisemblance il répondait « non, non », comme un enfant aux vieilles dames caressantes qui lui demandaient son âge, son sexe ou de les embrasser. Bref, il ne pouvait plus la voir, sa personne entière le répugnait et tout ce qui la touchait et essayait d'établir un contact avec son propre corps, ainsi la manche replète de son pull camionneur d'où coulait un avant-bras rose qui lui faisait penser au cervelas de la brasserie Lipp. L'obligation de la fréquenter, du fait des 25 litres d'essence aux 100 kilomètres que consommait sa voiture et l'augmentation du prix du super 98 depuis la seconde guerre d'Irak, était un facteur aggravant dans la dégradation de leur rapport. Lipp lui rappela son agent, un habitué, et le coup de téléphone à Fornicator.

En ouvrant sa portière pour récupérer l'enveloppe, il entra en enfer : un bruit strident lui sauta aux oreilles avant de laisser la place à une voix de succube qui susurra : « Tapez (un mot inaudible) et dans dix minutes vous allez recevoir des milliers de SMS d'hommes et de femmes. » Pris sur le fait, joli-papa sursauta.

— Tu peux sortir l'antenne, s'il te plaît, on n'arrive à capter que des imbécillités !

Patrice devina que le vieux avait failli dire « *tes* imbécillités », mais il s'était retenu, la meilleure défense réclame tout de même une certaine mesure dans l'attaque.

Il lui claqua la portière au nez sans répondre, bien décidé à le laisser croupir comme un prisonnier politique sous la torture du haut-parleur. L'affaire du portrait de Didine n'était pas passée. Quel vieux con ! Jamais un commentaire en vingt ans et maintenant il sortait les violons. Le pire, c'est qu'il s'y connaissait en peinture moderne. Grâce à des amitiés louches, et surtout à Bernard Faÿ, traducteur de Gertrude Stein, vichyssois, chasseur de francs-maçons, à dix-huit ans il avait fréquenté Picasso, Dominguez et Brancusi.

À chaque fois que l'énervement montait, les ennuis se précipitaient. Suivirent coup sur coup deux mauvaises nouvelles : en même temps que la fiancée lui posait la fameuse question d'actualité, il découvrait qu'il avait en main la note de frais en retard et non les résultats du test HIV. Il remit le téléphone dans sa poche sans consulter le nouveau SMS de Babeth annoncé par le mouchard. Il n'avait pas le courage de retourner chercher la bonne enveloppe dans la voiture, et puis le montant qui se déroulait de plus en plus lentement sur le compteur de la pompe à essence lui faisait regretter une nouvelle fois de ne pas être allé à la poste tout à l'heure plutôt qu'à l'église. Il regarda la mauvaise enveloppe, l'absence de timbre le désolait d'autant plus que les fêtes approchaient, il n'avait désormais plus aucune chance d'être payé avant fin janvier.

— 147 euros tout rond ! Il y a votre papa qui vous demande ! Je crois qu'il n'ira pas jusqu'à Paris si vous le laissez avec la radio à fond...

Tant mieux si joli-papa descendait avant l'arrivée, et même tout de suite. Patrice eut envie de rétorquer que cet homme n'était pas son père et qu'ils n'allaient à Paris ni l'un ni l'autre, mais il se retint. L'œil de la pompiste le mettait dans l'obligation de faire un geste. L'antenne était munie d'une sécurité qu'il désigna à joli-papa interloqué sous le nom de *bitoniau* en lui montrant la boîte à gants côté passager. L'objet était bien caché au fond, derrière un vieux paquet d'Haribo dont les ours d'or déformés par la chaleur et soudés par le temps avaient formé une masse compacte, à peine visqueuse, qui bloquait ses doigts. Il dut balayer un certain nombre de K7 vers le volet de la boîte à gants, et en même temps il forçait dessus avec le coude afin de briser la résistance du vieux (il fallait bien que cette intervention se paye). En tâtant les recoins les plus secrets, il sentit sous ses doigts un contact qu'il identifia aussitôt, celui d'un des petits pochons de cellophane dans lesquels Sylvana Mangano rangeait ses produits. L'aspect neuf du pochon et un léger renflement lui rendirent soudain l'objet plus précieux que le téton de l'antenne. Il entreprit de le faire glisser contre la feutrine en le crochetant sous son majeur tout en serrant l'oreille plastifiée du téton sous la pression de son index. Le pochon remonta plus vite que l'autre prise, revêche, entraîné par le jeu de forces obscures vers la zone qu'encombrait le conglomérat de gelée alimentaire sucrée.

Patrice fut tenté d'engager une seconde main dans l'action pour dégager les ours et lui permettre de reprendre son souffle. Il travaillait en apnée à cause de l'haleine de joli-papa dont la tiédeur envahissante lui caressait la barbe. Sa position l'empêchant de libérer la main gauche, qui lui servait à s'accrocher du toit, il se résigna à respirer par la bouche. À ce moment précis, ulcéré par les frottis insistants et les vexations intimes que lui infligeait le volet du vide-poches, le vieux lâcha un « zut tu m'embêtes à la fin » riche en apico-dentales qui projeta une gerbe de postillons sur la joue, la bouche et même la langue de Patrice.

— L'autre jour il y avait un client qui avait une Lamborghini, elle était encore plus basse que la vôtre ! Moi, il m'aurait fallu un chausse-pied pour rentrer dedans ! Vous vous êtes fait mal ?

Patrice tourna le dos à la pompiste. Il guettait sous ses doigts l'apparition du sang. Ce n'était pas la première fois qu'il s'assommait au montant de la portière mais le mollard du vieux l'avait fait bondir très haut. Il découvrit qu'une petite partie des 147 euros avait coulé à l'extérieur du réservoir, laissant une traînée grasse le long de l'aile arrière. Sans doute, ce trop-plein avait-il permis d'arriver à ce qu'elle appelait un chiffre rond. Le téton était resté au fond de la boîte à gants, en revanche le sachet de cocaïne remplissait sa paume. Cette présence dans sa main lui donnait un sentiment d'invulnérabilité. La seule jouissance comparable était celle d'une arme à feu chargée dans la poche, mais il n'en avait plus jamais porté depuis Chattanooga. Il se servit du revers auto-adhésif du pochon pour faire remonter très légèrement la pointe de l'antenne radio hors de son logement en bénissant Sylvana qui travaillait les emballages avec la minutie propre aux bons commerçants.

— Remarquez elle est drôlement belle celle-ci aussi comme voiture. C'est quoi déjà la marque ?

L'agacement de devoir se répéter une fois de plus fut corrigé par l'allégresse de sentir la tige remonter sous ses doigts jusqu'au cran de sûreté. Perça aussitôt de l'intérieur de la voiture une voix d'homme légèrement efféminée et ironique qu'il identifia avec un frisson d'hostilité comme celle d'un speaker d'une radio culturelle de gauche, du genre France Musique ou France Culture. « Midi, l'heure des démons », dit la voix sur un ton faussement mélodramatique.

— Il s'agit d'une Aston Martin DBS de 1973, madame.

— Et c'est quoi déjà ce truc qui sort du capot ?

— La prise d'air du turbocompresseur

— Mon mari m'a dit que c'était sûrement pas d'origine, c'est vous qui l'avez rajouté ?

— Non, il s'agit d'une modification faite par l'ingénieur motoriste anglais Steven Slocum à la demande du shah, pour qui cet exemplaire unique a été préparé.

— Et ça fait quoi ?

— Le compresseur confère à l'auto une puissance utile de 460 chevaux au lieu des 350 d'origine et lui permet en principe d'atteindre, sur piste, une vitesse approchant les 300 kilomètres/heure.

— Il s'agit pas de tomber sur les gendarmes !

— Non, en effet. Madame, vous vendez toujours de l'alcool ?

— De la bière ?

— Non, plutôt du whisky ou du Fernet-Branca.
— Du quoi ?

Patrice se demandait à quoi pouvaient bien ressembler les toilettes de la station-service. En quinze ans il ne les avait jamais visitées. Il connaissait leur existence depuis peu : le jour des Emmaüs, Babeth avait exigé d'y faire un court passage mais ils n'en avaient pas parlé ensuite.

« Vu l'état de la boutique, ça doit donner », se dit-il en contemplant le désordre qui régnait autour de la caisse. Près de lui, mais à la distance de sécurité rétablie par la largeur du comptoir, on s'acharnait en soupirant sur l'appareil à carte bleue. Maintenant qu'elle était encagée et qu'elle peinait sur son clavier comme une petite fille bête sur ses devoirs, il osa regarder pour la première fois vers elle. Elle était aussi peu soignée que son commerce. Tout ça partait à vau-l'eau. Ils n'avaient même plus de 95 à la pompe, sans doute des factures non honorées.

En quinze ans, entre les deux guerres du Golfe, Patrice avait assisté à la déchéance de ce commerce. Il repensa à celle qui achevait sa vie au-dessus de leur tête, et se demanda jusqu'à quel point les circonstances extérieures pouvaient provoquer une maladie. L'ouverture d'un Super U dans le village voisin, la nullité de son mari, l'absence d'enfant peut-être. Il chassa aussitôt la tentation d'un rapprochement avec sa propre histoire et il essaya plutôt de repenser aux toilettes et au nombre d'endroits de ce genre que son addiction l'avait conduit à explorer. Mais Didine ne voulait plus s'en aller, et le paquet qui gonflait sa main lui rappelait maintenant son regard quand elle le voyait se lever sans cesse à table pendant les dîners. Surtout les dernières fois, en tête à tête. Après les séances de rayons (souvent doublées de séances d'hôtel pour lui et Lukardis), Didine insistait pour qu'ils sortent à Paris. Elle ne voulait pas rentrer tout de suite à la campagne. Ils allaient dans des restaurants où elle avait des habitudes, chez Anahi ou chez Davé. Les gens la saluaient avec la déférence trop appuyée qu'on donne à ceux qui ont perdu le pouvoir. D'anciens janissaires passés à l'ennemi en rajoutaient, grisés par le sentiment d'être élégants et pleins de grandeur d'âme. Aucune affection réelle, seulement des simagrées, mais comme ils n'avaient plus peur d'elle ça n'avait pas du tout la même allure – on aurait cru qu'ils se moquaient. De retour des toilettes, particulièrement remonté, bavard et agressif, Patrice avait essayé de faire comprendre la différence à Didine, mais elle l'avait interrompu : il avait une trace de drogue sous le nez. Maternelle et cassante, comme toujours. Elle savait son monde et si elle ne voulait pas s'attarder sur d'aussi subtiles variations, c'était surtout parce qu'elle le soupçonnait d'être jaloux des égards qu'on lui montrait encore, égards un peu dégradés, mais à quoi lui n'aurait jamais droit. Et ça, ils l'avaient toujours su l'un comme l'autre. Comme un fait exprès, Grace Coddington du *Vogue* USA s'était arrêtée devant leur table quelques minutes après la prise de bec. Didine lui avait présenté Patrice trois ou quatre fois mais il n'imprimait pas, on le saluait depuis vingt ans comme un étranger.

Pour se consoler il était en train de songer au soleil radieux qu'il faisait le jour de la mort de Tina Chow lorsque la gérante de la station, déchirant le reçu de carte bleue, lui demanda pour la seconde fois ce que c'était que le Fernet-Branca.

— Un digestif, madame, il est réputé calmer les maux d'estomac. Je me suis sali les mains en mettant l'additif dans le réservoir. Pouvez-vous m'indiquer où sont les toilettes, s'il vous plaît ?

— Il est rigolo le petit pépé, il a quel âge ?

— Quatre-vingt-quatre ans.

— C'est pas commun de continuer à s'habiller jeune à cet âge !

Patrice se retourna. Le vieux était sorti de la voiture, il était en train de fouiller dans son sac à dos. Un instant, Patrice craignit qu'il ait oublié son portefeuille au château. Joli-papa s'était fait une spécialité de ce genre de blagues. Il s'en apercevait en général après dix kilomètres, il fallait retourner à la case départ et l'attendre au moins un quart d'heure en laissant le moteur chauffer car il en profitait bien sûr pour aller faire un tour aux cabinets. La dernière fois, Patrice, en redescente de cocaïne, avait eu envie de le frapper.

— Comme vous avez de la chance d'avoir encore votre papa ! On signe tout de suite pour être comme ça à son âge !

— Pouvez-vous m'indiquer où sont les toilettes, madame, s'il vous plaît.

Il avait dit ça sans la regarder, les yeux fixés sur la piste à essence, de la voix blanche et douce qui lui venait à mesure que l'énervement montait. Il commençait à comprendre les manigances du vieux avec son porte-monnaie.

Dans son dos on se tenait coi. La question n'avait pas l'air d'éveiller l'attention de la dame. Elle ne devait pas tenir à ce que la clientèle fréquente l'arrière-boutique. Quand il se retourna, il ne vit plus que des cheveux frisés qui remuaient à la hauteur du comptoir.

— Je vous cherche la clé. On est obligé de fermer parce que sinon, la nuit, ils s'en servent.

Patrice s'abstint de demander qui donc profitait des sanitaires de la station-service à la nuit tombée. Sans doute les mêmes chieurs compulsifs qui pénétraient par effraction dans la fabrique. Ou alors des voleurs qui devaient piquer le savon, le siège en plastique ou les rouleaux de papier hygiénique. La nouvelle politique des communes rurales, qui avaient créé des logements sociaux sous prétexte de lutter contre la ghettoïsation, avait imposé à la campagne française une population issue des classes dangereuses. Au fait, il devait rappeler Babeth. À moins qu'elle ne soit déjà au Costes en shooting avec Kirsten Dunst. « Un rail d'abord », se dit-il... et il se prit à imaginer qui pourrait bien acheter les bottes d'égoutier taille 47, soldées 70 euros, dans laquelle la clé venait de s'engouffrer après avoir échappé à la petite main molle.

— Ça ne tombera pas plus bas !

Tout ce fatras était un héritage de l'avant-dernier gérant, un Portugais qui vendait du matériel de jardinage à des prix prohibitifs avant l'ouverture du Maxibrico. Lui aussi avait contracté un cancer, mais du sein. Le stock finirait aux Emmaüs ou chez un soldeur comme Les Rotins du Gâtinais, une ancienne boutique de meubles, spécialisée dans la récupération des faillites. Le géant d'une soixantaine d'années qui avait monté cette affaire était sans doute un des derniers à avoir fait des propositions sexuelles à Didine. Elle était revenue un peu choquée mais flattée. Elle avait déjà sa perruque. À ses yeux cet hommage avait de la valeur, presque autant que ses succès de débutante avec Alfonso de Portago ou le prince Orsini. Patrice avait appris l'autre jour en achetant de la vodka à la supérette que le fils de ce don juan s'était pendu. Lui s'était endetté en vendant des jacuzzis. La clientèle n'était pas prête, il imagina Bétuleau et madame à deux dans une baignoire à remous. Ou bien joli-papa... Ça le changerait du bac à linge. En voyant apparaître à ses pieds le slip de la dame sous son pullover, il songea qu'elle n'avait peut-être jamais utilisé de jacuzzi (ni de douche vraisemblablement). En tout cas, ça ne risquait plus de lui arriver.

Les toilettes réservées à la clientèle étaient à l'extérieur du bâtiment, dans une zone consacrée au détail de bonbonnes de gaz. En passant devant la voiture, Patrice évita de croiser le regard de joli-papa qui avait réintégré sa place au chaud et guettait son retour la nuque bien droite, comme un chien. Rien que cette posture, que Patrice devina dans le brouillard d'une inattention agressive (il ne voulait pas le voir et l'autre, opposition et manque de finesse, essayait de forcer la porte de sa perception), marquait une résistance aux codes en vigueur dans ce genre de voiture de luxe, où le passager, s'il a la moindre sensibilité esthétique, se sent obligé de prendre un air alangui d'intoxiqué ou de bel indifférent. Ce profil de fox-terrier entrevu derrière l'écran de verre où venait de s'éteindre le reflet de l'enseigne Total résumait, dans sa sécheresse, son refus de laisser-aller, sa vivacité indiscrète, la distance qui les avaient toujours séparés. Dans sa folie, l'homme aux chicas aurait eu plus de cool. Même clochard, il aurait paru à sa place. En laissant sa main caresser la portière sans paraître attacher la moindre importance à la tête qui s'y colla, Patrice se dit qu'il n'avait jamais aimé cet homme à cause de cette dureté de cérébral sans sensibilité, sans chic. Un petit professeur. Il devina sans peine que le vieux tendait le cou pour comprendre où il allait. Signe qu'on avait ouvert la voiture, un retour de son radiophonique lui fit accélérer le pas.

— *Asmodée, aeshma daeva, génie des voluptés charnelles, roi des dévastateurs*, susseya la voix efféminée, d'un ton toujours aussi moqueur...

— Patrice ! Où vas-tu ?

Derrière les cages à Butagaz, Patrice découvrit un nouvel aspect de la station. Sans vouloir regarder à l'intérieur, il aperçut le semblant de loge de concierge où devaient croupir la créature frisée et son Hell's Angel. De l'autre côté de la courette, au-delà d'une clôture que bordait un tas de bois mal appareillé où une main négligente avait pioché des bûches au hasard, au risque de déséquilibrer l'ensemble et sans prendre la peine de remettre correctement la bâche qui protégeait les bûches des eaux pluviales, créant ainsi dans les replis des flaques jaunâtres comme de l'urine, un autre jardinet très propre, un peu trop décoré même, où on essayait de vivre selon un idéal d'ordonnance qui ne se laissait pas décourager par l'inertie des choses. Patrice, dans sa déroute personnelle, cachait au fond de soi une certaine admiration pour les gens soigneux qui réussissent à garder aux jantes de leur voiture le lustre du neuf et qui rangent les tuyaux d'arrosage en rosaces savantes. Il enviait le résultat sans avoir jamais compris comment ils arrivaient à entretenir leurs affaires ; pour les jantes, par exemple, il y avait forcément un produit spécial, mais c'était surtout une affaire d'entretien, il fallait y revenir tout le temps. « Un travail à temps plein », se dit-il en shootant par mégarde dans un vieux Babar à bascule qui obstruait l'entrée des toilettes. Il peinait à se rappeler le nom de l'ancien pompiste, un Portugais, dont la veuve habitait toujours la maison proprette – « *Asmodeo, Asmodeo...* », répétait-il. Mais ça n'était évidemment pas le bon. Les deux mots devaient pourtant commencer par la même initiale.

« Heureusement que tu es là toi ! », murmura-t-il, en baissant un rabat piqueté de taches jaunasses sur la cuvette afin d'y disposer son nécessaire. Sinon il aurait dû travailler sur ses genoux en utilisant comme support de fortune la remorque du Babar ou une vieille boîte aplatie de Subutex qui traînait par terre. Il ne prit pas la peine de vérifier son contenu mais songea qu'Ahmed, plus optimiste (l'Arabe aurait dit « plus jeune dans ma tête »), s'il avait été ici avec lui n'aurait pas montré autant de flegme : très amateur de *subu*, comme il l'appelait. « *Un p'tit subu le matin c'est sympa* », avait-il radoté à déjeuner, devant ses parents, entre deux piquages de nez sur la nappe, un jour où il en avait trouvé une plaquette dans la rue.

À genoux sur le carrelage, Patrice avait pris soin de replier en surplis les deux pans de son caban par-dessus ses cuisses pour éviter d'éponger les alentours. Il avait renoncé à s'accroupir, de peur d'avoir à serrer la cuvette entre ses jambes et de devoir se cramponner à l'arrière du siège, du côté des charnières encroûtées par une rouille douteuse, couleur de rata cramé. Et puis, Dieu sait pourquoi, dans cette position il avait toujours peur de perdre l'équilibre, d'envoyer valser la drogue, voire d'arracher la cuvette et de se retrouver les quatre fers en l'air. Il préférait s'humilier. Sentant la dureté et le froid du sol à travers le cuir du pantalon, il se fit l'effet d'un religieux accomplissant un rite de pénitence. Au moment de sortir sa carte de crédit pour pilonner l'amalgame à travers le pochon, il regretta de ne pas retrouver une carte *Paris parking* dont la tranche plus épaisse aurait fait un meilleur instrument. Il aurait pu la perdre sans trop de dommages, les risques augmentaient à proportion du nombre de prises et de son imprégnation alcoolique. Voilà pourquoi il évitait de manière générale d'utiliser des billets de banque comme paille à priser ou des titres de paiement pour tracer ses lignes.

Quelque chose, une sensation, un sentiment, le crissement du papier-monnaie dans sa poche ou la crainte de le perdre, l'incita à rappeler Babeth rapidement. Il se souviendrait toujours de son premier SMS, un matin d'hiver au Château-Marmont : « *Bonjour ! je crois que j'ai égaré un col roulé dans vos toilettes.* » Ce mot, peut-être parce qu'il était écrit en Français, l'avait attiré vers elle. Il y avait la délicatesse inattendue du « égaré » et puis le détail du pull-over, trivial, un peu minable. Elle sortait à moitié nue sur des mules à 1 000 dollars mais avec un col roulé dans son sac, au cas où, puis elle le posait par terre en cherchant sa drogue, son blush, son téléphone mobile ou ses tampons, finissait la nuit on ne sait où et le lendemain, dès dix heures du matin, elle s'en inquiétait comme ces gens qui perdent toujours tout mais qui tiennent à des choses sans valeur. À l'école, dans les corons d'Armentières, elle avait dû en faire des kilomètres et en recevoir des semonces pour récupérer ses affaires semées à gauche et à droite. Il aimait ça chez elle, le relent de pauvreté, le petit pull qui surnageait dans un dévalement d'ivrognerie, de drogue, de muflerie, de prostitution. Elle pouvait oublier une zibeline sur une banquette de bar et s'inquiéter comme une enfant punie d'un vieux col roulé.

Dans un sens elle se montrait réaliste, elle avait plus de chance de retrouver le pull minable. C'était ce qu'elle avait répondu quand il le lui avait fait remarquer, sèche, gênée qu'on s'attarde sur ses faiblesses. Pas une seconde il n'avait supposé qu'il puisse s'agir d'un prétexte. Elle était bien trop jolie et elle avait trop d'orgueil. « Elle faisait la pute mais elle n'était pas une pute », se dit-il en se félicitant de ce bon mot qu'il trouva très profond. Pour pousser plus loin l'investigation (comme l'aurait proposé l'attachée de presse de tout à l'heure), on aurait pu discerner entre la fourrure volée et le pull acheté, entre ce qu'elle avait payé et ce qui ne lui appartenait pas, mais cette explication paraissait un peu basse à Patrice. D'ailleurs, le pull aussi, Babeth l'avait peut-être volé, emprunté ou ramassé par terre, au pied d'un lit ; elle-même ne devait plus se le rappeler.

Il entrouvrit le bec de la cocotte sans la déplier pour jauger la quantité de drogue. Le conglomérat avait pris l'aspect convexe d'un fragment de coquille blanche, il était difficile d'en estimer la masse. Vu l'état de la fermeture autocollante, vierge de peluche laineuse ou de débris de tabac, il décida qu'il s'agissait des deux grammes déclarés perdus il y a quelques mois, un matin où il se fouillait pour retrouver des clés de voiture. En secouant le paquet, il vit s'avancer vers l'extérieur des grabeaux lisses comme des écailles. Malgré un mouvement de poignet très étudié, il aurait du mal à prélever la quantité nécessaire à une première prise. Il s'agissait de ne pas ingérer du premier coup une dose trop importante (une *poutrasse*, aurait dit Sylvana), mais comment remiser à l'intérieur un excédent qui allait se désolidariser et retomber en poussière ou, pire, en mini-grumeaux sphériques incontrôlables, labiles, au moment de refaire le chemin à l'envers, sous l'impulsion toujours trop sèche de la carte de crédit.

Non loin du petit tas de poudre, il distingua la présence de plusieurs impuretés dont, bien sûr, comme souvent en des lieux pareils, un poil humain, noir, long, rigide. On aurait cru le cil d'un Méditerranéen (du genre Frédéric François) ou un poil pubien détaché d'une touffe raide d'Asiatique. Il pensa à Tina Chow... la fière et froide Eurasienne avait-elle traîné ses genoux dans des endroits pareils à celui-là, avant de mourir ? Elle aussi avait-elle détaillé de son regard de myope des sols douteux en carrelage ciment où des rondelles de rouille marquaient les différents emplacements occupés par le bocal du balai hygiénique ? La plupart des gens célèbres qu'il avait connus étaient intoxiqués. Ils allaient statistiquement plus souvent aux W.-C. que la moyenne de la population. Il se souvenait avoir passé des moments semblables avec Vanité, déjà connue mais encore sans bodyguard, à quatre pattes dans les toilettes d'une station-service de l'Alabama. Elle avait fait tomber une paille en or derrière le tuyau d'évacuation mais ils n'osaient pas s'y aventurer de crainte des scolopendres dont les cadavres gisaient un peu partout écrasés par les coups de botte de leurs prédécesseurs. Dans les biographies de stars on ne parle jamais de ces moments et pourtant la vie des toxicomanes est partout la même, « et les chiottes aussi », ajouta-t-il à mi-voix en traçant ce qui forcément allait devenir, sous la tranche de sa carte de crédit, pire qu'une poutrasse, une mega poutrasse, non loin d'un quart de gramme.

Il roula en cylindre le reçu d'essence pour s'en servir, faute de mieux, à priser le tas de drogue auquel il n'arrivait même plus à donner une forme linéaire. Humidifiée par la condensation, elle adhérait au plastique gluant et à la tranche de la carte qu'il essuya de son index avant de la ranger dans la poche de son caban. En passant sa langue sur son doigt blanchi, il reconnut le mauvais goût caractéristique qui, en même temps que le phénomène de « bouche sèche », le rendait, aussitôt intoxiqué, si soucieux de son haleine. Penser à ajouter des Tic Tac à la flasque de whisky sur sa liste de courses.

Dans le jargon du commerce de luxe, Sylvana aurait sûrement décrété que la poudre était *très végétale*, mais *grasse* et *manquait un peu de volume* ; sa densité grumeleuse et la mollesse du papier thermique ne faisait pas parfait ménage. En souvenir de Vanité et de leurs fous rires à chaque fois qu'ils croyaient sentir quelque chose bouger sous leurs doigts, il glissa sa main derrière la descente d'eau pour ramasser la vieille boîte de Subutex. Pas de scolopendre ni de cloporte en dessous. L'hiver des pays tempérés a ses bons côtés, et les stations-service en déclin aussi. Dans l'Alabama, les choses avaient mal tourné, on les avait entendus. Au toucher, l'emballage vert semblait mouillé (condensation ou suintement du gros tuyau ?) mais il jugea qu'il ferait meilleur office que le reçu de carte de crédit. Déchirer le carton et le rouler en un nouveau cylindre, côté imprimé à l'intérieur, fut l'affaire d'un instant, et il put enfin priser, d'un reniflement parfait, la masse caillouteuse qui commençait à se minéraliser.

Avec l'insouciance des débuts de gramme, il négligea les quelques petits cailloux de coke qui jaillirent de son nez comme d'un mangonneau lorsqu'il se releva en s'appuyant sur le siège afin de ménager ses lombaires et de limiter les sensations d'éblouissement. Il épousseta les impacts qui avaient laissé des traces blanches sur les revers du caban, plia les genoux comme une femme à sa toilette pour éviter de courber le dos et nettoya de son doigt l'endroit du couvercle qui avait supporté la poudre, mais s'abstint de le porter à ses lèvres et l'essuya sur son pantalon. Il décomposait tous ses gestes, qui perdaient leur naturel et lui semblaient s'adapter à un programme établi, un processus de réassurance adapté à une situation de crise. Une hyper conscience des risques engendrés par la vie quotidienne modifiait la portée de la moindre action. Il lui semblait encombrer la réalité de son immense et remarquable faiblesse.

Toujours sous l'emprise d'une logique externe, il tira la chasse d'eau, comme il l'aurait fait si Ahmed ou quelqu'un d'autre était derrière la porte à surveiller ses gestes. Le bruit de la turbine éveilla la colère du chien des voisins. Les aboiements incitèrent Patrice à sortir aussitôt. Il renonça à stationner plus longtemps au calme pour profiter des premiers effets de la montée. Il avait une conscience aiguë et presque folle du temps qu'il perdrait s'il attendait que la bête se calme. Tout ça pour déclencher une nouvelle alerte à chaque fois qu'il bougerait une oreille.

La seconde d'avant il voulait rester seul, mais le simple fait d'ouvrir la porte, la brusque irruption de la lumière du dehors lui donnèrent envie de bouger, de vivre à plein régime, de téléphoner à tout le monde, et même de bavarder avec la bonbec frisée qui devait guetter sa sortie pour récupérer la clef.

Ébloui par le soleil, il évita de regarder le chien qui essayait de sauter le tas de bois pourri et surgissait en hurlant à chaque rebond au ras de la bâche comme une marionnette, au risque de tout faire écrouler. Avec une subtilité de pickpocket, il avait sorti de sa poche au premier sondage la tige de la clé, rugueuse et amincie par la même corrosion qui trouait l'encadrement de la serrure. La montée d'adrénaline, une accélération vasculaire désordonnée, brutale, presque désagréable, commença pendant qu'il se débattait avec la porte. L'effet de tachycardie s'amplifia lorsque l'arrêt des aboiements dans son dos l'avertit que quelque chose allait se passer. Une présence avait calmé le chien.

Elle était posée à l'aplomb de la cour, sous une marquise de verre jaune armaturée de fer forgé en volutes. Il la reconnut aussitôt pour l'avoir croisée un jour chez le marchand de journaux. Elle devait avoir douze ou treize ans, en avançait davantage et cherchait à se donner le genre poupée impeccable. Mettant le même soin à sa mise que sa grand-mère à l'entretien du jardinet, elle arrivait avec les moyens du bord à un résultat proprement spectaculaire.

Aujourd'hui, veille de fête, elle portait un jean taille basse à incrustation de pierreries sur le ceinturage façon Swarovski, rentré dans des bottes en cuir sauvage qui épousaient la cheville mais s'évasaient mollement en remontant à la pirate, laissant jaillir les tiges stretchées de denim gris aussi droites et impeccables que celles d'un mannequin de vitrine. Le ventre nu, couleur caramel, qui rentra en pli droit quand elle se pencha pour enlacer son chien, était bandé au niveau de la poitrine d'un T-shirt à bords rongés imprimé manga. Une parka doudoune blanche optique à capuche frangée de fourrure laissait voir deux bras bruns, lisses et nus, posés là pour faire imaginer la texture des cuisses dont le raccourci en amande ne comportait aucun renflement musculaire ou graisseux jusqu'à la paix grise de l'aine. Au poignet gauche tintait tout un appareillage de gris-gris superposés autour d'une montre de plongée blanche façon Chanel : bracelet de tissu brésilien, piécettes en pendants, rondelles argentées montées sur des liens ou de petites chaînes annelées de boules métalliques ornées chacune d'un point en brillant d'où pendaient des breloques pour téléphone portable. Ses ongles, ses lèvres et le blanc de ses yeux reluisaient de la même pellicule glacée. Le front bas apparaissait et disparaissait sous plusieurs bandelettes de cheveux noirs, brillants comme la frise d'un vase grec au sortir de la Méditerranée. Ils dévalaient en vagues immobiles vers les épaules avec la même couleur encrée et les mêmes reflets stylisés que ceux de la fille du dessin qui ornait son T-shirt.

Les oreilles du chien qu'elle contenait sans effort apparent avaient gardé la forme naturelle un peu trop flasque, obéissant aux nouvelles normes européennes inspirées par les ligues de protection animale. L'ancienne taille en pointe eût été d'un effet plus fétichiste, moins gentillet, mais peut être moins *Manga*, jugea Patrice, qui restait néanmoins prudemment immobile, bien à l'abri de la clôture.

« Le défaut des sapeuses, c'est qu'elles ont souvent une case en moins », se dit-il, vexé d'avoir peur d'approcher du chien alors qu'il brûlait d'envoyer à Fornicator une photo de la petite par MMS. Son flatteur

« bonjour mademoiselle » laissé sans réponse le rendait timide. L'autre jour, chez le marchand de journaux, elle jouait déjà les courtisanes de Longhi sous sa capuche blanche mais elle avait l'air moins farouche. Vacances scolaires, elle devait bien s'ennuyer chez sa grand-mère. Quoique, avec le satellite on ne s'ennuie plus nulle part ; l'antenne brillait comme une assiette propre sur le toit de tuile. Patrice se demanda si quelqu'un montait là-haut pour la cirer régulièrement. La fille câlinait la bête du bout des mains, sans avoir l'air d'y croire. Elle voulait bien le tripoter mais pas au point de salir sa doudoune. Le sentiment esthétique l'emportait sur le sentimental. Quelle tête prendrait-elle si le bébé chien se faisait écraser en traversant la route nationale ? La même, probablement : son peu d'élasticité faciale ne lui permettait pas cinquante expressions.

En général, les chagrins d'enfant chez les filles jeunes lui donnaient envie de pleurer. Toutes les histoires d'animaux qu'il avait recueillies au hasard des confidences sur l'oreiller lui restaient en mémoire, surtout quand elles s'accompagnaient d'un support visuel. Didine, sur une photo sépia à bord ravioli, vierge d'un autre âge serrant un petit lapin malade gagné sur une foire : on devinait à la raideur de la pose qu'elle n'aurait jamais d'enfant. Vanité et un agneau apprivoisé (de dos sur une vidéo baveuse) que son père, un soir d'ivrognerie, avait abattu sous ses yeux puis empaillé dans le jardin en nature morte sur un piège à loup. Babeth et l'affichette d'un chaton perdu dans la rue, comme son col roulé... Une photocopie, elle avait oublié l'original dans la photocopieuse.

L'idée que la petite puisse rentrer chez elle l'angoissa brutalement. Dans l'espoir d'éveiller son attention, il décida d'appeler Fornicator, oubliant dans son élan le règlement intérieur des maternités. La tonalité d'attente et un mouvement d'intérêt de la petite pour la marque de son téléphone le remirent sur le fil de sa pensée de tout à l'heure à propos de l'esthétique et de l'émotion. Il cherchait maintenant à se rappeler le titre d'un film qu'il avait suivi sur Ciné-frisson un après-midi où sa voiture était en panne. Il avait compris ce jour-là pourquoi l'actrice principale n'avait jamais réussi à faire de cinéma : c'était à cause de ses cheveux, on voyait bien qu'elle y pensait en jouant la comédie. Comme des enfants trop gâtés, ils étaient plus à l'aise qu'elle, ils bougeaient très naturellement, ils prenaient la lumière et on ne voyait plus qu'eux. Ça tuait l'émotion.

— C'est quoi le film de Cindy Crawford ? C'est pas *Barbwire* ?

Fornicator répondit par un bâillement indigné et une plaisanterie obscure où il était question de Pamela Anderson et de Nicole Garcia. Redevenu sérieux, la bouche pleine, il avança deux titres, faux tous les deux, avant de lancer une recherche Internet.

La grosse voix endormie, le bâillement et la proximité d'un ordinateur justifiaient certains soupçons : son assistant n'était pas à la clinique auprès de la jeune accouchée mais dans son lit. Patrice exigea une explication. Le nom de Cindy Crawford avait fait tourner la tête de l'adolescente et celle du chien.

— Ça m'a saoulé. Et puis j'avais une Danoise à la maison... Avoue que t'en as sûrement pas reçu dans ton clic-clac depuis *Tendres cousines*.

Et toc ! Encore une façon de lui rappeler son âge et une époque où il avait joué les grouillots de David

Hamilton ; Fornicator, qui méritait son surnom, s'était bien foutu de lui avec son congé paternité.

— Tu sais que moi et le gros Sam (le prénom de son maître à penser, un booker de l'agence Elite), on a décidé de relancer la Danoise... Quinze ans et demi, zéro défaut à part une haleine en pet de chiot pour cause de macrobiotique, mais pour ce que je lui ai donné à sucer c'est pas grave. Y en a marre des Ukrainiennes. Sam est d'accord, elles ont toutes des caries et des mycoses, même à douze ans, c'est à cause de Tchernobyl... Tiens, à propos de catastrophe industrielle, y a une espèce de Rasta qui me casse les couilles. Il dit qu'il a la haine parce qu'il attend tes tirages...

Patrice hasarda un nom connu.

— Et pourquoi pas Bob Marley ! J'ai dit un rasta, une brêle quoi. Un genre Papa Doc... Tonton David... Monsieur m'a *redonné* son adresse. Tu vois le genre, il nous prend pour Post Express. Il habite une impasse, comme toi... Mais lui dans le neuf-trois, tiens-toi bien, « impasse des Rigolots », à Saint-Denis... ou « du risotto », j'ai pas suivi. Je comprends qu'il ait la haine... Je lui ai dit que notre service de limousines n'allait pas si loin.

De manière générale Fornicator détestait les artistes, il donnait en cela dans un travers commun aux gens des médias et de la communication : le dénigrement sarcastique de la société du spectacle (cinéma, chanson populaire, jeune littérature, art contemporain) ; et en même temps un mépris total pour ceux qui ne faisaient pas partie de cette élite. Selon Patrice, il mordait la main qui le nourrissait.

Pour renchérir sur la faconde de son assistant, Patrice lui raconta qu'il « avait raté l'accroche visuelle » avec une « cible » que, dans leur jargon, il appela une « lusitanienne ».

— Si elle savait que j'ai dîné avec Andy Warhol !

Il avait monté la voix sur ces derniers mots. De l'autre côté, on traînait avant de rentrer, c'était bon signe.

— Et David Hamilton pendant que tu y es... Elle s'en fout, elle sait même pas qui c'est. Tu ferais mieux de lui parler de Vanité ou d'Alexia Laroche-Joubert.

— Attends, ne bouge pas.

— Mademoiselle !

La jeune fille au chien jeta la tête en arrière, un geste étudié, celui d'une personnalité dérangée par un quémandeur d'autographe. Elle avait un piercing sur la lèvre. Bizarrement, il n'avait jamais couché avec une fille qui portait un piercing sur la lèvre.

— Vous me reconnaissez, vous savez, j'habite le château (dans le combiné on hurla une obscénité), je suis au téléphone avec Alexia Laroche-Joubert, la directrice de la *Star Academy*, vous connaissez ? (Dans le combiné on entendait des bruits de pets.) Nous allons créer une *junior-class* ouverte aux jeunes filles de treize à dix-sept ans... (Dans le combiné on hurla « police ! ») Ça vous dirait de participer aux éliminatoires ? (Dans le combiné on beugla « attention ! c'est Fourniret ! ») Dans ce cas-là, je vous fais un portrait avec mon portable et vous le communiquerez vous-même à l'assistant de Mme Laroche-Joubert. Je vais vous donner son numéro, et vous, vous avez un portable ? Votre papa peut-être ?

Elle avait un vrai numéro à elle à dix chiffres, en échange duquel Patrice lui donnerait le sien. L'affaire était dans le sac.

— J'ai eu l'agent de Brana. La séance est prévue le 27 janvier au Crillon : elle ne veut plus travailler qu'à partir de 17 heures, et avec une coupe de champagne.

Vexé d'avoir été doublé sur son propre terrain (le casting de rue qu'il pratiquait avec le gros Sam), Fornicator jouait maintenant les assistants zélés.

— 5 heures ! Et avant elle fait quoi ?

— Du shopping...

— Quelle conasse ! Elle était moins prétentieuse à l'époque du *Vogue* Italie.

— Tu connais les *has been* !

Au stress d'avoir abordé la fille succédait une sensation de détente. L'histoire n'était pas complètement fausse, il y avait vraiment eu quelque part dans une maison de production un projet de junior class inspiré de l'*École des fans*. Les sarcasmes de son assistant à propos des *has been* le laissaient froid : la campagne de publicité dont il était question avait des chances de relancer sa carrière. Basée à Los Angeles, la styliste était la rédactrice en chef du plus gros magazine de la côte Ouest, la compagnie importante, le fait qu'elle ait pensé à lui, étonnant. Seule explication : Brana sortait avec un gros producteur black, et devait haïr les négresses. Possible que Vanité ait tellement déblatéré sur lui qu'elle ait offert à Brana le moyen de la faire enrager. Les raisons qui poussent les autres à vous tendre la main sont toujours très inattendues. Pendant qu'il donnait ses instructions à Fornicator à propos de Lara Fabian, sur le ton « tu veux la jouer pro, eh bien allons-y mon gars ! », il regarda la petite qui cherchait une contenance en attendant la photo et il lui demanda de rentrer son chien. Il avait vu dans un documentaire l'autre nuit sur *Planète no limit* un homme défiguré par un rottweiler. Et si les parents sortaient ? C'était l'heure du déjeuner, quand elle ouvrit la porte du garage il sentit une odeur de friture. De toute façon il était honorablement connu dans le pays, son métier accréditait la proposition, d'ailleurs il ne lui voulait rien de mal, seulement sa photo, son téléphone, sa conversation aussi. Il aimait bien la vie des adolescentes, les histoires de boîtes, de soirées, les prénoms des copines. Quand on en attrape une, il y en a d'autres derrière. Le verbiage. Il se rappelait d'une petite Marocaine qu'il avait vue grandir comme ça sans presque la toucher. Elles adorent ça : parler d'elles, qu'on les désire. En échange, il les serrait de près, il sentait leur odeur. À cet âge le sexe sent plus fort. Les femmes en vieillissant ne sentent plus rien ou alors l'urine.

— On se retrouve chez Janvier à cinq heures. Et soit clean, s'il te plaît, tu sais ce que je pense des défoncés.

Il raccrocha sur un cri ironique de son assistant. L'amertume remplissait son gosier. Pour se rapprocher l'un de l'autre, ils durent contourner le tas de bois avec une hésitation de son côté à elle. Elle était lente à la détente, bovine comme certaines méditerranéennes du genre Hélène de Troie. En la regardant se déplacer, il décela des défauts : courte sur pattes, c'était souvent le cas avec les filles à beau visage, les méplats se payent en bas. Elle marchait en crabe, la plante du pied tordu, et en balançant les épaules, on aurait dit qu'elle boitait un peu. Grosses extrémités rouges, les mains : des pommes de terre germées, ou ces crabes de terre un peu gras qui se cachent sous les plantes à la Martinique. Mais la face était incroyable. Une impassibilité de statue, la peau épaisse plus modelée que dessinée, un masque d'argile ou de cuir, l'armure pectorale d'un demi-dieu, que recouvraient de vrais cheveux humains. Les yeux n'étaient pas morts mais calmes, d'un noir de galet, ils donnaient envie de se reposer. Un envoûtement paresseux, une plante grasse, on comprenait qu'elle ait calmé le rottweiller du premier coup. Elle aurait calmé n'importe qui.

Patrice lui toucha le poignet, il évita la main qui devait être grasse, humide, un pied moite. Un geste qui déchaîna le chien derrière la porte. Les filles à enlever, les passives comme elle, étaient toujours maquées par des roquets. Elle finirait avec un rouleur de mécanique, le rott en anthropoïde, un petit Portugais avec une maison Phénix et une Subaru Impreza à crédit. Impossible de viser plus haut, au vu des jambes. Pour Fornicator et Sam, c'était un pur boudin, dans deux ans elle pourrait juste intéresser un bricoleur de moto, une frappe de sous-préfecture, un cocu, un nerveux, un Ménélas. À la différence des deux autres, Patrice aimait bien approcher les espèces inférieures. Il mélangeait les odeurs, les cuvettes ; les torchons et les serviettes, aurait dit Didine. Il sentit cette chair chaude remplir sa paume, avec les petits bijoux qui essayaient en vain d'imprimer sa peau de leur marque. Il eut l'impression d'une montée de vie extérieure, une transfusion venue remplir les alvéoles en voie de dessèchement à force de toujours fréquenter les mêmes. Avec elle, il sut qu'il allait avoir des conversations téléphoniques impayables. De nouveaux prénoms, des histoires dures à suivre, comme un feuilleton qu'on prend au milieu... Plus les filles étaient primaires, plus leur conversation avait du charme. Au bout d'un moment ça se gâterait, ça se gâtait toujours, parfois même sans qu'il ait fait autre chose que de les lécher. Il ne pouvait plus les supporter et quand leur numéro s'affichait ça lui faisait le même effet que celui de Lukardis ou du château... Des ennuis, ou pire, l'ennui tout court.

En attendant, il la tenait. Il appréciait la manière molle et pesante dont le bras avait fait venir tout le reste. Un paquet d'algues, une grosse prise. Quand il la lâcha pour la photo, elle resta sur place, aucune émotivité. Son bras redescendit le long de son corps mais c'était plus une question de gravité que de principe, sa structure interne ne le tutorait pas assez fermement, une glaise mal armaturée. Pendant qu'il occupait de sa face l'œil de mouche du téléphone, il lui parlait vite, à mi-voix, lui chantonnant un air qui avait déjà servi cent fois, une musique de relaxation avec des mots clés personnalisés : *junior class*, *pré-casting*, *motivation*. Pas trop gentil, pas trop demandeur, sévère mais juste. Avec elle, il aurait pu s'en passer, mais il jouait aussi pour lui, savoir qu'il agissait selon une procédure le rassurait et puis l'excitation sèche qui le prenait à la gorge lui intimait de parler, de mélanger le discours habituel avec des choses qu'il sentait pouvoir l'émouvoir. Il paraît qu'il faut parler aux orchidées pour qu'elles s'ouvrent. Là c'était plutôt une jacinthe, un gros oignon, une tige grasse et un parfum entêtant... Beyoncé Knowles ?

Les mots-clés étaient personnalisés mais la musique était la même, un vrai massage sonore pour ascenseur. En 80, il avait commencé par les concours mannequin de *20 ans* avec la grosse ordure de chez Karen Model. Sam avant l'heure. C'était l'époque des agences fantômes, des mecs genre Thierry Roussel, ou le gars de chez Karen dont il avait oublié le nom. Il y avait aussi la filière Filipacchi avec l'autre, Jean-Pierre *Machin*, il les emmenait toutes mineures aux Maldives pour les sauter et il avait fini en prison. Mais ça, Didine le lui interdisait. Pas question de compromettre son avenir en faisant de la photo de charme.

Didine. Derrière le hublot en verre dépoli du garage, couleur liqueur, l'ombre du chien montait sur la porte et la muraille fragile en frisette vernie ondulait sous le choc. Sur la maison de poupée, ouverte et fermée comme une façade de l'Avent, il guettait l'apparition de l'autre ombre, un parent, un *forcément coupable*. Même s'ils avaient la flemme d'enlever leurs chaussons, ils allaient bien finir par agir, ils devaient détester qu'on griffe le Bondex, mais ça aussi il avait l'habitude, les parents, les inquiétudes, l'impression qu'on allait leur voler quelque chose, un trésor dans la chaussette de leur intimité, le Jésus de la crèche, ou leur vierge à eux, la Vologne, maintenant c'était plus facile avec les reality shows. Il y avait bien des émissions alarmantes, du genre Julien Courbet, *attention arnaque*, mais tant qu'on leur demandait pas d'argent pour le *book* de la petite, ils fermaient les yeux. Surtout que les petites, elles, en voulaient tellement plus qu'avant. Vu que la mode aujourd'hui c'était de tout faire en même temps, cour de chant cour de danse CAP de coiffure, BEP de tourisme.

Amadeo ! Amadeo... Il avait retrouvé le nom du pompiste portugais. L'aïeul de la petite, le cancer du sein, le premier *forcément coupable* ; Amadeo, le nom d'un cours de danse aux Champs-Élysées. Avec toute une bande de filles, des pré-Babeth, une petite bande qu'il avait bien connue au tout début des années 80. Bien avant la *Star Ac*, à l'époque *Flashdance,* un vivier de demi-putes coachées par le prof de Dalida : Marina, Nikki, Clémentine, Jennifer, Sarah, Samara... Toutes un point commun : peu de seins, de belles fesses souvent avec des fossettes, toutes bronzées intégrales aux UV dans les salons de la rue de Ponthieu, 1m67 maximum... Elles sentaient le monoï. Des choristes comme Madonna, des frisées avec les cheveux en cônes, encore quelques Brésiliennes style *Cœur-Samba*, pré-portoricaines, datant des 70's et qui s'accrochaient, des grandes perches couleur terre de Sienne, arrosées d'Opium Saint Laurent avec des touffes électriques en ananas et des serre-tête violet fluo, des avant-bras en baguette d'acajou et des bracelets d'esclave qui faisaient cling gling quand elles se mettaient en tierce, et cætera et cætera.

Amadeo. Un nègre orange ou un bridé frisé d'une race bizarre, un cousin des Brésiliennes, du genre de ceux qu'on voit à Amsterdam. Les Antilles, Curaçao. Tous séropos. Beaucoup de morts. Où en sont ses fesses ? D'ici, impossible de voir. Carrées, vraisemblablement. On avait aussi de très belles fesses carrées chez Amadeo : du genre Sophie Duez...

« Vous avez les pieds qui louchent un peu, vous devriez prendre des cours de danse pour corriger ça. »

Pieds qui louchent, c'est le jargon qui revient ; il avait aussi à leur service : *enceinte des bras, les poils du cul sur la tête, les ongles des pieds sur les mains,* et plein d'autres manières de dévaloriser les filles. Elle, elle le regardait, elle n'avait pas l'air de comprendre. Elle ne lui renvoyait pas le minimum indispensable à son échauffement intérieur. Vraiment bête ou terrorisée ? Il y a des animaux qui deviennent inertes quand ils ont peur. Passage à vide... il entend le klaxon de la voiture qui sonne mais d'une manière très détachée, sans tout de suite penser à mal. L'idée qu'on l'attend vient en second, en touriste, elle le visite sans l'importuner. Il se dit : « Bon, bon, on m'appelle. » Mais c'est comme dans les rêves, la cause n'entraîne pas forcément l'effet. À part ça : la petite, ce qui vient de l'extérieur lui est un spectacle, comme quand on voyage à l'étranger. On ne comprend pas tout et c'est pas grave. On est pas concerné.

Quand il lui montre les photos pour qu'elle choisisse, elle lui prend la main, beaucoup plus franchement que lui tout à l'heure. Elle le touche comme les enfants, à pleines paumes, sans s'inquiéter des conséquences, les conséquences sont floues. Les mains sont chaudes, pas moites et froides comme il le craignait. De bonnes grosses pattes épaisses, aussi calmes que ses yeux. Pendant qu'elle observe le défilé des figurines sur le téléphone, elle se met près de lui, comme pour le calmer. Babeth. Comme il aime l'embrasser. Ça doit être ça de ne pas avoir d'enfant. Il n'a pas envie d'être paternel, ou de la toucher beaucoup, il veut juste sentir sa joue s'écraser sous son nez. Fornicator peut se moquer, il ne comprendra jamais qu'on puisse seulement avoir envie de coucher contre une femme. Et de l'embrasser. Souvent, il pleure, parce que c'est le matin, qu'il pense à Didine, qu'il est en redescente, toujours, qu'il n'a pas dormi. Et puis il regarde Babeth endormie, avec son string qu'elle ne quitte jamais pour lui, et ses cheveux jaunes de poupée, de fille de la nuit. Une panthère de méchanceté, d'ironie, d'une vivacité hostile, toujours en garde, la soûlerie guerrière, une hystérique, une vraie, qui voit des araignées au plafond, qui casse des bouteilles, un grand corps presque aussi lourd que le sien, inutilisable sauf par un petit sec qui jouera au Gulliver. Mais des joues si belles, si tranquilles. Comme un samedi matin de printemps où on va faire le marché ensemble, quand on s'aime. Il lui embrasse les fesses aussi, les mêmes que les joues en plus grosses, en plus pleines, en aussi douces, aussi propres mais sans les yeux. Des dunes stériles alors que là, derrière la colline à peine duvetée, il y a les grandes profondeurs qui peuvent s'ouvrir à chaque instant. Là où dort l'être, celui qu'on aime le mieux au fond, d'ailleurs on en parle au masculin, même s'il n'est pas toujours commode... à côté de ça, les fesses, les joues sans cette menace des yeux, c'est juste du décor, du fétiche, un truc pour se frotter.

Celles de la petite, il ne s'y frottera pas. Sur les plantes comme elle, et comme la petite Arabe, c'est le sexe qui est intéressant tout de suite, pas la bouche, pas la langue, non, la bouche d'ombre, la bouche sans langue, la lèvre noire, grasse, déjà mûre, silencieuse, botanique, accostante, alors qu'en haut on pense encore à fuir, on livre bataille, on remue des hanches mais on laisse onduler, on essaye de remettre ses affaires, son jean, sa culotte à trois francs du même rose que les petits draps imprimés qui sentent le nylon mal défroissé et l'assouplissant, mais du coup on relève les cuisses et on ouvre sa garde comme un mauvais boxeur. L'important, c'est de sauvegarder les apparences, pas de sa faute si le sexe se retrouve à nu, si on a levé les jambes, c'était pour remonter le jean le long des hanches. On cède un moment, juste le temps de voir ce que ça fait, de réfléchir à comment remonter son jean, mais du coup on laisse rentrer l'ennemi un peu plus loin et, en se débattant, on se frotte, on envoie la main pour tirer les cheveux, pour griffer la grosse tête, vieille, dure, usée du bélier qui force la barre des cuisses, les ouvre et fait reculer les affaires jusqu'aux genoux. Ça s'arrêtera bientôt, on va se redresser, droite, fière, un peu rouge, Scarlett, remonter tout, rattacher tout, et secouer l'homme lourd, gigantesque qui appuie de tout son dos large de gisant dans un lit de bois blanc où il ne tient pas, dérange les draps d'enfant peluchés par trop de lavages, la couette qui sent un peu le pourri vu qu'elle a traîné trop longtemps dans la machine au sous-sol, un jour comme aujourd'hui où les parents n'étaient pas là. On le secoue, on rit avec lui et on s'énerve vaguement aussi, on raconte que les petits frères vont rentrer de l'école. Qu'ils vont tout balancer, des teigneux, des futurs voleurs de voitures.

Revoilà les cloches de l'église. Plus lointaines que le klaxon. Le temps de l'église, c'est pas comme l'impatience des autres, c'est objectif. Ça entraîne tout le reste. Avait-il compté trois coups, deux coups ? Deux coups, ça ne voulait rien dire. Il ne peut pas être deux heures. Trois coups, normalement il aurait dû savoir, il ne savait plus. Ça se réveillait, il aurait fallu qu'il reprenne du remontant. Impossible de faire ça dans la voiture à cause de joli-papa. Il serait bien retourné cinq minutes aux toilettes mais là il y avait la gérante qui attendait, et sa conscience qui redevenait un peu douloureuse, comme lorsqu'une dent cesse d'être anesthésiée, elle lui faisait comprendre, lui faisait même carrément dire que non, c'était pas bien ; surtout qu'il ne savait toujours pas quelle heure il était. Le vieux devait être fou, bizarre qu'il soit pas venu voir.

Maintenant qu'il avait tout, le téléphone, la photo, il avait envie de lui tourner le dos, mais il fallait dire quelque chose, conclure la séquence. Impossible de couper. C'était pire là-bas, chez la petite Arabe, après la bagarre pour la culotte, avant de respirer l'air du dehors, enchaîné par un lien malsain, il devait toujours continuer à vivre un moment dans la chambre aux vitres pleines de buée, avec le plafond bas, la pente du toit, les meubles, le lit de la grande sœur vide, elle passait la semaine au campus d'Orléans, avec son dessus-de-lit en crochet gris-rose couleur sexe de blonde, le sien à elle, pareil, mais tout défait, avec le même dessus-de-lit qui disparaissait sous les grandes lèvres des draps, on y voyait même l'alèze et jusqu'au matelas, une scène de crime, calmée par le bureau bien ordonné, bien pauvre, bien laid avec ses affaires de cours, tout ça les repoussait au milieu de la pièce l'un vers l'autre, tout, l'odeur de poussière du chauffage électrique, un convecteur sûrement posé par le père quand il lui avait aménagé leur chambre dans les combles. Ses filles, son pauvre trésor mal gardé. Chauffeur routier, trop absent pour ça. Impression d'être un cambrioleur qui s'attardait, en visite, avec les mains dont il ne savait plus quoi faire – il fallait les poser ailleurs parce que tous les deux étaient d'accord sans s'être concertés : ils ne voulaient surtout plus qu'elles la touchent. Tout semblait encore moins simple qu'avant. On regardait les photos, les babioles, on plaisantait. Elle ne riait plus ou du bout des lèvres. Un pas en avant, un pas en arrière. Il étouffait, il avait remis ses affaires depuis un moment – il était déjà loin en esprit, il pensait à ne plus jamais revenir, à prendre la fuite, mais il ne voulait pas se résoudre à se voir comme il était, à se regarder partir vu de sa glace. Alors qu'elles s'en foutent à cet âge-là, elles ne pensent qu'à vous voir déguerpir, à fermer la porte sur ce qui s'est passé. Inquiètes de leurs parents, des voisins, des frères qui vont bien finir par sortir du collège. On les prend pour des femmes à cause de leur sexe. On veut quand même être bien noté. On pense à ce qu'elles vont se dire après. Alors il parlait pour essayer de cacher ce qu'il pensait et ça reculait encore le moment. Elle ne répondait plus.

Avec la petite Portugaise il n'allait pas recommencer. Le téléphone suffirait bien. Chez les Arabes, on se sentait plus ou moins tranquille, leur résidence était à la sortie du village, après l'usine, une ville dans la campagne. Pour la rejoindre il passait par la porte étroite, au fond du parc. C'était des rendez-vous cachés, une manière de Bergerie XVIIIe siècle sous forme d'immeubles à trois étages avec des balcons pleins d'antennes satellites qui luisaient vers deux heures de l'après-midi sous la pluie printanière. En fait tout le monde surveillait tout le monde, la petite pipeautait, il passait pour un professeur, mais il ne l'avait appris que plus tard. Ici, vraiment impossible de passer inaperçu, la province, l'hiver, les courettes, les cancans, le mouton frisé de la station ne le raterait pas. De toute façon, la Portugaise était en vacances. Avant qu'il tourne les talons, elle lui avait dit un peu fièrement, même si cette fierté ne transparaissait qu'à peine dans le liquide sombre de sa voix, qu'elle « revenait sur Paris pour le 31 », et ce genre d'approche demandait du temps. Un été entier, comme on a quinze ans et qu'on repousse le moment. Et puis il n'avait plus envie et plus l'âge. L'Arabe était arrivée dix ans avant, il n'avait pas quarante ans, l'époque de la peinture, des séances de pose. Il couchait encore avec Didine, pas souvent mais encore. Alors, en complément, pour éviter de se dessécher, pour avoir des formes et une relation mauvaise, il avait encore besoin de corps en fragments, de combat pour la culotte, de la résidence ou de rendez-vous à l'usine l'été sur les canapés mous, les mouches, la poussière.

On n'était plus du tout dans la même saison. En marchant vers les bouteilles de gaz, alors que ses talons sonnaient sur le métal de la balance à charbon, il avait levé la tête. Il pensait à la femme, en haut, derrière les persiennes pliées. À l'étage aussi les façades ne se ressemblaient pas. De ce côté les volets se figeaient dans leur rouille et la maison était déjà morte. Abandonnée. Était-elle derrière ? Sa chambre donnait-elle par ici ? Peu vraisemblable, ce n'était pas son genre, le trop calme. Une curieuse, comme Lukardis, elle devait préférer écouter les voitures, les clients. Ici, il ne se passait rien, un chien, un téléphone, les cloches, une odeur de graille, sauf tout à l'heure. Avait-elle entendu ? Pour lui les deux étaient liées comme dans les contes : la vieille et la petite. L'enfant qu'ils n'avaient pas eu ensemble. Le désir stérile qui joue les prolongations. L'époque des fesses, avant les joues, avant les yeux.

Il avait oublié la voiture noire arrêtée sur la piste... enfin pas tout à fait mais il lui semblait ne pas l'avoir vue depuis très longtemps. Il ne savait plus bien où il était, il lui fallait raccrocher ce qui s'était passé derrière au présent. La voiture n'était pas le but. Il avait un truc à faire avant de repartir. Son regard passa les cubes gris de la vitrine poids et mesures, les piles de l'auvent, les pompes disjonctées et le panneau Total éteint, et trouva la réponse, la ligne de fuite allumée sous le ciel noir : l'épicerie Coccinelle était encore ouverte. Les caddies miniatures, inutiles, attendaient dehors que l'épicier les rentre à la fermeture. Une heure moins dix, une heure moins cinq, il allait vérifier au tableau de bord. Il ne voulait pas demander à la pompiste qui guettait sa clé et faisait mine de frissonner dans son pull camionneur. Ses yeux frisants cherchaient l'accroche, elle devait se demander dans quel état étaient ses cabinets ; elle espérait sûrement un mot sensé du genre « ça irait mieux s'il faisait plus chaud », ce qu'il lui servit avec la bonhomie des drogués. Sylvana n'aurait pas mieux parlé. La dernière fois, Patrice l'avait attendu un quart d'heure devant la porte blindée de son studio, il jacassait comme toujours avec la fleuriste, en bas, ou avec une voisine. Même pour les vieux dans l'escalier, il arrivait toujours à trouver une phrase. Il leur parlait co-propriété, ascenseur, digicode. Tout ceci l'intéressait vraiment. Le côté dame pipi, une vraie concierge, trente ans de came n'y avaient rien changé. Une fois, Ahmed l'avait même trouvé devant le porche en train de laver le trottoir et de faire les cuivres. Si ces gens avaient su que c'était un dealer comme à la télévision.

— Il est arrivé quelque chose chez vous, il y a votre maman qui est passée chercher le papa. On a essayé de vous klaxonner, mais votre klaxon est mort... À moins que ce soit la batterie. Je crois qu'ils vous attendent là-bas.

Didine. Ça ne pouvait pas durer toujours. Depuis des semaines, à chaque fois qu'il partait, il s'attendait à un rappel à l'ordre. On ne mourait pas d'un coup, elle avait dû tomber dans le coma. Cesser définitivement de s'intéresser à ce qu'on lui racontait : les courses de Noël, le Super U, les invitations. Et encore... seule l'oreille persiste. Une dernière manière de survivre, de durer un peu. Il s'était renseigné parce qu'il voulait éviter de se faire submerger, il connaissait ses parents, il connaissait aussi les médecins. Il avait lu les brochures d'accompagnement de fin de vie adressées à la famille, celle qu'on lui avait donné quand elle était rentrée la dernière fois : de la psychologie, des conseils pratiques avec des puces, une mise en page aérée et des couleurs pastel. Sa seule défense contre l'émotion – ou l'absence d'émotion – avait toujours été de s'intéresser à ce qui se passait chez l'autre, de bien comprendre où on en était en face. Sa curiosité lui tenait lieu de compassion.

Pour le moment, la place en face était prise d'assaut par la pompiste, elle le dévorait des yeux, elle le farfouillait pour bien mesurer l'effet de la mauvaise nouvelle. Comment trouver une parade, une façon de la décevoir ? Lui dire qu'aucun malheur n'est arrivé, que tout était prévu. Le vieux était venu jusqu'ici pour bricoler la radio, une promenade de santé, une lubie de mélomane, maintenant il allait rentrer à son tour et mettre les pieds sous la table, on n'attendait plus que lui, car bien sûr il n'allait pas du tout à Paris, il faisait seulement le plein comme ça, avant le déjeuner, parce qu'il était midi.

— Je crois qu'il y a eu un accident avec un monsieur qui a un nom étranger.

Ahmed. Ça devait aussi arriver. Il fallait appeler SOS psychiatrie, ou son médecin traitant. Qu'ils se débrouillent, ils avaient le numéro dans le placard des cabinets, avec les autres téléphones d'urgence. Un bon moment qu'on ne le voyait plus prendre son Zyprexa. Maman avait dû le chercher, le torturer avec les courses, le presser d'y aller avant quatorze heures, et lui il voulait manger, enlever son concombre, trouver une tenue. En plus il devait conduire, il avait la pression maximum. Peut-être qu'il était tombé dans le colimaçon, qu'il s'était fracturé quelque chose. Il en était capable, il avait les os fragiles. Une fois, à Formentera, il avait chuté en scooter. Bras cassé, épaule luxée, des croûtes partout. Il fallait tout lui faire : le laver, le faire manger à la cuillère, lui rouler ses joints, lui lire les pages saumon du *Figaro*, il avait même demandé à tout le monde de le branler. Il insistait, il y revenait sans cesse. Un soir où Patrice était saoul il avait fini par l'aider sans raccrocher au nez de Lukardis, car elle, de son côté, avait des tranches téléphoniques très serrées à Ibiza avec le mari et les enfants. À cinquante-trois ans, la santé de l'Arabe se dégradait : l'autre nuit en dormant il avait avalé un de ses bridges dentaires.

Si le vieux était rentré au château, ça ne devait pas être pour lui mettre une attelle. Ahmed avait sûrement recommencé ses insultes, levé la main sur elle. Une fois, il avait fait vingt-quatre heures de garde à vue pour avoir giflé une famille entière à la FNAC, le père, la mère et l'enfant sous prétexte que le gosse lui avait marché sur le pied dans l'escalator.

Il faisait de nouveau presque nuit. L'idée de pouvoir se redroguer dans la voiture, seul, protégé de la pluie, et abrité par la buée des regards intrus, le mettait de bonne humeur, mais il devait d'abord s'occuper de la flasque de whisky et des Tic Tac. Sans trop se reculer de la rive du trottoir Il laissa défiler devant ses yeux les deux remorques, gigantesques rideaux colorés, d'un poids lourd en provenance de la Loire. Sur le cul comme un tatouage : un dragon rouge : bière belge :

camion belge. Il le dépasserait peut-être avant l'autoroute, en accélérant assez pour rattraper le temps qu'allaient lui faire perdre les courses et la cérémonie à recommencer dans la voiture. Il irait plus vite que tout à l'heure. C'est sûr. Débarrassé du commandeur, il pouvait espérer arriver vers les deux heures au Novotel. Pendant le déjeuner il n'y avait jamais aucun radar. Les vibrations incessantes dans sa poche l'incitaient à se dépêcher avant que les autres reviennent. Ses parents ne pouvaient pas encore être arrivés au château. Ahmed. Il voulait sûrement éviter l'intervention des urgences psychiatriques. Il ne devait pas avoir envie de passer Noël en HDT et de rater la livraison de son menu enfant. Sylvana. Pourquoi ne rappelait-il pas ? Ce n'était pas son genre. Maintenant qu'il avait attaqué sa provision, Patrice s'inquiétait davantage. La peur de manquer était un pendant immédiat à toute excitation, une sorte de réflexe idiot, une exaltation superflue. Avant l'exhumation de la cocotte, il aurait pu imaginer de rester tranquille. Mais là, il était devenu violent, il avait vraiment envie. Quand le téléphone s'arrêterait-il pour qu'il puisse chercher le S sur le menu répertoire ? C'était bien le genre d'Ahmed d'appeler en *repeat*. Patrice devait attendre la trêve, quand les vieux allaient rentrer, l'Arabe irait s'enfermer dans sa chambre. Il n'avait plus de portable, juste une carte prépayée pour qu'on l'appelle. D'ailleurs il n'oserait pas parler, il écouterait pour voir ce qui se tramait en bas.

Babeth. Il hésita à fuir mais elle allait finir par appeler là-bas. Son doigt qui devait encore en être à la question de l'approvisionnement, puisqu'il rentrait dans l'épicerie, avait décidé pour lui.

— Oui mon petit ange ?

L'épicier, un jeune Arabe, avait pu aussi passer par la résidence, un grand frère, un cousin, très calme, avec des lunettes ; il allait baisser les stores. Il était sûrement déjà une heure, avant que ça recommence à vibrer, Patrice n'avait pas eu le temps de regarder sur le mouchard. Babeth le surprenait. Le fait d'appeler cent fois l'avait adoucie. Ou alors il s'était passé quelque chose. Une sieste comme joli-papa, elle avait sa petite voix tranquille, très rare. Peut-être avait-elle peur de le perdre, son attachement était incontrôlable, on ne comprenait jamais pourquoi elle changeait d'humeur. Il lui dit la vérité, où il était, ce qu'il faisait. Le whisky, les Tic Tac. Comme à chaque fois qu'il lui parlait d'alcool, elle fit l'étonnée, la rosière.

— Du whisky, le matin, tu es fou, jette ça tout de suite.

Une semaine auparavant elle avait vidé un demi-litre de vodka au poivre, à deux heures de l'après-midi, puis des « amis » (jamais compris de qui il s'agissait) l'avaient enfermée dans le coffre d'un taxi parce qu'elle montrait des signes d'agitation. Elle lui avait raconté comment, du coffre, elle répondait à sa mère au téléphone : « Non maman, je ne suis pas saoule. »

— Tu peux demander au monsieur tunisien la marque de ses lunettes ?

Depuis qu'ils avaient fait des courses, le jour des Emmaüs, elle pensait à ça, régulièrement. Elle avait posé la question à l'intéressé, mais il n'avait pas su lui répondre. Peut-être qu'il était gêné par cette blonde géante qui n'avait attaché qu'un ou deux boutons de sa chemise.

— Allez, vas-y tout de suite, sinon tu vas pas le faire !

Elle connaissait sa timidité, sa paresse à rendre service ; mais elle lui dit ça gentiment, gentiment autoritaire quand même, comme une grande maman qui aurait voulu lui apprendre à vivre. Et lui il n'arriva pas à se défiler, il n'avait pas envie, il aimait cette autorité naturelle, ce tyran aux exigences inutiles et qui lui répugnaient un peu, par exemple d'extirper des renseignements trop intimes à un jeune homme avec qui il entretenait depuis des années des rapports de stricte courtoisie. Pour se blanchir, il reparla à l'épicier de la jeune fille au chapeau de paille ; cri du cœur dans le téléphone

— Mais tu délires ! j'avais ma toque Revillon !

Il confondait, c'était pas le jour des Emmaüs, plutôt la veille, le soir de la gare, quand elle avait volé les décorations de Noël dans la boulangerie, le petit ange avec les ailes en tulle. Comme elle n'était pas là à occuper le milieu de la boutique avec ses seins, ses fesses, sa voix, ses yeux, ses questions, à caresser le plafond avec sa toque, l'épicier se souvenait bien, il n'avait plus peur, il avait même l'air de la regretter, de nourrir un petit béguin pour elle. Il répondit : « Vous lui direz que je l'ai vue dans un clip de... » Il réfléchit un moment avant de prononcer du bout des lèvres le nom de groupe « Dogg point »... Quant à ses lunettes, c'était des Essilor.

— Je vais les mettre à Juliette Binoche pour les photos avec Abel. Juliette Binoche en Balenciaga avec des Essilor et trois pits, c'est bien non ? Tu nous retrouves au Costes ce soir ?

Patrice sentit une bouffée de timidité l'envahir. Il connaissait bien mal Abel Ferrara et il appréhendait sa compagnie sans savoir pourquoi. Mais il avait le temps de voir venir, d'ici-là les projets pouvaient changer.

— Crystal l'a eu pour le rendez-vous... Tu sais comment il me surnomme : *Social death*... Je crois que j'étais saoule, on s'est embrouillés avec M. Al Fayed hier soir. Je ne comprends pas comment tu as pu oublier que je portais ma toque.

Social death, death mais social. Le snobisme, la délicatesse, était à la portée de tous maintenant. Même l'épicier tunisien avait eu sa manière à lui de prononcer le nom « Dogg point », une hésitation, une façon de montrer qu'il ne regardait pas trop les clips en général, mais qu'il savait quand même, et qu'il se doutait surtout que Patrice ou la fille blonde à la toque devaient dire ce genre de choses beaucoup plus naturellement que lui, du coup, il mettait une pause, des guillemets de silence, avant de prononcer le nom du groupe, ainsi l'éventuelle faute de prononciation était tout excusée, et ils ne pouvaient pas non plus le soupçonner d'indiscrétion. Comment l'avait-il reconnue ? Elle avait dix-sept ans à l'époque du clip. Incroyable ce que les gens ont l'œil. Quelle tenue portait-elle ? Comme ça se passait sur un hors-bord, il y avait peu de chances qu'elle ait eu sa toque en fourrure. Encore que...

Patrice demanda où se trouvaient les Tic Tac et, ce disant, il eut l'impression d'une grossièreté maternelle, de renvoyer l'épicier à son commerce comme sa mère avec Friquette quand elle décidait qu'elles avaient assez commenté *Paris Match* ou l'*Œil de Vogue*. Mais l'autre ne demandait pas mieux que de réintégrer son rôle habituel. Au spectacle des deux articles posés sur le comptoir, Patrice fut frappé par la tristesse de ses achats : de l'alcool et un correcteur d'haleine. La misère et le cache-misère. Il y a cinq minutes, ou même à jeun, il n'aurait pas tiqué. L'irritation nerveuse, un certain moment après la prise, réveillait des pudeurs morbides. Centre d'attention universel, il craignait à chaque fois qu'il devait agir ou parler de montrer une faille, ne doutant pas une seconde de la perspicacité et de la malveillance des autres, de tous. Il était en liberté surveillée, en observation, assiégé. Surtout s'il se laissait envahir par la férocité du silence. Un ding l'avertit qu'on entrait dans la boutique. La même cliente que la dernière fois, une gretchen blonde qui ressemblait un peu à Marie Dubois, époque Alzheimer. Elle tutoie le Marocain. Pas de racisme, un snobisme campagnard chez les 30-40 ans. On se dit tu avec les commerçants, on s'appelle par son prénom, il a observé ça depuis un moment, ça le dégoûte. Moins timide que lui, pendant qu'il tergiverse, deux bouteilles de rosé ordinaire et un paquet de barquettes Trois Chatons. Joli casting. Le rosé en hiver, toujours chic. Pas d'argent en plus. Pas dans les mœurs des Arabes de se formaliser, à Melun, dans un autre Coccinelle, il avait vu un panier de petites cuillères inox sur l'étal, avec les citrons et les quarts Vittel, près de la caisse en produits d'appel destinés aux junkies comme les Kinder surprises pour les gosses. Plus souples que les Chinois, plus respectueux, ils n'aiment pas refuser, humilier les clients.

Qu'est ce qu'il aurait pu acheter d'autre ? Un DVD à 10 euros ? des *Mars Delight* pour Lukardis ? Junkie elle aussi dans son genre. Elle se nourrissait exclusivement de ce genre de saloperie. Des *rochers Suchard*, des *Mars Delight*, des *Finger*, un *Twiks*. Jamais rien de salé, ou alors à midi avec les clients, bien obligée, un sushi, une crevette. Le désespoir de sa famille, la corvée des dîners officiels, elle ne mangeait plus rien de solide le soir depuis l'âge de vingt ans. Sèche, le ventre plat, les bras en flûtes comme les Américaines : Kim Catrall, Farah Fawcett, Bo Derek. Patrice avait parfois l'impression de voir son sexe apparaître en ronde-bosse sous l'élastique de la panse quand il la prenait par devant. Elle aussi, elle rentrait dans le jeu, « Regarde tu es là mon amour » et elle caressait la petite bosse avec ses mains sèches aux ongles limpides. Il aimait ça chez elle, cette discipline, ce corset inavoué ; jamais elle n'avait faim, jamais d'alcool, jamais de café. Soif, une fois par hasard, et quand il lui avait servi un verre d'eau elle en avait bu à peine une gorgée, sans qu'on l'ait vue faire, comme un oiseau. Le verre sur la table de nuit paraissait ne pas avoir été touché. Propre, plein, neuf. Il s'en était étonné, elle lui avait répondu – *si si, j'ai bu* – un peu vite, un peu gênée qu'on en parle, comme Babeth avec son col roulé.

Les DVD ? *La colline a des yeux, Fair Game*... Il vérifia : c'était bien elle, Cindy Crawford ; plus la peine que Fornicator se donne du mal ; il ne répondrait pas, il n'avait jamais envie d'entendre répéter ce qu'il savait déjà. S'il avait trouvé avant et que l'autre arrivait avec sa réponse, ça l'agaçait comme des jouets qu'on vous offre deux fois quand on est enfant. Il était énervé, aussi à cause de Lukardis, l'idée de la bosse sur son ventre, comme une poche de caoutchouc graissé, un boyau ; il la sentait maintenant de l'intérieur au bout, moins sèche, moins irritante que la doublure de satinette. Une femme vidée, sans organes, ou alors des choses à garder au fond, le col dur comme un coccyx, comme un autre sexe qui tournait autour du sien, un poisson où rentrer les doigts pour aller chercher les intérieurs. « Tu es là mon amour » et sa main tapait sur le tambour de son ventre. Elle aimait parler de ça, de ce qu'elle avait et de ce qu'elle n'avait pas à l'intérieur. Une possession : une victoire momentanée sur ses rivales qui la rassurait toujours. Il n'avait jamais vu personne parler de ses boyaux avec autant de naturel. Une princesse allemande. Une hystérique. Il tapait avec ses deux cuisses contre la caisse, ne lisait plus rien, manipulant les DVD sans plus déchiffrer les titres, comme un montreur de cartes. Il répondit mécaniquement, il n'arrivait pas à détacher ses yeux des films, à répondre au jeune homme qui lui demandait si c'était tout que c'était tout. Il parvint seulement à commander à sa main de lâcher les boîtes sous blister qui menaçaient de lui coller aux doigts. Du karaté. Pas de porno. Pour le porno il fallait aller en ville. Un vent mouillé. La gretchen s'en va, elle a pris les deux derniers rosés, après pénurie, le trou d'air, avec un chrome en plus, une douloureuse : Sylvana !

Si Sylvana est en rupture, il ira taper le caillou à Château-Rouge. Tiens... un doseur Ricard ! La classe ! Voilà le troisième homme, avec les Tic Tac et la flasque de JB, ça serait plus élégant. « Plus couture », dirait Didine.

Il ramassa sa monnaie et attrapa le panneau de verre avant qu'il soit tout à fait rabattu, pour éviter le bruit que la serrure inférieure faisait en retrouvant sa butée : pas le ding de la sonnette mais un raclement sinistre, hivernal : le métal travaille. D'ailleurs il y avait un panneau dans ce sens scotché sur la porte, il lisait à l'envers du carré blanc l'inscription, un peu la même qu'à la station mais moins agressive : « Retenir la porte SVP. »

Un message simple comme les vieux panneaux « Ralentir école » : triangle bleu avec le picto de l'écolier, son bonnet, son cartable, aujourd'hui remplacé par « Soyez sympa, pensez à nos enfants » avec des bébés façon Triplés ; les Arabes sont moins beaufs.

Il se demandait où il allait ranger le doseur à Ricard pour éviter de le perdre. Par superstition, il n'aimait pas acheter deux articles, il préférait les nombres entiers. Le doseur avait fait le troisième, il l'avait remarqué la dernière fois, il y en avait qu'un seul, présenté sur sa plaquette en carton avec un œillet comme les lames de rasoir. Trop large pour sa poche... *Belle France*. Une marchandise sans suivi. Maintenant il était à lui. Il était content de le sentir dans sa paume, protégé des premières gouttes, lourdasses, mouilleuses, des crachats ou des fientes d'oiseaux mais glacées, de la neige fondue. En traversant, les choses se figèrent un instant sous un éclair. Ciel noir. Bizarre ces pluies d'orage en hiver, comme les forêts vierges glaciales de Patagonie dont lui avait parlé le Chilien.

« C'est le Chilien qui m'a appris à faire les pipes. » À chaque fois qu'il disait cela les gens ouvraient de grands yeux. 1987. Il se souvenait de la salle de bains, à Quatre-Septembre, avec la douche en triangle et le carrelage sale. C'est là que l'autre lui avait montré son bricolage, lui-même le tenait d'un Chinois. Le gros Sam, un homonyme de l'autre. Matériel : un doseur de Ricard, cinq centimètres de fil électrique, une pince à dénuder, une bougie. Détresser le cuivre, le chauffer, le rouler en boule, le « nettoyer » sur les carreaux : à savoir, le frotter par terre avec son index tout noir de toxico, tout rêche malgré la Biafine. Le modeler comme une grosse crotte de nez ou une boule de mie de pain puis le rentrer dans le bec du verseur pour en faire un petit bouchon, un filtre à crack. Après il restait plus qu'à mettre le cristal.

Un premier coup de chauffe pour le fondre, tu penches ta pipe à gauche et tu aspires doucement. Pas trop fort pour que le cristal se consume sans faire de l'huile. Et si tu casses le ballon du doseur en le faisant tomber, ce qui arrive forcément à un moment, tu peux encore sauver ta pipe en bouchant le tube avec du sparadrap et du PQ. Au fond, se dit-il, reprenant ses droits sur le siège affaissé derrière le grand volant noir, posant ses courses à la place passager toujours aussi vide, c'est un des plus grands charmes de la drogue : la récup, le détournement, le bricolage. Un passe-temps de primitif qui supprime tout besoin de s'agiter. Ou alors des occupations dans le même esprit, comme ce Gitan de la porte Saint-Denis qui avait réparé le chauffe-eau de Babeth avec un bouchon de chambre à air piqué sur le boulevard en bas. Un coup de genou, comme dans le volet de la boîte à gants et c'était reparti, le bain coulait dans la baignoire de la cuisine, pas besoin de changer le brûleur ainsi que l'artisan syndiqué l'aurait suggéré.

SMS : Luk. Lui qui s'en croyait débarrassé pour un moment. La drogue permet aussi de tenir les filles à distance. Tout à coup, elles passent au second plan, la focale n'est plus sur le téléphone mais sur la pipe, le cristal qui reste, le filtre à changer, le petit train-train immédiat qui s'installe. Le Chilien laissait toujours sonner, de séquence en séquence : *Il était une fois l'Amérique.*

Le doseur qu'il venait de réserver au chaud dans la boîte à gants parait surtout le silence de Sylvana. Faute de coke on mangerait du crack. Au second coup, la messagerie : mauvais signe ; comme tous les revendeurs, l'autre avait le chic de la rupture de stock quand on avait le plus besoin de lui, pendant les fêtes, le week-end. Mais avec la pipe on s'émancipait carrément, on pouvait s'acheter d'autres plaisirs. Rue Myrrha, cinéma permanent, le grand frisson, notre petit Beyrouth à nous.

La bonne chaleur animale du whisky aurait bien contrasté avec la sécheresse du crack, la pipe brûlante, le goût du malt avec la fumée blanche, l'odeur de chimie. La seconde cérémonie se passa comme en rêve : après le whisky, les objets semblaient venir à la rencontre de ses mains, il avait même retrouvé son moulin, sa paille en acier et son flacon à bouchon doseur dans le vide-poches à soufflet de la portière : un rêve éveillé : « un rêve de femme saoule », aurait dit le Chilien ; tout, même la photo plastifiée du shah d'Iran en 1972 avec Slocum en Écosse, sur les pistes d'essai Aston Martin, devant cette même voiture, brillante et lumineuse dans la brume légère. Étiqueté *1113 CC Sotheby's*, le cliché avait si souvent servi à étaler les poudres qu'il était strié de lignes, d'arabesques entrecroisées comme les pistes du désert. Et pourtant, sous la couche de sédiments chimiques dont l'amertume acide avait opacifié certaines zones, une certaine gaieté d'au-delà, celle des tirages Agfa : l'incomparable lumière bleue, la *blue licht* des laboratoires allemands, la même qui rendait les photos d'Hitler et d'Eva jouant avec Blondie, achetées aussi jadis chez Sotheby's à la vente Pahlavi, si gaies, si vivantes, alors qu'elles avaient trente ans de plus ; cette gaieté d'outre-monde brillait encore sous le jauni du plastique et le dépoli cocaïnique. Entre ses mains la merveilleuse voiture retrouvait la taille des choses irréelles, des jouets d'autrefois : *Corgitoys, Dinky toys, Matchbox.* En même temps que montait la drogue et qu'il blanchissait les jointures de se doigts en serrant le volant, gardant très consciemment à ses genoux l'abandon nécessaire au maintien horizontal de la photo, se retrouvait cette capacité de dédoublement entretenue depuis l'enfance, entre intérieur et extérieur, entre le manège du dehors et le monde du dedans : il était dans son rêve mais son rêve était un rêve que la réalité lui avait permis de toucher. *The world is mine* disait le T-shirt de Priscilla-Fleur quand elle avait onze ans : *Tony Montana, Vanité* des vanités. La petite voiture de la photo et la grande poubelle de la vraie vie : la même voiture, elle participait pourtant de deux réalités différentes : celle de l'enfance de l'âme ou l'on se joue des poupées, des allégories, des mandragores, et celle de la vie où tout menace et se joue de vous mais où allégories, poupées et mandragores devenues grandes elles-mêmes peuvent aussi vous comprendre et jouer à vous aimer. Babeth, Vanité, Tina Chow, clichés devenues femmes, étaient quand même plus aimantes, même froides, que leurs effigies.

Il n'avala pas trop d'air avec le whisky, s'arrangea pour fermer de l'intérieur la portière du passager. Le démarreur suivit sans retard, amorçant la remontée des aiguilles dans les cadrans. À l'avant autour des ouïes, à chaque fois qu'il relançait le moteur, l'eau de pluie fumait sur la tôle vers le ciel éclairci. Dans les demi-lunes lissées par les balais d'essuie-glace, la vitrine grise et opaque des poids et mesures repassa à la lumière, rehaussant le blanc poreux, écaillé du crépi. En bout de piste la chaussée mouillée, les vitres des façades, toutes les brillances du paysage lui envoyaient des paillettes lumineuses dans les yeux. Les apparitions du soleil suivaient le rythme irrégulier des bourrasques, la dilatation de ses pupilles entraînait une progression régulière de la photosensibilité. Il recolla d'une caresse le masque verdâtre des lunettes. La photo du shah, écran de plastique éteint oublié sur ses genoux, regagna le soufflet de cuir dont les plis léchèrent ses doigts. Tout se range et se soumet dans ces moments-là. Jusqu'à ce que ça déraille de nouveau.

Il ralluma l'autoradio sans toucher à la fréquence, suivant ses propres conseils, ceux de tout à l'heure, quand il était un autre qui avait encore besoin de phrases, de précautions. Au vu de la place du mort, occupée maintenant par la masse rassurante du caban, il semblait évident que le vieux ne pouvait plus revenir. Avant de disparaître il avait très mal fermé la portière mais quand même éteint France Culture ; c'était un bon point pour lui : à quatre-vingts ans, on est plus attentif à ces choses que Babeth. Patrice pensait maintenant à lui sans hostilité, au contraire, par un effet de mimétisme dû à sa disparition, il réagissait à sa place à ce qui se disait dans le poste. On y parlait toujours théologie ; une voix jeune prononçait sans cesse les mots *pseudo-Denys Aréopagite.* Du sérieux, fini les blagues sur Asmodée, les fausses invocations : Daewi, Daeva, Daewoo ? Avec cette voix-là, on ne courait pas le risque de tomber dans les voluptés dévastatrices ou l'angoisse nocturne : on devinait le studio bien chauffé, tranquille, le pull sur le dossier de la chaise... Il pensait surtout à éviter le prout, la faute bête : aéropagite, aérophagie. Il y arrivait plutôt facilement, alors il en avait plein la bouche. *La hiérarchie divine.* Le paulinisme occulte, le troisième ciel, Hilduin, Jean Scot Érigène, saint Thomas, le « péché de l'ange »... Il prenait un ton spécial pour dire tout ça : des pincettes d'archéologue. Ils voulaient montrer, dans cette émission, qu'ils n'étaient pas crédules, pas du tout bigots, fanatiques, dangereux, chrétiens ; mais libéraux, libertins même... Pas chrétiens du tout mais quand même fiers d'avoir restauré de la belle horlogerie ancienne, de savoir leur angélologie sur le bout de la langue ; plus c'était compliqué plus ça leur plaisait, des nouveaux riches. Ils commençaient à énerver Patrice, lui qui avait subi cet enseignement depuis l'enfance. On n'avait pas beaucoup progressé depuis la scolastique. La Sorbonne restait la Sorbonne. Docteur Sodomite à la place de docteur Angélique. Mais des docteurs insoumis bien proprets, tout neufs, qui avaient l'impression d'avoir mieux compris que les vieux rustres : saint Paul, saint Augustin, saint Thomas... Depuis, il y avait eu les lumières, Renan, Vatican II, Mai 1968, la fête de la Musique, la gay pride. Depuis, ils avaient la science infuse : le péché de l'ange. Quand le vieux n'était pas là pour dégoûter, avec ses grands cheveux jaunes, ses petites mains, ses mouvements de tête à la Muppet's Show, son porte-monnaie, ses crises de nerfs, Patrice comprenait mieux ses idées. Le vieux n'avait pas tort. Il était juste odieux. La famille, les bains de mer, les économies de maillot de bain ne devraient pas suffire à discréditer la pensée d'un homme. Et puis, il y avait l'effet du souvenir, du whisky, quand les gens ne sont plus là, c'est plus facile de les aimer. Ils ne se raclent pas la gorge, ils n'oublient pas leur porte-monnaie, ils ne vous montrent pas leurs dents, ils n'ont pas envie de faire pipi, ils sont sages, mieux que Didine dans son lit. Le dilemme : *ange ou pas ange, impeccable ou peccable,* Patrice l'avait suivi en direct toute son enfance. À table, devant la télé, à la plage, aux bains de mer, tout le temps. D'après le vieux : le travail de l'Église au dernier concile, c'était de cacher le diable. Nier la créature, l'ange, en faire du Kant. Un mal et non un malin. Le jeter hors de l'enfer, fermer l'enfer, et pourquoi ? Pour récupérer les locaux. Comme la Samaritaine... Dire qu'il n'existait pas. Que c'était juste un concept. Et les anges...

Partis, les anges... À la sortie du village, juste avant le panneau, il y avait une cabane en bois, une remise de jardinier. Où était-elle passée ? Tout s'écroule petit à petit sous le ciel immense. Partis aux antipodes, de l'autre côté... au diable avec les légions : opus diaboli, l'Amérique latine, les Ferrari : l'accélération, le parking Foch, la drogue, Franco Estherazy, la Figlia de la Furia et l'autre fou qui ne les avait pas connus, ni l'un ni l'autre : le Chilien. Il entendait sa voix par-delà les années, son accent léger de Sud-Américain chic à chemise sur mesure tombé bien bas dans la débine : accélère, aspire fort, aspire et ne casse pas ta pipe si tu peux. Sinon sparadrap. En même temps que ça montait, il accélérait à fond et la machine put enfin développer sa vraie nature : froide, sincère comme Lukardis. Une horlogerie d'avant la crise, avant les humiliations. Ces moteurs-là respirent vraiment qu'à partir des 160-170 km/h. Les huit cylindres prennent leur souffle pour jouer du coffre, comme l'esprit du désert qui souffle où on l'appelle, une fumée blanche dans un verre brûlé.

Attention à la route... Une ancienne voie romaine droite pendant vingt kilomètres, mal entretenue, sans marquage au sol, si sale qu'elle ressemble à une piste du désert. Le rose de l'asphalte granuleux, sonore, s'arrondit et glisse dangereusement vers le gris et la boue sur chaque grève : à rouler trop à droite on tombe vite dans le décor. En cette saison, les taches des betteraviers pommelaient encore de bouses fraîches l'amalgame. On sent l'effroi du vent dans la direction et par la fenêtre entrouverte rentrait aussi le bruit du moteur. Dès qu'il arrivait là sous l'effet du vide il se transformait. Le siège dont il était l'objet se levait, la compression relâchée libérait les associations, l'esprit s'envolait. Il devenait fumeux, métaphysique... Plein de vide.

Musique ? Non. Pas envie de chercher, de changer, la coke le rendait conservateur, casanier, il restait sur France Culture, le diable, la négation. Le vide est un appel, on le sait bien, non ? Pour s'en assurer, pas besoin d'être mystique : il suffit d'être psychologue, mécanicien, de voir les femmes : Lukardis, regarde tu es là mon amour, génie des voluptés. Turbocompresseur. Le second souffle de la machine. La future pipe dansait sur le siège, elle tomba soudain quelque part. Un autre mauvais ange, un crack encore plus chaud, encore plus brûleur. Attention aux pipes d'échappement qu'elles ne finissent pas non plus sur le carreau. Effet dragster, d-ragon chasing, chasse au dragon. Ralentir un peu, l'avant commence à plonger : sur ces voitures-là le châssis penche à droite à cause du moteur trop lourd : comme la Corvette, la GTO, la Maserati. Pas les Lamborghini, chez elles c'est l'avant qui s'envole : perte d'adhérence, elles donnent l'impression que leur capot se soulève, mais c'est plus grave. La pensée passe d'un nom à l'autre, flamme qui court pour durer : Justin de Villeneuve : Twiggy : Bowie : papa : le diable dans la piscine. Le diable, on y revient toujours.

Dans les déserts, à cause des bosses, l'ennemi grandit d'un coup, comme sur les veilles peintures en bois du XVe siècle : *Paysage avec châtiment.* Dans la perspective habituelle de la route l'avenir est à l'arrière-plan du présent ; là, il arrive par sauts, on croit avoir le temps alors qu'il est sur vous en quelques secondes. Le point blanc du semi-remorque pointait déjà derrière le viseur chromé. La silhouette reconnaissable du dragon, petite chose des lointains bientôt transportée, prête à combattre ici sur la même scène. Il lâcha l'accélérateur, son attention se détendit, la nature dans le pare-brise redevint un vitrail, une fresque en demi-courbe et les bois des îles flottantes au bout des sentiers bourbeux, toujours là, immobiles et flottantes, mirages du désert, habitées par les sorts, les enchantements... Circé sous un ciel d'orage, le vent parmi les pins, les pins : palmiers des déserts froids. Un panneau : Hameau Sainte-Marie, ici vécut donc sainte Marie... Sainte Marie Madeleine ou sainte Marie l'Égyptienne ? Deux putes comme celles qu'on lui reprochait d'aimer. Il pensa soudain à Venise, à Didine, à l'École Saint-Roch, au Tintoret et à la belle Égyptienne. Didine s'émerveillait de la fille aux longs cheveux sous son palmier doré, mais elle ne l'aurait pas reconnue dans la vie. Lui, oui... Légende dorée à sa mesure. À la radio on parlait toujours des anges. À mesure que le bruit du moteur s'éteignait, la voix humaine s'affirmait de nouveau. Il entendait les mots difficiles, les grandes phrases, les formules magiques de la vieille métaphysique thomiste. Comme toujours il avait l'impression qu'on s'adressait à lui en particulier, que ce qui se disait le regardait un peu, lui et ses soucis. Effet de l'Œil de Dieu ou de l'hystérie ? Il croyait comprendre ce qu'il aurait eu du mal à expliquer :

Ange ou pas ange ? peccable ou impeccable ? contemplation béatifique. L'ange a désiré être semblable à Dieu de manière indue en désirant comme fin dernière de béatitude ce à quoi il pouvait parvenir par sa nature même en détournant son désir de la béatitude surnaturelle qui est le fruit de la Grâce. Moralité : on est toujours puni quand on triche. Tu fais semblant pour monter en puissance, tu penses à toi, tu prends des raccourcis et tu finis collé au plafond. L'amour le vrai. Contre lui aucune grâce suffisante. Est-ce le vent qui fait aussi osciller la remorque ? Ou la vitesse, ou l'accélération qui penche la voiture de côté ? On flotte : aquaplaning. Attention à la route ! L'impression de tenir la machine n'est qu'une illusion : un *rêve de femme saoule*, aurait dit le Chilien. Tout peut s'arrêter dans un fracas. Tu casses ta pipe. Le son se coupe et pourtant ça continue : *Les Choses de la vie*. C'est elle qui tient tout : la Grâce. En silence.

Plongeon en avant, il cessa de rêvasser : le sang parti des mains lui remonta au cœur. Le paysage pris du mauvais côté se concentrait en une zone d'incertitude : un dos tacheté de betteraves où se rompait l'échine de la route. Toujours plus longue qu'on ne croit la bête contre quoi on lutte : on dirait qu'elle ralentit la manœuvre à force d'un entrain ondulant qui lui est propre et de l'intérêt qu'on lui prête. On traînerait presque fasciné par les pneus, gros tambours d'essoreuse qui tournent fatigués fendillés comme des mains d'ouvrier. Scolopendre. Si on oubliait la route si on ne laissait, ne serait-ce qu'un instant, les yeux s'aventurer là-dessous, le camion donnerait immanquablement envie de s'écorcher contre sa ferraille et de passer entre les roues. Petite ordalie trop lente pour être sérieuse : appuyer sur la pédale et appuyer sur la gâchette, ça n'a quand même rien à voir. L'autre : le Chilien, le cilicien chic, s'était fait sauter la cervelle là-bas chez lui, à Santiago, après une visite au zoo. Une dernière pipe et vlan ! Envie de laisser une bonne impression ou volonté de ramener les choses à ce qu'elles sont, les morts à ce qu'ils doivent être : des images 9 pouces : des mandragores, des playmates, des diables peints comme le dragon du capot du camion du rétroviseur... Le Chilien avait fait sa playmate : une vidéo pour sa mère. Histoire de lui dire que dans la cervelle qui avait sûrement fini sur le carrelage... vu qu'avec le Chilien tout finissait toujours sur le carrelage... la dernière des dernières pensées était pour elle. Faux, comme toujours avec les suicidés. Suicide : mensonge : le péché de l'ange : Judas. La dernière pensée est plutôt pour la balle ou pour l'index. Pour soi comme toujours. Enfin, c'est facile de dénigrer les suicidés quand on trépigne du cœur à doubler pour cause de faux plat. Rabats-toi !

Passé l'obstacle on accélère : un réflexe. On s'envolerait presque sur une route aussi droite sous les nuages. Le suicide, le diable, ces idées-là viennent un jour aux cocaïnomanes comme les araignées au plafond. Le suicide occupe dès le début. La superstition arrive plus tard. Il faut être vraiment dedans, éponger le sang du nez sur l'oreiller tous les matins. Les amphétamines, les produits de synthèse utilisés pour les coupes incitent plutôt au passage à l'acte. Le suicide tente les petits clients, les toxicos de base. Bélial se réserve pour les gros consommateurs ou les trafiquants. La preuve : aux antipodes ils sont tous passés suppôts : les Mexicains, les Cubains, les Colombiens, les Boliviens... Santeria, Palo Mayombe, magie noire... Les poils de bouc, les sacrifices, les meurtres rituels... Ces gens-là croient ferme aux anges déchus. D'après leurs spécialistes locaux il y en aurait trente mille qui auraient fait le mauvais choix aux alentours du 10e parallèle : *Je m'appelle légion*. Une armée de pourceaux, mieux que les milices paramilitaires, que les escadrons de la mort. Riccardo... Carlo... machin... le sous Escobar au billet de 500 euros s'il accrochait des anges partout ce n'était pas seulement par goût des gris-gris : il avait peur du peuple intermédiaire, plus que d'une bombe sous la Ferrari. Alors, par bravade, il renversait les rôles, il jouait au plus malin : — Yé souis le Diable et yé suis venou pour faire le travail du Diable : Tex Watson : opus diaboli...

Voilà sa manière, toute vénézuelienne, d'entrer en matière, de s'asseoir à la table des habitués chez Castel. Mais Belmondo, Benichou ne s'étaient pas laissé impressionner, ils s'étaient marrés pire qu'à la radio : « Bon, bon, tout ça nous dit pas qui va sucer pépère. » C'était des sceptiques, des libertins, à *France Observateur*, comme à France Culture.

Après dix kilomètres en flèche et toutes ces belles pensées, on a du mal à concentrer son attention sur la route. L'ennui de conduire envahit, cette torpeur qui prend lorsqu'on fixe un point trop longtemps et qu'on a mieux à faire. Son regard avait de plus en plus de peine à se détacher du ciel. Les nuages semblaient y dessiner un second paysage, un horizon supérieur à la plaine ; des vapeurs passaient en surimpression d'immenses falaises, comme une source chaude sortie des bouches d'un massif volcanique. À la radio aussi ils s'envolaient :

— « Le Mal ne relève pas de l'ordre de l'être : c'est du non-être, ce qui n'est pas la même chose que le néant. »

Bacon lui revenait avec son Ricard et son *nada* qui ne voulait rien dire, à part qu'il était pervers et qu'il s'adorait lui-même : lui-même disant *nada* bien sûr. C'est plus chic de se nier quand on s'affirme autant. Narcisse se mord la queue. *Nada* c'est plus beau que rien, quoiqu'un peu prétentieux, Babeth avait raison, Babeth avait du goût comme tous les asexués. Pas grave, on était justement dans un passage prétentieux, un paysage où l'orgueil intime pouvait s'étaler sur les choses immenses : les nuages, la vitesse, le risque de percuter, mais dans l'absolu. Dans la réalité vraie on était moins nihiliste, comme avec le camion tout à l'heure... Chocottes et cie... Il avait encore les mains moites. Non ! Pas sur le pantalon. Sur le caban, il ne pèle pas, lui. La vitesse, la voiture, ça renforce, on se sent invincible, immortel, c'est comme ça qu'on se tue. « Nada. Nada ! » hurlait-il, couvrant l'autre prétentieux à la radio qui continuait de se séduire lui-même de son côté avec ses mots à lui : *Et là je vous renvoie à Platon, au Sophiste contre Parménide. La doctrine augustinienne perd sa signification si on la place dans une pure perspective éléatique.*

— Éléatique. C'est joli *éléatique*, c'est élégant, ça change de *Nada*... Éléatique... C'est ailé...

Il y a des degrés dans l'être, et une hiérarchie des êtres. En tant que créature divine, l'ange est peccable, c'est-à-dire qu'il peut perdre de son être sans déchoir tout à fait de sa nature. Le diable reste donc une puissance, un ange, une créature. Il n'est ni le mal absolu, le principe contraire des Manichéens, ni un pur concept négatif, un néant. Et on peut d'ailleurs comprendre que pour certaines hérésies comme ces sunnites Yézidis que Massignon a rencontrés au Kurdistan, Satan soit considéré comme un archange pardonné à qui Dieu a abandonné le gouvernement du monde et la transmigration des âmes.

Finie la ligne droite. La lumière changeait. Bois de pins : bois sacré, le vent seul s'écoulait dans les épines. Comme dans la chambre sourde tout s'éteint, la nature devint silencieuse, finis les anges, finie la radio, les ondes ne passaient plus. Comme à l'hôtel. Chênes et pins, le bois en friche, la voigne ressemblait à des cheveux de sorcière... Circé. Ces îles forestières : des réserves de chasse. Pour le gibier, le gros gibier, le sanglier de Méléagre. Au début des contes, l'ogresse est toujours seule. Vues de près les îles se révélaient toujours décevantes, pleines d'ordures, de jerricans décapités, de flacons d'adoucissant bleu-vert pour délimiter les rayons de tir, de bois pourri, de fers rouillés, de piquets, de trous. Vides d'animaux, vides de sangliers, vides de personnes, à peine un merle ou des corneilles, mais pleines de riens, aussi sales qu'une crique en Méditerranée. Quand même, si le camion n'était pas derrière il se serait arrêté. Il ne voulait pas l'entendre revenir. Trente-six roues ; le manque ; tant pis, il se retenait, il pisserait au Novotel ; il avait déjà une longue habitude : des années de day-use, des heures d'attente paisible. Au début il voulait aller vite, rester romantique, tirer la chasse d'eau avant l'arrivée de Lukardis : pas d'organes à l'époque dans leur intimité ; maintenant qu'elle lui en avait lâché beaucoup là-dessus, il prenait ses aises, il appréciait les moments suspendus dans la salle de bains. Il ne fermait pas la porte ; il s'asseyait sur le siège comme les femmes sinon ça ne sortait pas, sa vessie était trop gonflée ; il avait eu froid ; il se détendait, laisser couler l'urine silencieuse dans la bonne chaleur et la lumière artificielle, assis sous le miroir cuivré toujours attentif et vide, ses yeux allaient sur le plan des lavabos chercher les petites fournitures de toilette, les variations légères dans leurs emplacements. L'imperfection de la main, les défauts d'assortiment rendent impossible la répétition exacte, pas de polaroïd, et même avec un polaroïd... ainsi le temps se marque. La mémoire ne reproduit pas l'ancien ordre mais elle respecte la différence.

À l'hôtel, il n'avait même plus envie de drogue. Parce qu'il attendait une mère. Un sentiment de suspension sans suspense, elle viendrait, elles viennent toujours, il fallait rester sans ouvrir le lit. Couché sur le molleton sec, il respirait l'odeur caractéristique du chauffage soufflé, l'air des boyaux d'aération qui brassait la poussière de début d'après-midi, l'étouffement léger des nurseries pendant la sieste. Les aspirateurs couronnaient en fond sonore les chariots à linge qui glissaient sur la moquette, les femmes de chambre qui pépiaient dans la langue étrange des cloisons. À deux heures de l'après-midi, bien au chaud, presque aussi sans connaissance, dans une chambre d'hôtel, entouré de meubles laids, de bois cérusés, d'impressions qu'on n'a pas choisies, les choses paraissent plus enfantines : fausse sieste sur l'oreiller plat, bosse sous le rêche couvre-lit qu'on a pas osé ouvrir, et le ciel, derrière la vitre, qui bouge en silence. Circé va revenir. Et la drogue aussi, à son heure, plus tard. Le soleil.

Sorti du bois, la magicienne était repartie, disparue dans le soleil. Elles repartent toujours. Il renifla. Ça y était. Un avant-goût du manque. Rhinite cocaïnique. Dans le rétroviseur, le dragon tardait à apparaître. Là-haut le paysage avait changé. 10 appels au mouchard. Maman, Ahmed, Raphaël, toute la ménagerie, sauf Sylvana. À chaque fois qu'il vérifiait, il se persuadait qu'il n'essayerait pas d'appeler l'autre à nouveau : une superstition, puisque Sylvana n'était pas vraiment attendu, il allait faire signe. Ses bouffées de colère contre les gêneurs qui venaient encombrer la mémoire du mouchard trahissaient la vraie nature de sa dépendance. Chaque appel masqué resté sans message le laissait dans le doute, alors qu'il savait que le dealer, un commerçant économe, laissait toujours une trace d'un coup de téléphone. Il haïssait ces gens qui l'appelaient sans cesse, y compris celles dont, le moment venu, il attendrait l'appel avec la même anxiété que celui de Sylvana. Leur empressement à le poursuivre lui semblait la cause de l'absence de Sylvana, de la même manière que tout à l'heure, quand il serait pressé, le poids lourd qui le doublerait de nouveau s'il s'arrêtait le ralentirait ensuite forcément au mauvais endroit, au prochain village, au stop, au feu rouge, opposant à sa rage le dos large de quelqu'un qui prend son temps et peut-être un plaisir sournois à te boucher le passage.

Une embardée due au portable, ça commençait à tourner. Ici s'amorçait la fin du plateau. Il eut un coup au cœur, la bouche pleine de sang, au ciel les nuées blanches. Dommage qu'il ait perdu sa petite bouteille, sa tabatière à coke. Bien que la prise lui paraisse insuffisante. Il aurait eu l'impression de renifler du vent. Maintenant il lui faudrait un bon shoot, ou une pipe. Il eut l'impression que le téléphone vibrait. Il se tâta mais conclut à une illusion due à des bandes rugueuses au sol qui faisaient aussi clapoter l'enveloppe sous le pare-brise. Une seule enveloppe ? Où était passée la note de frais ? Il n'avait pas le temps de s'arrêter vérifier.

La route traversait trois villages avant la RN20. Impossible de se souvenir de l'ordre d'arrivée. Mémoire effacée. Il n'essayerait pas. On s'en foutait. Celui-là sur la colline à droite. On voyait l'église en haut : Desmont.

— Démon est un village fleuri du Loiret, soyez sympa : ralentissez pour nos enfants.

Sa voix tinta dans la voiture, aigrelette. C'est toujours désagréable de s'entendre. On a l'habitude de se voir mais la voix sonne faux. Il fallait prononcer : démon, longtemps il avait dit dessmon par ignorance mais le marchand de journaux l'avait corrigé : *démon*, comme à la radio.

Ça ne s'invente pas ! aurait dit l'autre, non pas Didine quand même, plutôt la frisée de la station-service, et des phrases en réserve du même registre : *Ça ne tombera pas plus bas !... Ça ne repousse pas !...* Il faudrait appeler la petite Portugaise, voir ce qu'elle avait à dire. Il y a celles qu'on aime et celles qu'on n'aime pas. Un village que la route traversait à peine, c'était juste histoire de mettre un panneau et un radar : quatre-vingts. Si on ralentit, l'envie de pisser augmente et la pensée devient coulante, liquide, impossible à retenir, du pipi cérébral.

« À votre droite la maison sous le lierre a appartenu à Sophie Marceau, la star préférée des Français. » Il avait pris une voix de guide touristique. Il voulut la refaire en anglais mais il cala sur *lierre*. Normal parce qu'avec Vanité ils n'avaient pas souvent eu l'occasion de parler jardinage, pas comme avec Didine. Il se demanda depuis quand la photo dédicacée en couverture de *Téléstar* avait été décrochée de chez le marchand de journaux. Rien à voir avec son cliché à lui, lui, c'était pour *Trash, Clash, Crash, Blush*... un magazine fermé depuis. Celle qui avait été élue star préférée des Français en 1987 lui avait couru après en 2005, et même avant, une sacrée tocade. Il avait du mal à en parler, et plus encore à faire le dégoûté car il sentait qu'on allait prendre ça pour de la vantardise, de la fatuité. À l'égard de Vanité il n'avait pas ce genre de scrupules. Le nom lui venait naturellement mais il avait du mal à prononcer celui de Sophie Marceau. Les syllabes ne passaient pas. D'ailleurs il restait discret à ce sujet, même cette pipelette de Fornicator n'avait jamais rien su. Personne, sauf Lukardis qui levait les yeux au ciel. C'est vrai qu'il n'avait pas couché avec elle. Mais sa réticence ne venait pas de là. Il avait honte de Sophie Marceau comme s'il s'était agi d'une faute de goût. Du snobisme ? Au contraire... Depuis quelque temps même les gens de la mode la trouvaient à leur goût. Pareil pour son assistant et ses copains, il y avait un snobisme inversé, pour Fornicator, Jim ou le gros Sam, bouffer la chatte d'une concurrente du Bachelor dans les toilettes d'une boîte de nuit était un exploit aussi estimable que de finir la soirée avec Kirsten Dunst. Dans ce méli-mélo la star préférée des Français en 1987 avait toute leur faveur. Incroyable, ce qu'elle plaisait aux élites. Son côté plouc ? Sheila ? Fille de Français moyens ? Non, non il y avait un truc. Un + élitiste. Plus on était snob, plus il fallait insister, dire qu'on la trouvait « *vraiment belle* ». Ça la foutait bien, on avait l'air intelligent. Même Mario Testino.

Chez Patrice, zéro. Une certitude intime, physique : il y a celles qu'on n'aime pas. Sophie Marceau par exemple. Elle avait couru après lui avant 2005 quand elle était encore avec son vieux, celui qui répondait au téléphone, mouchard, soupçonneux « C'est de la part de qui ? », « Dites donc vous savez qu'il est dix heures du soir ? », « Mon épouse est dans son bain ». Il sous-entendait bien sûr : « Toute nue mais pas pour toi. » Erich von Stroheim. *Mes nuits sont plus belles que les tiennes...* Jaloux, vicieux, pas méchant, naïf au fond, comme l'autre avec son Emmanuelle. Tous les mêmes passé cinquante ans. Si on en décroche une jeune, une belle, une célèbre avec un beau cul, après l'avoir montrée toute nue à tout le monde, ça s'envenime : on vire dragon, vieux ronchon, gardien de trésor, de fillette de trente-cinq ans, eunuque du palais. Une excuse toute trouvée pour ne pas conclure avec elle : il ne voulait pas faire de la peine au vieux... Tiens donc ! Elle ne lui plaisait pas, tout simplement. Même les loosers, ceux qu'on prend pour des lâches ou des queutards, ont leurs traits d'héroïsme secret. Lui, c'était d'avoir dit non à Sophie Marceau.

Après Démon, la route redescendait vers la plaine, les autres bosses, les autres villages où on ne passait pas : Rumont, Apremont, Clefmont (Clémont ?), Egmont.

Vint le pont SNCF, le petit tunnel, le panneau de passage prioritaire et, sur les meulières mouillées de rouille, les affiches décolorées : « Qu'est ce que je faisais le 21 juin 2003 ? » Grand Cirque Bouglione. Un clown devant des lionnes rosi par le temps, lavé par les intempéries, comme les portes couleur parme de l'église d'Egmont. La pluie encore. Le bon Dieu bat sa femme, aurait dit Didine... Pauvre Didine, si elle avait su ! Sophie Marceau était mal tombée, à une mauvaise période : après le retour d'Amérique pendant la seconde chimiothérapie. Il était sans cesse fourré chez Sylvana, sans cesse dans des tunnels beaucoup plus longs que celui-là.

Il se mettait des emplois du temps impossibles sur le dos. Avec le recul, il se demandait comment il avait pu à la fois dîner avec la Plus Belle Femme de Paris, aller faire ses affaires aux cabinets, s'essuyer le nez, se rasseoir avec une histoire, sortir dans la rue deux minutes téléphoner à la Star Préférée des Français en 1987, revenir sur sa viande refroidie, se dandiner un peu, resservir une nouvelle histoire, tout en continuant sous la table les SMS avec toutes les autres. Quand la conscience morale est paralysée, la peur d'être vu n'exclut jamais le passage à l'acte. Il souffrait pour elle, il avait peur, mais il continuait, doucereux, destructeur, hypocrite, dynamique comme tout. Un enfant de chœur. Difficile d'être plus en examen que dans ces tête-à-tête, surtout dans les restaurants de Didine, bourrés d'espions, d'homosexuels, de malveillance, de bruits de coulisses, de chuchotis, de cabinets occupés, surveillés, et pourtant, il arrivait à jouer toutes les parties en simultané. Il se servait d'une source d'énergie pour alimenter les autres. Les décharges électriques, les douches d'eau froide dans la rue, les injures d'SMS, lui donnaient du ressort pour autre chose, une vraie souris de laboratoire. Ahmed en 1987 lui aussi, dans la drogue jusqu'aux oreilles, confondait la Bourse avec Super Mario. On avait pu admirer le résultat.

— J'espère quand même que tu ne vas pas comparer ta vie avec un jeu vidéo !

Avec Sophie Marceau la même phrase était bien passée, avec Lukardis aussi. Avec Babeth à peine avait-il ouvert la bouche que ses oreilles s'étaient dressées, méchante, drôle, asexuée. Il l'aimait pour ça. Le contrôle qu'elle avait pris sur lui. Une vraie directrice artistique. Il aimait bien qu'elle le corrige, qu'elle lui fasse remarquer ses bêtises. Il ne pourrait jamais lui en vouloir d'être plus tatillonne que lui. Et vive comme une lionne sur un vieux clown. C'est ça le charme des hystériques : elles vous attendent toujours au tournant. Dompteuse de clown : il y a celles qu'on aime.

Des femmes aussi, pas que des asexuées : Lukardis et son nouveau SMS, perdu quelque part au bout du fil de l'oreillette entre ses genoux. À la place de *Luk* il avait lu *Sylv* et l'avait ouvert : « *Je sui chez carefour je pensa toi.* » Se rendait-elle compte de ce qu'elle lui racontait ? Il avait manqué rater un tournant pour déchiffrer pareille imbécillité. À quarante-cinq ans ! Elle s'en fichait en tant qu'amoureuse, en tant que princesse allemande, elle pouvait se permettre de dire à *son amoureux* des choses que les autres n'osaient pas. *Mylove, Pressing, Carrefour, mon herpès, bigbisou...* Tout passait parce qu'elle avait pris confiance en celui qui lui donnait du plaisir. Une confiance de petite fille. Des naïvetés, du trivial encore mais beaucoup de sens, jamais de frime, jamais de phrases creuses. Pas comédienne.

Celles qu'il n'aimait pas étaient bien différentes. Des comédiennes. Pas le genre Sid Vicious comme Babeth, mais des pénibles : Jeanne Moreau sans les plis. On devait réciter des formulaires, leur parler d'*émotion*, leur dire « qu'on avait eu un grand moment de plaisir à les photographier », au plus intime s'en tenir à des mièvreries sentencieuses de cocaïnés comme : « La vie est un jeu vidéo. » En échange elles lâchaient sur eux leurs vieux rossignols d'interview : « Mon plus grand défaut ? Je suis perfectionniste » et non bien sûr « je suis radine » ou « je ronfle quand j'ai bu ». Ou les répliques piquées dans le répertoire classique (Sagan) pour faire bien : « J'adore la vitesse. » Même de la part des Américaines, dont la langue se prêtait aux archétypes, et qui au moins avaient la modestie de ne prononcer que des paroles optimistes, il trouvait cela gênant. Sauf Vanité, si violente qu'elle ne venait jamais à bout des phrases, sa pensée, sa voix s'accidentaient avant. À la fin, à force de métamphétamine, même son manager ne comprenait rien à ce qu'elle racontait. Comme beaucoup d'autres la drogue la sauvait de la banalité. « *Her brain is dead, man.* » Une autotamponneuse. Le mal qu'elle avait à se faire entendre la rendait encore plus méchante, plus négresse : un jour où, en veine de loisir de riche, trouvant le golf un peu lent, malgré la voiturette et les Todd's, elle avait décidé de se lancer dans la pêche au gros. Lui ne comprenait rien, alors elle lui avait jeté une canne en acier à la tête. Il avait été sauvé de la fracture du crâne par une visière en celluloïd et ses cheveux frisés.

Appel manqué : DID, un numéro venu de l'au-delà. Le portable de Didine ? Non, le vrai numéro du passé, le fixe, celui du domicile, l'avenue du Maréchal-Mounourier, la Muette, les immeubles Walter. Le sanctuaire fermé depuis un an. Minette de Talleyrand. Elle seule avait la clé et le code de l'alarme. Il comprit la raison du coup de téléphone de ce matin : elle ne venait pas aux nouvelles, elle voulait récupérer un tableau ou un objet de valeur, sa caisse noire pour les liftings. Elle troquait un dessin de maître contre une paupière ou des seins. Mauvais signe qu'elle se manifeste. Il y a des gens qui portent malheur. D'ailleurs depuis qu'il avait pensé à elle il entendait un nouveau bruit dans le moteur, et le jour où elle avait déposé des affaires là-bas, Didine avait perdu sa langue. Même Lukardis, pourtant portée sur la famille, s'en méfiait. Si c'était la chaîne de distribution, la rupture pouvait entraîner un blocage du train avant. À vive allure, c'était l'envolée, le looping, l'hôpital comme Françoise Sagan, Minette de Talleyrand, Bettina Grazziani. Les femmes se rataient souvent. Ou la mort comme Steven Slocum qui lui aussi avait fini par s'envoler sur un dos-d'âne. C'est vrai que si Didine mourait, Minette devrait attendre pour passer sur le billard. Une vraie passion, sans vraiment de raison. Patrice avait vu une fois le visage de Minette avant l'accident dans *Paris Match* sur des photos bleuies, à Persépolis pour le millénaire avec Micheline Chaban-Delmas. Zéro changement, elle était déjà blonde, sèche, osseuse comme Lukardis, Cécile Brossard, Eva Marie Saint, Franca Sozzani... Stop à 50 mètres.

Au coup de frein le téléphone se sauva de nouveau entre ses cuisses. Patrice guetta en aveugle la tension du fil qui lui assurerait sa prise et que sa main n'aurait qu'à suivre jusqu'au bout. Un arbre de sorcier se dressait ici depuis plusieurs siècles. Fendu en deux, la moitié manquante avait disparu voici longtemps, restait un fragment par terre, dos brun dans les herbes du talus. L'hiver on l'aurait dit mort, foudroyé. Au printemps quelques feuilles en haut des vieilles branches comme des petites plumes vertes. Il ressemblait à ces antiques oliviers du Var ou des Alpes-Maritimes qu'on vend des fortunes aux nouveaux riches. Vanité en avait vu toute une allée chez l'oncle d'Aliyaah, à Miami. Elle en parlait tout le temps. *L'Orme de Milly*. Était-ce un orme ? Était-ce lui, l'orme ? On aurait plutôt dit un saule. Était-ce le nom d'un autre arbre disparu depuis longtemps ?

Au bout du champ, derrière les taillis, la falaise. Elle attendait sans se montrer. Il la reconnaissait à des signes à peine perceptibles. À cause d'elle, de l'abîme qu'elle ouvrait à quelques dizaines de mètres, le cirque bleu foncé de la forêt à l'horizon ne paraissait-il pas plus net ? Il croyait pressentir le vide à une certaine transparence de l'air, préservé des vapeurs d'évaporation montées du sol. Mais en réalité il connaissait son existence depuis peu. Il l'avait frôlée des années durant, sans la deviner, puis découverte par-dessus les épines en fleur un matin de mars. À force de passer devant, on croit connaître ce qu'on voit et puis un jour, après des années d'à-peu-près, on découvre le romantisme des choses : le paysage ésotérique, l'envers caché de la réalité. Une erreur de trajet, un coup de téléphone plus troublant que les autres, on oublie de regarder où on va, on se trompe de route et on passe derrière le décor. Ou alors il suffit d'un incident, une panne, une dépanneuse, une cabine placée quelques centimètres plus haut, et le point de vue change.

Dans la dépanneuse, quand Patrice avait découvert la falaise, Kiki avait fait l'étonné, comme l'autre avec le blaireau, ou Ahmed et Madonna. « Ah oui, oui, c'est la carrière... »

Après il avait voulu y retourner s'arrêter, aller au bout du sentier pour voir. Ça le passionnait vraiment. Plus que Sophie Marceau ou n'importe qui. Il y a bien davantage à découvrir dans les paysages qu'on reconnaît pour siens que dans ceux qu'on devine en passant. Il n'avait jamais compris les hommes qui n'aiment que les prémices, les premières fois. La fillette aux breloques ne pouvait lui offrir autant de mystère que Lukardis. La vision globale, le premier coup d'œil, on cherche les points communs : idéalisme. La matière quotidienne est autrement plus mystérieuse.

De la terre remuée. Quand il avait marché sur le sentier, jusqu'au taillis qui s'emmêlait autour des poteaux de béton d'une ancienne clôture, il était tombé, avant la carrière, sur un dénivelé, un genre de trou d'obus, de fondrière sèche bourrée de lapins au crépuscule, une décharge sauvage d'objets à demi enfouis : débris d'électroménager, ossature de fauteuil, vaisselle cassée, gravats. À l'écart, un tumulus recouvert de lambeaux de mousse déchiquetée : comme une petite tombe. De la terre remuée avec des lambeaux de tissu pris à l'intérieur. La mousse qu'on avait dû arracher pour creuser faisait un tertre mou. Une dalle de cheveux verts. Il avait pensé tout de suite aux affiches dans les postes, aux enfants disparus. Marion Wagon, Estelle Mouzin, au moins deux Céline, des prénoms en A, des petits garçons aussi, le sourire des morts. Rictus de la rage. On les serre, on fait son affaire maladroite, griffue, pleine de sursauts ou alors molle tout de suite, enfuie au dedans, tout dépend du caractère : il y a celles que la peur paralyse, celles qui veulent bien pour que ça passe vite, et celles qui se battent comme des petites chèvres. Eux, ils appellent ça des connes, des trous, de la merde, des gamines, des petits lapins. Après, il faut s'en défaire. C'est dangereux, pire qu'un chat dans un sac, on trouve un endroit qu'on connaît. Ni vu ni connu, ça peut durer toujours. D'autres enfants viennent jouer là, laissent leur vélo tombé dans les taillis, ont peur des hommes qui pissent ; les gravats s'accumulent, le corps se défait sous l'œil de Dieu.

« *Grâce, beauté, fleur printanière*
lalala... *course légère,*
le chasseur... vers le soir
... se couchera... non... *se reposera... sans savoir*
Qu'il foule au pied une bergère
Ah
Pourquoi faut-il cesser d'exister
Quand on a pas cessé de plaire ? »

Les bourrasques l'empêchaient d'entendre sa voix mais le poème lui revenait aujourd'hui presque complètement. L'autre fois, quand il avait trouvé la tombe, il avait cherché à s'en souvenir sans succès. Son titre était : *Chanson pour une bergère morte* ou quelque chose comme ça. La tombe devait avoir disparu. Moutier ? Desmoutiers ? Joli-papa saurait sûrement. Bizarre ce goût des bergeries XVIIIe. C'est pour ça qu'on l'appelle *joli-papa* et non *beau-papa.* Ces gens-là aiment bien Marie-Antoinette, les charrettes de sang, les chansons tristes et les enfants morts.

« Bergère vite allons
rentrons à la chaumière
Vite bergère allons... »

Sa mère lui chantait ça, et lui rêvait de la guillotine, de belles coiffures grises comme des nids d'hirondelle, d'aigrettes, du goût du sang.

L'autre fois malgré ses efforts il n'était pas parvenu au bord de la falaise. Il aurait fallu entrer dans l'épaisseur du taillis jusqu'à la clôture. Aujourd'hui les épines semblaient désépaissies par la chute des feuilles.

Il n'avait pas voulu s'arrêter avant le stop. Il aurait pourtant été protégé par l'orme. Ici, le vent risquait à chaque instant de retourner le serpent liquide contre son pantalon ; tant pis, la tache ne se verrait pas sur le cuir. Le bruit mouillé d'un camion qui passa dans son dos ; à cinq minutes de la RN20, c'était sans importance. La déclamation lui vidait l'esprit, mais après avoir répété deux fois les fragments retrouvés du poème il sentait l'anxiété revenir à nouveau, le gonfler intérieurement, comme son ventre qui restait douloureux après la miction et lui donnait l'impression désagréable que l'envie d'uriner n'avait pas cessé.

Le vent, les embruns le sortirent de sa torpeur. En voiture la réalité ne s'imposait pas avec la même exigence. Là, il reprenait ses esprits et retournait à ses devoirs, tout ce qu'il ne pouvait plus laisser courir. Sous la garde de Lukardis, il n'avancerait pas ses affaires. Il devait écouter les messages, vérifier si Sylvana donnait signe de vie. Fornicator ? Il lui avait parlé tout à l'heure, il ne savait plus de quoi. S'étaient-ils fixé rendez-vous ? Où ? À quelle heure ? Il ne se souvenait même plus s'il avait rappelé son agent pour convenir d'une date avec les gens de la maison de disques. Sa note d'honoraires le travaillait. Il fallait qu'il la retrouve. Et Babeth ? Sur quoi étaient-ils restés ? Elle allait téléphoner au château. Son téléphone ? Il l'avait ramassé par terre avant de sortir. Mais dans quelle poche se trouvait-il ? Sous le fil de l'oreillette roulé à la va-vite et dont il sentait les nœuds serrer son index, collet posé là pour l'empêcher d'atteindre le boîtier lisse et chaud... non froid : la flasque ! Pourvu qu'elle soit bien rebouchée.

Il fallait retrouver le téléphone avant de penser à écouter les messages... mais il y pensait quand même : leurs voix à tous, leurs questions à quoi il n'y avait pas de réponse saine ; ils s'inquiétaient forcément, ils avaient dû retourner à la pompe à essence à pied sous la pluie pour voir s'il n'était pas tombé en panne. Maintenant tous étaient après lui : ses parents, Ahmed, les gens de SOS médecin qui devaient chercher la carte Vitale du malade dans les tas de détritus de pizzas et de journaux pornographiques ; la gendarmerie peut-être. Tous à déverser leurs soucis, à attendre quelque chose de lui. Pas de temps à perdre, Lukardis allait s'agiter à son tour et là ça serait vraiment l'enfer.

De ses doigts il n'arrêtait pas d'effleurer la joue lisse du pochon de cellophane qu'il voulait épargner par peur d'user sa réserve avant l'hôtel. Seuls l'alcool et la drogue répondaient à l'appel... Et l'oreillette... Mais sans le téléphone elle ne faisait que lui emberlificoter les mains. Le défaut de ce modèle provenait du dédoublement des écouteurs : les cordons lestés par les petites boules noires s'imbriquaient en nœuds indémêlables. À chaque fois ce travail réclamait l'usage des deux mains et de toute son attention. Le mieux était de travailler assis avec le matériel bien étalé sur les genoux, avec une patience de pêcheur comme le matelot du Chriscraft à Key West. En fait d'espadons, ils s'étaient attrapés l'un l'autre, Vanité essayait de dégager en le cinglant, se servant de sa canne comme d'une badine d'acier. D'ailleurs à la fin, au restaurant, aux cocktails, partout, elle le giflait ou lui envoyait son assiette au visage pour un rien. Elle sentait qu'elle pouvait y aller : la seule femme qui l'ait jamais battu. Ce n'était pas avec elle qu'il prenait le plus de plaisir pendant l'orgasme, son corps de Noire le dégoûtait un peu, mais à la fin ils avaient su trouver un équilibre : elle le battait et c'était bien comme ça.

Petite giclée : pisse trois gouttes. Il avait beau pousser pour essayer d'évacuer encore du liquide, rien. Son ventre semblait frappé d'une crampe et la douleur irradiait dans le canal jusqu'au méat. Comment cette chair ridée qui tenait entre deux doigts sous le ballon tendu de cuir noir allait-elle remplir tout à l'heure l'office qu'on attendait d'elle ?

L'impossibilité d'uriner, le gonflement de vessie qui ressemblait à certains symptômes de la ménopause rendaient inimaginable une transformation qui tenait toujours du prodige. Il laissa sa main descendre, s'assurant une fois de plus qu'il y avait là-dessous quelque chose de lourd qui roulait sous ses doigts, masse dédoublée dont le poids le rassurait, juste avant une zone durcie, bombée comme une racine d'arbre où nichaient depuis quelque temps ses inquiétudes. Un matin au petit déjeuner, il avait surpris entre Ahmed et joli-papa une conversation touchant la prostate, un sujet qui passionnait l'Arabe et sur lequel le vieil homme, généralement pudique, tentait une rétention d'information, difficile face aux assauts de l'homosexuel.

Gêné d'entendre le pauvre naïf se laisser entraîner à parler d'anus, de rognons, de colon et de toutes sortes de glandes ou d'intimités, morceaux de choix qui régalaient Ahmed, Patrice s'était enfui de la cuisine. Après coup il regrettait, certaines informations lui auraient peut-être permis de diagnostiquer la cause du renflement douloureux qu'il sentait pousser sous ses doigts derrière la caresse des testicules, sur cette zone lisse crêtée d'une ligne en relief comme une couture ou un passepoil dévalant sur le boyau culier.

Quand il poussait pour uriner, la bosse (un abcès ? une tumeur ? la prostate ?) ressortait davantage. Quand il la tâtait, elle lui semblait assez grosse : un œuf mou et tiède à cheval comme un croque-madame sur la dure racine du pénis, mais lorsqu'il essayait de regarder avec l'aide du miroir à maquillage de Didine dans la salle de bains, il ne voyait rien. Il avait connu autrefois un vieux chien atteint d'une déformation du même genre : il était mort, après que cette zone, à force de gonfler, s'était mise à ressembler petit à petit à une balle de tennis ou à un cul de babouin... Puni par où tu as péché... Comme par hasard la bête avait toujours aimé qu'on la gratouille dans ce coin-là, elle poursuivait les visiteurs en tendant son arrière-train vers la moindre main qu'elle voyait pendre à sa portée.

Lui n'avait pas ce genre de plaisir ; sauf une fois, mais était-ce seulement un plaisir ? Depuis qu'il avait pris du ventre et perdu des cheveux, il avait du mal avec les rôles passifs en matière de sexualité. Un a-priori esthétique. Quand Ahmed l'enculait le côté porcherie pouvait encore passer, mais avec Babeth c'était différent. Il est vrai que son peu d'ardeur devait passer pour une invitation à renverser les rôles. Un jour, même pas au début, au milieu, ils se connaissaient bien, leur sexualité avait pris son pli, rien ou presque. Ils étaient restés couchés très tard. Il n'avait pas dormi. Babeth peu, le téléphone dans le lit n'arrêtait pas de sonner. Au crépuscule, elle était descendue en bas du lit, là où étaient ses jambes. Sans prévenir, sur un coup de tête, elle lui avait débouclé la ceinture, retiré le pantalon qu'il n'avait pas quitté depuis la veille, relevé les cuisses sur ses larges épaules et brouté le cul comme une femme.

Pendant qu'elle s'appliquait, il se sentait pris au piège. Il pensait à sa boule. Il avait peur qu'elle la voie ou qu'elle réveille la douleur en appuyant le front dessus, mais il n'osait rien dire. Ce n'était pas le moment. Il sentait qu'elle faisait un effort pour lui, un truc rare, une caresse chère pour marquer les esprits. La boule était un prétexte. Il était gêné, il avait beau se dire que truc qu'elle lui faisait avait de la valeur, en particulier de la part d'une fille qui s'était refusée plusieurs fois à Puff Daddy. Il y avait quelque chose qui n'allait pas. Il imaginait le spectacle, lui avec son gros ventre et ses cuisses maigres, les jambes relevées comme un nourrisson sur la table à langer. Et le téléphone qui n'arrêtait pas de sonner. Aucun ding de messagerie ne leur avait été épargné. Comme première approche de rapport sexuel on avait vu plus naturel. Peut-être voulait-elle lui montrer qu'elle était pleine de bonne volonté et que le malaise venait de lui. En général, comme beaucoup de gens, il aimait bien cette caresse mais pas d'entrée de jeu, il fallait qu'on sente le dégoût, l'effort, la résistance, l'abandon.

Pour se donner une contenance, car le temps s'écoulait, il se souvenait d'avoir regardé les objets qui traînaient au pied du lit et que la lampe éclairait comme un phare de théâtre : cambrure rouge d'une cuissarde de daim noir, menus outils de maquillage, chantilly renversée d'un chemisier de soie... et des pantoufles d'hôtel en éponge blanche, un peu brune au talon, qu'il soupçonnait d'appartenir à Yann, un autre photographe. Elle avait tenté le maximum, mais ça ne venait pas. Rien, pas le plus petit début de quelque chose. Pourquoi ça directement alors qu'ils n'avaient jamais rien fait ensemble ? Un cadeau ? Une humiliation ? Le mystère des êtres. Elle s'était arrêtée comme elle avait débuté, relevant son beau masque intact vers la lumière du chevet, le téléphone avait recommencé à sonner et ils n'en avaient plus reparlé.

Depuis, ils s'embrassaient, se serraient à tout rompre et se disaient qu'ils s'aimaient, sans rien faire. Et il savait qu'ils ne feraient plus rien.

Lorsqu'il essayait de jouir, seul, à l'aube dans son lit, dans l'espoir de s'endormir comme tous les nerveux, tous les drogués, retardés par les effets chimiques de la cocaïne, de l'alcool, du Lexomil, ce souvenir ne lui servait jamais de support, il ne le revivait pas dans le noir, au contraire, il évitait toujours de penser à Babeth. Lorsqu'il était à bout, il se soupesait, comme en ce moment, attendant de se faire gonfler suffisamment pour ne pas s'irriter et revivait d'autres scènes, plus salées, comme la fois où Vanité avait voulu le couper...

Ils étaient enfermés pour se shooter à la coke dans la salle de bains de Chattanooga. L'ancienne maison des parents, la seule qu'il ait connue, avant qu'elle leur en achète une autre, dans le même style basque que la sienne. Quand il lui avait annoncé que Didine était malade, elle n'avait pas attendu la suite, elle lui avait balancé son vanity-case au visage, et elle avait essayé de lui attraper les testicules. Lui s'était jeté à genoux sous le lavabo pour l'éviter et elle l'avait rossé avec ses pieds noirs, noueux et secs. Il voyait les cicatrices sur ses tibias couleur de porc boucané. Elle était en rage à l'idée de perdre son jouet préféré, le déversoir de toute sa haine des hommes. Et, incidemment, parce qu'elle avait cassé plusieurs flacons, des vernis, des dissolvants, dans la bagarre. Qu'allait-elle devenir sans lui ? Elle allait se retrouver entourée de nègres aussi mal embouchés qu'elle, aussi secs de peau ou alors gras, posés, arrogants. Des hommes comme elle... tout ce qu'elle connaissait, et détestait. Il ne lui resterait plus que les coiffeurs, les habilleurs, les Blancs, les pédés, qu'elle payait pour passer ses nerfs à sec de crackeuse. On s'attache à celui qu'on a pris l'habitude de piétiner, et il avait retrouvé dans ses yeux, après la crise de rage, le même désarroi que chez toutes les femmes.

Les parents avaient fini par s'inquiéter, taper à la porte. Avec Vanité c'était systématique, il y avait tout le temps des gens dehors qui tapaient à la porte. Dans la station-service, dans les chambres d'hôtel, dans les toilettes des studios d'enregistrement, chez ses parents à Chattanooga, on trouvait toujours du monde dehors pour protester. Toujours des loquets fermés qui s'agitaient et des badauds derrière qui voulaient entrer. Il faut dire qu'ils s'enfermaient souvent et qu'ils avaient autant de raisons de vouloir s'isoler que les autres de chercher à s'immiscer. La drogue, les disputes, la sexualité, la violence excitent l'envie ou la curiosité. Lorsqu'un homme et une femme s'enferment ensemble dans des cabinets, des chambres ou des salles de bains et qu'ils font suffisamment de bruit, ils incitent les autres à les déranger. C'est un peu comme s'ils transformaient le monde autour d'eux en parents.

Avant de se rentrer dans son pantalon, il repassa la main dans l'entrejambe, ensuite, rassuré par ce poids qui ne changeait pas, il porta les doigts à son nez. L'odeur l'apaisait, son intimité contrastait avec le grand vent iodé qui tourbillonnait autour de lui. Quand il s'était décidé à quitter le dessous du lavabo en renversant une étagère, Vanité avait pris ses ciseaux à ongle de chez Furiani, à Florence : elle criait de nouveau qu'elle voulait lui arracher les testicules. La rage l'avait reprise quand elle avait croisé ses yeux, des yeux qui donnaient envie de le battre, et aussi quand elle s'était rendu compte que la Rolex or qu'elle venait d'offrir à sa mère était tombée dans une flaque de vernis.

À travers la porte, la voix basse du beau-père leur enjoignait de se calmer. Après cinq ans de prison en Floride, il avait la réputation de s'y connaître en droit. Comme beaucoup d'anciens détenus, il employait un vocabulaire juridique précis, à consonance pompeuse.

Cette histoire marchait toujours. Il suffisait qu'il imagine les petites griffes de singe de Vanité se poser sur lui, l'agripper et se servir du ciseau à ongles avec l'avidité qu'elle mettait à déchirer les paquets cadeaux. Le cuir mouillé était maintenant tellement tendu qu'il fut obligé de se rajuster. En remuant la main dans le pantalon sans défaire la braguette, il s'étonna une fois de plus que le bouton n'ait pas lâché après tant d'années et de pressions subies de la part de l'estomac. Il y a des choses qui résistent au temps mieux que d'autres. Au mépris de ce qu'il faisait subir à la boutonnière distendue, il n'avait pu s'empêcher de glisser encore une fois la main dans son entrejambe. Contre son poignet, il sentait battre une lance ferme et souple aussi rassurante qu'une arme de poing. Il laissait réchauffer sa paume sur la masse annelée et rigide, molle dans l'araignée des doigts, jusqu'à sentir la caresse interne de la montée du plaisir qu'il imitait avec son index. Pour se contrôler, il se dit qu'il aurait tout loisir à l'hôtel de décharger sur Lukardis qui ne demandait pas mieux.

Il retrouva la chaleur de l'habitacle et le moule tiède du siège affaissé. Le pantalon comprima son ardeur. L'excitation laissait place au vide. Sur la pendule de bord, la grande aiguille remontait mollement au-dessus du mitan du cadran vers une tranche qu'il avait toujours trouvée ingrate, située aux environs des deux heures moins vingt de l'après-midi, entre la huitième division et le dernier quart. Par un effet de perspective, la petite aiguille pointait déjà sans attendre vers la deuxième heure.

Il tira le caban pan par pan et le fouilla tout en évitant de trop en tournebouler la masse informe. Si le contenu des poches se répandait autour du frein à main, il perdrait du temps à récupérer les menus objets qu'il arrivait à garder pour le moment en sécurité, comme sa carte de crédit ou le pochon qui n'arrêtait pas de vouloir glisser à l'extérieur. Le filet tressé par les fils de l'oreillette maintenait le tout en place, mais la flasque menaçait de forcer le passage en se glissant au creux de sa main avec une insistance un peu vicieuse.

Après avoir bu un coup, il s'introduisit avec plus d'audace dans l'orifice et le caban finit par rendre le téléphone. Il retira la flasque d'entre ses jambes et la rangea dans le vide-poches en prenant soin d'éviter la rencontre du verre et du sous-verre, glissa le pochon de Sylvana côté photo sans se laisser aller à la tentation d'y piocher encore, se contentant de lécher les doigts qui avaient essuyé les traces de poudre au passage. Le démêlage de l'oreillette fut l'affaire de quelques secondes et il ne reprit tout à fait son assiette qu'après avoir composé le numéro de la messagerie, lorsqu'il laissa doucement remonter l'embrayage sous sa semelle.

La ferme sinistre au crépi taché d'eau qui se rapprochait en cible mouvante avait brûlé, il y a quelques années. À l'époque c'était une discothèque, les solives noircies et les murs crénelés rappelaient, en plus misérables, les ruines de la fabrique. Deux taches qui ressemblaient de loin à deux chiens reprenaient à mesure leur forme habituelle, celle de lions en résine moulée qui encadraient une porte à petits carreaux de style Louis XVI. Depuis peu, à l'époque, les dernières vitres intactes avaient été brisées, la porte forcée (pour aller où ?), un rideau rouge et blanc du genre des nappes des restaurants routiers s'était coincé dehors, et s'agitait au passage des voitures sous les rafales comme un chiffon de détresse. Par-dessus, résistant, on ne sait trop comment aux intempéries et aux déprédateurs, s'arrondissait un store bombé en toile plastifiée violette, du même effet prétentieux que certaines décorations de bijouterie ou de fleuriste funéraire. L'enseigne lumineuse, un cocotier, qui surmontait l'entrée, avait disparu et seul restait un fragment négligé par les pied-de-biche des gitans : *cabaret-spectacle spécialités créoles*. Le haut de l'inscription manquait et Patrice n'arrivait plus à se souvenir du nom de l'établissement. Il remarqua qu'une camionnette blanche aussi mal en point que le bâtiment était garée devant l'entrée. Le conducteur avait oublié les phares allumés et ceux-ci brillaient d'une lueur jaunâtre. Cette présence prit à ses yeux un caractère menaçant. Depuis qu'il était revenu des États-Unis, il avait des sortes de flash négatif. Des détails qui échappaient à tout le monde lui apparaissaient comme des présages, ou des traces de manifestations malfaisantes. Un effet secondaire classique de la cocaïne qu'il n'arrivait pas à mépriser tout à fait. Le trouble persistait, irrationnel.

Arrivé à un rond-point, devant un parking autrefois réservé à la clientèle où pourrissait depuis un bon moment une remorque de camping, il se dit qu'il ne lui restait plus qu'une demi-heure avant le périphérique.

Il avait éludé trois messages successifs du château : il se sentait incapable d'affronter Ahmed ou sa mère, mais il n'osait pas effacer tout à fait leurs voix et il les avait sauvegardées dans l'intention de les écouter plus tard. Bien sûr l'envie ne viendrait jamais et, à chaque fois qu'il retomberait dessus, il en retirerait le même frisson désagréable.

L'angle du bâtiment avait été arrondi par un maçon de fortune qui avait rapetassé sans trop y croire l'ancienne construction crevassée dans le ruissellement d'un dégueuloir de gouttière ; une grève sablonneuse s'échappait sous le pansement de ciment gris, se fondant sur le trottoir en un petit tas informe. Le mur se vidait de l'intérieur et, suivant le mouvement qui porte toutes nos constructions à retourner à l'état initial, le trottoir finissait par ressembler au terrain glaiseux dont il habillait momentanément la nature profonde. Les caillasses, moellons de fortune que des ouvriers morts depuis longtemps avaient péniblement taillés et empilés dans le dessein de construire une solide demeure, se retrouvaient par terre, pointant dans les coulées sableuses de l'ancien joint, blanches et dures, déplorant leur venue au monde comme des betteraves à sucre ou des raves non comestibles. Pourquoi s'était-il arrêté ici ? Le spectacle de ce mur effondré le fascinait, et tous les efforts inutiles qu'il avait fallu pour au bout du compte en arriver là. Il se rappelait la phrase d'un copain toxo du Chilien à sa petite amie qui buvait du Seven-Up : « Pourquoi tu ne vas pas vider la bouteille directement dans les chiottes ? » Profonde remarque !

Le message suivant était presque inaudible. La voix de la femme qui l'avait laissé tomber sans avoir l'air d'y croire, allait bien avec le mur écroulé et les méditations du junkie, elle avait ce timbre court qui étouffe toute manifestation de vie chez les gens peu généreux, attentifs à s'épargner un frais inutile à l'égard des autres. Elle était morte. Un chant d'outre-tombe. La lenteur dédaigneuse dont elle usait pour se rendre accessible compensait d'avance le peu d'attention que les paroles auraient pu rencontrer. Un effort de trop car la méchanceté de la voix aurait suffi à intéresser. Le langage argotique qui, dans la bouche de Didine, passait pour une affectation de simplicité prenait dans ce gosier-là une couleur sale. Patrice avait entendu les mêmes intonations dans trois bouches différentes : celle d'une proxénète récemment assassinée à Genève, celle d'un ancien président de la République qu'il avait photographié et... celle de Minette de Talleyrand.

Il écouta le message une seconde fois. Minette avait une certaine manière de laisser les fins de phrase en suspens, à cause d'un début de surdité ou d'un bâillement nerveux, héritage d'années d'addiction aux opiacés. Ces silences lui donnaient toujours l'air de sous-entendre quelque chose ; elle finissait sur une allusion grivoise en supposant que « ça te dirait sûrement de te pointer dans le coin cet après-midi pour un petit cinq à sept ». Elle le convoquait porte de la Muette pour qu'il l'aide à récupérer un tableau qu'elle y avait déposé. Le soupçonnait-elle de se servir de l'appartement de Didine pour y ramener des filles ? Probable car, dans la même situation, elle n'aurait pas hésité.

Le rappel automatique échoua. Patrice en fut soulagé, cet incident lui fournissait un prétexte pour ne pas se manifester. Difficile de refuser quoi que ce soit à Minette : elle trouverait impensable qu'il puisse avoir mieux à faire que de l'aider à déménager un tableau. Il fallait bien remplacer le concierge en vacances de Noël. Rien qu'à écouter ses excuses elle le percerait. Elle avait l'oreille plus policière que Didine et, faute de mieux à son âge, l'idée de gâcher une « séance de jambes en l'air » ne la laisserait pas indifférente. Elle avait eu beau passer sa vie à « se faire sauter », elle demeurait au fond la vieille fille jalouse qu'elle serait restée à une autre époque, pareille à celle du dessin de Chassériau qu'elle voulait récupérer dans le coffre de Didine : le portrait d'une de ses parentes, comtesse polonaise agame réfugiée à Fontainebleau dans les décombres de l'Empire.

Avant d'entamer la descente qui serpente vers la RN20 sous un soleil gris, il eut un regard pour le visage sans yeux qui souriait aux anges sur le tableau de bord. L'ossature du visage donnerait à ses traits, quand il lui ôterait le masque des lunettes de soleil tout à l'heure à l'hôtel, le même aigu, la même dureté osseuse qui cognait la joue lorsqu'on approchait. Face à Lukardis et Minette, deux femmes minces, froides, aux manières aussi dessinées que leurs pommettes, d'une politesse cousine qui semblait glacée à l'air de la Poméranie, il se sentait mou et tiède. Chez Lukardis, le premier baiser avait beau être brûlant, la chaleur qu'elle y mettait ne résistait pas à la céramique brisante de ses dents, on aurait dit ces assiettes de Saxe sorties du chauffe-plat mais auxquelles une trop grande finesse de grain empêche de garder bien longtemps la mémoire de la flamme.

Les bosquets mal entretenus, les jardinets abandonnés dont les clôtures de bois s'effondraient sous le poids des ronces et des boules de neige empêchaient d'apercevoir les murailles blanches de la carrière. Une voie ferrée chevelue d'herbes qui avait permis d'acheminer le sable jusqu'à la ligne d'Étampes s'enfonçait dans une allée de pins. Avec un souci de propriétaire, Patrice ne put s'empêcher, malgré les lacets, de vérifier la présence d'une carcasse qu'un récent déboisage dû à des travaux EDF avait fait apparaître. Cette épave prise par la jungle n'avait pourtant pas l'air bien ancienne, les roues géantes de l'engin avaient encore leur habillage de caoutchouc et la peinture jaune industrielle chantait avec vivacité derrière les lianes poussiéreuses de la viorne que les ouvriers avaient coupées et laissées pendre du haut des branches des pins. L'engin, une benne large et trapue comme un gros scarabée, avait dû arriver dans les fourrés par un autre chemin, une de ces routes secrètes qui menaient derrière les clôtures jusqu'au cœur de l'exploitation. Un dimanche d'août, le même où il avait découvert la petite tombe, Patrice s'était approché pour le photographier. L'arrêt des stupéfiants ressuscitait chez lui un désir d'activité artistique : l'été dernier, pendant la quinzaine que Sylvana passait traditionnellement dans sa famille près de Nevers, il s'était lancé dans une série de portraits de vieux bulldozers, de chenillettes essoufflées, de camions à benne en déshérence. Son travail s'inspirait de celui d'un couple d'artistes contemporains qu'il avait découvert dans la revue américaine Artforum. Hélas, faute de recherche sérieuse, le casting était pauvre, les modèles choisis le furent moins selon leur photogénie que leur proximité, et il s'était fini sur une carcasse de moissonneuse qui dormait depuis des années dans un fossé près de chez lui. Le sens critique lui était revenu dès que le dealer avait rouvert son commerce.

Il fallait justement rappeler Sylvana. Du tournant où il était réfugié, il pouvait encore distinguer, s'il tripotait le rétroviseur central, le camion jaune, rétréci, perdu comme un jouet d'enfant dans un jardin. Seule cette photo-là restait valable à ses yeux. Quand il avait tout arrêté, il s'était dit qu'en matière d'art c'était le premier jet le plus intéressant, les autres n'étant qu'une déclinaison imposée par le besoin de continuer à tout prix ce qu'on avait commencé. Parfois, un tel acharnement durait toute une vie : il avait pensé à Patrick, le sculpteur à la mie de pain. En amour aussi il arrive qu'on s'acharne. On s'enchaîne à un esprit de système, parce qu'on ne peut plus se remettre en question. L'amour-propre et l'ankylose du sens critique, conséquence du vieillissement, forgent des certitudes à partir d'approximations. La répétition construit une réputation qu'on se fait à soi-même davantage encore qu'aux yeux des autres : tel sera fidèle à une seule femme rencontrée par hasard (ou à quelques-unes, mais sur de longues périodes) par esprit de système, par timidité d'habitudes, tel autre s'obstinera à changer d'objet pour mieux recréer les mêmes situations dans quoi il prendra ses aises, ses pantoufles aussi bien que s'il n'avait jamais varié. La drogue sauve de ce genre d'empoisonnement parce qu'elle rend velléitaire et surtout force à n'agir que de façon utilitaire, c'est-à-dire financièrement rentable. Que ce soit le vol, la prostitution ou ce qu'on appelle le travail. Mais la drogue, même si l'on y perd tout, est d'abord un genre qu'on se donne, un état, une sorte de conformisme, avec ses petits conforts et ses soucis qui viennent limiter le champ des possibilités, un garde-fou contre la peur du vide.

Rien qu'au ton du message, le cinquième et dernier enregistré sur son répondeur, il soupçonnait que Sylvana était impatient de lui reparler du fameux billet. Pourtant, la voix maniérée de l'ancien culturiste lui avait donné un plaisir brutal. Pour une fois, Patrice avait la certitude de savoir ce qu'il voulait. Il était tellement pressé de se ravitailler qu'il se sentait le courage d'annuler l'hôtel pour aller directement rue des Martyrs. Il s'était refroidi sexuellement et puis il se trouvait soudain bien léger d'attendre la fin d'après-midi, surtout en période de fêtes. Il imitait les alarmes de sa mère à l'égard des chapons du Super U. C'est sans doute pourquoi le nom d'Ahmed prononcé par Sylvana dès le début de la conversation, après que le téléphone avait sonné presque quatre coups dans un vide désagréable, le crispa autant. Il n'avait pas envie d'entendre parler de l'Arabe. Il se contint par politesse.

Il supporta le bavardage du dealer, jamais lassé de ce ton de complicité railleuse dont abusent certains homosexuels pour se donner une contenance.

— Je sais pas ce qu'elle prend en ce moment la campagnarde (il parlait encore d'Ahmed), mais ça a pas l'air d'aller. Elle demande que tu te dépêches de passer chercher son menu et que tu rentres à la chaumière très vite. Je crois qu'il y a quelqu'un de malade.

La bonne nouvelle était que Sylvana avait de quoi fournir. Une fois qu'il eut l'impression (fausse) d'avoir alerté son monde, le dealer détailla en contrepartie, et dans l'intention de torturer son interlocuteur, son agenda complet du début d'après-midi : on ne serait pas visible avant cinq heures car il fallait qu'on aille chez le fleuriste, dans un magasin de bricolage et aussi à la Poste. La vieille coquette de la rue des Martyrs qui jugeait intéressées, à juste titre, les visites qu'il recevait, et qui se souvenait (illusoirement) d'une époque où on le courtisait pour de meilleures raisons, aimait se donner de l'importance en se laissant désirer. À la fois rompu à ce petit jeu et soulagé de résoudre un dilemme sans avoir à choisir, Patrice se dit aussitôt, par contradiction, pour garder son sang-froid car il se plaisait à décevoir l'autre en feignant le détachement, que le rendez-vous avec Lukardis allait lui faire du bien, lui permettre de décharger une partie de l'agressivité qui montait en lui du fait de la drogue. Quand il couchait avec elle, il se sentait mieux au moins quelques heures. Une fois qu'il se serait libéré des corvées de louer la chambre et de se déshabiller, les choses iraient bon train, comme toujours. La voix d'un chauffeur de taxi maghrébin rencontré la dernière fois chez Sylvana, résonna dans sa tête. Ce type (Mektoub, ou quelque chose comme ça) était un toxicomane agité, un sanguin, qui oscillait sur son siège comme un catatonique. Il avait insisté pour accompagner Patrice jusqu'au boulevard Saint-Martin. Patrice avait accepté par politesse, Mektoub conduisait sèchement, enchaînant les à-coups, les freinages brusques ; en fait il avait l'air complètement fou. Il s'était écrié en passant devant un commissariat de Police « T'aime la bite d'Arabe, hein, salope ! » De qui parlait-il ? De sa copine ? D'une maîtresse ? De sa mère ? D'un policier ? Cette phrase était restée et la chaleur haineuse de Mektoub remit Patrice en état d'excitation, il imaginait soudain Lukardis au lit avec un ou plusieurs Arabes, comme Minette dont le goût pour les Maghrébins s'était affirmé à mesure que les déconvenues amoureuses la rendaient plus triste.

La présence de la RN20 se précisait brusquement à mi-pente : l'horizon s'éclaircissait, les taillis laissaient la place à des constructions industrielles et à des pavillons de pierre couverts en tuiles de ciment datant pour la plupart de la même époque. On les avait construits aux abords de la carrière et d'une sucrerie voisine, habillant le paysage de forêt tout autour de la nationale en un tissu urbain qui faisait déjà penser à l'ancienne banlieue sud, telle qu'elle vient s'étendre jusqu'à Corbeil, Melun ou Montlhéry. En surimpression, les couches postérieures : affiches de marchands de meubles, de concessionnaires automobiles ou de fast-foods commençaient d'imposer leur glacis par touches sur les bâtiments noirâtres. En approchant de l'interminable feu rouge qui l'aiguillerait définitivement sur la quatre-voies, Patrice se sentait glisser dans l'orbite de l'agglomération parisienne. Il était deux heures moins vingt-cinq (il avait vérifié avant de ranger le téléphone), et la journée prenait tournure. Il avait écouté ses messages, fixé rendez-vous à Sylvana. Fornicator suivrait. Par une délicatesse du sort dont il ne cessait de s'émerveiller, le laboratoire de développement Janvier et la chambre de bonne du dealer se trouvaient à deux cents mètres l'un de l'autre. Restaient Babeth et la question assez délicate d'Ahmed et de ses parents. Il savait qu'il ne pouvait pas les laisser toute la journée sans nouvelles, car le lendemain matin il faudrait bien les affronter. Il y avait aussi Minette et son tableau, les gens de la maison de disques, la conne en moto-cross, sans oublier la Disney star, et même le compagnon de la Disney star, l'ancien présentateur télé. Mais toutes ces obligations étaient secondaires, elles appartenaient à un futur lointain dont le whisky et la drogue le tenaient, pour le moment, protégé.

Le voyage suivait désormais un cours plus tranquille. Il n'avait plus besoin de trop surveiller la route, pouvait se laisser aller, écouter de la musique. Les seules menaces étaient les contrôles de gendarmerie, les ronds-points et les ralentissements. Pour changer du grésillement de la radio, il se mit en tête de retrouver *Highway to hell*, l'album d'AC/DC qu'il avait vu passer tout à l'heure quand il cherchait la drogue.

Une présence hostile troublait le miroir de sorcière. En se penchant pour ramasser les K7, (en vrac : Paula Abdul, Serge Lama et l'album *Xanadu* d'Olivia Newton-John), il avait bougé le rétroviseur et fait apparaître ce qui devait s'y trouver depuis un bon moment : un fourgon Peugeot plein phares collé sur ses pare-chocs s'approchant dangereusement pour lui défoncer l'arrière. À la peinture blanche cabossée de rouille qui encadrait le trou sombre du radiateur il se convainquit qu'il ne s'agissait pas des gendarmes. Il repêcha dans le trouble de sa mémoire la camionnette qu'il avait vu tout à l'heure devant la ferme sinistre. Le sentiment d'être poursuivi réveilla le souvenir d'une vieille obsession d'Ahmed : une série d'agressions qui avait eu lieu dans la région et dont l'Arabe ne se lassait pas de reparler avec gourmandise pour effaroucher joli-papa : l'affaire dite *des violeurs d'hommes de soixante ans*. Des pirates de la route s'attaquaient à des hommes mûrs, en général pour leur voler leur grosse cylindrée, ils les séquestraient et leur faisaient subir toutes sortes d'outrages afin d'obtenir le code de leur carte de crédit... Dans un cas, ils étaient allés jusqu'à violenter un patron de PME. Heureusement que joli-papa n'était plus là. À chacun ses fantasmes, il préférait Lukardis et les Arabes...

Il fallait calmer les esprits. Il cessa de zigzaguer à la pêche aux cassettes et se redressa poliment derrière son volant.

Il priait pour que le feu soit vert. Il n'aurait pas besoin de marquer l'arrêt avant d'entrer sur la RN20 et ensuite il n'aurait aucun mal à semer ses poursuivants. Il se regarda passer dans la vitrine d'un café-restaurant où en temps normal il était accoutumé de contempler le reflet de sa voiture. Ce moment de plaisir (de *réassurance narcissique*, aurait dit le psychiatre de Babeth) fut gâché par la menace blanche qui bondit derrière lui. Il eut le temps d'apercevoir plusieurs silhouettes, côte à côte dans la cabine.

La drogue aiguisait sa perception du réel tout en amenuisant ses réflexes. Il découvrit avec fatalisme le verdict annoncé par la guirlande de lumière qui vira du vert à l'orange en ondoyant du ciel aux flaques. Au lieu d'accélérer il freina, dans l'espoir improbable de voir le feu repasser au vert avant d'avoir à marquer l'arrêt. Sans oser se mettre au milieu pour bloquer le passage, il laissa les murs en meulière qui bordaient la route refermer sur lui la denture de leurs joints creux.

À sa gauche, il entendit qu'on le dépassait dans un bruit de moteur forcé. Pour éviter d'avoir à répondre aux injures éventuelles, il s'absorba sur la carrosserie du fourgon, notant comme un expert d'assurances que la garniture de plastique noir qui ceinturait le bas du tablier sur le modèle d'origine (à supposer que pareille épave eût une origine) avait été remplacée, à la sauvage, par une feuille de contreplaqué. Les multiples cicatrices qui rayaient en tous sens la peinture et les phares brinquebalant sous les rubans adhésifs donnaient une idée du peu de soin avec quoi les différents propriétaires avaient traité le véhicule ; y compris le dernier en date qui venait de se rabattre devant lui en clignotant méchamment des freins. Du portillon arrière dépassait un madrier noirci où s'accrochaient, comme des lambeaux de vêtements sur le cadavre d'un brûlé, des bandes de papier peint d'un rose soutenu. À la pointe de ce qui avait dû servir de montant de porte dans une autre vie, moins misérable, suppurait une croûte durcie d'une couleur brunâtre – du goudron ou de la merde ? Cet éperon menaçait de venir cueillir la tête de Patrice en cas de choc. À moins qu'il ne s'acharne d'abord sur le turbocompresseur dont il éraflait le chapeau chromé à chaque coup de frein.

Il fallait s'arrêter. On verrait bien ce qui allait se passer, se dit-il, avec l'indifférence troublée d'un spectateur refusant de se laisser prendre par un film d'horreur. Il savait par expérience que l'Aston Martin avait le défaut d'attirer l'antipathie des envieux, il n'était pas rare d'y recevoir des crachats ou des coups de pied dans les portières.

La camionnette, un J9, à en croire le sigle terni qui se détachait au ras d'une ligne de sédiments déposés par les projections boueuses et la fumée du diesel, et même un J9 surélevé (au toit surmonté d'une espèce de couvercle), lui bouchait l'horizon. Au vu des bordures il semblait qu'ils étaient arrêtés quelques mètres avant la RN20 : peut-être simplement au feu. Surtout ne pas klaxonner. En l'absence de témoin, il valait mieux se laisser marcher sur les pieds sans scrupule.

Il avait affaire à des démolisseurs ou à des récupérateurs de matériaux, sans doute des ouvriers au noir, le genre de bétail humain dont on ne sait plus très bien à quelle race il appartient, surtout depuis que les émigrés d'Europe centrale viennent ajouter leurs bras à ceux des Arabes et des Portugais. Il se méfiait des Slaves, arracheurs de radiateurs particulièrement alcooliques et brutaux. Tendu, il se félicitait de son sang-froid à mesure que se confirmait l'absence de réaction de l'équipage de devant. Il ressortit la tête des épaules et, reprenant son rôle d'expert, il s'occupa à déchiffrer la seule raison sociale indiquée par le véhicule : celle du fabricant de plaques d'immatriculation qui avait serti son œuvre fraîche sur le tas de boue, en bas, un peu de travers. Le drapeau européen qui bordait la plaque à gauche semblait imposer fièrement son bleu républicain sur la sous-couche crasseuse où les empreintes du poseur de rivets étaient restées imprimées, comme celles d'un criminel ou d'un fresquiste préhistorique, mais la surcharge extraordinaire du véhicule avait déjà corné sur l'asphalte le côté droit du rectangle jaune au niveau des chiffres 91.

Il était en train de se demander à quoi pouvait bien ressembler la rue des Fusillés au Kremlin-Bicêtre, patrie du poseur de plaques ou du casseur gitan qui avait recyclé le véhicule, quand un nuage d'hydrocarbures vint lui annoncer que le siège était levé.

Une fois l'horizon éclairci, il démarra à son tour et, pacifié, il se prit d'un élan d'affection pour des travailleurs précaires anxieux de pointer à l'heure sur leur lieu de travail, une déchèterie, une décharge sauvage ou un chantier minable. Eux n'avaient pas le privilège de rejoindre une princesse allemande à l'hôtel. Avant de les quitter pour de bon d'une poussée d'accélérateur, il jeta un coup d'œil aux occupants de la cabine. Y avait-il sur leurs visages de quoi justifier sa charité ? Au fond de lui, il leur était reconnaissant de ne pas avoir sauté du camion au feu rouge pour lui casser la gueule. La distance sociale qui les séparait et la distance physique qu'il s'apprêtait à mettre entre eux, lui donnait un champ suffisant pour prendre de la hauteur, loin des mauvaises pensées.

De l'autre bord, on se trompa sur ses intentions et on répondit à son regard par des coups de menton, des cris et des gestes de défi. Le passager du milieu semblait le plus belliqueux des trois, sans doute en raison de sa petite taille et d'une symbolique infantilisante (ou « homosexuelle », aurait aimablement suggéré Babeth) attachée à la position en sandwich ; il agita même une espèce de hache de bûcheron en sa direction. Avant de détourner les yeux, Patrice eut le temps de remarquer que l'objet portait encore l'étiquette de la grande surface où il venait d'être acheté, ou volé. Il s'empressa d'accélérer. Préoccupé de ce qui se passait dans ses rétroviseurs, il faillit heurter les plots de sécurité qui rétrécissaient la voie à la sortie du hameau.

Un peu plus et c'était massacre à la tronçonneuse ! Pourvu que la chaîne de distribution tienne bon. Il riait en pensant à l'étiquette sur la hache. Visiblement ces types avaient l'intention d'amortir leur matériel le plus vite possible ! Mais il avait appris à se défiler. À partir d'un certain âge, les bagarres sont moins fréquentes et la drogue avait anesthésié son amour-propre. Il arrivait à oublier le sentiment étrange qui le saisissait à chaque fois qu'un autre homme lui faisait des menaces physiques, transformant le saisissement en hébétude. De quoi avait-il peur ? La douleur n'était pas en cause, au contraire, il ne détestait pas avoir mal et les coups qu'il avait pris dans sa vie lui avaient laissé moins de mauvais souvenirs que les fois où il avait manqué de courage.

Non, il avait du mal à se battre parce qu'il avait du mal à frapper l'adversaire. Il ne fuyait pas, mais il n'arrivait pas à taper dur. En cas d'affrontement, il avait tendance à s'accrocher comme les boxeurs en fin de match. Il liait cette faiblesse de tempérament à sa froideur sexuelle. Le même manque de vigueur l'empêchait de se battre et lui donnait le trac lors des premières minutes d'amour. Il n'avait pas envie de fuir mais l'envie le fuyait. Avec les femmes au bout d'un moment, cela finissait par aller mieux, et il aurait sûrement plus de facilité à taper sur un copain que sur un inconnu. Il se disait que s'il avait pu passer outre, sa vie aurait été différente. Mais le déclic ne s'était pas produit et il était toujours resté au bord des choses. Il n'avait jamais pu plonger.

Il engagea la K7 de Paula Abdul dans le lecteur et continua son examen de conscience. La ligne droite qui courait sur plusieurs kilomètres durant cette partie du trajet était favorable aux introspections. Une ancienne forêt qui avait jadis appartenu aux domaines royaux et dont il ne restait plus que des parcelles rongées par l'agriculture extensive et l'élargissement incessant de la route alignait encore quelques vieux arbres. Ils se tenaient à distance, ignorants les uns des autres, parfois isolés, seuls survivants encore debout parmi la rouille des fougères éteintes et les grandes araignées immobiles, aux pattes semblables à des racines, qui avaient envahi le sous-bois en même temps que la voûte là-haut s'était effondrée, révélant le ciel sale et les fumées des sucrières. Les dégâts de la tempête de 1999 n'avaient jamais été réparés et les fûts abattus finissaient de mourir, aussi larges que les tuyaux de ciment oubliés sur le bas-côté par la DDE. Les plus lugubres à voir étaient les mutilés, ceux que les vents inexplicables avaient étêtés, laissant pour seule trace du lent travail qu'avait coûté leur élévation, des chicots meurtris, dressés comme des pals. Sur certains sujets, l'âme du bois mise à nu laissait voir une pourriture secrète, trace du champignon qui avait peu à peu carié la résistance du mât. La voilure abattue finissait de noircir sous les intempéries comme un bouquet oublié sur une tombe.

Il n'était pas fier de lui, les scrupules lui venaient toujours une fois le danger écarté. Pure lâcheté. Il étalonnait le passé à la lumière de ses faiblesses. Il perdait pied au moment d'agir, pas seulement pour la bagarre mais pour tout affrontement verbal ou psychologique ; comme tout à l'heure avec son agent. Qu'il tienne encore debout malgré toutes les défilades tenait du prodige. Il se vengea en tapant sur l'autoradio. La K7 de

Paula Abdul (si elle voulait bien se mettre en route), lui rappellerait le clip qu'il avait réalisé pour elle, et l'époque où il était payé 10 000 euros la journée. À chaque fois qu'il se trouvait minable, il cherchait dans le passé de quoi se remonter le moral. Dans sa dépression passagère, aggravée par la drogue, il lui semblait que la peur était la seule vraie passion qui l'ait jamais ému, et ses succès montraient aussitôt leur trame. Il se souvint du jour où Paula Abdul l'avait traité comme un chien ou de celui où Madonna l'avait croisé aux Awards, trois ans après le clip, sans le reconnaître. C'est cela, il n'avait jamais su imposer ses goûts, ses avis ou même sa présence physique, il y avait toujours un moment où il lâchait prise et cédait sous l'impulsion des autres. Agent minable, attachée de presse ou même ses assistants : il fuyait devant eux comme devant la camionnette. Au fond, il n'avait pas le sentiment d'exister vraiment. C'est pour cela qu'il abandonnait tout à vau-l'eau (et, par exemple, qu'il ne rangeait jamais les K7 dans les boîtes, ce qui les détériorait). Il laissait tout pourrir car il fallait que le mal se voie.

Il se consolait en songeant qu'au moins il était lucide, quand une réponse du turbocompresseur le réconforta. Et puis, il préférait ce qu'il était (une « poubelle », selon certains) au personnage social qu'il aurait dû jouer en vieillissant, car un faible n'a d'autre choix à long terme que de cesser d'être soi-même – ou alors de se donner la mort comme le Chilien, et il en était incapable. À la différence de beaucoup de ceux de son milieu et de sa génération, s'il mentait sans cesse, il se mentait peu et c'est à cause de cet aveu de faiblesse qu'il était si bizarrement aimé de certaines femmes. Un matin où il pleurait dans son lit en lui parlant de

Didine, Babeth le lui avait dit : « À ton niveau la lâcheté c'est du style », elle avait rendu hommage à une transparence qui lui conférait une manière de simplicité et même, songea-t-il en se rengorgeant sur son siège, d'élégance. La négligence, les atermoiements, les défilades, tout ce qui marquait son défaut de tempérament, le sauvaient des vulgarités. Il avait occupé une place que d'autres, pleins de sève et de haine (comme les types à la camionnette), n'obtiendraient jamais : photographe de publicité à 10 000 euros la journée, clipper de Madonna ou de Paula Abdul. Et puis il avait tout gâché, comme il perdait son argent, ses papiers, et tout ce qu'il possédait en général.

« Madonna, Paula Abdul » : petite revanche, ces deux noms fameux lui parurent sonner creux dans ce lieu, au regard du défilé des vieux arbres ; quoique grands, eux aussi, ils étaient d'une autre essence, l'équivalent des tuyaux d'égout remisé par la voirie, ou les cheveux teints de deux prostituées qui bravaient la pluie, montées en amazone sur une barrière de forestier.

Un soir où il revenait de Paris, il s'était arrêté là. Il se souvenait d'une figure humaine aux cheveux jaunis par l'eau oxygénée et les lotions détergentes de mauvaise qualité. Elle embrassait la vitre avec de grosses lèvres molles, tachées de noir à l'intérieur comme un ventre de chien. Elle avait dû sucer quelque chose, une réglisse qui lui avait coloré la bouche et laissé des traces à la commissure, petites croûtes séchées pareilles à des crottes de nez. Elle avait essayé de montrer un sein et avait d'abord révélé un ventre blanc, strié de vergetures, stigmates d'une grossesse d'adolescence. Le nombril était un peu trop lisse et manquait de ce pelage sombre dont il avait envie pour se coucher sous elle dans les feuilles mouillées et les menues ordures oubliées par les prédécesseurs. À plusieurs reprises, les semaines précédentes, il avait repéré, comme un criminel, ce groupe de deux ou trois fausses blondes qui se tenait juste avant l'orée du bois et il venait d'imaginer, avec des précisions visionnaires d'éventreur, ce qu'elles devaient tenir serré sous leurs jupes cirées de crasse et leurs collants d'hiver. Cette nuit-là il lui avait fait signe d'abaisser sa jupe et elle avait révélé, sous l'inévitable string, un pubis aussi lunaire que son bas-ventre. Hélas, seuls subsistaient quelques restes de l'ancienne toison, autrefois fournie comme le sont en général celles des Albanaises et des Arméniennes, dessinant un massif rectangulaire autour de la fente vaginale. Un peu le bouc qu'il portait au menton, en plus sec. Il ne manquait qu'un nez et des lunettes noires dessinés sous la trace de l'élastique, et il aurait cru se regarder lui-même, ce qui n'était pas le but recherché.

C'était une mode américaine, colportée jusqu'aux Balkans par la pornographie hongroise, et que Luigi d'Urso, un snob, ami de Franco Estherazy, dénonçait avec un cri réprobateur sous la métaphore qu'il avait l'air de trouver originale (effet de la drogue, de la bêtise ou de l'âge ainsi que d'une certaine forme de vulgarité qu'on trouve chez les vieux mondains, du même tabac que le parler « jeune » dans quoi Didine se hasardait) : « chatte en ticket de métro ». Ils en avaient causé ce soir-là, rue de Ponthieu, pendant que Babeth se soulageait entre deux voitures. Comme Ahmed ou joli-papa à propos de Le Pen, Luigi et Franco se complaisaient à parler très haut de ce genre de choses, dans l'espoir de faire rire les hommes ou de blesser les filles ainsi mutilées. Ils étaient rentrés dans les détails : à les écouter, sur les peaux à gros grains, l'arrachage laissait des marques d'un gris rosacé « couleur *joue de prêtre* » selon le membre supposé de l'Opus Dei, et faisait ressortir jusqu'à l'intérieur des cuisses la grumelure des bulbes. Le pire (« le pirrrre », vociférait le pitre italien face à la rue obscure) étant quand un « poirrreau isolé » loin de la motte suggérait l'étendue du désastre. Et ils avaient fini tous les trois, assis sur un engin de chantier, par un panégyrique de la « tarte au poil » qui avait arraché un demi-sourire à Patrick Juvet, leur compagnie de trottoir.

L'idée fixe durcie comme un golem par l'abrutissement satanique de la drogue avait tétanisé Patrice sur le bas-côté : faire asseoir une de ces filles à cru sur son visage. En rentrant il serait enfin apaisé et il n'aurait plus qu'à se laver dans la salle de bains de Didine avec des précautions bruyantes d'homme ivre. Il y avait toujours un moment, après un ou deux grammes de drogue, où la charge le mettait dans ces états d'obnubilation. Une perversité qui dormait en lui depuis l'enfance l'habitait entièrement, allant jusqu'à durcir l'intérieur de son crâne, transformer sa langue en cuir, épaissir ses lèvres, exorbiter légèrement ses yeux (le psychothérapeute de Babeth aurait jugé que ses « inhibitions étaient levées », mais levées sur quoi ?). Dans ces moments-là, il n'avait plus peur de rien, ou presque. Le contact froissé des billets de cent euros dans la poche de sa veste tachée d'alcool lui donnait une impression de toute puissance, mais aussi de faiblesse due à la peur d'être dépouillé. Il arriverait à s'en tirer sans dommage en fourrant la liasse dans ses bottes, mais il fallait choisir une coupure.

La dernière urine de femme qu'il avait goûtée était celle de Vanité, après un concert privé, dans la maison d'un oncle d'Aliyaah à Miami. Ils avaient fait ça par terre, encore une fois dans une salle de bains, et le contenu de son ventre, rêche comme les doigts de singe posés sur lui, sentait, comme toujours ce genre de boisson, le pot-au-feu. Excitée par les pipes et les pipes de crack, elle s'était frottée sur lui pendant des heures sans arriver à rien. L'urine, les humeurs acides et les touffes sèches comme du lichen de mer lui brûlaient une blessure qu'il avait sous la narine.

Ici, sous les petites Albanaises, ça serait plus doux, plus mou, plus marin ; plus sale aussi.

Sous le coup d'une impulsion, il avait redémarré : il n'arriverait à rien, son sexe était mort, et la prudence cocaïnique lui rappela que ça ne valait pas la peine de dépenser de l'argent ou de prendre le risque d'un vol.

Plus tard, cette nuit-là, en finissant la provision de poudre qui lui restait, il s'était focalisé sur des idées fixes qui, même seul dans la froissure trop familière de ses draps, pouvaient le conduire sans ciller, sans bouger, sans essayer de se masturber, jusqu'à l'aube. Le monde derrière le rideau, la suite des heures, la nature de son entourage lui devenaient indifférents et, sous l'œil de la mort (et du diable) qui le guettait entre les mélèzes de la gravure, il reconstruisait un théâtre de fantômes où les personnages de sa vie jouaient pour lui des mystères pornographiques.

Il s'était endormi bien après l'aube, la bouche amère malgré les rinçages, enchaînant, sans logique ni effet, les cigarettes Kool léchées puis trempées dans la cocaïne et les cachets bleus de Lysanxia. Les chants d'oiseaux l'avaient surpris alors qu'il imaginait Didine (il l'entendait étouffer à côté) se relever de sa maladie pour lui faire subir des sévices. L'esprit retors qui l'agitait pensait pouvoir les obtenir en échange de tout le mal qu'il lui avait causé. Il avait manqué de se lever pour entrer dans la chambre voisine tenter un rapprochement malgré la sonde, mais l'abrutissement – ou peut-être quelque chose de meilleur en lui – l'avait arrêté, abasourdi après une dernière Kool. Il s'était réveillé quelques heures après.

En entendant parler dans la chambre de Didine, il s'était soudain souvenu avoir croisé sa mère dans le couloir, avant l'aube. Il était nu comme un porc, appuyé au mur avec une Kool... Mais peut-être s'agissait-il d'un rêve ?

Jamais, étant plus jeune, on n'imagine descendre un jour si bas en soi-même, dans les sous-sols où dort l'innommable ; là, debout dans ce couloir, nu, avec cette cigarette mentholée trempée dans la drogue, respirant la tête en l'air pour éviter que la cendre encore chargée lui tombe sur le ventre, il avait imaginé, ou plutôt la chose diabolique en lui avait imaginé, d'aller rejoindre Didine mourante pour la mêler à sa fantaisie sexuelle. Fantasme qui n'en était plus un au sens où il n'était pas excité physiquement mais durci à l'intérieur, bloqué sur une idée reptilienne qui devait se trouver au fond du fond de sa conscience – en tout cas, de celle qu'explore la psychologie.

Au sortir de la forêt, la lumière du plein ciel le ranima, la K7 de Paula Abdul tournait à vide avec un crissement d'usure et il se renfrogna, il avait envie d'écouter *Straight up !*, une chanson qui s'y trouvait enregistrée. À chaque fois, il croyait saisir dès la fin du premier couplet quelque chose comme « *cocaïne hit and run* », des paroles incongrues dans la bouche d'une artiste qui avait menacé de le faire renvoyer par la production sous prétexte qu'il voulait allumer une cigarette en sa présence. Il s'était convaincu d'entendre cela : « *cocaïne hit and run* » car, comme beaucoup de gens d'aujourd'hui, il appréciait les chansons où l'on parle de drogue, autant que les films où les acteurs imitent devant la caméra ces gestes quotidiens. Ça le confortait et lui donnait envie de se droguer lui aussi. L'âge venant, il avait été rejoint par la masse dans ce snobisme d'adolescent et il y avait peu de téléfilms où les comédiens ne jouaient pas à priser de la cocaïne (comme dans les années 50 ils buvaient du whisky). Du coup, en pionnier, en puriste, il se rabattait sur les classiques du genre : *Bad lieutenant,* d'Abel Ferrara, ou *Scarface,* de Brian de Palma, qu'il avait récemment retrouvé en DVD chez Super U pour 9,50 euros, car la vidéo achetée avec Didine au Publicis Matignon en 1984 était devenue toute baveuse à force d'usure.

Si la bande magnétique ripait ainsi c'était certainement aussi parce qu'il avait trop écouté le morceau. À moins que le lecteur ne soit empoussiéré ; hélas, la K7 nettoyante (un héritage du shah) se trouvait hors d'usage, et hors d'atteinte. De tels incidents se produisaient souvent : la compilation de Serge Lama qu'il avait ramassée en même temps (Olivia Newton-John avait disparue dans les ordures) ne passait pas bien non plus. Autre défaut et nouveau motif de contrariété : la chanson *Je suis malade*, qui arrivait à le faire pleurer, ne cessait pas de s'inverser avec le morceau final de la face B, d'une tonalité désagréable, où le chanteur braillait : « J'ai la peau du ventre bien tendue ».

La route se resserrait et traversait un pays morne, surtout depuis l'abattage des platanes qui la bordaient. À l'emplacement des souches, les surgeons, qui remontaient en touffes, rappelaient la colonnade disparue. Par intervalles, un cippe de grès orné d'une fleur de lys marquait la fuite du temps et des kilomètres. Il entrait dans la zone d'influence de Lukardis. À ce point précis de son itinéraire, la réalité prochaine de leurs retrouvailles accaparait ses pensées.

Ici, dix ans plus tôt, les choses lui paraissaient plus belles. Il lui arrivait de revenir au crépuscule d'un après-midi entier passé à l'hôtel. Il se pressait de retrouver Didine, encore imprégné de l'odeur d'une autre. Il conduisait vite, inquiet d'un retard à dîner, en se remémorant les bons moments passés avec Lukardis comme dans certains films des années 70 où le générique de fin fait défiler les meilleures séquences en y surimprimant le nom des comédiens. Ce n'était pas simplement une conséquence de l'effet cinétique des arbres. Les émotions que Lukardis lui inspirait lui avaient rendu le goût du cinéma. Il avait même pensé à tirer un scénario de leur « histoire », naïveté dont l'avait bientôt détourné la sage influence de la drogue. Sous l'emprise de la ferveur sentimentale que le long combat mené contre le corps de l'autre lui instillait, ainsi qu'une détente sans lassitude, un peu béate, il se laissait aller à chantonner, et même à redire à voix haute le prénom de celle qu'il aimait. Lorsque ses phares réveillaient les œil-de-loup dessinés sur les troncs pour signaler la présence du danger au conducteur, il avait la vision d'une allée d'étoiles. Lukardis ! Lukardis ! Il ne se lassait pas de prononcer ce nom, et, pareil aux étoiles fixes du chemin, son amour lui paraissait éternel.

— Grosse promotion d'huîtres et de moules !

Il s'entendit lire le panneau avec sa voix d'aujourd'hui, cassée par les toxiques. Il prit conscience du sens figuré qu'un homosexuel comme Ahmed aurait pu leur donner, et il eut honte de la bassesse involontaire du rapprochement (comme tout à l'heure au garage mais ce scrupule était tempéré par la drogue et la solitude). Il ricana pour masquer sa gêne.

Sous le ciel sali de la mi-journée s'étalait un nouveau genre de bordure. Un horticulteur, récemment transformé en jardinerie géante, puis en une sorte de centre commercial en plein air, échelonnait les panneaux publicitaires. Selon les saisons, l'espace proposait du muguet (en vrac), des sapins, des fraises (à cueillir), et même de l'alimentaire d'importation.

Autrefois, il empruntait ce trajet au retour car il allongeait la durée du voyage. L'amour pour Lukardis était alors plus fort que la peur de rater le dîner et d'éveiller les soupçons.

Aujourd'hui, à chaque fois qu'il repensait au passé, il commençait par se moquer de l'amoureux fantôme qu'il croyait voir surgir en sens inverse, dans les vitrines porte-affiches du marchand de verdure. Il se reniait, et en même temps, car il n'était entier dans rien, la distance exagérait le charme des soirées d'alors. Il se trouvait moins bête mais il éprouvait une souffrance d'avare à la perte d'un agrément, dommage du même ordre que le déboisement des bordures.

On arrivait à un rond-point de courtoisie orné d'une farandole de jardinières montée en potence sur une structure métallique bleu ciel, une œuvre décorative installée à grands frais par l'horticulteur et la mairie. Devant l'aspect du paysage récent, il passait du dénigrement au regret. Il revoyait les moments enfuis. Il aurait voulu y croire encore. L'ancienne route simple et dangereuse, sans rond-point ni bandes rugueuses, les platanes penchés sur lui par la vitesse dans le noir et blanc des phares, tout l'apanage de son amour d'alors lui semblait très beau.

Soigneusement entretenu, avec des délicatesses d'empailleur, le nom de Lukardis avait pourtant gardé un peu de sa résonance. Il suffisait qu'il le relance une première fois pour revoir une louve de la Forêt-Noire, dont elle avait les yeux, le même éclat phosphorescent qui ressuscitait les arbres d'autrefois. Et puis, s'il répétait Lu-kar-dis en détachant les syllabes, les sonorités proches de l'améthyste ou du lapis-lazuli lui évoquaient la forme d'un chapelet de pierreries, dures et précieuses comme sa voix et la pierre armoriée (selon la coutume allemande) de la bague à la chevalière qu'elle lui avait donnée en gage d'amour (il l'avait cachée des années durant dans un tiroir pour éviter que Didine tombe dessus, avant de la perdre un jour où il se fouillait dans la rue pour trouver ses clés de voiture). En égrenant à trois reprises ce rosaire : Lu-kar-dis, Lu-kar-dis, Lu-kar-dis, il rouvrait devant sa mémoire les portières de cuir de l'église polonaise, située au coin de la rue Cambon. Ils s'y étaient tenus serrés dans une encoignure, une autre avant-veille de Noël. L'odeur d'un cierge allumé par elle suggérait un parfum de reliquaire ou de vieux coffre et tout un air rhénan, à la façon d'Apollinaire, qui lui venait de sa patronne la béguine Lukardis d'Oberweimar. Tout cela était clair, bien rangé dans l'avarice de son souvenir, comme toujours chez lui les anecdotes, les détails, les précisions, les chaussures de femme. Il trouvait encore presque autant d'attrait à ce blasonnement qu'aux armes de la maison de Lukardis.

Il avait beau jouer de sa rhétorique, l'âme n'y était plus. Avec les années, le sursaut de joie qui l'émouvait autrefois quand il voyait les trois lettres *Luk* apparaître sur l'écran du portable avait laissé place avec les années à l'agacement, comme un coup de téléphone de sa mère ou d'Ahmed. Et la chatouille du vibreur entre ses cuisses lui causa le même effet d'horripilation que les bandes rugueuses du ralentisseur qui annonçaient l'arrivée au rond-point et menacèrent de faire tomber les mules de Babeth.

Le nouveau message tombait juste : « *je sen que tum'aimeplu.* » C'était le centième du genre, et déjà le troisième depuis tout à l'heure, à quoi il répondait, quand il avait le temps, d'une dénégation plus ou moins tendre selon l'humeur.

Enclin au pessimisme aussitôt qu'il prenait conscience de la vraie nature du lien qui l'attachait encore à Lukardis, il décida que ça se terminerait de la même manière pour l'horticulteur que pour l'homme aux jacuzzis : un suicide. Il l'imagina pendu à sa pieuvre en métal dont les tentacules dressaient leur azur de convention vers le ciel gris. Ce en quoi il se trompait car les jardineries, en particulier celles installées en bordure de nationale, connaissent un essor constant depuis quelques années ; une erreur qu'aurait sûrement corrigée Ahmed, s'il avait réussi à passer la barrière de la messagerie.

Dire qu'il allait encore s'acharner des heures à lui donner du plaisir ! et que tout cela allait lui coûter 115 euros, sans compter le minibar. Au moins il arrivait depuis un moment à gruger le montant de ses consommations en prépayant la chambre. Pourquoi ne rompait-il pas ? Par faiblesse, parce qu'il n'osait pas lui dire la vérité, et aussi par vanité, parce qu'elle était princesse. À son âge, dans son état de délabrement, il jugeait avec sens qu'il y avait peu de chances d'en retrouver une autre. Elle appartenait à ses collections au même titre que le reste. De toute façon, il était impossible de s'en débarrasser. Au cours de certaines crises, il avait essayé, mais elle revenait toujours. Même pendant que Didine était hospitalisée, Lukardis le relançait sans cesse. Il fallait qu'il passe son temps aux toilettes car son portable n'arrêtait pas de vibrer sous les SMS et les coups de téléphone tour à tour rageurs ou larmoyants, au risque de faire exploser la tente à oxygène. Il n'arrivait pas à mettre le mode silencieux et de crainte d'une scène il n'osait pas éteindre malgré les règlements en usage. Une fois il avait même fallu s'éclipser parce que Lukardis attendait dans la voiture devant l'hôpital. Les flics avaient été alertés par la buée sur les vitres et ils avaient risqué la garde à vue.

À ce souvenir, il ricana une nouvelle fois, de ce rire de dépit que les toxicomanes et les alcooliques opposent à l'abattement, rictus mental aussi glacé que le masque de caoutchouc posé par le produit anesthésiant sur les maxillaires des premiers ou la langue des seconds.

À force de coucher avec elle il ne trouvait même plus à Lukardis l'allure d'une princesse. Elle avait attrapé le genre de sa profession : commerciale en parfumerie, à peine mieux qu'une gérante de magasin Marionnaud. Même les portraits de ses ancêtres dans les dictionnaires, ceux d'Antonio Moro, de Winterhalter ou de Boldini ne l'aidaient plus à se griser. Il lui était arrivé dernièrement de la regarder dans la rue et de juger qu'elle marchait mal, « accrochée à son sac comme une boniche », aurait dit Didine. Babeth était moins tarte avec ses pas de géante et son allure soldatesque montée sur talon de quinze. Une autre fois, comme Lukardis lui enjambait le visage pour une caresse, il avait remarqué un défaut physique inaccoutumé. La peau fine de ses fesses avait tendance à pendre avec l'âge et il avait vu apparaître au-dessus de lui une sorte d'abat-jour Modern style, plissé en forme de chapiteau en haut duquel le trou culier disparaissait, semblable à un bouton d'incluse dans un capiton.

Il eut envie de faire demi-tour. Mais pour aller où ? D'où il venait ? Il faudrait justifier auprès de ses parents et sa fuite, et son retour ; répondre à leurs questions par de nouveaux mensonges, soulager des inquiétudes qu'il dédaignait mais qui en créaient d'autres pour lui. Il se voyait mal remonter dans sa chambre comme un voleur, sans rien pour se défoncer, et s'asseoir sur le paquet de courrier en retard. En attendant quoi ? Avant, il aurait pensé à retrouver Didine, à se jeter dans ses bras. Mais il y avait la sonde, la maladie qui s'était introduite comme une tierce personne entre lui et elle. L'idée que les bras de Didine lui étaient désormais fermés, et à jamais, le désorienta un peu plus puis le retourna encore contre Lukardis qu'il tenait depuis toujours pour responsable. Où aller ? Que faire ? Babeth était en séance photo, et de toute façon il n'imaginait pas de passer une après-midi dans le désordre obscur du boulevard Saint-Martin, d'ailleurs on circulait mal dans ce quartier et il était impossible de s'y garer dans la journée. Sylvana ? Pas avant cinq heures. Aller au café ? Boire ? Il n'avait pas ce courage-là. Et puis comme il ne lui restait que trois points de permis il ne voulait pas risquer de les perdre. Il oubliait qu'il se trouvait déjà en état ivresse, même si les effets secondaires étaient masqués par la cocaïne. Travailler ? Rien que le mot lui donnait la nausée. À tout prendre, il pouvait aussi bien s'arrêter à la jardinerie et se droguer encore un peu. Mais il savait que dans l'état où il était la cocaïne allait achever de le démoraliser en lui rendant toutes les issues inaccessibles. L'effet négatif serait accentué par la crainte d'avoir entamé sa provision au point de rendre ce qui restait inopérant plus tard, lorsqu'il en aurait vraiment besoin. Quand ? Il ne savait jamais, mais la certitude du manque n'en serait que plus grande. C'est à peine s'il arriverait à remonter dans sa voiture, attendre stupidement que ça redescende, que l'effroi s'atténue. Et puis ils vendaient des fruits de mer mais pas l'alcool nécessaire pour stabiliser son humeur.

Le plus sage était encore de retrouver Lukardis comme prévu et de rester dans ses bras jusqu'à 16 h 30, la voiture au parking, la cocaïne en réserve, à profiter des cacahuètes du minibar et de toutes les commodités. L'effet de la dernière prise s'atténuant, il commençait à avoir faim et, avec la baisse de la pression cardiaque, la résignation gagna soudain sur l'anxiété. Le paysage l'encourageait à accepter son état, et aussi l'influence grandissante, toute symbolique, que prenait sur les choses celle qu'il allait rejoindre. Il était entré dans une zone urbaine, une sorte de rocade où les ronds-points se succéderaient suivant les panneaux bleus indiquant la bretelle d'autoroute. À l'horizon, derrière un méandre de la Seine qu'une trouée bleue faisait reluire au cœur des derniers jardinets d'ouvriers et des bosquets éteints, les tours d'une cité inconnue lui apparaissaient, balayées d'une gloire soudaine ; elles lui annonçaient l'avenir, tel un poste avancé du quartier du front de Seine vers où il se dirigeait. Il aimait cette cité, qui disparaissait au fur et à mesure qu'il s'en approchait, laissant juste pointer le haut de ses barres sous les arbres comme les pignons d'un château féerique, elle lui rappelait les bras et l'affection de celle qu'il allait retrouver. En pénétrant dans cette zone, il abandonnait toute résistance et se précipitait pour être à l'heure au rendez-vous. Désormais, si Lukardis l'avait annulé, il se serait effondré.

Mis en confiance par la proximité de l'autoroute et par une sorte de calme en suspension qui donnait à l'ensoleillement hivernal une beauté fixe trompeuse, du genre de celle qu'on observe au bord de l'océan entre deux grains, il s'oublia à renifler, accélérant du même coup son rythme cardiaque. Lui revint aussitôt, en même temps qu'une amertume dans la gorge, le trac plus désagréable qui le prendrait dans la soirée lorsqu'il aurait rendez-vous avec Babeth. La comparaison des deux états s'appuyait sur la similitude des situations : deux rendez-vous galants à l'hôtel. Le parallèle évitait la confusion par un ensemble de divergences : au parking public du Novotel qui laissait Patrice autonome plus longtemps (lui ménageant une possibilité de fuite jusqu'à la dernière minute) s'opposait le voiturier du palace dont la mainmise empêchait les rétractations et relançait des inquiétudes : démarreur défaillant, argent du pourboire, désordre intérieur visité par un tiers. Une fois sa clé lâchée, il faudrait plonger dans les portes à tambour au cœur d'une atmosphère nocturne toujours plus angoissante, s'enfoncer de table en table en évitant les regards au risque de passer sans les voir devant ceux qu'il recherchait. Hélé par la petite voix autoritaire, il se retrouverait devant quinze juges assis dans la pénombre et devrait payer son jeton d'entrée en répondant au pied levé à ces *piropos*, comme disait Estherazy, dans son patois vénézuelien : ces plaisanteries en forme d'apostrophes ou de devinettes que les gens de la nuit aiment à s'envoyer pour vérifier leur armure.

Au Novotel, il y avait la solitude d'une chambre, la lumière du jour, l'attente, l'arrivée de celle qui était au fond sa seconde maman depuis la défaillance de Didine. D'un côté comme de l'autre, il agissait par contrainte. Mais au souci d'être en retard, à la crainte de se faire houspiller, s'ajoutait avec la seconde tout ce fardeau de timidité sociale. Ça se passerait forcément mieux avec Lukardis qu'avec Babeth. Il repensait aux mignonnettes du minibar, si facilement accessibles, alors que ce soir, assis sur son bout de banquette, il attendrait longtemps un verre qui ne suffirait jamais à le remonter, surtout s'il prenait caprice à Babeth, moitié par raillerie perverse, moitié par tendresse encombrante de femme ivre, de déplacer son monde et de venir se coller sur lui en cavalière pour l'embrasser à pleine bouche, au risque de le désarçonner, de le faire glisser par terre ou de basculer sur les genoux secs et indifférents de son voisin.

À bien considérer le début de sa relation avec Lukardis, il était dans les mêmes appréhensions avant l'hôtel. Au fond, il était resté le même. Son émotivité avait grandi avec l'âge, à mesure que sa foi en lui s'émoussait : il avait d'autant plus peur de Babeth qu'il se sentait moins capable de répondre à ses attentes. Contre Lukardis, à force, il avait trouvé la parade : il la paralysait à coups d'orgasme, y revenant jusqu'à trois ou quatre reprises pour achever le travail, comme un soir dans la fabrique il avait vu faire une araignée aux prises avec un frelon.

En se croisant une nouvelle fois dans une vitrine, il vit l'erreur où il était tombé cinq minutes plus tôt quand il tournait en ridicule un amoureux qu'il n'avait jamais été. Il se moquait d'un cliché, exactement comme lorsqu'il pleurait sur le souvenir de Didine à la fenêtre. Il avait recomposé un passé de fantaisie : l'époque où il aurait été « amoureux », aussi parce que Lukardis y revenait sans cesse avec cette insistance oiseuse qu'ont les insatisfaites à regretter un passé qui n'est que la figure de leur impossibilité et leur sert à débiner le présent. Cette fable lui permettait de croire à un changement qu'aurait subi sa conscience avec le temps, et de se cacher le vrai danger : l'éternel retour des mêmes troubles. En critiquant celui qu'il croyait avoir dépassé, il épargnait ce qui en lui refusait d'être corrigé. La femme qu'il rejoignait aujourd'hui était bien la même que celle qu'il aurait voulu fuir à l'époque et que toutes celles qu'il n'avait jamais osé repousser. N'ayant jamais rien aimé, ni personne, il se précipitait vers le rien avec le même empressement sans enthousiasme qu'autrefois.

Les ronds-points lui tournaient la tête et dans sa hâte il se demanda s'il n'avait pas raté un embranchement. Il ne reconnaissait plus la route. Retournait-il vers la campagne où, par un phénomène de régression, ne l'attendait aujourd'hui même plus une femme mais ses parents ? Il manqua d'aborder trop vite un nouveau rond-point, absorbé par sa hâte de rejoindre Lukardis et par une poussée de haine contre elle, et contre sa mère.

La certitude de s'être trompé de chemin le mit en rage. Il avait envie de pleurer et comme à chaque fois que les larmes lui venaient, il pensa à Didine. C'est à elle qu'allait tout son attendrissement et c'est vers Lukardis qu'il courait, inquiet d'être en retard. Mais tous ces allers-retours, ces va-et-vient, n'étaient qu'un parcours dans le labyrinthe de sa névrose. Il y tournait à grands coups de frein et d'accélérateur, comme la voiture sur un nouveau rond-point qu'il ne connaissait pas, autour d'une pelouse fleurie ornée d'un portique en bronze poli (« Les Portes du Paradis », disait l'inscription qui courait autour du boulingrin). Le panneau « Paris » avait dû échapper un moment à son attention, et l'affiche « Grosse promotion d'huîtres et de moules » lui confirma qu'il était en train de revenir en arrière par un autre chemin.

— J'en ai marre de toutes ces connasses !

Soulagé d'avoir crié, il observa avec une joie mauvaise le premier symptôme d'une faillite prochaine de l'horticulteur : des affiches datant du mois de novembre n'avaient pas été changées : *Chrysanthèmes : 2 pots 10 euros, le troisième offert*. Un nouvel épisode dépressif, provoqué par la vision concurrente de l'horloge de bord et d'un panneau Z.A.C de Paradis confirmant qu'il rebroussait chemin, lui fit penser que l'année prochaine aux jours d'un nouveau déstockage de fleurs du même genre, Nadine serait morte. Irait-il toujours à l'hôtel l'année prochaine ? Presque en simultané il se demanda si avant sa maladie Nadine avait pu connaître l'agrandissement pharaonique de ce commerçant dont soudain il se rappela qu'il s'appelait Tardif, un mot qui résonna plus tristement à ses oreilles que Bétuleau ou Bougréau... Comme à chaque fois que le vrai prénom de Didine lui revenait, un goût salé de sang et de larmes emplit sa gorge. À la différence de celui de Lukardis, celui-là, il n'avait pas besoin de beaucoup le manipuler pour s'attendrir. Le nom de Nadine, que personne n'employait vraiment avait une connotation officielle, il lui rappelait les formulaires d'hôpital qu'il avait remplis avec peine, ayant coutume de se décharger sur elle de ce genre de corvée. C'était ce jour-là, lors de la prise en charge, devant une infirmière sèche comme une maîtresse d'école, qu'il s'était vraiment senti abandonné.

Par sa simplicité, son aspect populaire (Lukardis et les siens auraient jugé durement qu'il ne ressortissait pas de la *bonne cuvette*), ce prénom de *Nadine* lui suggérait aussi des moments ordinaires qui le bouleversaient. Là, le souvenir d'une dispute.

Comme beaucoup de femmes à l'approche de la cinquantaine, Didine s'était mise au jardinage avec bonne volonté mais sans savoir-faire. Ignorante des règles de l'art, elle était d'abord tombée dans les pièges tendus par le commerce de loisir : mauvais outils, engrais qui n'engraissent que les laboratoires, gants de chagrin synthétique qu'une épine de rosier suffit à percer. Petit à petit, éclairée par un élitisme qu'elle avait transporté d'un domaine à l'autre à mesure que son activité professionnelle avait connu un retour d'âge, elle avait appris à choisir ses instruments avec discernement. L'objet de la dispute, une binette, appartenait à la première période, celle des joies naïves et des chagrins violents. Il se souvenait de sa colère de petite fille, un matin d'été. Il l'avait détestée ce jour-là car elle le dérangeait sans cesse et, tels ces animaux domestiques (le flegmatique Lord Byron par exemple) qu'on croit dociles tant qu'on reste débonnaire, mais qui se révèlent hargneux dès qu'on les sollicite, il l'avait rabrouée plus sèchement que d'habitude. Elle s'était mise à pleurer, et lui, en la regardant sangloter sur une couverture marocaine, il avait envié ses lourds cheveux noirs. Quelle belle nature en comparaison du buisson qui s'éclaircissait sur sa tête, la seule plante dont il se souciait vraiment. Sur quoi pleurait-elle ? Sur le manche de la binette qu'il ne voulait pas remplacer, sur sa mauvaise humeur, ou sur les infidélités et toutes les vilenies qui la blessaient mais qu'elle gardait secrètes comme son renard, l'enfant lacédémonien. Vite repentant, il avait eu envie de la prendre dans ses bras mais quelque chose ou quelqu'un l'avait retenu. Peut-être la peur d'être découvert (« pincé », aurait dit Lukardis) à cause du parfum dont on l'avait arrosé la veille par blague en partant de la chambre d'hôtel et qui l'imprégnait encore en dépit des savonnages.

Il ne se décidait pas au demi-tour. À chaque fois que la voie lui offrait un champ suffisant pour la manœuvre, il s'en apercevait trop tard, ou s'accrochait à un obstacle : un trottoir trop haut, un sens interdit, la présence d'une voiture, d'un scooter qu'il aurait gêné. L'épisode de la camionnette laissait des traces ; il avait l'œil au guet et surestimait la distance nécessaire pour ralentir et se garer. Toute inquiétude finissant par susciter son démon, un scooter dont le moteur criait comme un moulin à café roula un moment dans son sillage, en dessinant des huit sur la chaussée avant de le dépasser ; le pilote se tenait très penché en avant, son gros casque de motard enfoncé sous la bulle du pare-vent.

Aucun rond-point ne semblait plus vouloir interrompre la ligne droite qui s'enfonçait à l'intérieur d'une zone résidentielle quadrillée par des allées rectilignes longées de maisons de type « villa ». L'architecture de ces bâtisses datait de l'après-guerre et leur disparate plus marquée que dans les lotissements récents était accentuée par les végétations décoratives qui avaient eu le temps de se développer. On y trouvait la variété des ornements en vogue dans les années 50 : lierres et lauriers panachés de blanc, géraniums et impatiens aux couleurs mélangées, pots Riviera au contenu mal identifiable l'hiver, conifères trapus aux touffes pleureuses qui évoquaient de vieilles perruques où le pelage d'un chien cordé du genre Pollux, et plus rarement des glycines et des vignes vierges dont les bois nus dessinaient des treillis qui semblaient encager les maisons et leurs occupants âgés. À cause de Didine et des hauts murs du château, les jardins lui apparaissaient souvent comme des prisons.

— Quelle emmerdeuse...

Contrarié par le spectacle des jardinets et son incapacité à faire demi-tour, il repensa à la scène de la binette. Peut-être pour compenser son retard et le fait de lui tourner le dos en ce moment, il se rangeait maintenant à l'avis de Lukardis que cette anecdote avait beaucoup amusée. À elle, il racontait tout. C'était sa plus grande infidélité : cette manière d'étaler sur l'oreiller du Novotel toutes sortes de détails intimes, dont l'autre faisait son miel avec une indécente gourmandise de femme jalouse et se servait ensuite dans leur dispute pour l'accabler, lui ou sa rivale. Cette histoire appartenait à tout un cycle de légendes orales sur quoi les amants revenaient sans cesse depuis dix ans (« La fois où tu as fait semblant d'être en panne pour ne pas venir à l'hôtel », « L'anniversaire de Didine », « Le jour où tu l'as sautée », « La fois où tu lui as coupé son lierre ») qui tramait le tissu de leur relation presque au même titre que les caresses qu'ils avaient appris à connaître, les mots tendres, et tout le vocabulaire des habitudes dont ils ne parlaient, eux, jamais à personne, mais qui les soudaient l'un à l'autre beaucoup plus solidement que les épanchements des premiers temps. C'était une sorte d'enfance retrouvée, un bien commun inaliénable. N'appelaient-ils pas leurs conjoints réciproques « papa » et « maman » ?

Il était vrai que depuis la dernière opération, Patrice avait tendance à gazer le caractère de Didine. L'ascendant de celle-ci s'était affaibli avec ses forces et la mort avait commencé son travail, la dépouillant d'abord de son autorité. On gomme les défauts des mourants, et c'est la première atteinte de l'oubli où ils vont tomber. En refusant de l'aider à réparer la binette, il avait remis en cause des années de servitude. Didine aurait dit « des années de bonheur », cédant à la même erreur de perspective que sa rivale. Ce « bonheur » enfui sur quoi *maman* s'attendrissait baignait dans son souvenir les premières années de leur vie de couple. Une période pendant laquelle Patrice (alors peintre et sans revenus, comme le soulignait la perfide Lukardis) obéissait à ses ordres avec une mauvaise volonté qu'elle pouvait ensuite lui reprocher, et c'était là un bénéfice secondaire pour un caractère comme le sien. Tandis que ce jour-là (il venait de rencontrer Lukardis), un nouvel adultère qu'elle pressentait sans arriver à en établir la preuve l'avait rendu insolent. Peut-être Didine avait-elle soupçonné la cause derrière l'effet, deviné la main d'une rivale dans la flèche du refus ? L'hypothèse aurait mis l'autre aux anges.

Lorsqu'il lui avait avoué cet incident, car comme tous les craintifs, il aimait étaler des désobéissances qu'il mettait au rang d'actes de bravoure, Lukardis, flairant sous ce qu'on lui racontait la faiblesse coutumière de celui qui se vantait, et donc l'emprise morale toujours active de celle qu'elle n'appelait jamais que « Maman », s'était moquée de la puérilité d'une telle dispute. La haine avait donné de la profondeur à son analyse et sa verve avait fait rire le traître qu'elle tenait dans ses bras. Comme elle ne désarmait jamais, il lui arrivait encore d'ironiser sur le jardinage comme sur tout ce qui touchait à celle que la cruauté des sens la forçait à considérer en rivale, même dans l'état où la rivale était tombée (avec sa contribution), contre tous les principes qu'une sévère éducation lui avait inculqués : respect des liens conjugaux et compassion envers les malades. Si elle s'était proprement assise sur la première, elle continuait de pratiquer scrupuleusement la seconde vertu, qu'elle opposait à la stérilité et l'égoïsme de l'horticulture : « Comment peut-on pleurer pour un lierre coupé quand il y a des enfants qui souffrent ? » Avec ce sens du devoir et des bonnes œuvres, héritage de caste au même titre que la vénerie ou les révérences, entre deux chienneries à l'hôtel ou au parking, elle allait jusqu'à visiter chaque semaine des enfants leucémiques dans un hôpital de la banlieue parisienne. Elle était aussi marraine d'une petite Indienne méritante à qui elle payait ses études et offrait des échantillons de maquillage, bienfaisance qui n'allait pas sans épines pour son bon sens de colporteuse (« Je lui ai filé pour 1 000 euros de produit Chanel et quand on est allées chez Monoprix elle était fascinée par du Bourjois ! »), lui parlant de sa filleule ou des petits malades, comme des menues choses de sa vie, empalée sur lui, entre deux coups de langue sur la joue, dans la moiteur de la voiture ou de la chambre. Sa bonne nature accommodait sans pudeur le devoir de charité et les exigences de son tempérament, mélange musqué d'un parfum très *Ancien Régime*. Patrice était fasciné par cette constance dans la sexualité, cet entêtement à jouir, et cette facilité à y parvenir qui touchait parfois à la folie. Selon les jours, Lukardis se justifiait par la passion amoureuse (« *jtaimetant monamour* ») ou par la physiologie (« *j'ai été réglée très tard* »). Combien de fois avaient-ils fait l'amour depuis dix ans ? Entre trois et quatre mille fois, en tout cas beaucoup plus qu'avec toutes les autres femmes réunies. Avec elle, les rapports sexuels duraient des heures et conduisaient à un état proche de la léthargie, provoquant une suspension du temps qui leur donnait l'impression de vivre dans l'éternité. Il sortait de là les yeux brûlés par une substance irritante, incapable pendant quelques minutes de s'orienter dans le dédale de rues souterraines qui sillonnaient le front de Seine. Au début, il avait attribué la cause de ce désordre ophtalmique à la sécheresse du système de conditionnement du Novotel. Mais après les séances de parking c'était pareil, il s'agissait donc d'autre chose. L'amour ? Ou bien un système de conditionnement identique ? Rien que d'y penser là en conduisant, il sentait ses paupières se dessécher, et le simple fait de suivre la route (toujours dans le mauvais sens) lui réclamait un effort d'attention anormal qu'il n'arriverait pas à soutenir s'il ne se secouait pas.

Le courage de faire demi-tour lui revint à mesure qu'il cessa de s'attendrir sur Didine. À la place du remords qui réchauffait sa gorge, le rappel de ses fautes passées, et surtout la certitude d'un relâchement d'autorité si définitif, lui donna, en même temps qu'une sensation d'acidité dans le ventre, une illusion de liberté. Il se représenta une fois encore les avantages matériels qu'il allait tirer de sa disparition, promesse sur quoi il vivait depuis plusieurs mois déjà et qui lui permettait de considérer ses dettes et ses divers soucis financiers comme des riens sans gravité. Il confondait une dernière dépendance (à la mort de sa compagne) et l'autonomie. À un moindre degré, dévoiler leur intimité entre les jambes d'une autre lui donnait une illusion libertine qui n'était que le loyer de sa bassesse, tels ces journalistes corrompus qui se donnent des airs d'insubordination à l'égard du pouvoir à coups d'insolences sans portée.

Les mâchoires serrées, comme chaque fois qu'il se forçait à accomplir un acte de volonté, il s'était enfin lancé dans son demi-tour, profitant d'un élargissement de la chaussée à hauteur d'un café-tabac journaux, *L'Avenir*. Il prit garde à ne pas renverser les deux scooters que de jeunes Maghrébins à l'air hostile avaient garés près du trottoir.

Le plus jeune s'adressa à Patrice : « Hé double zéro sept, fait gaffe à mon Booster, il est piégé. » Patrice reconnut à son casque l'apprenti motard qui l'avait dépassé un peu plus tôt, sur l'avenue – avenue Pierre-Mendès-France, le nom ornait une plaque bleue toute neuve montée sur un pied aluminium façon Modern style qu'il manqua d'érafler en montant maladroitement sur le trottoir.

Le temps de se dégager, il reprit la tactique du regard baissé qui lui avait bien réussi avec la camionnette et s'absorba sur un point un peu en dessous de la ceinture d'un pantalon de training blanc aussi vif et bleuté que l'anorak à capuche de la Portugaise de la station. Non loin d'une main-forte mais joliment montée sur un avant-bras lisse et brun oscillait une protubérance mobile dont la nature ne se voulait un secret pour personne. La forme des doigts, élégante comme souvent chez les Maghrébins, la couleur brune de la chair sensible abritée sous un ongle limpide, comme manucuré, l'absence de poils et de réseau veineux apparent à l'exception d'une grosse veine courant comme une tige de lierre sur la peau douce du bras, laissaient imaginer la forme des suspensions vivantes et de la lance de chair qui devait les surmonter. Pour s'absoudre de son trouble Patrice décida qu'Ahmed aurait trouvé ces deux voyous mignons, il leur aurait sûrement proposé vingt euros chacun pour les sucer dans un coin tranquille. Avec l'âge, et la mode des « beurs » venus de l'immigration, l'Arabe, a priori porté sur les grands blonds de type norvégien, s'était rabattu sur les Maghrébins. L'ancien amant de Pasolini marquait sa fidélité à son mentor cinéaste en suivant de très près les programmes d'un site Internet, consacré à des films amateurs dont l'affiche commerciale explicite était *Cité Beur. com.* Ce site était principalement homosexuel mais parfois les jeunes étalons y étaient aux prises avec des femmes. Quelle tête ferait Lukardis s'il ramenait ces deux-là dans la chambre ? Il reprenait ainsi le fil de son vieux fantasme, que sa timidité empêcherait toujours de mettre en pratique.

Avec la vitesse, son désir s'affirma et se simplifia à mesure que la réalité devenait moins sensible. Dans la décomposition permanente de ses sentiments, le seul corps solide qu'il rencontrait, comme l'épine dorsale d'une charogne qu'on repêcherait encore dans les cendres d'un feu éteint, sa seule vérité palpable était ce désir qui n'avait jamais connu d'usure. Il s'était souvent écœuré, à force de lécher Lukardis, de renifler des choses dans son ventre, de reconnaître chaque repli de ce corps qu'il n'aimait pas mais qu'il ne pouvait cesser de travailler, jusqu'à obtenir l'étincelle de vie. À chaque fois, émerveillé et dégoûté, il avait vu renaître cette envie de lui donner la saillie, de lui battre la croupe avec sa poche stomacale, de lui faire perdre ses humeurs, de la mordre sans vraiment la déchirer, jusqu'à ce que surgisse de ce sac de sang, d'excréments, de faux espoirs et d'incertitude, le petit cri sec qui annonçait chez elle, bien sobrement, la déflagration intime. Lukardis avait une sobriété très *grand genre* dans ses plaisirs. Là où Didine se montrait humide, chaude, reconnaissante, où Vanité faisait étalage de rugissements et de cris de bête égorgée sans qu'il ait jamais pu savoir, aurait dit Didine, si c'était du « lard ou du cochon », Lukardis poussait ce petit appel coutumier, aussi clair et simple qu'un rituel de chasse. Et après ça y était, on la voyait satisfaite ; au moins quelques minutes.

Avec le temps, ces deux pudiques s'étaient apprivoisés et il arrivait à Lukardis de s'endormir en lui bavant sur l'épaule ; une bave brillante et précieuse comme celle d'une belle chenille urticante ; lui la regardait de près ; de son épaule il remontait à cette bouche douce, dédaigneuse, où chaque arc de commissure lançait un trait précis comme un crayon français du XVIe siècle ; il suivait l'aplomb délicat du nez dont la pointe rose était fraisée, sous la découpe de la narine, d'akènes d'une nature moins grossières et plus comestibles que celles de joli-papa, il arrivait à la hauteur d'une pommette à la cosaque, où s'enfonçait en repli, sous une fine paupière froissée, un œil prêt à briller à la première alerte. Puis, le soleil le ferait remonter dans l'ombre bleue du front jusqu'à la crête, un bouquet de cheveux blond-blanc posés raides comme une huppe, qu'il caresserait, relevant en aile les mèches légères que deux peignes tombés pendant la lutte suffisaient habituellement à maintenir.

Lukardis était la seule femme qu'il ait jamais trouvée belle après l'amour. Peut-être était-ce là un signe qu'il existât entre eux quelque chose. Un lien.

Vue de l'échangeur, l'autoroute paraissait un immense damier de bitumes dégradés, usé jusqu'à la trame, où les différents tissus joignaient comme dans les tapis de prière aux belles couleurs endormies dénichés par Didine chez les antiquaires de Taroudant ou de Venise. En bordure de la chaussée s'attachaient des lambeaux plus anciens rapportés par la surimpression du macadam. Des cabanes de bois parées de résidus de tôle ou de culs de fourgonnette y menaient une résistance ordinaire à la pluie, au vent et aux vapeurs acides. Les casemates tenaient debout ; elles abritaient les sentinelles de la vieille couronne parisienne, celle des maraîchers, des jardins ouvriers et des marchandes de quatre saisons. Derrière les bandes rectilignes des légumes d'hiver surgissait, courant entre les arbrisseaux, le mur d'une propriété démontée. L'édifice s'imposait en dépit de sa demi-ruine depuis qu'il était recouvert d'inscriptions à la bombe. Cette dernière frange aux couleurs vives délimitait la terre que les auteurs des tags injuriaient, et le ciel d'un Dieu absent.

Les tags lui rappelèrent la prise de risque qu'entraînait toute sortie avec Babeth. Il avait remonté la vitre, mais il renonça à lui téléphoner. Il serait plus tranquille dans la chambre. Il se sentait perdre confiance, la quiétude de l'hôtel l'aidererait à surmonter son appréhension. Après le Costes, il faudrait encore se laisser trimballer un peu partout dans les rues de Paris, sans parler des lieux de nuit où elle le tirerait par la main comme un vieil enfant (qui a dit que la timidité était un défaut ridicule passé un certain âge ?) en poussant des cris de fée à chaque fois qu'elle tomberait sur une figure de connaissance. Pourvu qu'elle ne porte pas le vison volé chez l'amie de Didine !

Didine, les tapis, les potagers l'entraînaient. À la vue des poireaux il en venait à regretter les petits dîners à deux qui l'accablaient dans le temps. Aujourd'hui, à l'appréhension de sortir se mêlait une flemme d'homme mûr à l'idée de traîner aussi tard en hiver, ainsi qu'une remontée d'avarice. C'est vrai que les soupes en tête à tête à la campagne lui coûtaient moins cher : deux ou trois euros chez Coccinelle et la messe était dite ! À quelques minutes de Paris, engagé dans des voies à circulation rapide qui lui interdisaient tout autre repentir, il était pris du besoin de se réconforter dans le chagrin comme dans les bras de cette femme.

... *Cette femme*... Il avait commencé à l'appeler ainsi par goût du changement : il en avait eu assez de l'éternel « maman » qui pouvait prêter à confusion depuis que sa vraie mère vivait sous son toit. Le mot lui était venu un jour où Lukardis l'accusait contre toute vraisemblance – mais avec une juste intuition, puisque c'était la nuit des prostituées et des Kool à la coke, d'avoir « baisé maman ». Comment veux-tu que je touche cette femme ! Dans l'état où elle est ! La rage d'avoir été deviné et le trouble d'érection qui s'en était suivi lui avaient soufflé cette trouvaille. *Cette femme...* Il lui était arrivé d'employer les mêmes mots pour désigner Lukardis, lors de disputes avec Didine à propos des notes d'hôtel retrouvées dans ses poches. Travers commun des infidèles : il croyait se défendre d'une accusation de commerce illicite en déprimant son objet. Un jour, dans *Le Parisien,* il avait découvert que la formule était employée par une adolescente victime de sévices sexuels de la part de ses parents. Elle non plus n'arrivait plus à dire « maman ».

Sa nouvelle bassesse, qu'on avait la cruauté de ne pas encourager, lui faisait plus de mal que de bien. Dans les moments d'énervement, il la lançait maintenant à tout bout de champ sur le ton du défi, comme un enfant jette son jouet par terre. Lukardis le laissait dire avec un silence décent qu'elle gardait devant ce qu'elle trouvait « moche » ; il était clair qu'elle désapprouvait. Il se voyait dans la situation d'un traître dont on refuserait les services ; du coup il en rajoutait (« cette conne »), sans comprendre que le manque d'enthousiasme de sa maîtresse ne venait pas d'un sursaut moral ni même d'une incrédulité de femelle jalouse, mais d'une habitude d'éducation qui imposait qu'on ne parle pas d'une personne proche, à plus forte raison d'une mère, même symbolique, en l'appelant « cette femme ».

Un rideau noir se levait derrière le vallon éclairé de l'Essonne. Il poussa une série de petits sanglots bizarres et dut enlever ses lunettes de soleil. Il essuya brusquement les larmes qui lui chatouillaient la naissance du cou, là où il s'était griffé, tout à l'heure, dans l'atelier. Cette caresse lui sembla insupportable, comme si quelqu'un l'avait touché pendant qu'il se crispait, quelqu'un qu'il n'aimait pas. Il pensa à la langue de Lukardis qui courrait là bientôt et frissonna de dégoût.

Une fois de plus, tout se liguait pour l'accabler. La larme dans le cou le renvoyait à sa soumission aux désirs des femmes, et le souvenir de l'atelier, à son échec personnel. Les deux faisaient la paire. Il ne put s'empêcher de jeter un œil à la figurine blonde qui continuait de sourire, blottie contre l'horloge de bord. Conasse. Le temps passé avec elle l'avait soustrait à sa vocation. L'abandon de la peinture, c'était sa faute. Il en aurait oublié qu'à son époque artiste, durant les quelques années qu'il avait passées à la campagne à travailler assidûment sous bonne garde de Didine, il ne cessait de s'interrompre pour bricoler, tisonner le poêle ou gamahucher la jeune modèle ; du coup, hongré par la jouissance dans son élan créateur, l'appétit réveillé, il passait l'après-midi à manger des pains au chocolat ou du Crunch par tablettes entières ; le parc était un enclos d'où il ne sortait que pour se rendre à la boulangerie ou chez Coccinelle. De toute cette période lui restait surtout la perpétuelle odeur de térébenthine qui collait à ses cheveux et à son gros pull-over taché, le rendait malade et le poursuivait jusque sur l'oreiller. Suite à ses largesses, la muse avait pris la mauvaise habitude de se parfumer. Les cheveux du peintre attrapaient inévitablement cette odeur et, comme Didine avait le nez fin, il avait imaginé de s'arroser la tête avec la bouteille d'essence. Il avait continué au début de sa liaison avec Lukardis qui, à chaque fin de séance, le pourchassait de son vaporisateur.

— Je suis vraiment une grosse merde.

Avait-il gâché son talent avec Lukardis ? Quel talent ? Entre les séances à l'hôtel et celles de l'atelier il n'y avait pas photo. Il n'aurait pas pu continuer éternellement, l'odalisque avait grandi, construit une vie. Il l'avait croisée une fois sur les Champs-Élysées, devenue presque une dame ; elle portait un tailleur en jersey prune un peu brillant qui la serrait aux bras, elle ressemblait à une hôtesse d'Air Maroc. Lui aussi s'était construit. Au moins avait-il gagné de l'argent depuis qu'il avait arrêté de se prendre pour un artiste. Il renifla – grâce à la cocaïne. Une amie fidèle. La *cousine* (comme l'appelait Ahmed qui n'avait plus d'autre famille) l'avait beaucoup aidé dans sa carrière. Sans elle il n'aurait jamais trouvé en lui le réalisme et l'humilité nécessaire pour fricoter avec un milieu pareil.

Fatalement il était là où il devait être. À sa place. Il essuya une nouvelle larme, sentit sa peau s'irriter sous ses doigts. Une tristesse grisée par l'agacement réveillait le mal moral profond qui couvait depuis toujours et ne pouvait plus se guérir. Un mal que tout venait nourrir : les papouilles de Lukardis, les 115 euros de la chambre, les souvenirs de la petite Arabe, l'horizon assombri lui rappelant le jour lugubre de son atelier, le panneau A6>BP 18mn, une camionnette qui déboîtait sans clignotant, la pluie, l'effet de l'humidité sur ses cheveux quand il avait rouvert la fenêtre pour éliminer la buée et l'odeur, Didine...

Il hurla de douleur. Secoué par son cri, il manqua de se réveiller guéri, mais une redescente d'un état aigu sur une moindre peine lui semblait plus pénible encore ; il préférait rester très malheureux ; la pitié qu'il distillait à son propre usage avait le bon goût des choses maternelles, celui de la morve qui coulait dans la bouche, et il en était à un tel point d'attendrissement qu'il craignait de ne pas arriver à se maintenir très longtemps.

Comme un comédien ou un enfant qui veut se faire plaindre (mais de qui ?) il lui fallait penser à quelque chose de triste pour se tirer des larmes. Il cherchait un mauvais souvenir, un geste minable, une mocheté, quelque chose d'encore plus bas que d'appeler Didine « cette femme » ou « cette conne » et de parler de la « baiser » devant sa maîtresse, *dans* sa maîtresse, non, coulé hors de sa maîtresse parce qu'il s'était ramolli.

Bien vu ! La file du milieu roulait mieux. Dans les moments d'émotion il gardait une conscience du réel et du temps qui lui permettait de jouir de son désarroi tout en continuant à mener sa barque. Même au cœur des pires désordres il ne perdait jamais la tête. Pendant les bagarres sous crack avec Vanité, il choisissait avec un discernement d'expert de chez Sotheby's les objets les moins chers et les moins lourds avant de les foutre par terre ou de les jeter contre un mur. Cette présence d'esprit, Lukardis l'aurait qualifiée de « cynisme » et Babeth de « matérialisme », de la froideur plutôt, l'empêchait à la fois de trop souffrir et de trop croire à ses souffrances. Quand il voulait se lamenter, elle le gênait dans ses mouvements ; il se détestait d'être aussi lucide.

« Le turbo tourne comme une horloge », lui suggéra la voix de Kiki ; il s'empressa de chasser le petit bonhomme blond de son esprit sous peine de vraiment gâter son chagrin. Incapable d'exhumer une nouvelle infamie, la cocaïne lui paralysait par moments toute capacité d'association. Amplifiant l'hystérie, la drogue favorisait l'émotion au détriment du contenu. Il se rabattit sur un classique de son mélodrame intérieur : la pureté de son amour à Elle, tout ce qu'il avait détruit, Elle, si fidèle à travers les années, Elle, qui avait montré pour le garder une obstination presque démente.

La Chèvre de Monsieur Seguin. L'évocation des malheurs d'un animal visait juste et il lâcha un fort sanglot au bruit vaguement orgasmique. Il n'osait pas vraiment sonder le sentiment qu'elle avait dû avoir pour lui. D'ailleurs il n'en avait pas non plus les moyens. Afin d'oublier la vision d'une chèvre amoureuse qui menaçait de tourner au comique, il tourna autour du nom de *Phèdre,* sans trop savoir si c'était bien la pièce qui mettait en scène les sentiments d'une femme âgée pour un homme plus jeune. Il ne l'avait jamais lu. Le panneau « Marin, fournitures pour artistes peintres » qui surmontait une sorte de temple grec au fronton barré d'une verrière PVC manqua de le faire passer à autre chose : Bétuleau et son break Nevada déboulaient sur son chagrin. Par chance, le souvenir de la facture en retard et du détecteur de faux billets (il avait oublié d'en parler à Ahmed) lui rendirent aussitôt l'envie de pleurer. De nouveau lui revint le souvenir d'une époque où il était gentil avec Didine, le temps des poireaux, des pinceaux chinois à quinze francs, de l'innocence perdue... Lukardis aurait remarqué qu'il « zappait » maintenant « la petite Arabe à cinquante francs », mais Lukardis n'était pas là. D'ailleurs elle n'avait pas appelé depuis un bon moment. Conasse qui salissait tout ! Si elle avait su qu'avant la petite le modèle c'était Didine...

« *Pittura negra.* » Il avait bien attrapé le corps de Didine, pourquoi avait-il toujours raté son visage ? Ne voulant pas s'avouer qu'il avait souvent du mal à la regarder en face, il se disait qu'il n'avait pas su y faire. À la fin surtout, mais il ne peignait plus. Il y avait matière : un secret, des profondeurs de sentiment que seules certaines ombres auraient pu rendre visibles.

« *Pittura negra* », se répéta-t-il en y mettant un fort accent italien de pizzaïolo, assez fier de connaître ce terme de beaux-arts. Il jeta un œil au portable entre ses jambes : son agent. On s'inquiétait vraiment de Lara Fabian. Il eut un raidissement de haine, comme à chaque fois que le travail venait empiéter sur sa vie intérieure. Ces deux cons ne savaient sûrement pas ce que « *pittura negra* » voulait dire ; pas le genre non plus à discerner les ombres. Même de la leur ils avaient peur. Il leur fallait de la lumière. Du bleu. La Méditerranée ! Une idée noire le stoppa en pleine envolée raciste : son agent l'aurait-il protégé ? Comme le médecin de Didine. Peut-être ne lui avait-il pas tout dit, les corrections ordinateur ne suffiraient pas. Combien allait-il perdre si la maison de disques refusait la couverture ? Au moins quinze mille euros. Mais il ne ressentait rien, aucune angoisse... Les termes lointains le laissaient indifférent ; ils restaient cachés derrière d'autres échéances plus proches – peu importait l'échelle. Ça n'était pas comme s'il avait perdu un billet de banque dans la rue, sa carte bleue ou sa cocotte... Il se fouilla pour la retrouver mais le grand volant l'empêchait de bouger, et puis on était sur l'autoroute, la file de gauche, 150 au compteur, il fallait quand même continuer d'appuyer sur la pédale. La perspective d'une annulation lui faisait presque plaisir, il n'aurait plus besoin de s'embêter chez Janvier ; à la place il pourrait aller au Louvre voir les Rembrandt. L'envie lui en était venue en songeant à ses peintures.

La Noce Juive : le tableau qu'ils avaient visité ensemble, lors d'un voyage à Amsterdam, leur dernière tentative de réconciliation. Didine y croyait avec la ferveur nerveuse qu'on a pour les jouets cassés ou les animaux malades. Le petit lapin de la photo. Mais lui n'avait même pas eu le courage d'éteindre son portable. Lukardis mitait tout rapprochement sincère, à coups de SMS sarcastiques et bien envoyés du genre : « *Bon voyage de noces avec maman !* » Dans le reflet d'une vitre de protection il voyait le visage de Didine près du sien, un peu en dessous, qui contemplait la toile. À la différence d'Isaac, il n'avait pas à l'égard de sa femme un geste d'étreinte tendre et symbolique, il s'accrochait à son bras comme un homosexuel à une grand-mère. Il n'osait pas la regarder, il parlait d'art pour oublier qu'il la trahissait et parfois pour couvrir le bruit du vibreur ; il parlait bien et elle trouvait dans ses mots assez de nourriture pour son amour, elle n'était plus du tout exigeante.

Il recommença à pleurer au souvenir de l'allure de Didine au musée, un pantalon de jogging, des Nike, une timidité de jeune provinciale retrouvée à force de souffrir – le petit lapin, toujours, la peur de la faute, la peur de s'arrêter devant une mauvaise toile ou de déchiffrer bêtement le titre d'un chef-d'œuvre archiconnu. Pour montrer un peu d'indépendance, elle avait quitté son bras. Il ne voulait pas la regarder, il souffrait de la voir souffrir, son embarras lui rappelait le sien lors de leurs premières sorties. Elle était hors de son élément, déplacée, perdue comme lui au début. À l'anniversaire de Tina Chow par exemple : il ne connaissait personne à New York et faute de s'être résigné à rester près d'elle comme un toutou, il s'était laissé accaparer par l'homme aux chaussettes roses. Du coup Didine n'avait pu lui présenter Amish Bowles, Grace Coddington ou d'autres personnages de qualité. Maintenant c'était à elle de traîner en mauvaise compagnie, par peur du vide. Collée devant un Bartholomé Spranger ou un Frans Pourbus laids comme les boîtes de bonbons qu'elle collectionnait enfant, dans l'épicerie de ses parents, ou déchiffrant avec peine la légende de *La Ronde de nuit* que même les Japonais, grâce à leur audioguide, avaient reconnu avant elle, il voyait bien qu'elle s'effrayait de déplaire, d'être trop vieille ou trop sotte pour lui. Comme si elle pouvait encore lui plaire ! La sollicitude qu'elle montrait envers son amour était aussi inutile que, cinquante ans plus tôt, les soins portés à l'animal blessé.

Il aurait voulu repousser au milieu de la foule cette silhouette qui aimantait son attention, mais ses yeux retombaient toujours sur elle. En la détaillant de dos, il remarqua qu'elle s'était voûtée. La calcification progressive de ses vertèbres, lui donnait l'air de se replier sur elle-même, comme autrefois sur le lapin mourant qu'elle voulait réchauffer dans son pull-over. En acceptant enfin de la regarder pour de bon, scotchée devant une Léda savonneuse et livide, œuvre d'un sous-Vinci flamand, il la revit aux prises avec Tina Chow, il se rappela la timidité, l'admiration qu'elle lui inspirait quand il la voyait, cou dressé, lumineuse de gloire mondaine, cygne adoué à un autre cygne, oser serrer dans ses bras la froide pierreuse Asiatique presque morte, montrant à tout New York qu'elle n'avait pas peur de la maladie, qu'elle l'aimait, qu'elle l'avait connue toute jeune modèle, à l'époque où elle s'appelait encore Bettina Lutz (elles avaient bien dû couchotter ensemble, à moins que ce ne soit avec Sayoko), alors que lui, en touchant furtivement la main de pierre glacée comme un pèlerin une vierge noire, à l'invite de Didine, qui, profitant que chaussettes roses fût parti aux chiottes se *faire un raccord*, jouait son rôle éleusinien d'initiatrice, n'avait pas réussi à accrocher un instant les yeux jaunis de la jeune idole toxicomane rendue plus hautaine encore par le masque livide du sida. En la voyant, elle, ex-plus belle femme de Paris, ex-reine de la fête, ravalée au rang de touriste dans ce musée où elle l'avait suivi dans l'unique but de ne pas le perdre, elle, toute petite, toute tassée, bousculée par un groupe en chaussettes de tennis, il sut que la crainte respectueuse qu'elle lui inspirait, où se mêlait de l'admiration et sans doute un peu d'envie, était morte, aussi morte que Tina Chow. Il avait gagné. Le temps avait gagné pour lui. « L'amour, c'est la guerre », disait toujours le Chilien, citant Boni de Castellane entre deux pipes de crack. Le Chilien l'avait perdue mais lui l'avait gagnée.

Gagné quoi ? Nada ! Il avait tué la seule personne qui l'ait protégé. Elle l'avait aidé à vivre, non pas avec son argent mais avec sa confiance. Qui croirait en lui, maintenant ? Non à un talent imaginaire – on n'en était plus là, mais simplement à sa bonne foi, à sa parole, à ses paroles, ou à ses larmes. Babeth ? Lukardis ? Même cette idiote de Vanité avait vu clair en lui, malgré le crack, malgré la solitude des gens célèbres. Elle, elle avait cru et continué à croire en dépit de toutes les preuves, contre tous les avis. Jusqu'au bout, ou presque. Comme un enfant qui ne peut pas comprendre la mort de celui qu'il aime. Le petit lapin, c'était lui.

Cette dernière cruauté le fit fondre en sanglots. Avec le whisky seul, et une sensiblerie aiguillonnée par le manque de sommeil, ça aurait marché, il aurait pleuré jusqu'à Paris, jusqu'à l'hôtel (bonus pour Lukardis : les larmes, celles des autres mais aussi les siennes, l'exaltaient sexuellement), mais, dès qu'il fut obligé de renifler sa morve, la cocaïne, amère comme les esprits méchants, s'acharna à lui casser tout lyrisme, freinant du même mouvement un début d'érection. Dans sa tête une voix résonnait aux accents de Minette de Talleyrand. « Tu pleurniches mais tu n'as pas envie d'être près d'elle, pourtant elle est peut-être en train de mourir en ce moment même, juste quand tu bandes. »

La pluie, les projections des semi-remorques, les larmes se confondaient pour créer autour des objets un limbe et l'empêcher de bien évaluer les distances. La voiture flottait, il arrivait à peine à tenir sa file. Une grande ombre rouge gonflait et dégonflait à mesure qu'il oscillait entre le couteau gris de la barrière de sécurité et le flanc d'un camion qui à chaque frôlement lui crachait au pare-brise un jus gras. Il essuya la buée, lui apparut la tête du dragon. Il le reconnut, il pensa à la Mort, au Diable, au temps perdu dans la forêt des illusions. La bête allait de bon temps. L'émotion présente fit remonter la drogue sous l'influx du stress. Effet de crack.

Le Chilien avait dû connaître ça lui aussi dans la cuisine de sa mère, passeo Herman-Cortès, le dimanche après-midi, à l'instant où son index tant de fois brûlé par les pipes de verre trop chaud avait appuyé sur la détente. Finies les pauses, finis les espoirs littéraires, adieu Boni de Castellane.

Pour Patrice les choses n'étaient pas jouées, il était plus lucide, moins bricolé, moins pipé, il ne vivait pas chez sa mère, c'était sa mère qui vivait chez lui ; depuis la mort du Chilien, il avait grandi, il avait eu l'Aston Martin, Vanité et le reste ; il savait trouver l'argent ; il pouvait faire demi-tour, abandonner, revenir. Même sur l'autoroute, même en bas de l'hôtel, même dans le parking, le ticket restait valable quelques minutes... Mais pour quoi faire ? Aller retrouver sa mère ? Prier ? Se noyer dans un égout à la façon de Lord Byron ? Profiter que joli-papa soit en train de siester pour se tirer une balle dans le cœur dans la cuisine, lui aussi, ou dans les cabinets ? Avec quoi ? Il ne possédait même pas un revolver à chats comme le Chilien... Avec quoi mais surtout à quoi bon ? Il ricana, et dans sa bouche ouverte se mêlèrent l'air froid, le sel chaud des larmes et l'amertume de la drogue.

Shimmy... Le défaut des directions anglaises. Une fois le camion dépassé, à 170, il se sentit déraper, ça descendait trop vite, la route, et lui aussi, comme les montagnes russes, il aurait fallu ralentir et se rabattre, il n'avait plus la force de tenir la gauche, la file des gens sûrs d'eux. La voiture était lourde : s'il pilait sur le frein, tout partait en toupie. Cinq secondes plus tôt il s'en fichait encore, mais son malaise une fois de plus se diffusait au monde extérieur. La crainte d'un tête-à-queue n'était qu'une fantaisie, suscitée par le remords de tourner le dos à Didine et de ne pas écouter les messages qui auraient pu l'obliger à faire demi-tour. Il avait eu beau passer ses nerfs sur le Chilien, se moquer des morts, dans le flou de son esprit le remords se fondait de nouveau avec une angoisse plus vaste. Au lieu de le préserver, la fuite l'isolait du réel comme la buée sur le pare-brise, la pluie, les projections. Il se sentait seul au monde, un monde de brouillard traversé de météores ; seul, mais pas tranquille, il n'était pas dans sa chambre : ici, on continuait de s'agiter autour de lui ; la peur d'être abandonné, heurté par les choses, dépassé ou bousculé par d'autres, plus vivants que lui, le rendait timide, *pataud.* Il se prenait les pieds dans le tapis, les pédales, donnait des ordres nerveux au volant, envoyait la voiture brouter les bandes de marquage horizontal et provoquait des rafales de tressautements sous l'effet des tétons anti-somnolence. Il se forçait à endurer ce massage quelques secondes, convaincu qu'en redressant trop vite il partirait en chassé. Les flaques, les défauts de la chaussée suscitaient des présences, des fantômes gris qui se dressaient devant lui, juste assez loin pour l'inciter à freiner et à éviter de les écraser. Il lui fallait des sursauts de volonté et une longue expérience de ce genre d'ectoplasmes pour leur foncer dedans bravement, sans lunettes. Il s'était mis à conduire comme une vieille dame, buste en avant, nez tendu vers le pare-brise. Faute d'oser freiner il lâchait pied.

Une sirène d'avertisseur l'accrocha un peu plus au volant et des paillettes de lumière jaillirent des rétroviseurs. Dans la buée de la glace arrière entre les flashs des phares et sous une guirlande de loupiotes rouges, il distingua les grandes lames chromées d'une calandre, celle d'un colossal appareil qui suçait son arrière-train. La blessure causée par la camionnette se rouvrit. Et la lubie du demi-tour. Il se laissa flotter dans une torpeur hostile. Pour ne pas rater la prochaine sortie, il continua de ralentir, provoquant la fureur de l'autre, derrière, qui commença à jouer de sa corne de brume. Il n'était pas du tout effrayé, sur l'autoroute rien ne pouvait arriver, et puis il l'avait déjà dépassé deux fois. Deux fois vainqueur. Se laissant bercer mollement par la rage du routier, dans un concert de klaxons et de phares, il imagina son retour, vers quatre heures de l'après-midi (trois heures et demie s'il faisait demi-tour tout de suite). Il chercherait Didine dans la maison endormie, ne la retrouverait pas. Malade, elle était encore là. C'était même la seule à veiller. Mais morte, il n'y aurait plus rien – nada ! –, exactement comme si elle n'avait jamais existé. Le monde serait le même, les arbres, le jardin, les illusions de la jeunesse, celles du désespoir. Sans plus trace de sa présence. Mais s'il se décidait vite, s'il arrivait avant quatre heures, elle serait peut-être encore là. Il avait de l'instinct. Combien de fois l'avait-il rattrapée juste au moment où elle partait ? Il entrerait dans sa chambre, elle l'attendrait, elle saurait qu'il allait venir. Il entendit une voix ancienne l'appeler « mon amour », mais ça n'était pas celle de Didine. Ou alors, oui, peut-être. Il ne savait plus bien. Il avait déjà oublié sa voix. Il s'en était rendu compte un jour où, par erreur, voulant joindre sa mère à la campagne, il avait téléphoné à la Muette. La présence sonore sur le répondeur l'avait tétanisé. Un spectre. Quelqu'un qu'il ne reconnaissait pas.

Une autre guirlande de lumières rouges, plus vaste, répondit à l'horizon. Il s'agrippa au volant dans l'espoir de parer au délicat freinage de l'Aston Martin, le temps de déchiffrer un écran de signalétique autoroutière. Un retour trop hâtif des lunettes noires à leur support habituel manqua de lui éteindre un œil. Au lieu d'un renseignement utile, l'annonce intimait un de ces ordres mielleux qu'il exécrait : « Pendant les travaux, votre travail c'est de ralentir. » Va te faire foutre, sale juif ! lança-t-il à l'adresse du panneau. En plus du ton, c'était le mot « travail » qui l'avait mis hors de lui... Lara Fabian... À cause d'elle il savait qu'il ne ferait pas demi-tour. À cause d'elle, d'eux, de sa tribu, il était obligé d'aller à Paris. De perdre des heures entières dans les bouchons. Loin de Didine. Lukardis, il aurait pu l'annuler, elle ne lui en aurait que mieux mangé dans la main en janvier ; Babeth, depuis le temps qu'il envisageait de ne plus jamais la rappeler, il y a des limites à la folie et à l'usage de la carte bleue... Mais le travail, l'argent, ça ne se refuse pas, impossible d'éviter les discussions interminables devant l'ordinateur à chercher le bon bleu, le bon menton avec force circonvolutions, salamalecs interminables cachant les rapports de force, le désir de se rendre intéressant, de mériter son chèque ou même de passer le temps. Tout le monde n'a pas un mourant chez soi. C'est sûr, s'ils les avaient prévenus, ils auraient compris : on n'a qu'une mère. Ils étaient tellement humains, ils auraient insisté, ils l'auraient interdit de logiciel, ils l'auraient forcé à rester près d'elle... Et pendant ce temps ils auraient traficoté sa photo à coups de souris jusqu'à ce qu'il n'en reste plus rien, plus de menton, que du bleu, des yeux, une bougie, et puis ils se seraient lassés vu que lui n'était pas là pour souffrir ; Fornicator ne les excitait pas, un assistant, pourquoi pas la femme de ménage ? D'ailleurs Fornicator aussi avait des obligations familiales... Alors ils auraient comploté, ils auraient décidé de tout changer, appelé un autre photographe, bloqué le chèque à la production, mis au courant le service juridique. Et pour lui il serait trop tard. Même en faisant demi-tour, même en les écoutant... Plus de Didine, partie, envolée, sales cons...

On lui fit signe de se rabattre. Pour sensibiliser les conducteurs à leur devoir en les rattachant à la grande chaîne de la solidarité humaine, la société de travaux publics avait mis en tête des quilles une effigie grandeur nature à la bonne mine de plastique rose. Revêtu du gilet fluo réglementaire, l'ouvrier modèle affichait un sourire de présentoir à menus jamais venu à personne dans l'exercice de ce genre de besogne. Ensuite, plus sobrement, des chevrons lumineux condamnaient la file de droite, amenant toutes sortes d'engins dangereux, flageolant ou hésitant, à lui couper la route. Comme il s'était résigné à aérer l'habitacle, Patrice apercevait la tête du camionneur au dragon aussi distinctement que s'il était assis à la place arrière. Derrière un petit Père Noël assis sur le tableau de bord pointait une moustache surmontée d'un bonnet de laine discrètement pailleté, roulé en prépuce, le même qu'Olivia Newton-John, à l'époque de *Xanadu* (sa première séance photo pour le *Jardin des modes*). Par moments les deux visages du chauffeur et de la marionnette s'empourpraient sous l'effet d'une excitation passagère. Ca n'était pas l'effet des feux stop de Patrice ni même du cul de l'Aston Martin : non, c'était, en haut du pare-brise, une inscription lumineuse clignotante qui devait indiquer aux amateurs le prénom du routier. On aurait dit la vitrine d'une prostituée bruxelloise. Pédé.

Pris d'un besoin de mise à distance à chaque fois qu'il se trouvait obligé de se soumettre à la loi commune dans une queue, une file d'attente ou un encombrement, Patrice sentit l'univers se déréaliser, les êtres humains lui apparaître de nouveau comme des guignols, des effigies, des pantins. Entre le sourire de Lukardis sous l'objectif de son mari et celui de l'ouvrier en plastique il ne faisait pas plus de différence qu'entre la tête à massacre du routier dans sa cabine et la bouille du petit Père Noël qui semblait se vautrer sur ses genoux comme la dérision diabolique de l'image d'une Vierge à l'enfant. Dérision dont la madone souriante dans la vignette près de l'horloge ne jouait que les normalités d'apparat. Amour maternel, travail, religion, sous la lumière orange des camions de travaux, comme dans une vitrine de Noël, une cabine de prostituée bruxelloise ou le clip kitsch d'un groupe de hardcore homo, tout ne lui paraissait que vice, simagrées, masques de carnaval. Perversité. Dans ce cadre-là, même la douleur se confondait avec son expression. Un instant lui revinrent en mémoire l'image de la Vierge en bois, son sourire flotté, l'odeur froide de l'église, puis l'idée de la mort de Didine s'éloigna de son esprit, discrète et légère comme ces apparitions nocturnes qui s'en vont on ne sait où, nous laissant seuls aux prises avec ce qu'on appelle la réalité.

— Je ne supporte plus les bouchons !

Il avait refermé la vitre pour se protéger des voitures à côté. Le soleil filtré par les nuages le baignait d'une lumière d'halogène. Il faisait chaud. Une vraie couveuse. Il lui sembla sentir une odeur de poulailler humide. Il lisait et relisait l'horloge sans plus comprendre quelle heure il était vraiment, deux heures et demie, trois heures moins vingt, deux heures et quart... Il avait le projet de la régler, un geste qui l'aurait rassuré, mais il n'arrivait plus à se rappeler dans quel sens il fallait tourner les aiguilles pour rétablir l'heure exacte. Le ronron de la soufflerie le berçait doucement. Pour occuper ses mains, il décida d'orienter les ailettes de la bouche de chaleur vers le pare-brise afin de détourner de son visage l'air pulsé dont l'odeur poussiéreuse l'étouffait. Il souffrait d'une irritation cutanée consécutive aux larmes et à l'écoulement nasal. Par moments sa peau devenait plus sensible, à la suite d'une horripilation d'origine morale. Cédant à la curiosité pour les salissures et l'immonde qui le prenait à chaque fois qu'il interrompait sa fuite en avant, il avisa une fois de plus la pellicule de crasse brunâtre accumulée sur les lamelles de plastique et plutôt que bouger les ailettes il préféra soudain sécher la sueur de sa paume devant l'orifice brûlant. En touchant la crasse de sa main moite, il aurait laissé ses empreintes et sali ses doigts, et donc son pantalon, son caban, son nez ou tout ce sur quoi il aurait était tenté de s'essuyer. Sa main protégeait son visage du souffle chaud. L'idée de l'heure, du temps qu'il perdait, se mêlait avec l'abattement provoqué par le sentiment d'enlisement progressif, de répétition crasseuse. Piégé sous sa cloche brûlante, il avait besoin de coke.

Sur un coup de klaxon il releva la tête, le nez tout blanc. Le pathétique s'était embouché avec la circulation. À l'arrêt, Didine pouvait mourir, il s'en fichait. Babeth aussi, et joli-papa, sa mère, Ahmed tout le monde pouvait crever. En tête de liste : Lara Fabian, son agent, toute la tribu. Tout le monde, sauf Sylvana et Lukardis. Pour un peu il y serait allé lui-même à coups de revolver à chat, à coups de marteau, à coups de massue, à coups de chicas, à coups de n'importe quoi. Même le Chilien, il l'aurait parachevé, une balle dans la nuque. Et les autres devant lui, à la mitraillette, pour qu'on s'écarte, qu'on lui fasse de la place. Seuls le mouvement, la vitesse, la musique du bougé adoucissaient son cœur. La drogue et les embarras ne vont pas bien ensemble. Il redevenait fou, méchant, réel, incapable de se laisser aller. L'horloge et Lukardis repassaient au premier plan, ainsi qu'une violente envie de pisser, puis, à cause de la drogue, de déféquer. La contrariété de faire attendre et la crainte qu'on ne l'attende pas le basculaient du regret à la rage. Son émotion avait tourné, comme ces boissons imbuvables par défaut de conditionnement : les bactéries extérieures changeaient le bon lait du remords en une infecte mixture, moitié pissat d'enfant, moitié sperme. Un lavement. Il *régressait*, aurait dit le psychothérapeute de Babeth. Un ange, lui, pas le genre à s'énerver ou à se décrotter le nez dans les embouteillages.

— Avance conasse !

Il disait ça pour bouger ceux de devant. Sans espoir. Nihiliste. Pire que Bacon et Netchaïev réunis. Un bon argument mais ça ne marchait pas. Rien ne marchait. D'ailleurs il n'attendait aucun résultat, au contraire, sa rage avait simplement besoin de nourriture. Il butait stupidement, de toute la force de sa haine, contre le hayon blanc du véhicule qui le précédait, l'obstacle devenait une instance qui seule décidait de son sort. Peut-être n'y avait-il rien devant, juste un décor posé pour l'empêcher d'avancer, de jouir, de renaître à soi-même dans le ventre de Lukardis. « Tu n'es pas là, mon amour, donc tu n'es plus mon amour. » Une douleur comme un œuf de feu lui déchira les entrailles, il s'était contracté, que se passerait-il s'il se laissait aller ?

Le pantalon de cuir en avait assez vu. Pour essayer de faire passer cette fulguration qui semblait impossible à soutenir plus longtemps il releva les hanches vers le volant, mimant une sorte d'accouplement inversé. Il pensa à Lukardis empalée, aux souffrances de Didine, à la morphine et au moustachu dans sa cabine, derrière, qui devait le voir onduler comme une femme en couches ou un homosexuel passif en position de missionnaire. À cette dernière image il se rassit très droit, espérant éteindre l'œuf de douleur à l'intérieur de ses entrailles. En vain.

Quand il criait ça allait mieux. Un instant. De menaçantes les présences autour étaient devenues insupportables. Douleur interne, de celle qu'on n'imagine pas supporter plus d'une seconde. D'un seul coup sa rage entra au paroxysme à la vue d'une touffe de cheveux couleur de paille humide qui exhibait en raccourci une paire de chaussettes polaires écrasées sur un tableau de bord ; une posture avachie communément adoptée par les nouvelles mères de famille dans les Xsara, Kangoo et autres Espaces. Souvent des blondes à traits flous et à nez en bouchon de liège du genre Flavie Flament, marionnette tchèque ou vierge de crèche circa 1970. Des fausses gentilles, des mémères de Super U, des sous-speakerines, des méchantes en fait. Le style à porter des grands T-shirts sur des collants et à parler « câlins » à leur mari devant témoin. Elle bougeait ses orteils, le forçant à regarder ses chaussettes couleur poire qui suggéraient assez la qualité de son intimité et l'innocuité de ses plaisirs. Avec l'autre Colombin qui conduisait la poussette familiale leurs draps à tous devaient sentir Cajoline, Soupline ou Maison Verte. Et un peu leurs corps quand même... dans les plis. Et bébé qui venait dans le lit chaque matin pour couper le sifflet à papa. En douceur. Conasse. Jusque-là ses paroles ne s'adressaient à personne mais sa haine ne pouvait plus se contenter d'objets externes, elle avait soif d'un aliment intime, le plus intime.

— Avance, connasse !

Il recommença à jouer des genoux, des hanches, à osciller du buste à la façon d'un schizophrène, le même numéro qu'il avait fait à joli-papa tout à l'heure. Dans le rétroviseur, avec ses lunettes noires et ses cheveux frisés, il donnait un beau spectacle. Un danseur vaudou. Le Baron Samedi. Soudain une de ses contorsions fit disparaître l'œuf intérieur, la poire d'angoisse, le refoulé. Il se rassit, prudent, craignant une mauvaise surprise mais tout était comme avant, seul un lambeau de cuir du siège replié sous lui marquait l'empreinte de la douleur. Comme les draps de Didine après une crise, qu'il fallait retendre sous elle pour éviter les escarres. Une fois, une seule, il l'avait tenue dans ses bras, elle lui avait paru si légère. Il aurait pu la lancer au plafond sans les fils, sans les cordons, sans les poches. Elle était en T-shirt, toute maigre en dessous, il sortait de la salle de bains, encore humide, dérangé, furieux et pendant que sa mère retendait le tambour des draps, il avait senti son souffle sur son bras nu. Ce contact qu'il appréhendait avait été le seul moment d'intimité depuis son retour. De l'eau fraîche sur ses brûlures. Il s'était senti mieux pendant quelques minutes, et pourtant il n'avait jamais recommencé, laissant faire sa mère, fuyant la vérité.

Le souvenir de Didine dans ses bras l'acheva. Sans parler de la Xsara Picasso qui avançait mieux que lui sur la file voisine, la « bonne » file, et lui montrait maintenant son dos juste surmonté d'une touffe de crin blond. Pour éviter de devenir fou il contempla son moteur fumant sous la pluie, religieusement, sinistre comme s'il s'agissait d'un bûcher funèbre, le sien, inquiet toujours de ces fumées-là. Était-ce chez lui que ça chauffait ou la vapeur venait-elle du pot d'échappement du voisin de devant ? Il avait arrêté de gigoter. Catatonique. Il aurait voulu regarder le manomètre de température mais, envahi par une torpeur d'origine obsessionnelle, il n'arrivait pas à se détacher du spectacle de l'eau ruisselante sur la tôle mal éteinte. Tout autour de cette focale le paysage avait cessé d'exister, fondu en abstraction mouvante, à peine animée par le clignotement des phares. Tableau pour restaurant chinois. La redescente le prenait. Bercé par la soufflerie, éteint par la baisse d'intensité lumineuse qui annonçait la fin de l'après-midi, il ne parvenait plus à ciller, l'ordre n'arrivait pas à ses paupières et sa tête pesait sur son cou.

Il bâilla. Besoin de se remonter le moral, il suça le fond de whisky dans la flasque.

— J'ai envie de mourir.

Le travail qui l'attendait cet après-midi était quelque chose d'assez vulgaire, et qui pouvait donner assez envie de se suicider. (Depuis quelques secondes, il aimait bien mettre des « assez » partout, cela lui donnait une certaine distance *assez* britannique.) Le suicide, un assez beau suicide.

— Un beau suicide !

— Tout ça finira par un assez beau suicide ! cria-t-il à l'adresse du moustachu de derrière qu'il soupçonnait (à l'instigation de la cousine cocaïne) d'avoir suivi son manège de la vigie.

À ces mots la flasque lui échappa des mains, rebondit sur le col de son caban (et plaf ! une tache) avant d'aller rejoindre le manche du chica, la boîte à fusibles, Olivia Newton-John, *la figlia della furia* et tous les déchets qui traînaient là-dessous. Heureusement, elle était presque vide. L'idée de suicide aussi, il s'en était servi maintes et maintes fois ; enfant déjà, au moindre désagrément avec maman il voulait se pendre à la conduite d'eau avec sa cravate de collégien et tout allait mieux quand il imaginait sa douleur à elle. La plus grande, enfin c'est ce qu'on dit toujours. Souffrent-elles vraiment ? Sade dit qu'elles n'en jouissent que mieux. Sa propre mort n'arrivait pas plus à l'émouvoir que les injures à faire bouger les choses. Vieille magie sans effet. Autour de lui personne ne croyait à son suicide ; lui-même moins que les autres. Entre cette mort de théâtre et celle de Didine, il y avait un fossé.

Il se demanda s'il supporterait mieux les bouchons quand elle ne serait plus là. Peut-être aussi quitterait-il Lukardis (les trois lettres LUK ne voulaient toujours pas clignoter entre ses jambes). Il se mit à rire sous l'influence du whisky. Encore une insensible au suicide, au sien surtout. Plus approchait le moment où il la serrerait dans ses bras, plus il avait soif de l'injurier. Et aussi la mère en elle. Le mot « connasse » lui revenait sans cesse en bouche et le faisait gonfler un peu mieux à chaque fois. Elle pouvait toujours téléphoner, il ne répondrait plus. Il la laisserait pourrir jusqu'à l'hôtel. En même temps il l'aimait pour cela, son impitoyable gaieté. Il rit de nouveau, et de nouveau il eut envie qu'elle appelle. Et de nouveau il eut envie de cabinet. Il regardait tristement son téléphone. Ça redémarrait.

Il se sentit plus léger occupé à bien prendre la vague de la circulation et le ressentiment prit un autre goût, moins aigre, peut-être à cause du whisky. Les mères et les femmes y gagnèrent, l'aversion tournant à la tendresse. Il passa de l'une à l'autre pour le baiser des retrouvailles. Il n'avait jamais su rester fâché longtemps. Enfant il se réconciliait au sortir d'une bouderie, après ses idées de suicide, en fourrant sa tête dans le drapé tiède que modelait la béante innocence des cuisses maternelles. « Ma petite louloute », lança-t-il à l'adresse du téléphone pourtant toujours muet et de la belle figurine qui souriait, imperturbable, sur son tableau de bord. Il laissait filer ses idées, comme les gens accéléraient au sortir du ralentissement, sans se rendre compte qu'il prenait des risques avec lui-même. Son élan d'amour allait rencontrer le dernier obstacle, le vrai, le définitif à quoi il s'était encore heurté ce matin en entrant dans leur ancienne chambre.

La fenêtre aux adieux était close. Les montants dessinaient une croix sur le ciel de l'aube où résistait encore la lumière orange du réverbère de l'église. Didine n'avait pas bougé, pas cillé lorsqu'il s'était penché pour l'embrasser sur le front. Ses yeux semblaient éteints, comme retournés en eux-mêmes. Mais quand la porte du couloir s'était entrouverte sur la grande femme aux cheveux gris qui l'avait autrefois bercé, lui, le visage s'était éclairé et ce n'était pas l'effet de la lumière du couloir.

Il enviait sa mère de ce lien, c'est pour ça qu'il pensait tant de mal d'elle ; en dépit de ses ridicules, elle au moins avait du courage ; elle ne songeait pas qu'à filer. Ça serait elle, probablement, qui recevrait le cadeau du dernier regard. Parce qu'elle lui lavait le visage, parce qu'elle lui caressait la joue, parce qu'elle était là. Pour Didine il n'existait déjà plus, il le savait bien. La chèvre s'était battue trop longtemps. Ce n'était pas qu'elle le détestât. Peut-être se souvenait-elle des jours anciens, peut être le confondait-elle dans les brouillards de la fin avec des êtres qu'elle avait aimés : son père, sa mère, son cher Lord Byron, le petit lapin, d'autres hommes qu'elle avait connus et qui l'avaient fait souffrir ou jouir, mais lui, lui, lui, tel qu'il était là, lui, Patrice, lui, « chéri », autrefois chéri, lui, lui qu'elle avait pris pour « l'amour de sa vie » avant de se rendre compte qu'il était « une merde », c'était comme cela qu'elle l'avait appelé lors d'une de leurs dernières conversations – mais une merde c'est encore quelque chose –, lui, Patrice Strogonoff, maintenant ne lui disait plus rien, pour elle il était mort en tant qu'individu avant même qu'on lui ferme les yeux. Quand il rentrait dans la chambre, il ne se passait rien ; c'était la pire punition qu'elle puisse lui infliger, sans le vouloir, sans le détester.

Il dépassa le petit couple dans sa voiture neuve, l'enfant derrière lui disait bonjour. Sous le coup de l'émotion il répondit d'un geste de la main. Il sembla alors qu'on lui tirait la langue.

Souvent il rêvait qu'ils se réconciliaient. Il se réveillait persuadé d'avoir vu Didine le serrer contre elle et lui dire qu'elle l'aimait toujours. Parfois cette fausse nuit avait duré quelques secondes et il retrouvait la voix de sa mère et le soleil presque au même endroit du mur. Entre-temps tout s'était passé et tout s'était défait. Tout. Nada !

Malgré tout, il se disait que tant qu'elle vivait ça pourrait revenir. Pour peu qu'il trouve un jour le courage de rester près d'elle quelques heures, une après-midi, une nuit, et de lui parler. Peut-être comprendrait-elle pourquoi il l'avait trahie, et qu'au fond il l'avait si peu trahie. (Cela ne voulait rien dire mais cela le consolait un peu.) Qu'elle ne l'avait jamais quitté, même pendant qu'il était avec les autres. Même entre les cuisses de Lukardis. Il saurait trouver les mots. Il ne parlerait pas des cuisses de Lukardis. Il avait toujours su y faire. Depuis des semaines, à chaque fois qu'il allait à Paris, il se disait qu'elle serait morte à son retour et il se reprochait de ne pas avoir trouvé ce moment, cette après-midi, à la tombée du jour, cette nuit. Et la nuit des deux prostituées, la nuit où il avait voulu aller la rejoindre pour la mêler à sa fantaisie sexuelle n'était au fond que la version maléfique d'une bonne pensée. Il voulait se rapprocher. Il voulait qu'on l'aime, il voulait encore qu'on accepte son amour, comme autrefois, avant les États-Unis, avant Lukardis. Le mal n'est qu'un bien qui ne sait plus son nom.

Elle ne l'aimait plus. Voilà une pensée nue, une vraie douleur, pas un tire-larmes, un remords qu'on appelle comme une prostituée quand on en a envie de s'émouvoir. Ne plus être aimé. Il la sentait en lui, cette pensée nue, vivante comme une prisonnière dans les caves de son corps. Les caves ne sont pas tout à fait des oubliettes. Cette vérité-là ne lui obéissait pas du tout à lui, mais tout le monde à part lui avait le pouvoir de la commander. Surtout les étrangers, les gens sans égards qui donnent de mauvaises nouvelles sans savoir qu'ils blessent. Bétuleau et ses vannes, la bonbec de la station-service, Sylvana, dont la voix tout à l'heure lui avait paru d'autant plus odieuse qu'elle lui avait donné du plaisir. « Il faut que tu rentres vite il y a quelqu'un de malade. » Vingt ans d'amour, de caresses, de baisers, de chaleur malgré toutes les trahisons et apprendre ça, comme ça, de la bouche de sbires pareils. Tout était fini, game over ! On ne l'aimerait plus jamais. Que c'était froid !

La distance aggravait ses inquiétudes. Et puis ce qu'il ferait à ce moment-là. S'il était sur l'autoroute ça lui paraissait moins grave qu'entre les cuisses de Lukardis, en train de la lécher, ou de lécher le museau de Babeth. La jeune fille nue frappait de plus en plus fort. Il n'avait plus de larmes. Dans la fatrasie des soupçons convergents il y avait plein d'appels pour elle. Les coups de téléphone du château entre ses jambes. Combien de fois ? Sylvana : à quelle heure avait-il parlé à Ahmed ? Malade voulait dire mourante ? Pour ouvrir la porte il suffisait de téléphoner au château. Impossible. Trop d'explications. Trop de verrous. Les caves ne sont pas des oubliettes. L'idée du désamour de Didine était coriace. Elle lui survivrait. Les larmes lui donnaient de plus en plus envie de Lukardis, de sa chaleur et même de sa gaieté impitoyable. La vie. La chaleur de son corps. Cette certitude-là collaborait avec sa bonne tristesse et la douce mélancolie de l'autoroute. Après un dépassement le dos se relâche, on peut de nouveau penser aux choses tristes, au passé. Le stress ne tombait pas aussi vite que prévu, le camion n'était plus qu'un souvenir, mais la vie... Le passé souffrait d'être comparée à l'idée que Didine n'était plus là. Arrivé en vue d'une pensée vraie, car elle portait sur une réalité en cours et n'appartenait pas au passé, mais au présent, donc à l'éternité, si toutefois le mal mérite cette qualité, il n'osait plus du tout fouiller. Pour tout dire, il avait peur de ne pas arriver à jouir sur Lukardis dans un tel voisinage. Ou même à bander. Une querelle d'éternités. Il lui était insupportable d'imaginer ça.

« *Pittura negra !* » L'érudition. Les souvenirs. La rhétorique. il remettait tout en branle pour étouffer la présence de la mort. Devant elle il changeait de point de vue, ainsi qu'ils avaient bougé au musée d'Amsterdam pour ne plus se voir en reflet dans la glace protectrice et pouvoir se noyer dans l'œuvre. Il est un narcissisme suprême qui hait les miroirs. Vampire. Il se projette pour mieux s'éviter. Il essaya de voir le monde, de se perdre dans le paysage mais les écrans antibruit, les tunnels à ciel ouvert se refermaient autour de l'autoroute, le protégeant de toute évagation. Comme dans les insomnies, son seul refuge restait la mémoire, la manière noire, cette bonne vieille menteuse qui permet de farder les fautes en fatalité. Le nombre de fois où il avait essayé de représenter le regard de Didine, à une époque où il était encore fasciné par sa beauté, et où celle-ci, et plutôt la fierté qu'elle lui inspirait, l'empêchait de capturer l'émotion qu'il devinait derrière. Elle se protégeait avec, reste d'avarice célibataire. Avec le temps l'amour l'avait emporté sur la fierté que lui donnait la beauté. Elle était devenue plus laide, plus généreuse et plus touchante. Ça arrive à tout le monde. Babeth aussi son tour viendra. On finit toujours par aimer toutes les femmes comme des mères, parce qu'elles deviennent toutes laides. Un jour. Laide. Moins qu'à Amsterdam mais plus qu'à New York, lors du premier voyage, le vrai voyage de noces (l'anniversaire de Tina Chow, restée froide, non maternelle, grâce au sida) où l'habillait encore tout son prestige mondain. Au milieu, à peu près, vers 1995. À Venise. C'était peut-être le moment où ils s'étaient le plus étroitement croisés. S'il avait pu, alors, transposer le regard qu'elle lui portait (comme le Rembrandt de la ruine avec Hendrickje Stoffels ou la Saskia mourante des derniers jours), s'il avait pu lui rendre ainsi l'hommage qu'elle méritait, il aurait peut-être accepté cet amour. Il ne se serait pas senti redevable et ne l'aurait pas trahie. Qui sait ? Mais il ne peignait déjà plus. Elle pressentait ce qui l'attendait, et la conscience du déclin donnait à ses yeux la teinte nocturne, proprement humaine, qu'il n'avait pas pu trouver à l'époque où il peignait encore. Après Venise, ce face-à-face avait duré quelque temps puis elle s'était durcie, avait foncé jusqu'à perdre son éclat. L'idée de la mort revenait comme un meuble dans l'ombre. Telles ces peintures gâtées du début du XIXe siècle, où on ne sait plus bien si l'effet de clair-obscur obscurci vient du sentiment romantique ou d'un empoisonnement du tableau, mélancolie sous-jacente posée d'abord sur les apparences comme une habile fumée, en glacis, pour faire ressortir les rehauts, et qui continue de travailler en secret sous les vernis, assombrissant à jamais les lumières, celles de l'intelligence et de la sensibilité. Alors, à force de souffrir, de femme profonde elle était devenue sombre, bitumeuse, mélancolique, navrée de son incapacité à contenter l'homme qu'elle aimait toujours plus mais comme un poison, « sinistre » avait anticipé Babeth en voulant dire « triste », passant du malheur au mal, de la gêne à la gaucherie, avec la méchanceté rapide, approximative des filles jeunes. Lui non plus ne pouvait plus l'aimer, et ça, il ne fallait pas l'oublier maintenant qu'elle allait mourir, maintenant qu'elle était morte. Nouveau camion, nouvel appel, château, château, château et encore château. Cette tristesse levée par l'approche de Paris, cette tristesse arrivée comme la nuit qui semblait se lever sur Paris, noyant dans un nuage de pluie les sommets des tours et des églises, n'en était que le premier symptôme. Quelques années avant, avant le cancer, Didine avait vu s'étendre sur elle ce voile qui retirait à son amour la part d'allégresse et de lumière indispensable à toute vie. Elle ne vivait plus, donc on ne pouvait plus l'aimer, elle ne vivait plus parce qu'il ne pouvait plus l'aimer. Il aurait fallu qu'ils se quittent, qu'il la quitte, car elle, elle était irréprochable. Faute de pouvoir se critiquer, elle ne vivait plus, n'avait-elle pas été irréprochable ? Impossible de se trouver une faute, la vieillesse n'est pas une faute et puis la vieillesse ne se sent pas vieillir, ou alors physiquement, mais elle travaillait à son apparence avec les moyens modernes qui valent autrement mieux que ceux des contemporaines de Goya – *hasta la muerte !* Non, tout était dû aux infidélités de Patrice et tout particulièrement à Lukardis, confondant dans sa rage les défauts qu'elle préjugeait et ceux qu'elle connaissait, ceux de Minette de Talleyrand. Celle qui avait tué le Chilien. « Deux putes polonaises à moitié folles », « des vampires ! » Lorsqu'elle regardait en arrière durant les nuits qu'elle passait seule à l'attendre, elle révisait sa conduite mais il n'y voyait aucun défaut. Elle était irréprochable. Elle ne vivait plus. Sa droiture la laissait encore plus désemparée. En vingt ans elle ne l'avait jamais trompé. Elle avait peu à peu perdu tous ses liens au monde. À cause de l'intérêt plus grand qu'elle trouvait à l'éducation d'un homme jeune, à un âge où le manque d'enfant supportait son dernier coup de levier, elle s'était entièrement consacrée à lui, avec patience, avec méthode, avec folie. Elle s'était attachée à son éducation mondaine puis à son élévation dans le monde de la photographie. Les succès obtenus l'avaient inquiété.

Alors elle était devenue basse. Se rassurant de « mettre tous ses œufs dans le même panier » (lui) en se disant que de toute façon il ne pouvait pas la lâcher, l'argent le tenait, car il avait beau en gagner beaucoup elle savait qu'il savait – elle lui avait appris – que la vraie richesse ne se fait pas à coups de salaires, fussent-ils élevés, inquiète néanmoins de son émancipation, elle avait regretté ses efforts, essayant de saper mais, trop tard, son ascension de photographe. Elle avait tenté de lui fermer les portes qu'elle avait ouvertes, avant de prendre conscience qu'elle n'était plus toute-puissante, ses efforts menaçaient de la discréditer elle-même. Et voilà qu'il avait trop grandi et qu'un jour il était parti, non pas avec Lukardis mais avec une autre pute, une Américaine qu'elle n'avait même pas vue venir. Ce dernier coup avait déclenché la maladie, lorsqu'on s'habitue à un ennemi, l'idée d'en changer déchaîne les alertes habituelles, mais aussi l'épuisement de devoir recommencer à zéro. À l'âge qu'elle avait atteint cet ennui de changer prend des formes plus effrayantes que le combat lui-même. Sans compter l'éloignement physique, le défaut d'emprise qui l'affaiblissaient autant qu'ils devaient le renforcer lui. Elle avait joué sa dernière arme : la maladie, jusqu'à ce que son alliée arrive au résultat que ni sa volonté ni ses amis n'auraient su réussir : le détacher de lui à jamais.

Avec une finesse d'homme à femmes Patrice l'avait senti tout de suite en rentrant des États-Unis. Il pleura encore un peu sur lui-même tout en prenant garde de quitter la file du milieu (Lukardis attendait !). Puis le monde s'effaça derrière un dernier écran antibruit en béton armé. Et les anges de Montrouge qui veillaient au tunnel lui retirèrent sa peine en même temps que ses souvenirs.

... Straight up ! Cocaïne hit and run...

La K7 de Paula Abdul s'était réveillée à la sortie du tunnel, au passage d'un nid-de-poule ; en plein sur la bonne plage ! Ses tristesses n'ayant toujours que soi pour objet, une simple distraction suffisait à les remplacer par une gaieté sans arrière-pensées. Il roulait des hanches en faisant les chœurs, il se sentait fier de lui, de ses maîtresses, de son métier, de sa voiture. Sur le périphérique fluide, mieux qu'en ville où elle chauffait, l'Aston Martin donnait sa vraie mesure par des accélérations qui en imposait autour d'elle. Quand il poussait sur la pédale, les rails et les murailles de béton amplifiaient le bruit du moteur. Loin de le paralyser, les regards qu'il devinait ou inventait tout au long de son sillage lui donnaient une autorité réjouissante après les moqueries de Bétuleau et tant de déconvenues. Dans cette société, l'Aston Martin retrouvait sa vraie place. Il se sentait rétabli par elle, comme en compagnie d'une actrice, d'une femme célèbre, au bras de qui on gagne en prestige.

Vanité ! Son amour-propre avait atteint son apogée, un an plus tôt, presque jour pour jour, à Los Angeles. Quelques heures après la station-service aux scolopendres, à moins que ce ne soit le lendemain, il se revoyait parader au bras de Vanité entre les cordons rouges, durant une soirée d'Awards, caressé par la fourrure légère et les coups de langue sèche de la mousseline de soie (ce soir-là elles n'étaient pas moins de trois à porter la même petite robe turquoise Versace : Mariah Carey, Vanité, et l'ex-femme de Jean-Claude Van Damme, Darcy La Pier), crépinette d'à peine quelques grammes sous laquelle il recherchait le contact tiède, miellé, crémeux même à certains endroits, oubliés par la camériste, d'un corps tout enduit de cosmétique à la bonne odeur sucrée. Oubliés les scolopendres, les agenouillements de misère, les risques de lynch. Avec elle, comme souvent avec ceux de son milieu, on passait sans palier de la roche Tarpéienne (carpediemme ?) au Capitole. Pentes plus raides que ses mouvements d'âme à lui. Sur le moment, il s'affolait, mais aujourd'hui avec le recul, en route pour l'hôtel, la routine et le plaisir, ces souvenirs lui paraissaient ceux d'un autre, plus brillant que lui. Noyés dans le potage du crack, il en restait une exaltation, des paillettes, du *glamour*, aurait hasardé sa mère avec cette pointe d'excitation dans la voix qui la prenait en employant certains mots. Quand on vit des moments comme ça, il arrive qu'on se regarde avec les yeux de sa famille, des ploucs qu'on a laissés derrière soi comme tout le monde et qu'on retrouve en majeur sous la forme des badauds agglutinés derrière les cordons de sécurité. Là on s'admire vraiment, et cette complaisance est relayée par tous les regards qu'on sent posés sur soi. Quand on est célèbre, le monde entier, tout le public, devient vos parents, votre famille, ces gens un peu ringards qui, heureusement, savent rester à leur place.

Dès qu'il avait perdu Vanité, il était retombé dans le familial, dans la purée, les poireaux. Son retour en France avait marqué sa déchéance. L'homme qui s'était réfugié dans l'avion ce jour-là n'avait pas imaginé qu'il allait reprendre les habits anciens. Il avait eu l'impression de sortir de l'enfer, de remonter chez les vivants alors qu'au contraire il s'enfonçait chez les morts. Comme le Chilien à Santiago. On redevient vite un anonyme. Même à cinquante ans, au sortir d'une vie qu'il avait espérée mais qu'il n'avait pas eu le courage d'asseoir, et qu'il avait fini par quitter sur un coup de tête, après une violente dispute pour retourner vers un passé dévalué dont il avait repris malgré tout la charge, d'autant plus pesante qu'il s'était senti obligé d'y croire. Les premiers jours, tout auréolé, plein d'anecdotes à raconter, il croyait être transformé, être un autre. La prise de conscience avait mis des semaines, des mois. Il avait gardé pendant longtemps des traces de cet autre moi. Un homme plus dur, plus fort, même s'il n'avait pas cessé d'avoir peur. C'est grâce à ce délai qu'il avait pu mener un peu mieux sa carrière qu'il ne l'aurait fait aujourd'hui. Puis tout s'était délité. À force de les répéter et de les ressasser, les souvenirs lui étaient apparus bientôt lointains – des rêves. Rien de tangible à quoi s'accrocher : par honnêteté, par négligence aussi, il avait laissé là-bas tous les cadeaux de Vanité et la plupart de ses vêtements.

Qu'avait-il fait du *National Enquirer* où il apparaissait en couverture, un des rares trophées ramenés dans la débâcle ? Il devait traîner derrière, avec le reste. Depuis longtemps, il voulait le montrer à Lukardis. Elle jouait les indifférentes mais c'était une midinette, comme sa mère, comme les autres... Même Didine se sentait un peu fière d'avoir été cocufiée pour une star. Même avec le cancer. Un jour, lors d'une prise de bec feutrée au restaurant, elle s'était dévoilée. Il l'avait senti à la manière qu'elle avait de citer le nom célèbre, un ton en dessous du reste, après une légère hésitation, comme l'épicier arabe tout à l'heure.

Il avait perdu Vanité mais il lui restait les moments de gloire sur le périphérique. Et ça n'était pas rien.

Pour voir passer l'Aston Martin on lui laissait la place, et comme par hasard, la machine se remettait à vivre, oubliant les claquements, les ratés, les petites tracasseries. C'était surtout les hommes qui la regardaient, dans leur grande majorité les femmes se moquent des voitures. Il faillit s'assombrir au souvenir de Babeth et de ses nausées, des ricanements de Lukardis qui roulait en Micra et trouvait « ce genre de frime ridicule ». Seule Didine appréciait la chose à sa valeur. Elle était d'une époque où on conduisait ce genre de voitures pieds nus, à Saint-Tropez. Elle l'avait encouragé à l'acheter (peut-être dans l'espoir qu'il se ruine) et l'appelait affectueusement « la vieille dame ». Une méchanceté d'Ahmed le déprima : « Elle prêche pour sa paroisse. » Pédé... Jaloux surtout...

A list, elle aussi, comme Vanité et bien avant. Quand elle arrivait à l'Épi, au 55 ou aux Caves, elle savait qu'on lui céderait un bon matelas, une table en vue sans qu'elle ait à réserver ou à faire des grâces au personnel. Même en terrain étranger, au Château-Marmont, à Niki Beach ou ailleurs. Au début, c'est ce qui l'impressionnait chez Didine, cette assurance des gens qui imposent le respect, parfois uniquement par une certaine manière de rentrer et de s'adresser au chef de rang. Vers la fin, après qu'elle avait perdu *Vogue*, il arrivait qu'on essaye de l'humilier : un nouvel arrivé, un homosexuel pressé de s'affirmer, pouvait lui créer des embarras, justement parce qu'il l'avait reconnu. Il y avait toujours quelqu'un dans l'assemblée pour la réintégrer dans ses pleins droits, rien qu'en l'interpellant amicalement. Le loufiat se couchait aussitôt. Il se souvint que June et Helmut Newton lui avaient sauvé la mise en la hélant au Sporting, un jour de déroute.

Quand il l'avait retrouvée à l'hôpital Georges-Pompidou, un après-midi de février, il n'y avait plus grand monde pour lui rendre hommage. Elle n'avait pas le meilleur matelas, mais elle était seule dans une chambre ; autour il y en avait d'autres, toutes identiques ; comme souvent dans de telles circonstances il s'était trompé plusieurs fois avant de trouver la bonne. Du coup, échaudé par ses méprises, il s'était méfié. Il n'avait pas reconnu la forme qui somnolait, abattue par les médicaments. Un châle Missoni posé sur le lit avait forcé l'identification. Lui qui espérait tant de ces retrouvailles était resté à attendre debout poliment, gêné, qu'elle veuille bien sortir de sa léthargie. C'était son habitude de le faire poireauter, au restaurant ou avant de sortir ; ils reprenaient leurs marques, elle le remettait à sa place. La chambre lui rappelait celle du Novotel, où Lukardis avait promis de le retrouver quelques heures plus tard pour « parler ». En débarquant, il n'avait pas tout de suite réussi à joindre Didine, en soins à ce moment-là, d'instinct il avait appelé sa rivale de l'aéroport en attendant les bagages. À la brisure de sa voix, il avait su instantanément que tout allait repartir comme avant.

À travers le store vénitien le soleil chauffait la chambre, éclairant les babouches qui lui confirmaient l'identité de la forme inerte (il en doutait presque à nouveau). La malade, cette étrangère qui avait remplacé la femme d'autrefois, avait commencé à émettre un bruit jamais entendu mais qu'il allait apprendre à connaître : un sifflement presque comique, bruitage de ventriloque qui semblait sortir d'une autre nouveauté, éphémère celle-là (il ne le reverrait jamais plus), un sac qu'il ne connaissait pas et qu'il trouva laid. Un moment, dans le doute, il avait craint qu'une visiteuse ne vienne troubler leur intimité.

Pour échapper à cette vue ainsi qu'au numéro de *Paris Match* posé sur le chevet, dont la familiarité désagréable et l'inconnue en couverture marquaient bien qu'il était revenu en arrière, dans un passé dénaturé d'où il allait se sentir exclu, il s'était réfugié dans la salle de bains. C'était la première fois qu'il se revoyait dans une glace depuis les États-Unis. Sous le bronzage, la pâleur de la drogue lui dessinait un cercle autour des yeux mais, somme toute, il avait plutôt belle allure, et il jugea que Didine et Lukardis seraient séduites par son amaigrissement.

On entra dans la chambre. Une infirmière parlait à la malade du ton enjoué propre à ce genre de métier. Elle zozotait et lui rappelait quelqu'un. Lukardis aurait fait merveille en milieu hospitalier... La voix de Didine lui sembla plus grave que dans son souvenir (il ne lui avait pas parlé depuis près d'un an) mais pas aussi différente que le contexte le lui avait fait imaginer. Rien qu'en l'entendant parler avec cette autorité qu'elle montrait en toutes circonstances, il comprit sur-le-champ l'étendue de son erreur : il n'avait pas du tout envie de la revoir. Tapi dans la salle de bains, il se prit à espérer qu'une fois l'infirmière repartie, il allait pouvoir s'éclipser sans repasser devant le lit. Ni vu ni connu. Cette voix, vieille, autoritaire, brisée, lui révéla en un instant tous les efforts qu'il avait fournis depuis toujours pour lui être agréable ; il ne l'avait jamais aimée, à peine supportée... Et le travail de réadaptation lui parut à la fois odieux et inutile. À quoi bon ? Cet « amour » ressemblait à un tableau interrompu, raté, qu'on a voulu oublier en le retournant contre un mur, dont on se fait petit à petit une idée meilleure, peut-être parce qu'il a été meilleur avant qu'on le gâche, ou parce que le travail et l'enthousiasme qu'on y a mis nous le donnent à voir en tant qu'idée (idée de l'art, idée de l'amour) et non comme l'objet qu'il est en réalité et qu'on redécouvre en le retournant et en s'attristant de voir à quel point il est déplaisant et raté.

Une Maserati 3500 GT... Plaque suisse. Les voitures à 150 000 euros et bien davantage, d'ordinaire si peu préoccupées du monde environnant, les Ferrari, les Lamborghini, les Bentley, ralentissaient un peu, l'air de rien pour s'intéresser à elle. Les Aston Martin anciennes ça n'est pas rien, surtout celle-là, shah oblige. Les voitures ne se dévaluent pas... À la différence des femmes... il pensait à cette cover-girl (on disait cela à l'époque), Jenny, ex-maîtresse du shah, ex-maîtresse d'Orsini, le premier mari de Didine, reconvertie depuis dans l'astrologie, l'astrologie suisse, car elle-même était suisse, de Genève ou de Lausanne ; une fidèle à sa manière, qui téléphonait encore au château presque tous les jours pour demander des nouvelles ou livrer des prévisions optimistes.

Le sac, c'était Jenny. Il l'avait compris quand elle l'avait découvert dans sa cachette. « Hé ! Dine, il y a un homme planqué dans la salle de bains. » L'accent vaudois, quelle horreur ! Il avait toujours été jaloux d'elle, elles avaient des histoires en commun, des souvenirs, des mecs. Pas le shah mais d'autres : un Grec, un journaliste connu ; un peu de partouze aussi, circa 1965, à l'époque où c'était encore chic. Sans qu'il se l'avoue vraiment, le fait que Didine ait connu des types riches et célèbres avant lui le rendait jaloux, mais fier.

Un peu comme l'Aston Martin, au fond, un trophée, une histoire d'hommes. De même pour Babeth qu'il ne répugnait pas à partager avec le frère d'un acteur connu. Lorsqu'il s'ouvrait à Lukardis (pour la faire enrager, parce que son tableau de chasse était moindre), elle le traitait de « midinette », ce qui ne l'empêchait pas de se vanter à tout bout de champ d'avoir été draguée au Murat par un acteur français de second plan. Quand Patrice se moquait, elle haussait les épaules en affirmant qu'elle avait plus de respect pour un artiste que pour les crétins de la jet-set.

Les retrouvailles avaient été manquées. Didine savait qu'il allait revenir, il lui avait écrit plusieurs lettres des États-Unis, de belles lettres comme il savait les faire, tristes, dignes, ouvertes à toute réconciliation, surtout en descente de crack. Selon sa vieille tactique, elle avait répondu sobrement pour ne pas se dévoiler. Il y avait cru : l'existence que lui faisait mener Vanité lui devenait insupportable, encore davantage depuis qu'il avait repris contact avec Didine, et la pente lui paraissait douce qui le ramènerait à ses habitudes anciennes ; il pensait revenir en terrain conquis.

Ils s'étaient tout de suite sentis gênés, à cause de la Vaudoise, qui se réservait le fauteuil et le forçait à rester au pied du lit, debout, comme un gosse en visite. D'ailleurs il avait l'impression que depuis ce jour-là ils n'avaient plus jamais été seuls. La maladie qui s'aggravait avait multiplié les intervenants. Personnel, médecin, figures parentales qui le repoussaient à distance comme un amant de cœur, un vieux valet, un gigolo, quelqu'un sans responsabilité... La famille aussi, des cousins surgis de nulle part, sans parler des amis, du cercle intime très présent au début et qui l'avait toujours snobé. Son absence avait réactivé les sombres copines, comme Jenny, ex-beauté transformée en gendarme à l'accent traînant, avec ses grandes bottes, son grand nez, ses cheveux courts, ses manières de vieille gouine de Saint-Germain-des-Prés. Le comité d'accueil avait donné la note de ce retour raté. Tout ce monde lui était hostile, le soupçonnait d'être à l'origine de la maladie, voire d'être revenu pour encaisser l'héritage. Didine aurait voulu le repousser qu'elle n'aurait pas fait autrement. À vrai dire, elle ne savait plus très bien quoi penser. Lui s'enferrait de plus belle avec Lukardis, car, vis-à-vis d'elle aussi il se sentait coupable et comme, quand il la voyait, elle était à lui plus que Didine, il lui donnait l'amour qu'il ne pouvait donner à Didine. Même avec Lukardis les premières fois, il avait du mal à rétablir le contact. Il n'arrivait pas à se réhabituer à ce corps, à retrouver ses marques, il avait pris l'habitude du noir, de l'anglais. La psychologie de Vanité n'avait rien à voir avec les deux autres. Elle était anglo-saxonne, la race n'y faisait rien, et le crack non plus. Enthousiaste, positive, bonne élève. Rien de railleur, de défaitiste, de français, de slave. « Vanité, c'est Goethe », lui avait écrit le Chilien avant de mourir. Il ne la connaissait pas, mais en psychologie il avait des éclairs, des accélérations, ses neurones connectaient de manière inattendue. Seuls les grands cocaïnomanes arrivent à des raccourcis pareils. Goethe, Vanité, le calme dans la tempête... La gloire. L'au-delà du romantisme.

Un soleil de printemps faisait resplendir les belles affiches de très grand format qui vantaient les mérites du monde selon Nokia. Visages de jeunes gens et de jeunes filles illuminés par une joie intérieure, par un soleil du dedans qu'aucun coup de téléphone, SMS ou MMS, ne réveillait plus dans l'âme de Patrice. Même à l'église, il ne connaissait pas ça. Peut-être avec Babeth, certains matins, quand il la regardait dormir.

Lu = Lugano. Que c'est beau une plaque suisse ! Plus beau que les billets de 500 euros. Ses meilleurs moments de gloire sur le périphérique, Patrice les avait connus au tout début quand la voiture, encore impeccable, sortait du garage genevois où elle avait dormi des années, avec la magnifique plaque suisse à l'arrière, rectangle blanc de bonne police orné de la croix qu'il avait conservé bien au-delà des délais légaux, peu pressé d'apposer l'immatriculation réglementaire aux armes moins enviables du Loiret. Il sentait si fort les regards se poser sur ses flancs quand il dépassait qu'il en oubliait de surveiller la route... À plusieurs reprises il avait dû piler pour éviter l'accident. Depuis, il avait appris quelques finesses, défis puérils entre possesseurs de belles voitures qu'il lui arrivait encore de pratiquer quand il avait le temps ou quand il téléphonait. Son jeu préféré, parce qu'il ne réclamait aucune qualité de pilotage, c'était la course à l'envers : une sorte de jeu de la Sardine où le gagnant était celui qui roulait le plus lentement avec la voiture la plus rapide. Les Ferrari modernes y excellaient. Alors que les Lamborghini se montraient souvent plus premier degré, peut-être pour des raisons techniques de chauffe, ou alors c'était une question de caractère, le propriétaire de Lamborghini étant souvent un client plus sérieux, genre Bédouin du Golfe, le type qui pense raisonnablement que les prostituées sont des animaux. Babeth en avait connu un, mais elle n'en parlait jamais.

La règle consistait à rouler le plus lentement possible sur la file des camions. Mais là il ne jouait pas, il mit son clignotant au panneau « Pont du Garigliano ». Le type à la 3500 GT roulait à la vitesse d'un tracteur, et semblait goûter un plaisir pervers à se faire doubler par les camions de bois et les bétonneuses. Peut-être était-il en train de téléphoner sur son Nokia ou d'envoyer un mail de sa blackbox, un actif, un optimiste, comme les jeunes filles des affiches...

Garigliano... Plus de nids-de-poule. Autrefois, avec l'Innocenti, il manquait de casser le pot à chaque fois. Depuis la construction de l'immeuble France 2, ils avaient fait un effort ; peut-être aussi pour l'hôpital Georges-Pompidou. Sous un ciel bleu, la Seine ressemble à la mer. Il y a du jaune là-dessous, c'est sûr. La boue remuée, les égouts, le trouble, réfractent l'azur (cette fumée sur le noir infini) qui rend l'eau verte comme les mers du Sud, les atolls. Échange de bons procédés. Miroir des illusions. Pas besoin d'avoir lu Goethe pour comprendre le bleu et le jaune. Pour le noir infini derrière tout ça, au-dessus, au-dessous, une théorie s'impose. L'air sur le rien, la théorie des lointains, feux de bûcherons l'hiver sur les rais terreux des bois, Vinci ; le peintre, pas le propriétaire de parking. La carte de crédit ? Dans le caban, on verrait plus tard. De toute façon, il y avait un automate, pas de bornes de paiement. Un ticket, vite perdu, vite oublié dans la chambre ou mélangé avec la carte magnétique. Le sésame, celui qui ferait s'allumer en vert la porte aux merveilles. Le paradis de la reine Sibylle. On y revient toujours. Faire le clown.

Pourquoi le souterrain sans nom qui s'ouvrait juste après Georges-Pompidou le mettait-il en joie ? En matière de paysage, il y a des agréments difficiles à justifier. On peut chercher tout un faisceau de raisons, mais le plaisir qu'on ressent à les retrouver dépend surtout de l'idée qui se cache derrière. Ce tunnel n'était jamais encombré, toujours fluide, à ces heures en tout cas, et le bruit du moteur résonnait bien sous la voûte. Il ne l'empruntait pas pour pointer à Pompidou mais pour se rendre au Novotel, et la seule chose à sauver depuis son retour c'était le Novotel ; rien d'autre... En sortant il ne lui restait plus qu'à prendre la dernière place forte, devant la gare de Javel, et après il arrivait sur les quais.

Il n'avait jamais rien vu de plus beau, de plus joyeux que cet endroit : le front de Seine. Il aimait chaque tour, même les plus sales, les plus grignotées par le vent et la pluie. Sans parler de la grande colonne blanche qui se cachait au fond et dont il n'avait jamais compris l'usage. Une cheminée ? Un incinérateur ? Bel exemple de moderne abîmé. On aurait dit les immeubles de la Côte des Basques ou le dernier HLM de Naples dressé en vigie devant la baie, branlant, à demi condamné, entre la route d'Amalfi et la mer, ou encore la Costa del Sol en hiver. Tous ces endroits venteux, perdus, défigurés, ces cités plantées là où il ne fallait pas, à trois heures de l'après-midi, là où personne ne les plantait plus aujourd'hui, lui paraissaient aussi communs, joyeux et sincères que Lukardis. Plantée elle aussi où il ne fallait pas, dans un paysage, une vie où elle avait tant détruit. Il fallait l'optimisme des années 70, l'aplomb des promoteurs d'alors, l'enthousiasme pharaonique de Pompidou pour les avoir imposés là. Pareil pour Lukardis : dix siècles de chevalerie avaient été nécessaires pour lui permettre d'être aussi naturelle, malgré les années 80, malgré les brushings tartes, les tics de langage, Marionnaud, Gérard Darel et tout le reste. Joyeuse, jamais forcée, toujours optimiste, elle allait si bien avec le Front de Seine, les centres commerciaux, tout ce paysage... et même les parkings souterrains malades, pustuleux, sèchement usés par la maladie du béton, bénéficiaient de sa présence. Il pensa au Carrefour de la porte d'Auteuil (ancien Euromarché). Pourquoi n'appelait-elle pas ? Maintenant que le téléphone n'avait pas affiché son nom depuis près d'une heure, il se sentait en manque. Il s'était bien chauffé et l'inquiétude l'avait rajeuni de dix ans.

Un nuage obscurcissait les quais. Les feux rouges brillaient comme des fanaux dans ce paysage de bord de mer où le vent souffle perpétuellement et émeut les grandes barres d'un tressaillement interne. En attendant que ça passe au vert il chercha le nom d'une amie d'Ahmed qui habitait la tour Totem, la plus cossue du front de Seine, au vingt-neuvième étage. Elle avait fini par déménager, à cause des vibrations. Une grosse, une goudou, une triste qui collectionnait la porcelaine, ça bougeait sans cesse dans les vitrines, on aurait dit *Poltergeist*. Ahmed avait beau comparer le gratte-ciel à un vibromasseur géant, au bout de trente ans ça ne la faisait plus rire. Elle était rentrée là à vingt-cinq ans, en 79, à l'époque du Katmandou. À force de regarder les documentaires sur le 11-Septembre, elle avait fini par craquer. Elle avait acheté dans une résidence de trois étages à Ville-d'Avray, la même que les Souriceau, et elle vivait en préretraite. À cinquante et un ans. Ahmed se demandait si elle était seulement ménopausée, encore que la ménopause pour les goudous ne soit qu'un point de détail. C'est fou comme les gens qui ont une vie végétative craignent de la perdre. Les plantes en pot doivent être comme ça...

Patrice aurait voulu reprendre l'appartement mais Lukardis avait calé. Elle aimait bien lui faire croire qu'elle avait l'intention de quitter son mari, mais ça n'allait pas plus loin. Elle cherchait simplement à le déstabiliser, à lui donner des regrets. Lui non plus n'y croyait pas, mais il avait plaisir à la pousser pour voir jusqu'où elle était prête à suivre. Au bout de dix ans, le jeu avait perdu de son intérêt, aucun des deux ne s'y laissait prendre. Mais ils continuaient quand même, comme une belote, comme tout le reste.

Peu de chance que ça s'arrête, passé cinquante ans les occupations sont précieuses, on est moins regardant sur la qualité, l'habitude donne de l'épaisseur aux petits riens, un bon compagnon de jeu, de la jouissance physique et un feuilleton bien tranquille avec ses tensions, ses disputes, et on est heureux. Dans l'adultère plus facilement encore que dans le mariage, le sexe reste au centre de la relation, du coup ça restreint les conflits, on hait moins l'autre quand on couche encore avec lui. À trente ans, ils auraient trouvé ça minable, mais à cinquante ils se voyaient quand même plus heureux que la pauvre lesbienne qui promenait son dogue allemand, tous les jours, seule, près des étangs moroses, ou qu'Ahmed dans son galetas. Lukardis, avait bien mené sa barque : un mari plutôt bel homme dans le style ingénieur, qui l'aimait comme un fou (d'après elle) et qui payait (tout, même l'essence de la Micra et les PV de stationnement), deux enfants, un métier qui lui laissait du temps libre et un amant photographe, et avec tout ça princesse, cousine de roi, en vacances dans des villas majestueuses tous les étés. Un vrai roman-photo.

Cet équilibre le rassurait. Quant à son bonheur à lui, il n'était pas nécessaire à leur amour, il n'avait pas besoin d'être heureux, il suffisait qu'elle le soit. Au moins celle-là n'avait rien à lui reprocher, ou presque, même si elle se plaisait à regimber, il savait qu'elle était à l'aise dans ses bras, qu'elle jouissait bien et finalement c'était ce qui comptait. La morale ayant peu à voir avec les besoins naturels, elle y était indifférente, comme à tout ce qui ne lui était pas utile. Seul le conformisme aurait pu l'empêcher d'assouvir ses instincts animaux, mais elle avait trop d'aplomb pour s'en laisser imposer. Didine et Babeth étaient détraquées ; Lukardis présentait l'épanouissement des gens normaux. Il émanait d'elle un fluide bienveillant, presque végétal, au rythme des rentrées scolaires, des fêtes de famille et des visites chez le coiffeur, qui donnait une idée de l'éternité.

Quand ses yeux se posèrent sur l'enseigne Darty dont les trois couleurs illuminaient une arcade de béton taché, face à la Seine, face à l'île aux Cygnes, à la liberté en miniature, à la Maison de la radio et aux collines de Passy, il sut une fois de plus que sa place était là, quoi qu'il arrive ; bien mieux que dans les usines néo-gothiques, derrière les cordons rouges de Los Angeles, à la pêche au crack ou dans une chambre de malade ; sa place était là, d'abord au parking, puis dans la chambre, enfin entre les jambes de celle qu'il aimait ; vu de l'extérieur, ça n'était pas gai, ni triste, c'était comme ça. Déjà bien content d'avoir trouvé sa place.

La dalle du front de Seine avait souffert depuis 1975. L'ancien garage du Nikko était fermé pour des raisons de sécurité et le client devait ranger sa voiture dans le parking public situé rue Caillavet, une de ces voies à demi souterraines qui quadrillent les soubassements des immeubles. Plusieurs mois d'adaptation avaient été nécessaires pour qu'il trouve ses marques. Il n'était pas peu fier d'une découverte récente : en tournant à droite au feu, à hauteur du Darty, il arrivait directement sur l'entrée du parking, après les palissades qui fermaient la piste de l'ancienne station-service. Au début, l'enseigne du bowling lui avait servi de point de repère, mais depuis longtemps il maîtrisait bien la géographie du quartier et il ne lui arrivait guère de se tromper, quel que soit son état d'affolement, de redescente, d'ivresse ou d'insomnie.

Une partie plus délicate s'engageait avec la nécessité d'aller garer la voiture dans les emplacements réservés au Novotel : 2ᵉss, au fond, mais pas tout à fait, et puis il y avait plusieurs fonds. Même Lukardis, pourtant maligne, s'y était perdue.

Il était gêné par ses lunettes noires. Dans le parking, il n'avait jamais pu décider s'il valait mieux les garder pour corriger sa myopie ou les enlever pour éclaircir une pénombre à peine étoilée de temps à autre d'une loupiote blanchâtre. Les jours avec lunettes étaient les bons, ceux où la cocaïne le rendait si instinctif qu'il arrivait à foncer dans le noir sans accident. S'il les enlevait, c'est qu'il n'était pas vaillant et que la procédure de stationnement allait lui prendre un temps considérable.

Le bilan de sa liaison avec Lukardis lui donnait l'agilité des résignés. Lorsqu'on se sent simple, normal, on fait tout bien, l'inverse du désir : les verres cassés, les accidents de pare-chocs, les grincements de vitesse, appartiennent, dans un genre mineur, au registre du mal-être, du trouble. Comme les soupirs. Si on se trouve un peu cocu, un peu heureux, moit'/moit', on excelle dans le créneau, le petit coup de volant aisé, l'ace en marche arrière. Une vraie souris de laboratoire, plus rien d'un albatros. Même en Aston Martin. Au moment où il tira le frein à main comme un trait final sur tous les troubles qui le séparaient de la campagne, et sur sa vie d'homme libre en général, il se sentit en totale possession de ses moyens. Il avait dévalé la pente, franchi les diverses chicanes sans encombre. Il était même parvenu à mémoriser la poche où il avait glissé le ticket de parking, la même qui contenait sa carte de crédit et son téléphone, préalablement détaché du kit mains libres, ce qui éviterait de faire tomber le combiné en sortant de la voiture comme la dernière fois et de se retrouver à quatre pattes sur l'asphalte graisseux à chercher la batterie disparue sous le bas de caisse, au risque de se brûler sur le pot d'échappement et de se salir.

La sortie piéton était un dédale qu'il maîtrisait. Préférant marcher à l'air libre, il négligea les flèches de l'hôtel et se dirigea sans hésiter vers le sas le plus proche. Il grimpa les marches en vis qui le conduisaient à quelques mètres de la rampe auto, tourna résolument le dos à la partie sous arcades de la rue Caillavet et se dirigea d'un pas d'homme actif vers le quai de Grenelle.

À pied davantage encore qu'en voiture, il eut l'impression de bord de mer. L'étendue du paysage, les courants d'air permanents donnent à cet Ouest parisien l'aspect de villégiatures reconstruites que les bombardements alliés et le travail plus tardif des promoteurs ont posées sur les grèves comme des paquebots échoués. Il longeait des vitrines opaques, croisait des coursives sans vie, levait le nez vers les escaliers de béton qui menaient à la dalle. Là-haut, il ne s'était aventuré qu'une fois ou deux. Quand Lukardis partait en vacances avec son mari et sa famille, il lui était arrivé de venir errer seul, comme un toutou abandonné, en pèlerinage à travers ces déserts. Il se donnait des buts, cherchait à retrouver le charme des heures enfuies. Un parapet, un buisson, l'enseigne du Darty lui rappelaient un regard jeté d'une fenêtre à un moment de bonheur ou d'angoisse. Jamais il n'avait regretté une après-midi passée avec elle. Dans l'intimité de boîte à poupée protégée par un des hublots qui trouaient la façade orange, à ces heures sottes de l'après-midi, rideaux ouverts sur le ciel, ils avaient vécu des voyages, des traversées où, aucune nuit, nulle drogue ne l'avait jamais invité.

À mesure qu'il avançait vers l'hôtel, poussé par le vent, la pression s'allégeait. Un seau vidé par le personnel de nettoyage avait laissé des traces de mousse au faux marbre des marches, et il pensa à l'écume d'une vague venue se briser aux pieds du voiturier qui prenait le frais, mains serrées dans le dos entre deux grains.

Voilà des années que ce type se postait là, avec son uniforme couleur noisette et sa casquette dérisoire d'officier sans grade. Patrice l'évitait du regard mais Lukardis, qui lui laissait sa voiture et six euros à chaque visite, avait su créer des liens. Elle se flattait de lui avoir tapé dans l'œil, comme elle en avait le travers à chaque fois qu'un homme manifestait de l'intérêt à son égard. Le voiturier les avait longtemps vus quitter l'hôtel séparément ; désormais ils ne se cachaient plus. Après chaque séance, il avait le loisir de détailler le contraste formé par ce couple, évidemment adultère, et qu'il voyait se flatter et s'embrasser près de la voiture de la dame, encore tiède d'amour, riant et plaisantant, l'air de gens qui auraient bien vécu ensemble dans une médiocrité obscure et tendre si la nature avait été seule en cause.

Lukardis voulait maintenant toujours qu'ils repartent ensemble. Elle était lassée des précautions. Lui avait dû surmonter une appréhension inavouable. Avertie par l'instinct qu'ont les femmes à renifler ces réticences, elle en rajoutait dans les caresses publiques, par cruauté, par défi, pour lui montrer qu'elle n'avait pas peur ; et parce qu'elle ne pouvait pas s'en empêcher. Après des heures d'étreinte, elle était sujette à des alanguissements qui la rendaient tendre, tactile et sentimentale. Reconnaissance du ventre, d'un registre bas, mais qui avait le pli et l'odeur du naturel, désir irrépressible de montrer qu'ils couchaient ensemble, qu'elle était à lui, qu'elle portait encore en elle, sous elle, les traces de leurs assauts : son sperme qu'elle garderait le plus longtemps possible ; désir de montrer que, si fière et froide qu'elle paraisse, il avait tout autorité pour exiger d'elle tout ce qu'il voudrait bien lui faire subir. Les amoureuses de quarante-cinq ans s'oublient à ce genre d'indécences qu'elles refusent à leur mari depuis des années. Le voiturier devait avoir l'habitude. Il n'empêche que Patrice supportait des regards différents depuis cette publicité.

Pressé de se défiler, il sauta par-dessus la nénette que passait un homme de ménage en bas des escalators. On profitait des heures creuses pour effacer les souillures de boue apportée par les entrants, rudes touristes peu soucieux de s'essuyer sur les tapis-brosses de l'entrée.

Qu'est-ce qu'on devait voir dans les chambres ! Et encore, ici on avait affaire à des gens normaux. Plus la catégorie monte, plus la clientèle se comporte salement. Il pensa à ce que lui avait raconté le coiffeur de Vanité, ancien garçon d'hôtel au Hyatt : l'état d'une suite à 10 000 dollars occupée par une princesse chanteuse et son amant restaurateur, « de la merde jusqu'au plafond ». Ahmed avait essayé d'en savoir plus, mais le perruquier, un Niçois, avait ses pudeurs et ses solidarités monégasques. « Elle, elle est très sympa », avait été son seul commentaire. À qui la merde ? Mystère...

Au moment où il essayait pour la seconde fois en deux minutes de téléphoner à sa princesse à lui, l'annonce d'un double appel le rappela à ses devoirs. Il faudrait quand même écouter tous les messages, et vite. Au déclenchement du répondeur de Lukardis une inquiétude se réveilla. Il se rassura : en dix ans, elle l'avait baladé souvent mais jamais elle n'avait fait faux bond à un rendez-vous d'hôtel.

Depuis les travaux de réaménagement de 2002 (clients fidèles, ils avaient essuyé les plâtres et subi le bruit des défonceuses pendant plusieurs mois), l'accueil du Novotel Tour Eiffel s'ouvrait dans un vaste hall qui s'étendait de part et d'autre de l'escalator jusqu'à des baies donnant sur la Seine. L'éclairage intérieur assombrissait encore le paysage parisien qui semblait irréel, un fond de scène en trompe-l'œil derrière les vitres fumées. Autour du hall sur des banquettes et des fauteuils de cuir à tubulure chromée, d'une forme lointainement influencée par Le Corbusier, se tenait tout un public de figurants, chuchotant ou silencieux comme un chœur d'opéra. À l'opposé, vers les ascenseurs, en haut d'un plan légèrement clin, étoilé à chaque marche de petits spots, on accédait à la réception, vide d'ordinaire à cette heure, encombrée ce jour-là par l'équipage d'aviation civile d'une compagnie indienne ou pakistanaise. Fortement éclairés par les lampes plafonnières, ces clients semblaient vouloir capter l'attention de tous. Patrice se faufila derrière des hommes enturbannés aux grandes barbes taillées en carré selon la coutume des sikhs.

Au bout du *desk*, derrière un pilier, il alla déranger deux employés tout à fait capables, malgré leur air absent, de lui délivrer son badge magnétique et d'encaisser sa carte bleue. Il retrouvait des figures connues : un homme à moustache grise en blazer, l'air assez minable mais qui devait exercer une fonction vaguement managériale, vu son peu d'empressement à servir, et une Japonaise d'époque incertaine. Une pièce rapportée de l'ancien hôtel Nikko, très digne. On devinait qu'elle réprouvait l'usage de la chambre à la journée. Le plaisir d'annoncer à un client mâle que l'hôtel était complet faisait partie des avantages de sa profession.

Patrice comprit que, faute de mieux, celle qu'il surnommait Mme Chrysantème s'acharnerait une fois de plus à lui ficher la colle en traînant le plus longtemps possible sur le classeur des réservations, histoire de le laisser craindre un oubli. Pour se détendre, il admira l'allure d'un des pilotes indiens. Quelle belle barbe ! Carrée, parfaite. Avec son système pileux, Ahmed pourrait arborer la même. Dommage qu'il s'obstine à vouloir cacher tout ça sous des masques et des crèmes. Complexé par une barbiche sans majesté, Patrice avait toujours envié les vrais barbus. Surtout les sikhs. Chez les Orientaux, la barbe n'est pas un indice de malaise comme en Occident où elle dénonce une agressivité sournoise, ainsi qu'un défaut probable de menton. Au chapitre des « barbus », il accueillit soudain sans arriver à les chasser de son esprit un certain nombre d'importuns : l'écrivain Philippe Delerm, le défunt réalisateur Francis Girod (un cousin) et un leader syndicaliste plus célèbre dont il y mit pourtant un certain temps (moins quand même que la sadique Japonaise avec son fichier) à se rappeler le nom : François Chérèque. Il essaya de les imaginer sans barbe : des belettes, comme Yves Simon. Une belle compagnie pour patienter. Renvoyé à sa corvée de téléphone par l'apparition d'un portable devant la barbe du sikh, il se rappela que Fornicator ne jurait que par François Chérèque, le trouvant « assez sexy ». Encore un de ces maniérismes d'abruti du Baron. Ils ne savaient plus quoi penser de rien alors ils disaient n'importe quoi pour se donner l'air à la coule, et titiller une candidate du *Bachelor* (aux yeux de qui, et sans doute à juste titre, le mot « sexy » s'appliquait mieux à Justin Timberlake ou Leonardo DiCaprio). Et Francis Girod ? On parlait peu de lui au Baron, ni nulle part ailleurs depuis sa mort. Il en serait vraisemblablement de même pour Patrice Strogonoff. Un trait de son cousin lui revint à l'esprit : un différend qu'ils avaient eu quand Patrice jouait les assistants, à propos d'un copain d'Ahmed mollement pressenti pour un second rôle dans un film dont le titre non plus n'avait pas survécu : « Je ne suis pas Fassbinder... » Belle déclaration d'intention. On s'en était aperçu. Un peu comme lui n'était pas Mapplethorpe. Il croisa son reflet sur le verre qui protégeait le tableau des tarifs (sans mention du day-use) et se trouva un air de famille avec Fassbinder : lui aussi avait un pantalon de cuir, un gros ventre, la barbe en poils d'orteil et des yeux de sanglier. Un cochon drogué. Bientôt mort. Dans un sens, il préférait ça qu'une ressemblance avec le cousin. Du coup, il remit ses lunettes de soleil. Pour calmer son irritation montante à l'égard de Mme Chrysantème (on se divertissait maintenant à former une collègue derrière l'éventail d'un présentoir à prospectus), il imagina un tableau à la manière de Greuze : *La mort de Francis Girod*. Difficile d'émouvoir avec un thème pareil. Même Greuze, même Diderot (Boileau ?), même des gens sensibles. Et pourtant, cela avait dû être triste pour ses proches, sa femme, ses enfants. Qui pleurerait sa mort à lui et pour combien de temps ? Lukardis ? Elle serait contrainte à la discrétion. Comme pour les SMS ou le téléphone : elle pleurerait dans la Micra, les allées du Carrefour, toute seule dans son bain ou, la nuit, quand papa dormirait. Un deuil à mi-temps. Sans qu'il se l'avoue, l'image du couple de quinquagénaires amoureux qu'ils allaient former tout à l'heure sur le parvis du Novotel l'avait déprimé.

À chaque fois qu'il pensait à la mort, Didine pointait, et sa mauvaise conscience... Il chercha vite un sikh pour se changer les idées. Le commandant de bord ne ressemblait pas à François Chérèque, plutôt à un personnage de Tintin, ou alors au policier hindou sur lequel s'ouvre la première séquence de *Shanghai Gesture*. Une scène qu'il avait volée à von Sternberg pour un clip resté impayé. Nouvelle déprime à ce souvenir.

— Quel nom vous dites ?

— Topaloff, madame.

Par dérision, sous l'influence de Fornicator, il avait pris l'habitude de donner des identités d'emprunt à la réservation ; dans la bouche de la Japonaise la blague ne le faisait plus rire, elle l'humiliait simplement.

— Oui, M. Topaloff, j'ai retrouvé votre réservation.

— Un étage élevé, s'il vous plaît madame, vue sur Seine.

— Je vais voir ce que je peux faire.

— Merci, madame.

Quand une femme lui donnait envie de la frapper, il devenait obséquieux. La violence de ses sentiments transparaissait dans son phrasé, où chaque mot se détachait sous le rasoir de ses dents. La manière dont il serrait les mâchoires et dont il détaillait les gestes de sa persécutrice aurait dû la prévenir de ne pas s'attarder trop longtemps. En même temps la menace qu'elle pouvait lire dans ses yeux noircis par la cocaïne était si démesurée qu'elle ne pouvait pas avoir d'effet dans un hall d'hôtel à trois heures de l'après-midi. À ces moments-là l'exercice de la politesse donnait à Patrice le même genre de sensation que les caresses qu'il prodiguerait à Lukardis tout à l'heure. Dans sa sexualité comme dans ses rapports humains, la retenue participait d'un désir de maîtrise, de solitude. Il cachait ses pulsions pour mieux en jouir. Lukardis, qui aimait bien le pousser à bout en toutes circonstances, s'était déjà étonnée de la politesse excessive dont il faisait preuve à la réception. Elle trouvait bizarres ces simagrées à l'égard de personnes revêches. Aussitôt qu'il commençait à se justifier, elle faisait mine de se laisser convaincre et l'encourageait. Elle jugeait de tels efforts méritoires. Maladroite ou perverse, elle finissait même par le féliciter pour ses manières comme elle aurait dit d'un fils de concierge qu'il était « très bien élevé ».

— Vous faut-il un second passe, M. Topaloff ?

— Non, merci. Mme Topaloff s'en passera.

En pratiquant la caresse verbale avec Mme Chrysantème, il lui était revenu un mot de Lukardis, après qu'il l'avait fait jouir : « Au fond, tu es un lécheur. » Il eut envie de la tuer ; ce détour d'agressivité l'apaisa.

Il plongea la main dans la poche de son pantalon à la recherche de sa carte de crédit. Il s'affola d'y trouver un sexe de belle dimension. C'était la poche trouée ; la carte était dans le caban. Revenu à bon port, il caressa les reliefs du rectangle plastifié, qui le rassuraient toujours, et le convainquirent qu'il ne s'agissait pas de la carte Paris Parking. Pour la première fois depuis qu'il était sorti de la voiture, il se demanda où était passée la cocotte. Mais sans angoisse excessive. Il n'avait pas l'intention de prendre de cocaïne avant de faire l'amour avec Lukardis. Une demi-heure après la prise, il avait de plus belles érections. Surtout quand il avait envie de la tuer. Encore mieux s'il mangeait un morceau. Il achèterait deux Mars Delight à la boutique près des ascenseurs. L'équivalent d'un repas pour elle.

Sans lâcher des yeux la réceptionniste absorbée à magnétiser la carte d'accès à la chambre, il se demanda s'il aurait le temps et le courage d'écouter sa messagerie. La crainte de rater Lukardis lui fit remettre la corvée à plus tard. Il avait besoin d'être rassuré sur son sort. À chaque fois qu'il l'attendait, il lui semblait que des raisons extérieures pouvaient expliquer un silence de plus en plus lourd à supporter. En se penchant sur le guichet pour montrer à la Japonaise qu'il ne mollirait pas pendant qu'elle remplissait sa fiche, il vérifia une fois de plus le nombre de barres du niveau de batterie ainsi que l'icône de couverture satellite. Par acquit de conscience, il alla sur le mouchard s'assurer qu'elle n'avait pas essayé de le joindre pendant qu'il était au parking, alors qu'il avait déjà fait les mêmes contrôles dans la rue tout à l'heure. Il y avait du soleil et l'attente au guichet ne l'avait pas encore mis sous pression, il se disait qu'il avait peut-être mal vu.

On daignait lui tendre le clavier des cartes bleues quand Lukardis se manifesta. Travers féminin qui consiste à débouler au mauvais moment après un long délai. L'incident qu'on provoque par un appel inopiné, parfois un simple affolement, donne du mordant pour attaquer l'homme qu'on a laissé mijoter. Au lieu de s'excuser, elle avait beau jeu de lui reprocher la pointe d'énervement qu'il n'arrivait pas à masquer. Il faillit en oublier son code.

— Ouais mon petit ange...

— Tu n'es pas très aimable !

— Non c'est pas ça. Je suis en train de faire un truc.

— T'es où ?

— Je suis arrivé.

Soupir de femme qu'on harcèle. Elle, si curieuse, n'avait pas demandé quel « truc » pouvait bien l'absorber, elle aurait donc du retard, ou un empêchement. Patrice retint son souffle.

— Il faut que je passe à l'école de mon fils pour déposer un papier.

— Tu viens après ?

La voix de Patrice s'était voilée comme la sienne tout à l'heure.

— Oui, pas de panique, dis donc, tu vas pas commencer à me mettre la pression.

— Tu veux le numéro de la chambre ?

— Je n'ai pas de quoi écrire, tu me le laisses sur la messagerie.

Inquiet de cette mollesse, il allait répondre, lui dire « je t'aime » ou une bêtise quelconque mais elle avait déjà raccroché. L'envie d'amour, le petit « je t'aime » ou « je suis content que tu viennes » ravalé, il se sentit bête et du coup plein de haine pour elle. Elle le traitait sans aucun égard, et cette froideur s'était renforcée avec le temps. La manière dont elle parlait, son fils, ses histoires de merde... Comment pouvait-il avoir encore envie de la sauter ? Tout ramolli à son tour, il ressentit brutalement l'inutilité de ces démarches, de ses dépenses, le day light, non, le day use, les 3 euros de Mars Delight. Il n'avait plus envie d'aller à la boutique, ni même dans la chambre qu'il venait pourtant de payer, il se demandait ce qu'il allait faire, quelle tête il allait prendre à son arrivée. Il lui adressa en soi-même les mots « pétasse, pute, salope ». Sa colère relançait le processus d'excitation sexuelle dont il ignorait encore le travail souterrain. Les grossièretés le ranimèrent très vite. Les P, les Q, les sifflantes grouillaient dans sa salive. Un flot de sang remonta en même temps qu'un goût de sel, d'huître et d'humeur de femme dans la bouche. La froideur de « cette pute » prenait son sel dans la chaleur interne qu'il sentirait tout à l'heure autour de lui. Il pensait à la manière qu'elle avait de s'ouvrir, à ses joues rougies, à son sang de blonde qui la teintait par les bouts et le besoin le démangea d'écarter tout ça, de faire couler le fruit de leur haine réciproque comme on écrase une pourriture ou un délice. On était passé chez les adultes ; l'amusement, la curiosité, l'enfance s'éteignaient devant la pureté de sa rage. Finies les puérilités, les tergiversations, les remords. Sans plus s'attarder sur les fakirs en livrée d'aviation et le magot de l'accueil, il prit sa feuille de route 2926, à quoi était jointe une carte magnétique dûment validée, et il se dirigea vers les ascenseurs.

La boutique de l'hôtel était tenue par une autre Asiatique, plus joviale, à tête de petit cochon. Elle vendait des souvenirs du même genre que ceux qui s'exposent rue de Rivoli : foulards, casquettes, tours Eiffel miniatures, parfums aux armes de la capitale, il y avait aussi un rayon presse face à l'entrée, et quelques rangées de douceurs disposées sur les rayonnages en échelles qui paraient le bas-flanc de la caisse.

Un instant, Patrice s'affola de pas reconnaître l'emballage champagne et marron glacé des Mars Delight. L'excitation nerveuse l'empêchait de se concentrer. Ses yeux n'arrêtaient pas de retomber sur les tablettes rouge et blanc des démodés KitKat (quel nom !) que Lukardis détestait et sur le vieux jaune sale des Nuts (qui mange encore des Nuts ?) dont la consistance pâteuse, propre à extirper les plombages était loin de cette qualité aérée et croustillante recherchée aujourd'hui par le consommateur. Toujours proche du grand public, Lukardis avait suivi la tendance en dépit d'un goût ancien pour les Rochers Suchard. Un changement majeur pour quelqu'un qui se nourrissait seulement de ce genre de produits. L'astuce publicitaire qui consiste à jouer sur le code couleur et la finale du mot « delight » pour laisser croire à une friandise allégée en matière grasse devait avoir joué. Chez une mère de famille, ce curieux rapport à la nourriture, un dégoût proche de l'anorexie, plaisait à Patrice. Il trouvait ça chic. Elle lui rappelait les aberrations élégantes des toxicomanes, en particulier les pratiques d'une certaine « Taxi », qu'il avait croisée à New York à la fin des années 70. Celle-là se contentait de M&M's comme seul repas solide. 39 kilos. Blonde aussi, peroxydée, des bras comme des flûtes, un souffle, bientôt morte. Mais Taxi marchait aux amphétamines tandis que Lukardis ne se droguait pas et ne buvait ni café ni alcool ni rien. Que de l'eau, et encore très peu.

Il pensa une nouvelle fois à l'anecdote du verre d'eau. Mystérieusement, ce trait le ravissait. Parfois, après l'amour, elle lui demandait à boire ; le verre qu'elle reposait très vite sur la table de chevet semblait toujours aussi plein. Un oiseau. Avant de céder à la cérémonie des adieux sur le parvis, lorsqu'il restait dans la chambre après son départ, il lui arrivait de regarder ce seul relief de son passage (avec la serviette de bain abandonnée par terre et l'odeur de son sexe dans les draps). À travers le verre limpide qu'aucune lèvre humaine ne paraissait avoir touché, le ciel assombri, d'un bleu roi presque nocturne lui rappelait que ses heures s'enfuyaient avec elle. Sans plus rien attendre, sans se presser, sans angoisse, il pleurait d'émotion et de fatigue nerveuse. Ces larmes n'étaient pas tristes, ou alors d'une tristesse si méditée, si irrémédiable qu'elle devenait cristalline. Il se rappelait ce vœu qu'elle avait formulé tant de fois dans ses bras, alors qu'il venait de la faire crier : « Je voudrais que le temps s'arrête. »

Il tenait les Mars à la main de peur qu'ils fondent dans la poche ; pour atténuer la chaleur de sa paume, il les avait posés sur la feuille de route et le plastique rigide de la carte magnétique.

L'espace des ascenseurs était désert. Il attendit le bip qui indiquerait l'ouverture d'une des six cabines. Il se devina partout, dans les miroirs ambrés, dans les portes vernies, dans les cuivres des huisseries, avec son offrande à la main, mais il ne voulait pas se regarder, de peur de faire fuir l'autre lui-même, le moi réel, celui que la vérité de l'amour avait réveillé. Il retrouvait l'odeur particulière, une qualité d'air plutôt qu'une odeur, qui émanait de l'air conditionné et des moquettes. En passant dans la partie hôtelière de ce grand building on entrait dans un espace différent. La mollesse spacieuse des tapis, les dorures et les miroirs teints, les portes laquées des ascenseurs voulaient donner l'impression du luxe. On aurait dit ces temples confortables aux ors plaqués, aux jades de synthèse que certains cultes orientaux monnayent aux étrangers. L'aveuglement des parois, la totale ignorance où l'on était tenu de l'heure et du jour, les motifs géométriques des tapis, les chuchotements des officiants, femmes de ménage aux paroles insaisissables qui poussaient leur chariot dans les couloirs, le renvoyaient à un monde intérieur plus clos, plus doux mais moins romantique, moins mensonger que ceux qu'il avait traversés depuis son réveil. Le parc à l'aube, les lanternes, la brume de sa respiration qui montait dans l'air humide, l'odeur de l'église, celle du garage, le grand atelier moisi, la campagne qui défilait à l'ordre de son moteur, les îles des champs, tout, depuis la gravure de la cheminée jusqu'au grand serpent vert de la rivière parisienne, tout n'était que roman, redite, retraite, imaginaire de contrebande, plaisir d'esthète, antiquaillerie. De même pour la mort de Didine, un mélodrame pour boniche, un pitch, un truc pour s'exciter, idem les souvenirs de Chattanooga, de l'anecdote, non du réel ; et aussi Babeth, héroïne de sa propre vie, son autofiction permanente, son amour-propre, sa bêtise de jeune fille, sans parler des parents, des paysans du village, ces pantins... Le monde véritable commençait ici, à l'hôtel, avec Lukardis.

Une fois dans la cabine il dut écarter les Mars pour vérifier l'ordre des chiffres. 2629 ou 2926 ? Effet de la fatigue et de la drogue, il peinait à déchiffrer le numéro à l'envers. Le temps de retourner la feuille, les portes se refermaient, la lumière allait s'éteindre avant qu'il ait pu appuyer sur le bouton d'appel du vingt-neuvième étage. Un geste brusque et les Mars partirent en vol plané. Ils heurtèrent l'acier de la porte, retombèrent mollement sur le tapis de sol. Il fallait se hâter de les ramasser, un entrant pourrait marcher dessus. Rares sont les clients qui passent d'un étage à un autre, la plupart utilisent les ascenseurs pour monter de la réception à leur chambre, mais il arrive que des familles ou des collègues se rendent visite. Il se dépêcha de plier les genoux en s'accrochant à la barre d'appui pour ménager son dos. Les deux Mars étaient tombés à distance l'un de l'autre, pour les piocher tour à tour il dut faire une sorte de mouvement rotatif ridicule. On aurait cru joli-papa en plein stretching. Une image mythologique que les poètes rococo n'auraient pas reniée s'ils avaient connu les Mars Delight lui vint à l'esprit, en ramassant ses offrandes.

Au moment où il venait de prononcer le nom de « Vénus », la cabine s'arrêta au treizième. Il se releva d'un coup, rouge de congestion, avant de pâlir dans le miroir sous l'effet de la drogue et des lunettes noires.

Quelqu'un entra, le saluant très aimablement avant de se retourner à demi, sans pour autant lui montrer le dos, avec une aisance précise et distinguée. C'était bien la première fois en dix ans qu'on se comportait selon l'usage dans l'ascenseur de cet hôtel. Patrice n'arrivait pas à décider du sexe du nouveau venu. Très busquée sous une courte chevelure de crin blanc, la créature, âgée d'une soixantaine d'années, peut-être plus, portait un sous-pull en laine blanche moulant un buste sec et une taille de fille que prenait un jean à l'ancienne mode, repassé, porté avec une ceinture fine à piqûres sellier style Hermès. Même les boots à sangle latérale, d'une pointure intermédiaire, ne permettaient pas de trancher. De petite taille, il ou elle ressemblait par la stature à ces homosexuels mondains des années 40, du genre de Jean Cocteau ou du baron de Ginsburg, mais aussi bien à ces gouines qui, à force de les fréquenter, en avaient attrapé l'allure. Sur une poitrine comme corsetée tant elle était bombée, il arborait un collier qui évoquait un bijou aussi bien qu'une décoration d'ordre maçonnique. L'« astrologue », comme le baptisa Patrice, descendit de l'ascenseur au vingt-sixième étage. Il lança derrière lui un regard appuyé et salua avec la même courtoisie dont il avait fait montre en entrant. Les portes se refermèrent sans que sa nature réelle, homme ou femme, ne devînt claire.

Resté seul en compagnie de ses reflets dans les glaces, Patrice rentra le ventre et se tritura les cheveux avec l'espoir de les aplatir. La distraction causée par l'inconnu avait dissipé son enthousiasme. Le regard de l'autre, la réquisition qu'une présence humaine opère par un effet de facile mystère (« Qui est il ? Que pense-t-il de moi ? »), la contenance qu'il avait cru bon d'adopter, relançait l'ordinaire du souvenir et les représentations coutumières de l'existence. Il doutait de son physique, il pensait de nouveau à Lukardis comme à un personnage et au rôle qu'il devrait remplir. Il n'était plus sûr de rien. Tout l'atterrait. Une fois de plus l'amour avait cédé au souci de soi. Le vrai, l'oubli qui le prenait lorsqu'il était avec elle, ou s'il pensait à elle d'une certaine manière – l'âme de la vie – s'était retiré en lui dans un repos caché. L'existence redevenait une comédie. Il fallait maintenant attendre la venue de Lukardis, afin que la persistance, ou non, de l'amour soit vérifiée. Chaque fois qu'ils s'étaient retrouvés, la magie s'était accomplie, ce qui n'empêchait pas le doute de jouer les intermèdes.

Arrivé au vingt-neuvième, il avança jusqu'au panonceau fléché qui annonçait la disposition des chambres. On retrouvait dans les étages la même atmosphère qu'en bas, plus renfermée. Les proportions étrécies, les perspectives courtes des couloirs, l'étouffé des moquettes opprimaient la respiration qu'une montée de quatre-vingts mètres, même insensible, avait déréglée. L'absence de fenêtre et de tout jour extérieur aggravait la sensation d'enfermement, on aurait pu aussi bien se trouver dans un sous-sol ou dans n'importe quel boyau. En outre, il faisait très chaud. Il resta un moment devant la plaque en laiton doré sans arriver à comprendre comment gagner sa chambre. Les nombres lui semblaient indéchiffrables, il ne parvenait plus à savoir dans quelle série était compris le numéro 26. Il ferma les yeux ; aussitôt pris de vertige il les rouvrit ; dos à la cloison, il avait envie de plier les genoux et de s'asseoir, comme ce matin dans le couloir du château. Sur le panonceau les 8 se couchaient, dessinaient le symbole de l'infini, pendant que les 6 et les 9 jouaient aux acrobates en inversant leurs figures. Il referma les yeux.

Seuls le bruit et l'odeur de poussière de l'air pulsé lui rappelaient où il était. À un autre niveau de conscience, l'image du vieux de l'ascenseur n'arrivait pas à s'évacuer. Ainsi se produit le phénomène dit « d'image persistante » sur certains écrans numériques. Il suffit d'éteindre et de rallumer l'appareil pour faire cesser la gêne, en revanche il est malaisé de s'éteindre soi-même. Afin de chasser cette obsession et remettre son esprit en route, il s'attacha à récapituler la scène précédente. Pourquoi ce vieux l'avait-il troublé à ce point ? Le malaise avait commencé juste avant : dès qu'il avait fait tomber les Mars, il avait songé à la possibilité d'être surpris par quelqu'un. Il remarquait après coup la ressemblance de l'inconnu avec joli-papa : ils avaient la même stature tabide, le même âge peut-être. Le vieil homme ou la vieille dame eût-il été une petite fille, un Noir, un Chinois que ça n'eût rien changé. L'autre, comme toujours, était arrivé en terrain conquis. Sur une nature comme celle de Patrice, n'importe qui peut avoir barre, toute instance extérieure représentant de droit l'autorité d'un parent. La plus grande difficulté d'exister vient d'un tel défaut de l'être intime, insaisissable sitôt qu'il se croit menacé.

Il voulut rouvrir ses yeux, sans succès. À ces moments-là il aurait pu tomber dans des excès d'interprétation, sorte de cancer du sens qui accompagne certains désordres mentaux. Il fallait reconstituer les associations. Il recommença tout depuis le début, selon une technique élaborée dès l'enfance qui s'inspirait de la comptine : *Marabout de ficelle...* Suscité par l'inconfort de la posture accroupie dans l'ascenseur, le souvenir du beau-père avait appelé, à travers l'alibi des poètes dix-huitième, Vénus, la mère de l'amour, et l'homme du treizième étage (le chiffre treize était le préféré de Didine), descendu au vingt-sixième (deux fois treize), qui ressemblait à joli-papa, était devenu, à cause d'un curieux bijou et d'un certain regard, un astrologue, métier qui le rattachait à Vénus, la mère de l'amour, la mère de toutes les tromperies.

Il se rappela qu'on était vendredi. Au cours de ces années passées en rendez-vous, il avait remarqué que le vendredi, jour de Vénus, donnait à Lukardis des forces supplémentaires. Ils avaient duré des après-midi entières à faire l'amour, restant jusqu'à huit heures l'un dans l'autre sans jamais se dégager ; ils poussaient jusqu'à la nuit à coups de recommencements perpétuels. Elle n'arrivait plus à partir, elle se rhabillait et finissait toujours par se remettre sur lui, à la cosaque, après avoir retiré une jambe du pantalon ou du collant. Parfois jusqu'à huit heures et demie alors que les téléphones portables de l'un et de l'autre n'arrêtaient plus de sonner. Un soir elle avait même répondu à son plus jeune fils quand elle était encore assise sur lui.

Il rouvrit les yeux. Étaient-ils malades ? C'est ce qu'aurait pensé le père de l'enfant, ou Didine. Il n'y avait aucun vice là-dedans, même si elle lui faisait parfois peur quand elle se mettait dans cet état, il était certain qu'elle n'en rajoutait pas. Elle ne pouvait pas se détacher de lui, et s'astreignait quand même à son devoir de mère. Il aurait été incapable de ce tour de force. Ce jour-là il se souvenait qu'il avait voulu se retirer mais qu'elle s'était cramponnée. Il avait d'abord été choqué, puis s'était laissé vaincre, comme toujours. De la main qui l'avait agrippé elle lui caressait maintenant la joue pour qu'il patiente tout en babillant avec l'enfant ; comme avant de se rasseoir sur lui elle allait partir, elle avait remis ses bagues, celles que le mari avait payées, et il sentait le froid et la dureté de l'or contre sa joue. Il était flatté, d'être l'objet d'un tel désir sans trop comprendre ce qui le motivait. En voyant briller ses petites dents blanches et mouillées, il lui souriait comme un enfant à sa mère, tout en ayant l'œil sur son ventre à lui, qui ballottait sous les mouvements de bassin, et ses cuisses à elle, plissées sous l'effort en mille petites ridules. L'important c'était d'y croire. Et d'une minute à l'autre l'amour pouvait revenir, un instant ils étaient laids, indignes, il la voyait mentir à un enfant, mais l'instant d'après il suffirait qu'elle l'embrasse à pleine bouche aussitôt raccroché, sans même lâcher son téléphone, pour qu'il se sente absous, délivré. Le naturel est une question de foi, et ils y croyaient. Ils se voyaient bien, flasques, menteurs, indignes de la confiance qu'on leur donnait, ils se voyaient, mais ils passaient outre, et sans effort. Il n'y avait entre leurs deux corps aucun espace pour l'esprit, la négation, la perversité, l'indécence. Il n'était pas *en* elle, différent d'elle, visiteur ou témoin, quand elle avait parlé à son fils, il était elle, malgré les bagues de l'autre, les bobards, les dix ans passés à l'hôtel. L'amour maternel ne se trouvait pas bafoué par eux, elle ne l'aurait pas admis ; elle était bien trop saine. Pour aller si loin, c'était qu'elle avait confiance, une confiance qui naissait de sa présence à lui en elle. La fidélité lui revint en même temps qu'il se le rappelait. Le poids retrouvé des Mars qu'il tenait à la main, les chiffres redevenus lisibles, le sentiment de retour à la vérité la plus intime qui l'envahit en même temps qu'il marchait vers le fond d'un couloir lui assurait qu'il n'agissait pas mal en la retrouvant. Arrivé devant le panneau aveugle, marqué du bon numéro, il changea les Mars de main pour tirer la carte magnétique de son encoche dans la feuille de route. Lorsque le voyant vert du lecteur s'alluma, il lutta doucement contre le bras mécanique du valet, et la chambre se laissa deviner à la faveur de l'entrebâillement. Neuve, encore un peu grise sous l'emballage de nylon qui masquait la fenêtre. Pour la première fois depuis des jours, la pression tomba. Il accomplit les gestes dont il avait l'habitude avec une allégresse simple, domestique, celle de l'homme qui rentre chez lui. La feuille de route et la carte retrouvèrent leur place, près de la télévision, suivis par les Mars qu'il disposa un peu à l'écart pour les protéger du soleil.

Eux aussi faisaient partie du mystère... La communauté, qu'elle consacrait en lui recrachant dans la bouche ce qu'elle venait de mâcher, et en reprenant à son tour le bol alimentaire mélangé de leurs deux salives, elle l'anorexique qui avait du mal à se nourrir en présence de quiconque, cette communauté était si profonde, si vraie, que toute vision du monde indépendante, tout recul sur soi devenait impossible (*régression*, aurait jugé le psychothérapeute de Babeth, retour en arrière mais retour à quoi ?) Face au grand ciel changeant, solaire, sans loi morale, sans étoiles fixes, qui se laissait deviner en transparence derrière le hublot encore voilé, comme un écran de cinéma avant la séance, il savait bien qu'ils formeraient, bientôt, tout à l'heure, à eux deux, l'être double qu'ils avaient intimement attendu depuis l'enfance. À eux deux, ils devenaient un monstre autonome, si sûr de sa propre machine que rien ni personne ne pouvait le séparer ou l'asservir. Ils n'avaient personne à exclure pour s'isoler. Il n'avait pas besoin de précautions, ils n'étaient pas isolés, ils étaient au monde, mieux que jamais. Illusion ? Possible. « Le fait est, se dit-il en écartant les voiles de nylon qui lui masquait une grande et belle vue de Paris, le fait est que j'ai quitté tout espoir à partir du jour où je t'ai connue. Qu'attendre de plus ? Quand l'éternité vous visite ainsi. Pourquoi m'acharnerais-je à suivre des principes ou même à travailler, à fabriquer de l'art ? J'ai bien vécu en toi, mieux que je n'aurais pu l'espérer avant de te connaître, je peux mourir... »

Il se mit à danser en s'enroulant dans les voilages synthétiques comme un acteur dont le nom lui échappait dans un film avec Béatrice Dalle dont il avait oublié le titre, mais la poussière le fit éternuer. Aussitôt après avoir craché sur sa chemise il eut honte de tout ce qu'il venait de proférer à voix haute. Il était victime d'un des méfaits bien connus de la cocaïne : elle exalte et rend simpliste. Surtout un moment après la prise, quand le premier stress laisse la place à des idées de grandeur. Une sorte de mystique tocarde se dégage de tout cela. Le mouvement pendulaire qui oscillait chez lui entre l'émotion et le dénigrement avait atteint son sommet, comme toujours assez vite quand Lukardis était en vue. Dans les sentiments encore en activité, la part laissée à la complaisance était plus faible du fait de l'intensité du ressenti et de la part de l'autre ; rien à voir avec les épanchements à long terme, plus égoïstes, que lui suscitait le roman de Didine. Restauré à l'idée qu'il n'était pas là pour rien et aussi qu'il n'y était pour rien s'il était là, il n'avait plus envie de s'émouvoir mais de prendre ses distances, de redevenir froid et d'être en forme quand elle arriverait.

Il se retourna vers la chambre et la trouva à son goût. Une bonne pioche, jugea-t-il. Après quatre cents ou cinq cents visites, il était orfèvre. Il ne put s'empêcher de calculer combien ces séances lui avaient coûté. Le prix d'une assez belle voiture d'occasion, pas même celui d'une maison. Pas de quoi fouetter un chat, ni tomber dans la mystique à deux ronds. Il s'était prononcé à voix haute, avec une vivacité efféminée d'homosexuel, comme s'il y avait eu quelqu'un dans la pièce. À chaque fois qu'il se mettait en tête de prendre ses distances, il imaginait un complice à qui commenter l'action, un confident, un frère, un ami cynique, à qui il ne fallait pas la raconter. Ahmed, en plus fin, en moins pédé ; le Chilien peut-être plutôt, sans le crack ; lui-même, s'il avait pu se dédoubler. Il se laissa tomber sur le bord du lit, accentuant les rebonds pour faire sourire l'autre, et posa ses mains sur la couette rêche. Le soleil éclaira la pièce, lui chauffa le corps, et il se sentit vraiment très bien. Une chambre propre, un lit fermé, des draps neufs, ça changeait de son taudis, pas de factures ni de verres sales, pas d'emmerdeurs derrière la porte. Ici, on se sentait la légèreté de Casanova avant une bonne fortune.

Ils avaient même échappé aux Folon. Les gravures qui ornaient le mur représentaient un temple d'amour, et le raccord se fit naturellement avec ses pensées de tout à l'heure. *Le Piège de Vénus*, il se souvint de ce film allemand. Il l'avait vu à Cannes avec Didine. En quelle année ? 1987 ? Le réalisateur de *La Femme flambée*. Il avait photographié l'actrice pour le *Vogue* allemand dans un décor assez comparable à cette chambre ; une brune qui ressemblait, en mieux foutue, à la princesse Soraya – Gudrun Landgrebe ! Du premier coup ! Et une pensée pour le shah et pour l'Aston Martin. Le ciel assombri mettait en valeur l'écran de télévision, allumé. « Bienvenue, M. Patrick Topaloff, tapez ok. » Il se leva pour prendre la télécommande et chasser l'annonce.

Toujours ce mobilier en plaqué cérusé. Dommage qu'avec les travaux ils aient supprimé les coiffeuses, il aimait bien y voir Lukardis assise, à demi nue, une serviette nouée autour des hanches. Son visage oscillant sur l'S de l'épine dorsale, attentif et précis, le surveillait dans la glace par un don de double vue naturel à ce genre de golem. L'effet produit sur lui participait à son travail d'embellissement. À un moment, elle suspendait son geste et lui posait toujours la même question :

— Pourquoi me regardes-tu ainsi ?

Dans des instants d'émotion, son langage s'ennoblissait et elle pratiquait naturellement des formules désuètes comme les inversions interrogatives. Et lui, d'un ton bourru, commun, qui savait l'émouvoir, répondait :

— J'aime bien.

Et là, elle riait, avec une gêne enrouée qui annonçait un retour de flamme.

Courte scène cent fois répétée ; aux mêmes questions les mêmes réponses : la platitude des propos comptait pour beaucoup dans le bonheur d'être ensemble.

C'était un spectacle rassurant, peut-être parce qu'il présageait son départ, l'assurant que tout cela, tout cet amour, toutes ces promesses, toutes ces grâces, n'était que du théâtre, un jeu, un marivaudage qu'il serait dangereux de prendre pour la vie. Un jeu. Une addiction. Et pourtant la seule vérité stable pendant toutes ces années. Il était heureux comme un drogué quand le dealer accepte de se déplacer. Il eut envie de bière et de cocaïne et décida de se retenir. MTV.

Le soleil grisaillait l'écran, et, de nouveau, comme dans sa chambre, les poussières en suspension paraissaient plus réelles que Vanité. Encore elle ! Un vieux clip qui ne lui donnait aucune nouvelle, ni bonne ni mauvaise, ni aucune émotion. Il l'avait trop vu. Déjà la première fois. Le souci, se dit-il, assez fier de son mot, c'est que quand on couche avec des gens célèbres on les a déjà beaucoup vus. Il faudrait qu'il répète ça à Beigbeder, ça lui plairait. Décidément il se trouvait très en forme, au moral et au physique, au point qu'il avait envie de sortir son membre viril de son pantalon pour l'admirer dans une glace. La flemme d'aller jusqu'à la salle de bains le retint devant la fenêtre. Ce qui se passait dehors était bien plus nouveau et plus spectaculaire que le clip de Vanité. Venues du Septentrion, comme une armée vole de guérite en batterie, les ombres portées des nuages, la poursuite du soleil, couraient sur les pignons, les épis, les balcons, les balustres, les gloriettes, les belvédères, les tuiles, le zinc, le cuivre, les pierres grises ou crémeuses des solides immeubles du XVIe arrondissement, Passy, Delessert, Trocadéro, Iéna, Cours la Reine... Victoire d'ouest en est. Tout était repeint de lumière, Montmartre à l'horizon atteint en quelques secondes. Il eut à peine le temps d'admirer la razzia, qu'une autre armée, noire et grise, lavée de coups de pinceau obliques et de gloires menaçantes, surgit derrière les collines de Saint-Cloud. Il se rassit ou plutôt se laissa choir, rafraîchi par le vent redoublé qui fouettait la vitre. Il fallait écouter la messagerie. Une corvée qui fit monter ses pulsations cardiaques. Il souffrit d'un coup de vieux. Le portable tomba à terre. Se baissant pour ramasser, il remarqua les premières taches sur la moquette neuve. Comme ses pensées couraient sur le boulot, et qu'elles s'assombrissaient, les auréoles marronnasses le renvoyèrent à une déconvenue récente, un rendez-vous avec la nouvelle directrice du *Vogue* français, après le départ de Didine. Nouvel immeuble aussi, rue Saint-Honoré, une location, immeuble Élysée Lincoln, ou quelque chose d'approchant. Fini le palais Bourbon. On se serait dit dans une agence d'hôtesses. Ce qui ne les empêchait pas de se prendre au sérieux, les filles de Condé Nast, les « connes de Nast » comme les avaient surnommées, devant Didine, Karl Lagerfeld. Pas concluant. En arrivant dans le saint des saints il avait compté les taches qui maculaient la moquette du couloir. Du café ? Du vomi ? Du pipi de chien ? Curieux quand on savait que Karine, la *directrice*, se montrait si troublée par ces choses-là. Sûrement un souvenir des anciens locataires de l'immeuble. Les hôtesses ? Il avait posé la question à la sienne, ça n'avait pas aidé ses affaires. Le fantôme de Didine non plus. Pour oublier les taches (au sens large, Patrice se sentait compris dedans), Karine, qui ressemblait de plus en plus à Lady Macbeth à cause du teint gris et des yeux charbonneux, avait sauté sur le premier portable venu, avant même que l'entretien commence.

— « Les cynocéphales babouins et mandrilles manifestent en toute saison une sexualité exaspérée, accompagnée d'onanisme et de pédérastie. »

Il s'était assis par mégarde sur la télécommande. Le canal 7 diffusait un vieux documentaire en noir et blanc. Une compagnie de singes à crinière s'affolait sur un rocher artificiel qui ressemblait à celui du zoo de

Vincennes. L'esprit toujours sur la mode, Patrice se vit transporté dans un passé presque oublié : il avait assisté Thierry Mugler en 1986 sur des photos réalisées dans un cadre similaire par le créateur pour une campagne de sa marque. On y montrait les mannequins Jerry et Iman, ainsi qu'une seconde négresse dont il avait oublié le nom, enfermées dans l'enclos des singes près du grand rocher. Tout compte fait, la série avait été délaissée au profit d'une autre, plus aérienne, plus consensuelle, moins raciste, réalisée sur les anges de l'église de Montrouge. Avec une autre fille, plus jeune. Il avait totalement zappé cette histoire, à cause des drogues (un mixe de PCP et d'héroïne) ingurgitée ce jour-là avec la négresse inconnue. Du thème retenu au départ « mi-ange mi-bête », n'avait survécu que la sphère supérieure. Les anges sans la bête. Le créateur n'avait pas dû lire Pascal (Montaigne ? Sartre ?) depuis un moment.

— « Les singes sont particulièrement intéressants à étudier sur ce point. Alphonse Milne-Edwards, frappé par leur caractère irascible, fantasque et lubrique, les qualifiait de "détraqués vicieux". Le chimpanzé est le mieux connu, sa psychologie a été étudiée par de nombreux observateurs. À en juger d'après le volume et les circonvolutions de son cerveau, il devrait être, avec le gorille, le plus doué de tous les singes, et même de tous les autres animaux. Mais il est visiblement atteint de tares nerveuses fixées héréditairement qui déclenchent chez lui dès la puberté une déchéance fonctionnelle des centres supérieurs de l'intelligence. Elles ressemblent singulièrement, nous le verrons, aux troubles de dislocation psychique connus chez les humains sous le nom de schizophrénie et aux régressions psychologiques congénitales que l'on constate chez les individus atteints de débilité mentale et dans certaines races humaines dégénérées. »

Il était fasciné. Comme beaucoup de toxicomanes d'âge mûr, Patrice et Ahmed nourrissaient un goût symptomatique pour les documentaires animaliers. Ils pouvaient passer des nuits bloqués devant la chaîne Animaux, incapables de se détacher des images, surtout quand celles-ci mettaient en scène des bêtes ressemblant pour certains traits à des humains ; les oiseaux ne les intéressaient pas, ni le monde aquatique, à l'exception des requins ou des éléphants de mer ; les singes et les cochons jouissaient de leur faveur. Ils leur cherchaient des parentés avec des gens qu'ils connaissaient : « On dirait Régine », « C'est Kappauf tout craché ! », « Et là ! ta mère ! ! ! » Le plus beau souvenir de Patrice restait quand même solitaire : le documentaire sur le diable de Tasmanie vu dans l'avion au retour des États-Unis. La découverte de ce satan nyctalope, un marsupial grogneur aux oreilles rouges comme une vision de saint Antoine, une sorte de gros rat à tête de vampire, d'une voracité si grande qu'il préférait se faire écraser par les camions plutôt que de lâcher une charogne trouvée sur la chaussée, avait ensoleillé son retour à Paris. C'était une des premières choses dont il avait parlé à Didine le jour de leurs retrouvailles, à Pompidou. Le sujet aurait pu paraître saugrenu en de pareilles circonstances mais avait réveillé chez elle la bienveillance maternelle de voir son grand garçon revenu. Elle l'avait écouté parler, comme toujours.

Le soleil menaçant à nouveau de voiler la télévision, il se leva pour se rapprocher de l'écran. Malgré la médiocrité du récepteur, les images noir et blanc très plombées lui semblèrent magnifiques. Les babouins vus en gros plan resplendissaient d'une intensité diabolique. Leurs yeux rapprochés luisaient, sinistres, et la nervosité de leurs mouvements de tête donnait à ces idoles égyptiennes une force lugubre, une impression terrorisante, propre à la fureur des êtres sans âme. Francis Bacon avait pu voir ces singes. Le documentaire, vieux de cinquante ou soixante ans, possédait une qualité d'image significative de l'école allemande, due aux pellicules Agfa. Un plan éloigné révéla une scène qui se déroulait dans l'ombre d'un rocher dont le ciment souillé par les ruissellements montrait sous l'éclairage tungstène, la trame métallique. Une bande de singes agitait quelque chose, ou plutôt se déchirait une forme dont il était difficile de distinguer la nature, dépouille ou ordure. Un autre soleil, vieux de soixante ans, surmontant soudain la masse des rochers, diffusa une lumière neigeuse.

— « Des batailles féroces ont lieu entre mâles pour s'assurer la possession du plus grand nombre possible de femelles. Au cours de ces luttes, ils s'arrachent les femelles avec une telle brutalité qu'ils les blessent ou les tuent fréquemment. Le docteur Zuckermann relate les scènes hideuses auxquelles donna lieu, au jardin zoologique de Londres, en 1927 et 1928, l'arrivée d'un lot de babouins femelles au milieu d'un groupe de babouins des deux sexes.

Penché sur l'écran presque à l'embrasser, Patrice se voyait en réflexion sur les singes. Pendant qu'il cherchait le F sur son répertoire, il remarqua un buisson frisé juste en haut du rocher : ses cheveux. Le téléphone sonna cinq coups avant que la grosse voix revêche daigne s'en inquiéter.

— T'as eu mon message ?

Fornicator avait lâché ça d'entrée de jeu sur un ton autoritaire comme si c'était lui le patron et Patrice l'assistant. À son air agacé, on aurait même pu penser que c'était lui qui appelait.

— Non.

— C'est confirmé pour Brana.

— Super. Dis-moi, tu peux appeler TV5 Europe ?

— Quoi ?

— TV5, service de presse, Chloé, tu t'en souviens ?

— La toxo ?

— Non, celle que tu as baisée le soir de France-Italie. Tu lui demandes la copie d'un documentaire sur les singes qui passe en ce moment, regarde...

— J'ai pas TV5, je suis chez Sylvana.

— Je croyais qu'il allait chez Castorama.

— Non, non...

— Tu lui demandes cinq unités, je viendrai les chercher à cinq heures.

— Il dit qu'il va chez Casto à cette heure-là.

— Alors tu me les avances !

— J'ai déjà un chrome.

— Passe-le-moi !

— Hello ! ! !

On était dans un autre univers. La voix de Sylvana, bien fraîche, bien élevée, un ton courtois. Tout le charme d'avant 68, école bourgeoise, catéchisme...

— Hello ! ! ! Tu vas chez Castorama à quelle heure ?

— Vers trois heures pourquoi ?

— L'autre idiote me disait cinq. Tu m'as pas oublié ?

— Elle est complètement folle, je t'ai dit que j'y allais à trois heures.

— Il est trois heures.

— Déjà ? Tu avances, il est deux heures et demie. J'y serai à trois heures ou trois heures et quart, on est pas des fonctionnaires !

— Tu me repasses mon assistant ?

— Je t'attends vers cinq heures ? Pénible lui aussi dans son genre, une vraie grand-mère. Sûr qu'à cinq heures dix, elle s'inquiéterait.

Beaucoup moins stressé, Fornicator tarda à reprendre Patrice, comme s'il avait pu s'éloigner de plus d'un mètre dans la chambre de bonne de Sylvana.

— C'est bon pour Janvier ?

— Yes, j'ai eu Atim. C'est quoi cette histoire de TV5 ? J'ai rien compris.

— Un docu allemand, sans doute, un comparatif babouins/primitifs avec des commentaires bien nazis... J'aurais bien samplé les gros plans pour le clip de l'autre conne.

— Laquelle ?

— Euh, son nom m'échappe, la nympho, la mannequin qui s'est fait violer par son père...

— Carla ?

— Non. L'autre, sa copine, la Batave.

— Ah ! Je croyais qu'elle faisait du moto-cross.

— Et alors ?

— Avec des babouins nazis ?

— T'as une objection ?

— Non, non, les nazis c'est tendance en ce moment...

— Et je te prédis un retour du moto-cross pour 2008...

— C'est vrai que j'ai vu une série trail-bike dans le *Bravo Girl* allemand et dans *W*.

— Je te laisse, j'ai un double appel.

— Oui, mon amour ! Chambre 2629, euh, non 2926, oui, 29e étage, chambre 26. À tout de suite.

Il raccrocha et coupa le son de la télé. Avant de composer le numéro de la messagerie, il sortit de sa poche un tampon d'objets indistincts, vieux kleenex, papiers divers, billets de banque, le tout saucissonné dans le cordon du kit mains libres. Il rattrapa la cocotte qui allait tomber et la glissa dans la poche pectorale de sa chemise. Il cherchait son carnet de moleskine noire, celui d'Ernest Hemingway. Il avait dû le perdre dans sa chambre ou ailleurs. Faute de mieux, il nota sur la feuille de route de l'hôtel les mots « Babouins », « Bacon », et « Egon Schiele », puis il raya le dernier nom et le remplaça par celui d'Otto Dix. D'une écriture plus appliquée, il nota deux vers en prenant bien soin d'aller à la ligne entre chaque. Satisfait, il se leva contre la fenêtre, le téléphone à l'oreille. Il appuya son front sur la vitre et le froid humide le saisit. La pluie battait le double vitrage. En bas, les voitures roulaient, dessinant des pinceaux blancs sur la chaussée, on aurait cru que la nuit était déjà tombée sur la ville. La Seine, bleu océan quelques instants plus tôt, paraissait de nouveau jaunâtre comme un égout. Sur la façade de la tour voisine, année après année, les ruissellements avaient dessiné des ombres aux bandeaux de béton. Il se demanda pourquoi c'était la partie basse qui noircissait et non le haut. La vision de ce placage fissuré, suspendu à petite distance de lui à une hauteur de plus de quatre-vingt-dix mètres, lui fit ressentir la présence de l'abîme. Il s'imagina assis sur le rebord.

— Qui fait l'ange fait la bête.

Il essayait de se rappeler où il avait vu ce dessin d'Otto Dix représentant un babouin. Même série que la fameuse hyène exposée à Beaubourg. Un grand fusain sur papier jaune, très impressionnant. Le nom du mannequin hollandais lui échappait toujours. Il faudrait aussi chercher le catalogue de Francis Bacon. L'envie de faire mieux qu'un clip ou une photo, de peindre, le reprenait en ce moment où la promesse de l'union sexuelle avec Lukardis se mélangeait avec le regard que portent les babouins sur le monde. Lorsqu'elle lui léchait le visage ou lui crachait ses Mars dans la bouche, il avait souvent pensé à une grande guenon blonde. Une guenon nantie d'une âme. Ce qui changeait tout.

Il écarta son front de la vitre pour observer la marque grasse comme une empreinte digitale qui dessinait une sorte d'ectoplasme entre lui et le ciel. Le produit qu'il se mettait sur les cheveux pour les rendre souples et soyeux avait bavé sur le front. Il hésita à dessiner sur l'auréole un sexe masculin en érection ou une croix gammée ; il s'abstint. Il se sentait heureux que Lukardis arrive bientôt. Il regarda le quai en bas pour guetter la voiture rouge.

La voix de joli-papa, affolée à l'idée de parler sur un répondeur, criaillait dans son oreille. Rien de nouveau, on ne le cherchait même pas. Ahmed s'était enfermé dans sa tour et sa mère ne comprenait pas pourquoi l'Innocenti ne démarrait pas. En fait, la disparition du vieux à la station-service était la conséquence d'un de ces repentirs dont il était coutumier. Dans l'état où il avait laissé l'Arabe, il avait préféré rester avec sa femme pour la protéger. « Un babouin comme les autres », songea Patrice en appuyant sur le 3 pour effacer toutes ces bêtises.

Quant à Enrico Macias (c'est comme ça qu'il surnommait son agent quand il était de bonne humeur), rien de bien intéressant. Il se réjouissait de la pub prévue avec Brana. C'est vrai que c'était vraiment du pognon. Si ça marchait, plus besoin de s'inquiéter pour un moment. L'héritage de Didine passait au second plan. Patrice se sentait si optimiste qu'il se dit que Didine n'allait pas mourir tout de suite. Il avait tout le temps de s'amuser à Paris et de revenir. On verrait bien après Noël. Après la pluie...

Il se recolla à la fenêtre pour guetter la voiture rouge. Soleil. Au contraire de la tour d'en face, les toits du XVIe arrondissement lui inspiraient un sentiment de sécurité. Ils dégageaient une certitude de bonheur due aux matériaux utilisés mais pas seulement. Il pensa à la jeunesse de Lukardis, à la rue Greuze, à la jeune fille qu'elle avait été. Il avait vu des photos, elle avait un visage plus lourd. Une mâchoire large de bourgeoise blonde, des yeux bridés de cosaque et déjà ces sublimes dents. À l'époque, les filles de bonne famille n'étaient pas comme aujourd'hui. Des uniformes, des collants bleus, des serre-tête. Jusqu'à seize ans au moins. Une jeunesse pas si gaie des années 60-70. Comme la sienne, en plus froide. Elle vouvoyait sa mère et lui baisait la main tous les soirs, en rentrant de l'école Sainte-Marie. Il savait les détails. Il l'avait longtemps questionnée entre deux étreintes, ou même pendant, avec cette curiosité qu'il avait pour la vie des autres. Pour celle-là surtout, si réservée, par éducation et par nature. Même si elle parlait de tout, elle ne faisait qu'énumérer sans juger. Une narration naïve pleine de faits vrais, mais sans jugement de valeur ni commentaires. Comme les vieux chroniqueurs. Aucune trace de salissure psychologisante. Il avait depuis dix ans, un désir d'accaparer, de devenir elle, d'acquérir le plus secret de sa nature. L'enfance. Lukardis ne parlait jamais d'elle, ni à son mari ni à personne mais, si on la sollicitait, elle avait cette mémoire preste des femmes pour les détails. Elle lui avait tout livré, comme elle s'était donnée, sans compter. Patrice était fier d'avoir acquis une connaissance intime de cette belle nature, droite, singulière, vieille école. Il aimait l'écouter, il appréciait les différences entre plusieurs versions d'une même histoire, il demandait des précisions sur des bêtises : le nom de ses copines, les couleurs des robes qu'elle portait dans les rallyes, la nature exacte du déguisement de fée que sa mère lui avait fabriqué et dont elle avait honte dans les goûters costumés. « Les autres étaient habillées en princesse mais moi j'avais un petit chapeau pointu en carton. » Sur la noblesse, un sujet qu'elle n'aimait pas trop aborder, partant que ça ne se fait pas, il avait réussi à l'apprivoiser, elle lui avait donné des renseignements curieux. Cet intérêt qu'il lui portait, l'excitation inconnue qu'elle ressentait à parler d'elle pour la première fois, nourrissaient leur amour au moins autant que le plaisir.

Il rechercha dans son portable la photo de la petite sapeuse portugaise de tout à l'heure, elle aussi aurait sûrement plein de trésors à lui livrer. Aucune femme n'est inintéressante. À force d'en fréquenter, d'en faire parler, il était arrivé à cette certitude que la bêtise, à supposer qu'on puisse la définir comme un manque de caractère, n'existe pas chez elles. C'étaient surtout les coquettes qui l'intéressaient, les impeccables, les glaciales, les spectaculaires, les secrètes, celles qu'on mésestime, que les autres filles détestent et que les hommes croient s'accaparer en se payant leurs faveurs. Les plus seules au fond. Un jour il s'était vanté auprès de Babeth du plaisir qu'il avait ressenti à passer pour un con dans un dîner, elle lui avait répliqué : « C'est l'histoire de ma vie que tu me racontes, mon ange. » Les seules qu'il n'appréciait pas étaient les intellectuelles. Elles sonnent faux. Il n'avait jamais réussi à tomber amoureux d'une femme qui lise autre chose que des best-sellers ou des livres à la mode. Pareil pour les artistes. Il détestait les plasticiennes, les filles des beaux-arts, toutes des rates ou des hystériques. Avec les mannequins, le souci c'était la langue... Comme pour Vanité. Difficile de percer le secret d'une étrangère. Son anglais manquait d'assurance. Il envoya le numéro de la Portugaise. Puis se ravisa en songeant qu'il devait rappeler Babeth.

Son cœur s'accélérait, la sueur engluait le capot du téléphone, il avait envie d'aller aux toilettes. Pourquoi Babeth lui faisait-elle si peur ? Face à elle, toutes les complaisances qu'il s'accordait depuis qu'il était arrivé dans la chambre menaçaient ruine. Il ne se sentait plus du tout dans la peau de Casanova. Malgré la campagne Brana, à 50 000 euros. L'autre, le complice avec qui il partageait sa bonne humeur depuis tout à l'heure, s'était caché. Il était seul, il avait froid, et pourtant il ne pouvait quitter la fenêtre. Il allait devoir faire vite avant l'arrivée de Lukardis. Il craignait chez celle qu'il devait affronter un abord âpre, une autorité glaçante, une vigilance d'esprit au service d'une vivacité d'humeur qui ne laissait rien passer. À proprement parler, elle n'était pas méchante, elle était *mauvaise*, comme on le dit d'une jument. Il essuya du doigt la poussière grasse qui engluait le cadre du grand hublot. En bas, il voyait la dalle mouillée, sinistre : un endroit où se jeter. Il était deux heures trente-trois à la pendule de la Maison de la radio. Quand lui avait-il parlé pour la dernière fois ? Et de quoi ? À part les lunettes Essilor, il ne se souvenait de rien. Presque deux ans qu'il la connaissait et ce sentiment d'effroi qui le prenait au moment de lui téléphoner ou de la retrouver ne le quittait jamais. Au contraire, il avait tendance à s'amplifier. En même temps il admirait son intelligence, ou plus exactement sa rapidité. Un aigle. Cent fois plus vive que lui, et plus impitoyable. Des fusées d'hystérique, mais un vrai goût aussi, des idées originales, elle pensait par elle-même, elle était « capable d'accéder au concept », aurait dit le Chilien. Elle réfléchissait beaucoup sur les autres avec cette capacité d'altruisme qu'acquièrent les enfants malheureux. Elle avait une manière à elle, dure, de dire de quelqu'un : « Je crois qu'il n'est pas très intelligent. » Elle faisait partie de ces gens assez rares qui ont le sens de l'adjectif. Là où Lukardis respirait le charme d'un certain archaïsme, aussi bien en ce qui concernait le langage que les mœurs, femme soumise, coquette, toujours prête à entortiller le bonhomme, Babeth avait le tranchant moderne de ces esprits tout entiers voués à la critique, virils, intransigeants sur le principe mais désarmés au fond par leur facilité. Paresseuse et si triste. Allez ! Il l'aimait...

— Allô !

— Oui, tu veux quoi ?

Elle avait sa petite voix chantante des mauvais jours.

— Ben, j't'rappelle.

— « J't'rappelle », tu me rappelles quoi ?

— Non... Mais on avait dit qu'on se rappelait.

— En bon français tu veux dire que tu me téléphones. C'est intéressant, c'est tout ce que tu as à me dire ?

— J'suis à Paris.

Pourquoi avait-il lâché ça ?

— T'es à Paris, c'est bien. Et où te trouves-tu à Paris mon petit monsieur ? (Elle aussi pratiquait l'inversion mais pas pour les mêmes raisons que Lukardis.)

— À l'hôtel.

— À l'hôtel. Tu ne vas quand même pas me dire que tu es encore dans ton hôtel de merde avec cette femme ? Quand je pense que j'ai failli t'attendre.

— ...

— Tu n'as même pas le courage de me répondre. Tu peux arrêter de me téléphoner, s'il te plaît ? Tu me déranges. J'ai des choses à faire, j'ai besoin de construire ma vie.

Il réprima un ricanement à l'idée de l'ampleur de la tâche. Ça n'était pas le moment.

— Je ne suis pas avec elle ! Je suis seul ! Je vais me tuer ! Je suis venu ici pour me tuer !

C'est tout ce qu'il avait trouvé. Contrairement à toute attente, on ne lui raccrocha pas au nez.

— Ah non, tu ne vas pas commencer à pleurer. Tu ne crois pas que ta place est auprès de ta femme ?

— Ne dis pas ça.

— Elle t'a aimé, elle t'a protégé pendant vingt ans et tu la laisses mourir toute seule, tu es vraiment une merde. Mais arrête de pleurer, t'as pas douze ans, t'en as cinquante. Et en plus, tu pleures sur toi-même, t'es affligeant !

Patrice se mit à sangloter. En même temps, il ouvrit sa braguette, sortit un sexe de belle dimension et commença à le manipuler en l'admirant de profil dans la vitre fumée du minibar.

— Mais j'étais venu à Paris pour te voir...

— J'ai pas envie de te voir. Je ne supporte plus les mecs qui boivent et qui se défoncent. Tu me dégoûtes. Rentre à la campagne, va t'occuper d'elle, va l'aider... C'est pour ça que t'es revenu. C'est ça aussi être un homme. T'as pas de couilles, t'es vraiment un minable.

Des couilles il en avait, la preuve : tout en sanglotant il soupesait ses testicules. En même temps il surveillait du coin de l'œil la rue en bas.

— J'ai besoin de te voir, mon amour, ça ne va pas du tout.

Sur ces derniers mots il se lâcha tout à fait et se mit à émettre des bruits inarticulés comme un homme qui aurait la gorge tranchée.

— Du touhouhououhouhou !

La petite voiture rouge s'arrêtait au feu près du Darty. Un Playmobil, vue d'en haut. Rutilante, comme toujours. Lukardis passait sa vie à la nettoyer au Kärcher. Elle ne supportait aucune tache, avec une aversion particulière pour les crottes de pigeon. La tête des deux si elles se rencontraient ! Babeth surtout !

La voix s'était adoucie, même si on ne la sentait pas très bien disposée.

— Allô ?

Plus de temps à perdre à imiter Dumbo l'éléphant dans la vitre du mini-bar. Il fallait se reculotter, essuyer ses larmes et se faire une beauté dans la salle de bains.

Pour couper court à la conversation sans vexer, il utilisa la procédure de la voix mourante.

— Je ne peux plus parlééééér (sanglot), je te rappelle quand ça va mieux.

Il raccrocha, mit le téléphone en silencieux et soupira d'aise. Il avait gagné quelques heures. Au ton de Babeth, il avait compris qu'elle n'était pas saoule, un point positif pour l'avenir. En plus, pas de mystère : la coke la ferait rappliquer, comme tout le monde.

Il restait un message du château à écouter. Il se demanda s'il avait le temps avant l'arrivée de Lukardis. Il remonta le pantalon tombé à mi-cuisse. Il avait une forte émotion qu'il comprima dans le cuir noir. L'extrémité mise à nue frottait contre la peau retournée, lui diffusant mille sensations exquises. Il renifla les doigts qui l'avaient soupesé et qui remuglaient l'odeur des bourses chaudes. Il pensa que Lukardis allait bientôt sentir ça, elle aussi, et son excitation monta d'un cran. Comme elle avait les fesses malléables malgré le vélo d'intérieur, le power plate, les électrodes, les stages intensifs chez Cap Silhouette, il avait imaginé, depuis quelques mois, une nouvelle caresse qui consistait à les empoigner pendant qu'il était sur elle et à remonter la masse graisseuse et douce qui embrassait ainsi les ballottements d'un scrotum relâché par l'âge. Un plaisir réservé aux personnes mûres. Comme quoi la jeunesse n'est pas tout. La rage de Babeth contrée par l'auto-érotisme l'avait mis en train. Sa colère d'ogresse qui le renvoyait aux menaces de Vanité, la haine de l'homme qu'elle exprimait sur un timbre si net, l'effrayaient en pensée mais lui donnaient, lorsqu'elles tombaient sur lui, des émotions d'ordre masochiste. Il imaginait ses grands yeux bleus, sa bouche, ses fesses parfaites, son sexe impénétrable sous le string (celui à queue de Bunny ?), pendant qu'elle le cinglait de ce qu'elle pensait être la vérité, « ses quatre vérités », aurait dit Didine, mais qui n'étaient que la preuve de son indifférence sexuelle. Les invectives lui avaient fait l'effet d'une séance de fouet ou de coprophagie que les vieux libertins de Sade préconisent, en préliminaire, pour réchauffer leurs sens. Que savait-elle de ses sentiments à l'égard de Didine ? Que savait-elle du remords et de l'usage qu'en fait le traître pour ses plaisirs ? Nada ! Peut-être dépistait-elle, avec sa finesse nerveuse d'hystérique, qu'il se servait d'elle, qu'il l'*instrumentalisait*, comme aurait jargonné son psychothérapeute, sans que ses reproches, ni d'ailleurs ses rares compliments, n'aient la moindre influence sur lui.

Eh oui, songea-t-il en lissant la chemise tachée sur son ventre, de sa part il avait aussi eu son lot de douceurs. Un jour, vers cinq heures du matin, au sortir d'un bal Chopard au Ritz, après lui avoir préparé un souper à sa façon – pâtes trop cuites aux saucisses Herta –, elle lui avait fait écouter son disque préféré, de la country music. Il était vautré sur le lit, tirant sur une Kool à la coke en prenant garde de ne pas enflammer le tulle rose qu'en bonne bricoleuse elle avait monté en ciel (elle avait d'ailleurs oublié la perceuse dans les draps) ; elle se tenait assise contre son crincrin, grandes jambes écartées, chic, toujours, jouant les vachères en camarguaises dans sa robe Givenchy à 6 000 euros. Ces jours-là elle avait des frisures, elle était ravissante dans le style Sydney Rome m/s Courtney Love. Ils étaient défoncés mais pas comme d'habitude, elle un peu plus optimiste, flatteuse. Ça devait être le bon cocktail entre la cocaïne, les francforts, l'alcool, les Kool. Et puis il avait dû avoir un mot juste tout à l'heure sous les lanternes du Ritz, il ne savait pas lequel. Peut-être aussi qu'elle était amoureuse. Tout frais débarqué de Chattanooga, encore estampillé « ex d'une star mondiale », il n'avait pas encore fait ses preuves du contraire. Elle lui avait dit sérieusement avec le ton sentencieux de lycéenne qu'elle retrouvait dès qu'elle sortait de son personnage : « Tu sais, tu me donnes des complexes, j'admire ton intelligence. » Invraisemblable quand on la connaissait. C'était pensé, gentil, vraiment, mais le plus triste c'est qu'il avait eu envie de rire. L'admiration pour l'homme allait mal à Babeth, comme les larmes à Lukardis, ou la joie à Didine. La colère était son dû, *figlia della furia*.

La salle de bains lui donna le plaisir du neuf, comme la chambre un peu plus tôt. Il se promit de s'installer à l'hôtel s'il gagnait assez d'argent cette année. La meilleure façon de se débarrasser de tout et de tout le monde, dit-il en palpant, rêveur, l'emballage d'un bonnet de bain jetable. Un ou deux jeans, une paire de bottes, des chemises repassées, presque rien à lui, des poches enfin vides, il serait heureux. Bronzage, salle de gym, une nouvelle voiture, moins compliquée (à Pont-Cardinet, un petit garage vendait des Cooper S de rallye des années 60, propres, magnifiques)... *Un bohémien chic*, dirait une rédactrice de mode aux belles fesses qu'il se promit d'appeler après les fêtes. Il se sentait si bien qu'il était prêt à prendre rendez-vous chez le dentiste, et à écouter le dernier message du château. Même la nouvelle de la mort de Didine ne lui aurait rien fait. En admirant la bosse de son entrejambe sous le cuir noir, il se dit que le plus important dans la vie d'un homme était d'avoir le plus d'argent possible sur son compte. Ne rien posséder, n'attendre rien, ni des hommes ni des femmes, ni de l'art, ni de Dieu, et trouver une jolie fin, comme Helmut Newton.

La voix de sa mère. Finalement il l'aimait. C'était une bonne maman, gentille, serviable, qui s'occupait bien de la mourante. Légère en plus. Une vraie qualité dont il avait hérité. Elle n'en voulait pas à la terre entière, elle non plus... Pas comme Babeth. Sur le message elle avait le fou rire. Ou alors elle pleurait. Il dut l'écouter une seconde fois. Il était question d'Ahmed, il était sorti complètement nu de sa chambre. Ça devait arriver. Avec ce chauffage à fond. Tout ça parce qu'il avait arrêté les Zyprexa pour maigrir. Il fallait les rappeler, leur donner le téléphone de son psychiatre traitant à Sainte-Anne.

Il humecta sa chemise là où il avait bavé, il tira sur ses cheveux sans plus d'espoir de les défriser. Entre l'humidité et l'huile de Didine, c'était une vraie catastrophe. Il ressemblait à l'animateur Arthur ou à un de ces jeunes bicots en costume brillant enduits de gel. Au sommet du crâne la trame poilue laissait voir un cuir grisâtre moucheté par les plaques roses du psoriasis. Il envisagea de remettre son bonnet pour les aplatir, mais c'était trop tard, Lukardis devait être arrivée aux ascenseurs et il aimait la guetter par le mouchard de la porte. Il vérifia que son téléphone était sur silencieux, le rangea dans la poche de son caban. Il se ravisa en songeant qu'il voulait rappeler la campagne et le glissa dans la poche pectorale de sa chemise. Quelque chose le repoussait à l'extérieur : la cocotte de cocaïne. Il la sortit prestement, la fourra dans le caban. Par automatisme, il jeta un œil sur la chambre pour vérifier qu'il n'avait rien oublié de compromettant, puis courut sur la pointe des pieds jusqu'à la porte.

Jamais il ne s'était pas lassé du spectacle. Le couloir vu à travers le fish eye ressemblait à la couverture d'un album psychédélique des années 60. Il en avait tiré parti pour un clip de Vanité. Utilisant comme ressort comique le thème des gens derrière la porte. L'histoire d'une jalouse qui découpait les fringues d'un mec aux ciseaux, pendant qu'on s'impatientait sur le palier. Le monde vu de cet œil, les motifs du tapis, les murs arrondis qui se refermaient comme les parois d'une caverne sur l'espoir en ligne de fuite, l'apparition de celle qu'il attendait, tout contribuait à le rassurer. C'était une vision du monde, une weltanschmachin ? aurait dit le Chilien, ombilicale, matricielle, tout tournait autour du centre, de celle qu'on attendait. Un souvenir d'enfance aussi, lorsqu'il entendait le bruit de l'ascenseur, il se précipitait au judas pour guetter l'arrivée de sa mère. Petit judas devenu grand. Dix ans que cela marchait. Pas de raison que ça s'arrête. Même quand il aurait soixante-douze ans. Peut-être guetterait-il une autre femme, une call-girl, une négresse du Ruby's, une fille qu'on paye pour qu'elle vienne, mais le sentiment serait le même. Avec le stress du Cialys en prime. Le délice, dans l'attente, c'est le mélange de la certitude et du doute. On sait qu'elle va venir, et on se dit malgré tout qu'elle ne viendra peut-être pas. Tant que la première idée prime la seconde, le plaisir est là ; au bout d'un moment, quand l'attente devient trop longue, le rapport s'inverse et l'effet devient désagréable. Lukardis ne lui avait-elle pas avoué à plusieurs reprises qu'elle avait failli rebrousser chemin dans le hall, ou même dans l'ascenseur ? Elle s'en voulait, se demandait : Mais qu'est ce que je fais là ? Tout lui revenait, sa famille, la régularité sans heurts de l'existence avant lui, les risques qu'elle prenait, et peut-être aussi, surtout maintenant, l'affaiblissement du désir. N'est-ce pas une habitude ? Ne vaudrait-il pas mieux que je ne monte pas ? Peut-être serai-je guérie une bonne fois pour toutes. Si l'un des deux arrivait un jour à faire demi-tour, l'enchantement cesserait, il en était sûr.

Lui l'attendait. Il la souhaitait si fort qu'il suspendait sa respiration pour lui faire accélérer son pas. Aussitôt sûr de l'avoir vue, il arrêtait de regarder, et il restait contre la porte. Suspendu à la possibilité qu'elle avait encore de se retourner. Non, la main sans visage heurta inéluctablement le bois, un coup, un seul, comme une biche, ou une panthère dont elle portait aujourd'hui le pelage. Cela, il avait eu le temps de le voir. Mon Dieu, que je suis heureux, se dit-il en ouvrant la porte. Elle parut, enfin.

— Salut. Ça va ?

— Oui. Ça va.

Elle le repoussa d'une main froide sous les bagues.

— Tu as mauvaise mine. Tu as bu hier soir ?

— Non, pas trop.

— Tu t'es drogué ?

— Non, pas vraiment.

Sous le pelage, il sentit les os de ses épaules. Cette dureté lui plaisait.

— Tu as coupé tes cheveux ?

— Ça y est ! Tu me trouves laide.

— Tu as fait quelque chose à tes cheveux.

— Un balayage, c'est tout.

Un balayage. Qui ose encore des trucs pareils ? Il se demanda ce qu'en penserait un styliste coiffure, celui de Brana par exemple, un branché méprisant. La femme qui venait de rentrer dans la chambre n'était pas celle qu'il attendait une seconde plus tôt, une autre avait pris sa place. Elle lui rappelait une fille de la météo, ou plutôt l'épouse de Bernard Arnault, la pianiste, ou même une vieille mannequin qui faisait la pub pour La Halle aux Chaussures. Par cruauté, il fut tenté de lui parler de cette dernière comparaison. Un balayage ! Elle était à peine arrivée qu'il était déçu. Pourtant son expérience lui avait appris que l'amour revenait toujours après les premières minutes d'adaptation. Il fallait se réhabituer à l'autre, à son enveloppe charnelle, à ses défauts, aux nouveautés qui trahissent le passage du temps.

— Tu ne m'aimes plus ? Tu veux que je m'en aille ?

— Tu sais bien qu'il y a des moments où je t'aime et d'autres où je ne t'aime plus, ça va revenir.

La télévision était restée allumée. Il regarda l'écran sans discerner les images car le soleil avait réapparu. Il s'approcha pour voir une dernière fois les singes.

— Tu ne vas quand même pas cesser de m'aimer pour une question de coiffure ?

— Tu as bien quitté un homme parce que tu avais du mal à te garer en bas de chez lui.

— Pourtant tout le monde m'a fait des compliments.

Le documentaire était fini. Il reconnut Carmen Electra en maillot de bain. Il repensa à Vanité et à Lukardis qui l'avait repris à son retour, sans la moindre hésitation. Elle n'avait aucun amour-propre ou alors l'aimait-elle vraiment ?

— Si tout le monde trouve ça bien, c'est le plus important.

— Mais ça ne me rassure pas du tout ce que tu me dis là. Patrice, c'est horrible, je crois que mon fils n'est pas très intelligent !

On s'habitue à tout, même à coucher à l'hôtel avec une femme qui vous parle de ses courses ou de son fils. Tiens, ça lui prenait, à elle aussi : dire des gens qu'ils n'étaient « pas intelligents ». Il pensa soudain que Babeth avait peut-être tiré ça d'un film. Un truc branché qui aurait été rediffusé dernièrement sur TF1 et que Lukardis aurait vu à son tour.

— Pourquoi ?

Elle se débarrassa sans qu'il eût songé à l'aider (il n'y pensait qu'en public), posa ses affaires sur le caban qui aussitôt glissa par terre. La flasque de whisky jaillit de la poche ainsi que la cocotte de cocaïne. Sans manteau, c'était mieux. Il aimait sa silhouette d'araignée haute sur pattes, fesses suspendues à plus d'un mètre du sol, taille minuscule, épaules étroites, toute petite tête. Et cette voix sèche, nasillarde, hachée, une culbute perpétuelle d'apico-dentale, comme une mitraillette. Qu'est-ce qu'elle devait être méchante à l'école !

— Il a eu 3 à son contrôle de philo. (Avisant ce qui avait glissé par terre jusqu'à ses pieds :) Eh bien, je vois le genre !

— Je croyais qu'il était meilleur en philo qu'en français.

— Euh, son point fort c'est plutôt le sport. Comme son père. (Patrice sentit monter une légère angoisse.) Il faut dire que le sujet était dur. « Par quels arguments peut-on prouver l'existence de Dieu ? » Heureusement qu'ils ne donnent pas des sujets pareils au bac. (Attrapant la cocotte :) C'est quoi, c'est de la drogue ?

— Un vieux truc vide. Laisse tomber.

— Pourquoi tu ne le jettes pas alors ? Tiens, à la poubelle ! Et toi, tu la prouves comment l'existence de Dieu ?

— Il fallait parler de saint Anselme.

L'intoxication cocaïnique, comme tous les désordres, a l'avantage de mettre parfois sous nos yeux le mot juste, le bon nom, qu'on aurait mis trois heures à retrouver à jeun. D'où sortait celui de saint Anselme ? De quel recoin, à quelle soirée tristouille en famille, à quelles vacances pluvieuses, sous le régime d'un joli-papa encore fringant, remontait le souvenir de ce vieux moine qu'il imaginait sous la forme de ces statues en buis, aux gros pieds noueux. Haute époque.

— On s'en fiche de saint Machin, en philo il faut montrer une réflexion personnelle. Alors, pour toi, Dieu existe ?

— Ah non, tu vas pas commencer à me poser ce genre de question !

En disant cela, il se rappela une attachée de presse de chez Dominique Segall qui lui avait fait la même réponse quand il avait shooté Abel Ferrara au moment de la sortie de *Mary*. Il chercha le nom de cette fille qu'il aimait bien, une Eurasienne, l'ancienne PR du Man Ray, sa fournisseuse attitrée avant Sylvana. Il raconta l'histoire de l'Eurasienne à Lukardis pendant qu'elle vérifiait ses cheveux.

— On s'en fiche du nom de cette fille. Je déteste Abel Ferrara. Mon mari adore. Et toi aussi bien sûr, ça te ressemble, des histoires de vieux drogués qui tripotent des jeunes filles... Je ne vois pas le rapport avec l'existence de Dieu. Tu me préfères avec les peignes ! T'es chiant.

Il la prit dans ses bras pour l'embrasser sur la bouche. En écartant sa veste de crêpe, il découvrit le triangle de son buste. Le ventre plat, cuir tendu invisible sous la laine. Il marqua un temps d'arrêt avant de se frotter sur sa cuisse. Elle le repoussa.

— Tu le trouves comment mon pull ?

— Bien. (Après les cheveux, il jugeait qu'il ne fallait pas charger la mule.)

— Ah, ah, un homme qui bande est toujours moins critique. Ça manque un peu de conviction, de toute façon je te connais, aujourd'hui tu me trouves moche et tu n'aimes pas comment je suis habillée. Pas comme Didine, toujours si élégante. Quoiqu'en ce moment... Non, non, tu ne me touches pas, tu m'expliques d'abord comment saint Antoine prouve l'existence de Dieu. Comme ça, je vais pouvoir apprendre quelque chose à mon fils. Lui qui me reproche toujours de ne m'intéresser à rien.

— Pas saint Antoine, saint Anselme ! Saint Antoine c'est pour les objets perdus.

Il regarda sa cocotte dans la poubelle en plastique, avec un vague sentiment d'angoisse, comme si quelqu'un allait passer et la vider pendant qu'ils seraient en train de baiser.

Elle s'était assise sur le lit. Comme il ne savait pas quoi dire et qu'il voulait éviter les digressions, vu qu'à l'horloge de la télé il était 14 h 47, il murmura « j'ai très envie de toi aujourd'hui » en la fixant dans les yeux. Elle lui répondit par un éclat de rire, flattée mais sans tendresse, avec une sorte de gaieté de folle, slave, délicieuse. La frange faisait remonter les pommettes, où les yeux se fendaient comme ceux de ses ancêtres mongols. Et ces bottes avec le pantalon de cuir beurre frais rentré dedans, ces bijoux... Un peu trop voyante comme il l'aimait. Blonde, presque blanche comme ça, avec cette frange, cette petite tête, ces dents pointues, elle ressemblait aux lévriers Barzoï qui avaient dévoré, un soir d'hiver 42, sa cousine, la comtesse Immanuela Potocka.

— Alors, Monsieur le Téloléogien, j'écoute...

Au cœur du pantalon de peau, il regardait la fourche, le mont-de-vénus, qu'elle portait très en avant, à l'africaine, comme Cécilia Sarkozy. Il avait envie de tout sauf de penser à saint Anselme, à son beau-père et aux preuves de l'existence de Dieu. Pour ça, il n'y avait qu'à regarder par la fenêtre. Pas les immeubles, mais le ciel, le soleil et l'eau. Il était clair qu'elle faisait exprès ; elle savait qu'il avait envie d'elle, elle ne le lâcherait pas, juste pour le faire enrager. Une vengeance à cause des cheveux. Connaissant son goût de coquette pour la plaisanterie suivie, surtout dans une chambre d'hôtel, où elle était en retard, où ils n'auraient pas beaucoup de temps, il décida de la prendre au mot.

— Tu téléphones à qui ? Au Saint-Esprit ? Je sais pas si tu as droit à un joker...

Elle pencha la tête comme un oiseau, et tendit le pied vers lui pour qu'il lui retire sa botte en citant le nom d'un jeu télévisé célèbre où le candidat pouvait téléphoner pour demander de l'aide. Question télévision, elle s'y connaissait, une culture inouïe, on ne pouvait rien lui reprocher. Avec cette impudeur qui la prenait après l'amour, elle lui avait même raconté qu'elle laissait son mari la baiser deux fois par semaine à condition qu'il fasse vite et qu'elle puisse continuer de regarder la télé pendant ce temps-là, allongée sur le ventre. Patrice mit le portable en mode haut-parleur, appela le château : occupé. Rappel automatique. Il commença à défaire la fermeture éclair tout en caressant le cuir doux chauffé par la chair, épargné par la boue. La semelle semblait neuve. Comment faisait-elle pour marcher sans se salir, il y a des gens comme ça qui touchent à peine le sol. Vanité était pareille. Pas comme Babeth qui rajoutait des semelles Topy à ses Louboutin. Quoi de plus triste que des chaussures usées sur une femme ? Pourtant sur Babeth, ça passait (il repensait aux camarguaises). Parce qu'elle était jeune ? Non, c'était trop simple. Il y avait autre chose. Un panache, une virilité. Il aurait voulu l'aimer celle-là car elle le méritait. Mais cela ne se commande pas, aurait dit Lukardis. Quand elle lui souriait, comme en ce moment, tout paraissait léger, vivable, plein d'entrain et de renouveau. Il se répéta au fond de lui des vers qu'il disait parfois en pensant à elle, mais qu'il n'avait jamais voulu lui réciter. Insensible à la poésie, trop sexuelle pour ça. Il trouvait plus de charme à laisser ignorer à ce genre de créature certains secrets de l'amour qu'il avait pour elle.

— « Ma bienvenue au jour me rit dans tous les yeux. »

— Elles te plaisent mes bottes ?

Comme toujours, il ne put s'empêcher de laisser venir à lui le vers suivant : « Je ne veux pas mourir encore. » Il pensa à sa mort à elle, à la sienne, et à celle de Didine. Pourquoi ce téléphone sonnait-il sans cesse occupé ? Il avait envie de pleurer mais il ne pouvait se détacher d'elle. Ce n'était pas la femme, sa bestialité, qui l'attachait, mais l'être vivant. Elle poussait cette qualité d'être à une intensité qu'il n'avait jamais vue chez quiconque. Et pourtant un jour aussi elle s'éteindrait petit à petit, comme Didine. Ou alors d'un coup, plutôt son genre. Mais il savait qu'il ne verrait jamais ce moment. Oui, c'était cela qu'il aimait chez elle, cette ressource inépuisable, l'allant, la joie ! Pas seulement la chair qu'il serrait dans ses mains, mais ce qui animait cette chair, cet être vivant plus vivant que les autres.

Chez elle tout s'agitait par réponses inconscientes comme un animal, le réfléchi se limitait à la ruse et aux manipulations. Il chercha sa petite tête lointaine, ses yeux qui le regardaient se dépatouiller à ses pieds et essaya de lui donner en un regard tout l'amour dont il était capable. Tout ce qu'il aurait voulu donner aux autres, à Didine, tout ce qu'elles auraient mérité et qui lui revenait à elle, sans mérite aucun, parce qu'elle était plus riche de vie. Pourquoi ce téléphone sonne-t-il sans cesse occupé ?

— Elles te plaisent mes bottes ?

— Oui.

— 130 euros chez André, c'est pas Babeth qui pourrait en dire autant, ni « Cheveux qui piquent ».

« Cheveux qui piquent » était le surnom qu'elle donnait à Vanité suite à une confidence de Patrice sur le produit décrêpant. Après tant d'années, il n'arrivait toujours pas à savoir si le goût de Lukardis pour les marques bon marché était une manifestation d'arrogance (tout me va puisque je suis princesse) ou un souci plus bourgeois d'économie. Les deux, sans doute. Il tira légèrement sur le talon et le pied sortit de sa housse, tiède sous la chaussette synthétique. Il remonta sous le pantalon de cuir très serré pour atteindre l'élastique et rouler le mi-bas jusqu'aux orteils. Comme nombre d'hommes, il aimait les femmes en bottes mais le défaut de la cuirasse, c'était ces mi-bas, tartes sur toutes les jambes, même sur Didine.

— Tu as vu, j'ai fait mes pieds. Pourquoi tu pleures ?

Il sursauta en entendant la voix de sa mère qui criait presque dans le combiné à la façon des gens âgés.

Aussitôt il s'en voulut d'avoir appelé. En pleine excitation montante, la voix d'une mère pouvait jeter un froid. C'était sous-estimer Lukardis, sa stabilité de femelle accomplie, rien ne l'ébranlait, elle était de plain-pied avec tout le monde, curieuse de tout, mais insoucieuse de se laisser déranger quand elle avait envie de baiser.

— Dis donc, ta voiture ne marche pas. On a tout essayé. Ton père voulait la démarrer à la manivelle mais on n'a pas réussi à trouver le moteur. Il est à l'avant ou à l'arrière ? Dans les deux coffres on n'a rien vu à part des ordures. Quel cochon !

Lukardis hocha la tête affirmativement, en lui tapotant la joue de son pied nu pour qu'il l'embrasse.

— Euh, c'est un moteur central. Il paraît que vous avez des soucis avec Ahmed ?

— Il a injurié Friquette, et ensuite il s'est mis complètement nu dans le salon sous prétexte qu'il avait chaud, du coup ton père n'a pas pu regarder les actualités. Tu sais comment le calmer ?

Pendant que sa mère parlait, il guetta le regard de Lukardis, prêt à sourire des frasques d'Ahmed. Elle ne mordait pas. À sa tête, à sa mâchoire bloquée, il devinait qu'elle devait penser à autre chose, quelque chose de sexuel.

— Peut-être qu'en baissant le chauffage ?

— Tu sais, il fait un peu frais déjà avec cette pluie. Il n'a pas des médicaments à prendre ? Parce qu'il devient méchant, il dit que tu dois quitter son lit et retourner dormir avec ta femme.

Coup de pied de Lukardis. « Retournes-y dans son lit ! » Patrice l'attrapa par la jambe et entrepris de défaire l'autre botte d'une seule main.

— Il faudrait appeler le docteur Gay à Sainte-Anne. G. A. Y. Le nom se trouve dans le calepin près du téléphone

— Sous les factures ?

— Sûrement.

— C'est un médecin spécialisé pour soigner les homosexuels ?

— Non, les maniaco-dépressifs.

— Le plus embêtant c'est qu'il répond au téléphone avec le poste du salon. Je crois qu'il a traité Souriceau de nazi ou quelque chose comme ça.

— Il n'a pas tout à fait tort.

— Oui, mais tu sais combien le professeur est sensible sur ces questions. J'ai peur qu'il se désiste pour le réveillon. Ton père est furieux.

— J'ai une idée. Dis-lui que je lui ai pris un menu adulte pour Noël à la place du menu enfant. C'est mon cadeau, ça devrait le calmer. Dis-lui même que j'ai pris cinq menus adultes.

— Quoi, vous ne dînez pas avec nous ? Vous allez au restaurant avec des amis ?

— Non, non... C'est un code entre nous.

— Non, parce que sinon, dis-le-moi franchement, je ne prends pas une oie, c'est un peu trop pour deux personnes. Et je ne sais pas si Didine aime ça.

Il entendit la voix du vieux : « Un poulet ça suffira bien. » Coup de pied de Lukardis, chuchotant :

— Je croyais qu'elle était mourante !

Patrice, qui avait réussi à dégager le second pied, fronça les sourcils pour la faire taire.

— Tu sais, dans son état, je doute qu'elle mange beaucoup.

Nouveau coup de pied de Lukardis qui fait le geste de ramer des deux mains.

— Il y a une amie à toi qui a appelé (Lukardis tendit l'oreille et retira doucement son pied), elle a dit un nom que je n'ai pas bien entendu, elle avait un genre curieux. Par contre, j'ai noté le message (Lukardis pencha la tête comme une grue qui va piocher un poisson), elle a dit, je cite (à cause des amis de Didine, la mère de Patrice avait pris l'habitude de noter les messages) : « Je ne comprends pas où il est, je l'attends dans mon pieu depuis deux heures. »

Ruade au bout du lit, Patrice tomba par terre.

— Rends-moi mes bottes, je me casse...

D'une voix forte qui veut s'adresser aux deux femmes en même temps.

— T'inquiète, c'est pour un clip, c'est sûrement Marthe Lagache, je devais visiter un lieu avec elle. Tu as mal entendu...

— Non, elle avait un nom bizarre, plutôt un sobriquet genre Nénette ou Bébette.

— Rends-moi mes bottes !

— Quoi ?

— Rien, c'est mon rendez-vous qui commence. Tu peux me passer joli-papa ?

— Comment je fais pour la voiture ? Je vais chez M. Bétuleau ?

— Non. Non ! Il va vous faire payer une fortune ! Demande plutôt au mari de Friquette de t'accompagner, je lui réglerai son essence et une heure de jardinage.

Après avoir mis le silencieux, Patrice entreprit de contenir Lukardis qui commençait à le griffer, puis le mordre. Il s'assit sur elle en la maintenant par le cou.

— Oui, c'est moi. Non, c'est pas grave, tu as raté une émission sur les anges qui t'aurait intéressé. Aïe.

Non, c'est rien, c'est mon rendez-vous qui commence. C'est quoi les preuves de l'existence de Dieu pour saint Thomas, euh non pour saint Anselme ? C'est pour le fils d'une amie qui passe son bac philo. Oui, vas-y.

Au bout d'un long silence ponctué de « oui », de « ah », de « bon », Patrice finit par raccrocher. Sous lui, Lukardis s'était laissé vaincre. Elle semblait dormir. Ou était-elle évanouie, ou morte ? Il était presque inquiet, il se demanda s'il ne lui avait pas serré le cou un peu fort après qu'elle avait manqué de lui cisailler le doigt à coup d'incisives. Sur le mur, le soleil dessinait un grand rai transversal, qui lui rappela une gravure romantique illustrant le Rolla d'Alfred de Musset. À l'horloge de la télé, il était 14 h 52.

— Ma louloute, dépêche-toi de ressusciter sinon je ne te donnerai pas les preuves de l'existence de Dieu.

Il la secoua mais sa tête bougeait comme si le cou était brisé. Il n'osa pas trop la toucher de peur qu'elle en profite pour le mordre.

— Mon ange, si tu ne te réveilles pas, tu ne sauras pas non plus qui m'a téléphoné ce matin...

Toujours rien, aucun signe de vie, il lui prit la main, la lâcha. Il la regarda, les yeux fermés, la bouche éteinte, lui trouva l'air fatigué. *Une vieille poupée Barbie*, c'est ainsi qu'elle s'était dépeinte au téléphone, un jour de déprime post-shopping à Marbella. L'âme est-elle seulement un effet de surface ? Une ombre qui passe sur le miroir des yeux, comme un chevalier derrière les mélèzes des cils ? Pour éviter de la regarder, il se rapprocha d'elle et chuchota à l'oreille piquetée de vermillon que les cheveux avaient découverte pendant la bagarre :

— ... pour que je la rejoigne dans son pieu.

Son dernier regard fut pour la peau de son crâne qui apparaissait sous les cheveux teints. Au mot « pieu », il dut se jeter en arrière pour éviter de se faire crever les yeux. Il la contint avec difficulté, résistant aux ruades et aux invectives, et argumenta en riant comme s'il avait la conscience tranquille. Les colères de Lukardis ne l'impressionnaient pas. À force, il finit par lui prouver qu'il s'agissait d'un malentendu, arguant que sa mère était sourde et qu'il n'était pas dans les habitudes d'une fille sérieuse comme Marthe Lagache (90 kilos, précisa-t-il), directrice d'une agence de repérages, de l'inviter à la rejoindre dans son lit. Comme tous les mensonges réussis, cette idée lui était venue à l'improviste. Il était si convaincu qu'elle se calma.

Il n'arrivait pas à oublier son visage pendant qu'elle faisait la morte. Une dame, une grand-mère, qui jouait comme une enfant. Il ne put s'empêcher de jeter un coup d'œil à la porte en miroir du cabinet de toilette qu'il avait laissé allumé, tout à l'heure, quand il la désirait encore... Il y a quelques minutes. Une théorie de gros bonshommes frisés qui jouaient eux aussi sur leurs lits avec leurs petites copines de cinquante ans le fixa tristement. Mais quand il se tourna vers elle, tout s'arrangea de nouveau en féerie.

— Alors donne-moi les preuves de l'existence de Dieu. Et puis après, en bonus, tu pourras me raconter ce que tu fais avec Ahmed dans son lit...

Elle souriait de nouveau, une garce. Quinze ans de perdu. Ça allait décidément mieux, même dans les glaces ses sœurs démones étaient redevenues belles – belles et butées, se dit-il en insistant intérieurement sur la liaison, belzébuthées !

— J'ai pris sa chambre quand Didine est revenue de Pompidou, la seconde fois. Du coup, il dort dans une tour.

— Et elle, elle fait gras, elle bouffe de l'oie. C'est la maison des sept péchés ! Je croyais qu'elle n'avait plus de langue... Parfois je me demande si tu n'as pas inventé cette histoire de cancer dans l'espoir de me larguer en douceur.

— Arrête. (Sa voix se brisa, il la haïssait, il avait envie de la tuer.)

Elle devint cassante, ça lui arrivait quand elle devinait qu'il ne l'aimait plus alors qu'elle avait envie de « baiser ».

— Ah non, arrête toi-même. Pas à moi, pas les grands sentiments... Tu n'aimes personne, alors ne fais pas le grand cœur. Tu devrais aller voir la pièce du fils de Guy Bedos, un vrai sensible, lui. C'est l'histoire d'un homme dont la femme meurt du cancer. Il a dit des choses profondes sur la question, je l'ai entendu sur Europe 1.

Le fils de Guy Bedos. Et pourquoi pas la mère de Sophie Favier ? On touchait le fond. Quelle connasse. Déjà qu'en partenaire de lit depuis quelques secondes elle ne le tentait plus vraiment, avec son unique chaussette à fleurs, alors en critique de théâtre ! Encore un truc de vieille. De bourgeoise. Elle n'allait voir que des conneries avec les gens de son monde. Les maris s'ennuyaient, les femmes s'habillaient comme des speakerines avec des mules Miu Miu... Tout ça se terminait par un dîner... Ou elle picorait en bonne anorexique.

— Alors, ton Saint-Esprit, que dit-il ?

Elle voyait qu'elle l'avait blessé. Elle essayait, non de se rattraper, pas son genre, elle avait une phrase toute faite sur ça comme sur tout : « qui s'excuse s'accuse », mais par une sorte de cruauté slave pour ne pas lui laisser le temps de gémir.

— Allez-y, monsieur le téléologue, je vous écoute.

La phrase n'avait plus rien du charme de tout à l'heure. Il la trouvait répugnante, il ne voyait plus que ses cheveux, son pull, sa chaussette à fleurs, sa sécheresse de bourgeoise sans cœur, ses milliers de petites rides. Il était si furieux qu'il n'arrivait pas à masquer l'expression de dégoût meurtrier qui montait. La cocaïne aidant il avait vraiment envie de la tuer. Il se détourna vers la fenêtre, regarda le ciel sans aucun espoir de réconfort. Il n'avait jamais été aussi seul. La mauvaise conscience d'avoir laissé salir Didine une fois de plus (et par cette conne) lui aigrissait l'estomac, il avait comme de la bile dans la bouche. Pourtant la beauté du monde le frappa comme un appel. Il oubliait la chambre, il l'oubliait elle, petite tête inquiète d'avoir déplu qu'il voyait en reflet danser devant la lampe de chevet. Une grisaille d'orage, nocturne, assourdissait l'horizon. Seul point de lumière aux alentours de Sèvres. Une trouée bleue, l'œil du cyclone. Il aurait voulu être là-bas ou même plus loin, seul avec les grands arbres et le ciel.

— Selon saint Anselme, dit-il de la voix acérée qu'il prenait quand il voulait du mal à son interlocuteur, il y a plusieurs preuves de l'existence de Dieu. La première tient à l'origine du bien. Nous nous demandons forcément d'où proviennent toutes ces choses que nous jugeons bonnes. De quel bien suprême elles participent. C'est une réflexion naturelle sur le contenu de notre vie intérieure et sur l'objet de notre désir qui va nous conduire à Dieu.

— Et moi, par exemple, tu me trouves bonne pour toi ? Tu crois que je vais te conduire à Dieu ?

Quel culot, après ce qu'elle avait dit sur Didine ! Il commençait à l'aimer de nouveau.

— La seconde preuve tient à l'être. Tu te sens exister ?

— Pas tout le temps, en ce moment, oui, mais parfois j'ai l'impression de ne pas exister.

— Quand tu te sens exister, tu sens que j'existe moi aussi ? Et les autres aussi, tes enfants, les animaux et les arbres... Il y a un point commun entre toutes ces choses et ce point commun est l'être. C'est la seconde preuve. Selon saint Anselme, tout ce qui existe, existe en vertu d'une seule cause : et cette cause qui existe par soi est Dieu.

— Et quand j'ai l'impression de ne pas exister... Ça veut dire quoi ?

— D'après le psaume XIII, ça veut dire que tu es folle.

— Non, je ne suis pas folle !

Il avait touché le point sensible. Elle détestait qu'il la traite de folle ou d'anorexique. Il n'avait plus envie de la contempler autrement que comme un reflet dans la vitre, ni de lui répondre, il aurait souhaité qu'elle disparaisse de sa vie et pourtant, si elle s'était levée, il savait qu'il l'aurait rattrapée.

— Je sens que depuis quelques minutes tu me hais.

Il eut envie de se retourner d'un seul coup. Mais il n'en fit rien.

— Tu me connais bien, mon ange.

— Tu me hais à cause de Didine ? Tu l'aimes encore ?

— J'ai pensé à elle pendant tout le temps où je venais ici.

— Pourquoi tu n'es pas resté là-bas alors ?

— Parce que je crois que je ne peux pas me passer de toi. Je te hais à cause de cela aussi.

— Tu as pleuré en pensant à elle ?

— Oui.

— Et tout à l'heure, quand tu pleurais, tu pensais encore à elle ?

— Non, à toi.

— Menteur. Et que te disais-tu quand tu pleurais en pensant à elle ?

— J'imaginais sa mort, qu'elle allait mourir aujourd'hui pendant que j'étais avec toi et que je ne serais pas là. Mais tu sais, l'autoroute ça me donne toujours envie de pleurer.

— Oui, tu m'as dit. Au fond d'elle, en ce moment, tu crois qu'elle t'appelle, maintenant qu'elle ne peut plus parler ?

— Non, je crois qu'elle ne m'aime plus et qu'elle ne pense plus à moi ou alors mélangé avec tout le reste.

— Peut-être que tu te trompes, elle a peut-être envie de te retrouver une dernière fois. Que vous vous retrouviez avant sa mort, qu'elle soit apaisée et toi aussi. Peut-être que l'amour existe entre vous.

— Peut-être.

— Mais si, moi, moi, je te dis de rester, dis, est-ce que tu resteras, même en sachant cela ? Est-ce que tu arriveras à me faire l'amour. Regarde-moi ! Alors ?

— Oui, je crois.

— C'est quoi ce crucifix ?

— Tu as toujours eu peur des crucifix !

Il dit cela en riant pour essayer d'oublier ce qu'elle vient de lui demander, et qu'il va lui donner. Non qu'elle le mérite mais parce qu'il n'a pas le choix.

— Enlève ça !

Elle a dit ça d'une petite voix gentille, comme si elle lui demandait une chose sans importance. Il se retourne une dernière fois vers la fenêtre, où les grandes ombres grises continuent leur marche vers la nuit. Il se retourne et il voit quelqu'un dans l'immeuble en face, au-dessus du béton taché, un autre chevalier perché au bord du vide. À quatre-vingt-dix mètres du quai. À quinze peut-être de lui. Entre eux, l'abîme. Quelqu'un, qui est-ce ? Question sans importance. Un homme, une femme, peu importe. Soudain il se rappelle du papier, de la feuille de route où il a noté quelque chose. Elle lui dit « viens ! », une dernière fois, il ramasse la feuille de route sur la table cérusée.

— La dernière preuve de l'existence de Dieu me paraît un peu faible. Saint Anselme dit que si nous sommes capables d'imaginer l'existence de Dieu c'est qu'il existe.

— C'est nul. Moi j'imagine souvent des trucs qui n'existent pas. Allez viens, on va baiser.

— Ça t'arrive à quel moment de douter que tu existes ?

— Quand je ne travaille pas, que je ne m'occupe pas de mes enfants. Par exemple, l'autre jour, quand j'avais la grippe. J'étais couchée, j'avais l'impression que je ne pourrais plus jamais me lever, ni parler, c'était horrible.

— Et quand je suis en toi ?

— C'est autre chose. Viens, on va essayer pour voir.

À son tour de la faire languir. Elle essaye de lui arracher le papier mais il retire la main à temps.

— Écoute ça, c'est un poème que j'aime bien... Je ne sais plus si c'est de Nerval ou de Goethe.

— Vas-y, lis-le-moi.

Il se racle la gorge et se jette comme si ce geste pouvait le sauver :

— « Et sur moi si la joie est parfois descendue »,

Silence.

— « Elle semblait errer sur un monde détruit. »

Second silence. Elle est jolie dans l'ombre. Il admire ses dents. Derrière lui, il sait que le ciel est toujours là, mais seules les ombres lui parlent de lui.

— Désolée, je ne comprends pas ce que ça veut dire.

Composition et mise en page

NORD COMPO
multimédia

CET OUVRAGE
A ÉTÉ REPRODUIT
ET ACHEVÉ D'IMPRIMER
SUR ROTO-PAGE
PAR L'IMPRIMERIE FLOCH
À MAYENNE EN JUIN 2007

N° d'éd. L01ELJNFF8861N001. N° d'impr. 68545.
D. L. : août 2007.
Imprimé en France